Stefan Gosepath

Aufgeklärtes Eigeninteresse

Eine Theorie theoretischer und praktischer Rationalität

Suhrkamp

Erste Auflage 1992

Satz: Satz- und Reprotechnik GmbH, 6944 Hemsbach
Druck: Druckhaus Beltz, 6944 Hemsbach
Printed in Germany

Die Deutsche Bibliothek – CIP-Einheitsaufnahme
Gosepath, Stefan:
Aufgeklärtes Eigeninteresse :
eine Theorie theoretischer und praktischer Rationalität /
Stefan Gosepath. – 1. Aufl. – Frankfurt am Main :
Suhrkamp, 1992
ISBN 3-518-58125-2

Inhaltsverzeichnis

Teil III
Rationalität im praktischen Bereich

Teil IV
Schluss

Der Mensch ist ein vernünftig Wesen,
wer das behauptet, ist nie Mensch gewesen.

(Molière, Der Menschenfeind)

Meinen Eltern

Vorwort

Das vorliegende Buch ist das Ergebnis einer langjährigen Beschäftigung mit dem Thema »Rationalität«. Während der Aufbau der Arbeit weitgehend gleichblieb, hat sich die hier vertretene Konzeption von Rationalität erst nach und nach herausgebildet.

Diese Untersuchung wäre natürlich nie entstanden ohne kritische Anregungen durch viele andere. Mein besonderer Dank gilt dabei meinen akademischen Lehrern Ernst Tugendhat und Ursula Wolf für ihre langjährige, intensive Förderung meiner Arbeit und für ihre schnelle und bereitwillige Hilfe, wann immer ich sie brauchte. Danken möchte ich auch Franz Koppe für die mir stets gewährte nette und hilfreiche Unterstützung.

Eine Reihe von Freunden und Kollegen haben mir freundlicherweise in den verschiedenen Phasen der Arbeit auf unterschiedliche Weise geholfen: Burghard Damerau, Ulrike Heuer, Christoph Gosepath, Gertrud Grünkorn, Regina Herrmann, Dunja Jaber, Jürgen Krause, Ulrike Mietzner, Marcus Otto. Besonders erwähnen möchte ich die beiden, die mit mir Entwurf um Entwurf geduldig diskutiert und immer wieder Verbesserungen angeregt haben: Beate Rössler und Bernhard Thöle. Bei ihnen allen sowie denen, die mir mit Rat und Wärme während dieser Zeit beigestanden haben, möchte ich mich herzlich bedanken.

Dank schulde ich auch all jenen, die die finanziellen Mittel für die Stipendien aufgebracht haben, die der Deutsche Akademische Austauschdienst, die Nachwuchsförderung des Landes Berlin und die Studienstiftung des deutschen Volkes dankenswerterweise an mich vergeben haben.

Berlin, im März 1992 S.G.

Einleitung

Der Begriff »Rationalität« gehört heutzutage nicht nur in der Philosophie, sondern auch in der öffentlichen Diskussion zu den meistverwandten Begriffen. Aber trotz (oder vielleicht sogar wegen) seiner weiten Verbreitung und häufigen Verwendung besteht sowohl in der Alltagssprache als auch in der Philosophie wenig Klarheit darüber, was mit diesem Begriff gemeint ist. Es ist das Anliegen dieser Arbeit, zur Klärung des Begriffs einen Beitrag zu leisten: Insbesondere soll gezeigt werden, daß es eine einheitliche Bedeutung des Wortes »rational« bzw. »vernünftig« gibt.

In letzter Zeit ist die wissenschaftliche Diskussion wieder verstärkt auf die Rolle von Vernunft und Rationalität aufmerksam geworden. Aber die gegenwärtige Aktualität darf nicht als Mode mißverstanden werden. Philosophie hat Vernunft schon seit ihren Anfängen als genuines Grundthema. Philosophisches Denken hat sich stets reflexiv auf Vernunft als seine Voraussetzung bezogen.

Im Laufe der Geschichte abendländischer Philosophie ist Vernunft ganz unterschiedlich bestimmt worden; der Begriff bzw. seine inhaltliche Füllung unterlag im Laufe des abendländischen Denkens einem Wandel.[1] Dieser Wandel besteht – allgemein gesprochen und unter Absehung von allen Details – in einem Prozeß der fortschreitenden Depotenzierung. Die Geschichte des Inhalts des Vernunftbegriffs verläuft von einer auf die kosmischen, göttlichen Dinge hingeordneten Vernunft in der Antike (Plato und Aristoteles) über eine geschaffene, aber immer noch auf das Sein und Wesen bezogene Vernunft der christlichen Philosophie (Augustin, Anselm, Thomas) zu einer subjektivistischen Vorstellung der Vernunft und des Verstandes. Die Problematisierung der Idee der Vernunft als Erkenntnisquelle metaphysischer ewiger Wahrheiten führte zu Beginn der Neuzeit zu einer neuen Vernunftphilosophie, die den Möglichkeiten

1 Zu den verschiedenen Bedeutungen des Vernunftbegriffs vgl. H. Schnädelbach, *Vernunft*, und ders., *Einleitung*, und zu dessen historischer Entwicklung H.M. Baumgartner, *Wandlungen des Vernunftbegriffs in der Geschichte des europäischen Denkens*; H.-G. Gadamer, *Historical Transformation of Reason*.

der subjektiven Vernunft nachging und zu unterschiedlichen Positionen bezüglich ihrer Leistungsfähigkeit gelangte (Descartes, Hume, Kant). Trotz der fundamentalen Kritik, die Kant an der Möglichkeit spekulativer Vernunfterkenntnis geübt hatte, wurde vom Deutschen Idealismus erneut der Versuch unternommen, eine spekulative Einheit der Vernunft zu restituieren. Dieser Versuch ist wohl nicht nur historisch gescheitert, sondern auch weil die deutschen Idealisten die Vernunft und die Möglichkeiten ihrer Selbstreflexion überschätzten und überforderten. Die Erfahrung des Scheiterns dieser Überhöhung löste eine grundsätzlich antimetaphysische Bewegung aus. Nach Hegel gab es in der philosophischen Beschäftigung mit Vernunft einen Bruch. Die Idealisierung einer objektiven Vernunft verlor ihre Glaubwürdigkeit. Statt dessen kam es zu einer Unterteilung in verschiedene Vernunftmomente sowie zur Entmythologisierung der Vernunft. Als Gegenrichtung entwickelte sich so eine Metaphysik des Irrationalismus, z. B. bei Schopenhauer und Nietzsche.[2] Im Zuge dieser Entwicklung wurde Vernunft selbst Gegenstand empirischer Forschung und geistesgeschichtlicher Untersuchungen. An die Stelle des alten Wortes »Vernunft« tritt spätestens seit M. Weber der neue, weniger belastete Ausdruck »Rationalität«. Der Begriff der Vernunft steht nun unter Metaphysikverdacht, während der der Rationalität wissenschaftlicher Forschung zugänglich scheint. Der Terminologiewechsel hat neben den genannten theoriegeschichtlichen auch sachliche Gründe. Der Begriff »Vernunft« legt Mißverständnisse nahe, da seine heutige Verwendung aufgrund der vielen unterschiedlichen Vorläufer, auf die er sich beziehen kann, nicht einheitlich ist. Neben diesen begrifflichen Mehrdeutigkeiten, die in der Weise bei »Rationalität« nicht zu finden sind, birgt der Begriff »Vernunft« zudem die Gefahr in sich, als Verdinglichung mißverstanden zu werden, statt als empirisch feststellbare dispositionelle Eigenschaft von Personen aufgefaßt zu werden. Vernunft als Eigenschaft gefaßt, heißt Vernünftigkeit. Dieser Begriff ist synonym mit dem der Rationalität, den auch ich im weiteren lieber gebrauchen möchte. Rationalität ist – trotz der gemeinsamen Wortgeschichte mit dem Begriff »Vernunft« – frei von den genannten Schwierigkeiten. »Rationalität« bezeichnet also nur

2 Vgl. J. Habermas, *Der Diskurs der Moderne*.

»subjektive Vernunft«, d. h. das Vermögen von Menschen, vernünftig zu denken und zu handeln, und nicht »objektive Vernunft«, d. h. die Vernünftigkeit der Welt selber und den Inbegriff der intelligiblen Weltstrukturen, so wie es ein Hauptstrom der abendländischen Metaphysik bis zu Hegel verstand.[3]

In diesem Jahrhundert löst das Wort »Rationalität« vor allem sozialwissenschaftliche Assoziationen aus. Eine philosophische Beschäftigung geriet so eher an den Rand des Blickfelds. Aber Rationalität läßt sich nicht rein empirisch erfassen. Statt dessen bedarf es einer philosophischen Beschäftigung mit dem Thema. In letzter Zeit ist deshalb auch die philosophische Diskussion wieder verstärkt auf die Rolle von Vernunft und Rationalität aufmerksam geworden. Bei der Beschäftigung mit Fragen der Moral und der Handlungstheorie sowie in den Sozialwissenschaften, der Ökonomie, der Kulturanthropologie, der Psychologie und der Forschung zur künstlichen Intelligenz hat sich eine Reihe gemeinsamer Probleme herauskristallisiert, bei denen der Begriff der »Rationalität« eine zentrale Rolle spielt. Erst die Thematisierung von Rationalität in den Natur- und Sozialwissenschaften rückte den Begriff auch wieder ins Zentrum philosophischer Aufmerksamkeit. Das erneute Interesse ist u. a. auch eine Reaktion auf den von den »Vernunftkritikern« vorgetragenen Zweifel an der Vorstellung von der Vernünftigkeit der Individuen, ihrer Gesellschaft, dem Gang der Wissenschaft und an der Letztbegründbarkeit von Meinungen und Handlungen.[4]

Im Kontext dieses Problemhorizonts steht auch diese Arbeit. Den vernunftkritischen Herausforderungen kann man sich, so-

3 Vgl. zu dieser Unterscheidung und deren begriffsgeschichtlicher Tradition: H. Schnädelbach, *Vernunft*, S. 79-86.

4 Die abendländische Vernunft wird z. Zt. einmal mehr totgeredet. Allein dieser Umstand scheint zu bezeugen, daß der Rationalismus als praktische Haltung in die Defensive geraten ist. Die These vom Ende der Aufklärung hat zumindest als deskriptiver Befund scheinbar etwas für sich. So emsig Vernunft allerdings von allen Post-lern das Grab geschaufelt wird, so hartnäckig sträubt sie sich gegen ihre Grablegung. Zu tief ist Rationalität in unser aller Denken und Handeln verwoben, als daß sich nicht die Befürchtung einstellen müßte, hier handelte es sich um den Versuch einer Beerdigung von etwas durchaus noch Lebendem. Daher dreht sich die Kontroverse auch eher um Normatives. Der Tod der Vernunft wird nicht eigentlich konstatiert, sondern postuliert.

fern man an der Idee der Aufklärung und zumindest am Vernunftprinzip in diesem Sinn festhalten will, philosophisch am besten stellen, indem man einen Begriff von Rationalität im Sinne von Begründbarkeit als unserem Sprachgebrauch und der Sache nach angemessen erweist. Dieser Begriff muß wesentlich bescheidener auftreten als viele klassische Vorläufer. Verteidigen kann man das Vernunftprinzip nur, wenn man über eine überzeugende Theorie der Rationalität[5] verfügt, die es ermöglicht, zunächst einmal pauschale und ungerechtfertigte Angriffe des Irrationalismus abzuwehren und seiner Faszination entgegenzutreten. Ein Ziel der vorliegenden Arbeit ist es, etwas zur Entwicklung einer solchen, noch zu erstellenden Theorie der Rationalität beizutragen, von der Habermas behauptet, daß die Philosophie in ihrer nachmetaphysischen, posthegelianischen Strömung auf sie als einen Konvergenzpunkt zuläuft.[6] Diese Arbeit ist ein Schritt in diese Richtung, insofern sie eine einheitlich philosophische Auffassung bzw. Konzeption von Rationalität zu entwickeln versucht.

Der erste Schritt der folgenden Untersuchung ist die Klärung des Gegenstandsbereichs: Was ist Rationalität? Man kann nicht ohne weiteres auf irgendeine historische Bestimmung von Vernunft bzw. einen historisch überlieferten Begriff der Vernunft zurückgreifen. Begriffe oder Begriffsdefinitionen können zwar nicht wahr oder falsch sein, aber angemessen oder unangemessen. Insofern müssen historische Begriffsverwendungen, bevor sie übernommen werden, auf ihre Angemessenheit sowie ihre begrifflichen und sachlichen Implikationen überprüft werden. Um das zu können, ist unabhängig von der Tradition zu klären, was »Vernunft« bzw. »Rationalität« bedeutet; damit gelangt man zu der Frage: Was verstehen wir heute unter »Vernunft«? Methodisch ist m. E. diese Aufgabe nur so anzugehen, daß man unseren Begriff der »Rationalität« zu klären versucht, indem man nach der Verwendung unserer umgangssprachlichen Ausdrücke für Rationalität fragt. Die Frage nach der Bedeutung des

5 Vgl. zu Theorien der Rationalität u. a.: J. Agassi, *Theories of Rationality*; J. Kekes, *Some Requirements of a Theory of Rationality*; H. Lenk & H. Spinner, *Rationalitätstypen, Rationalitätskonzepte und Rationalitätstheorien im Überblick*; A. Wüstehube, *Vollständige oder unvollständige Rationalität?*

6 J. Habermas, *Theorie des kommunikativen Handelns*, Bd. I, S. 16.

Begriffs »Rationalität« läßt sich nur beantworten, wenn die Verwendungsweise des Wortes »rational« analysiert wird. So entgeht man aufgrund der Ersetzung des Substantivs durch das Adjektiv der Gefahr der Verdinglichung. In Kapitel I wird mit sprachanalytischen Mitteln eine Begriffsbestimmung vorgenommen. Ich möchte dort zeigen, daß es genau eine alle Anwendungssituationen umfassende Bedeutung von »rational« im Sinn von »wohlbegründet« gibt. Nachdem in Kapitel I eine einheitliche minimale Bedeutung von »Rationalität« herausgestellt worden ist, leiten zwei Fragen den weiteren Gang der Untersuchung: 1) Gibt es über die sprachliche Gemeinsamkeit hinaus einen einheitlichen Sinn von »Rationalität«? 2) Können die Kriterien, auf die wir uns zur Begründung von Meinungen und Handlungen beziehen, selbst nochmals begründet werden?

Zurück zur ersten Frage: Die Analyse dessen, was wir mit dem Terminus »Rationalität« meinen, kann nur einen ersten Schritt der philosophischen Untersuchung von Rationalität darstellen. Zu prüfen bleibt in einem zweiten Schritt, ob »Wohlbegründetheit« nicht nur dem semantischen Gehalt des alltäglichen Gebrauchs des Wortes »Rationalität« entspricht, sondern auch der Sache nach dazu geeignet ist, einen einheitlichen Begriff der Rationalität bzw. Vernunft abzugeben. Um zu klären, ob es einen einheitlichen Rationalitätsbegriff gibt oder mehrere unterschiedliche Rationalitätstypen, muß untersucht werden, wie wir die verschiedenen Dinge, die wir rational nennen, also Meinungen, Handlungen, Wünsche, Normen etc., begründen. Wenn »rational« soviel bedeutet wie »wohlbegründet«, so ist des weiteren zu fragen, ob sich aufgrund der Unterschiede im Objektbereich (Meinungen, Handlungen, Wünsche) eine Differenzierung im Rationalitätsbegriff selbst ergibt. Die Frage, ob es einen oder verschiedene Rationalitätsbegriffe oder -typen gibt, hängt davon ab, welche unterschiedlichen Begründungsweisen existieren. So ist im zweiten Schritt zu fragen, worin genauer eine rationale Begründung von Meinungen einerseits und Handlungen andererseits besteht. Mit der Ermittlung der einzeln notwendigen und zusammen hinreichenden Bedingungen der Rationalität von Meinungen (Kapitel II und III) wie auch der Rationalität von Handlungen (Kapitel V) soll zunächst eine formale Charakterisierung der Rationalität geliefert werden. Was als rationale Begründung gilt, läßt sich nur durch

formale Prozeduren und prozedural erzielbare Ergebnisse erläutern. Genauer gesagt vertrete ich die Auffassung, daß eine Begründung in einem nach internen Regeln verlaufenden Prozeß der Überlegung besteht. Sowohl theoretische als auch praktische Rationalität lassen sich auf regelgeleitete Überlegungen zurückführen. Die Überlegung mündet nur dann in ein rationales Ergebnis, wenn das Subjekt bei der Bildung seiner Meinungen und Handlungen entsprechend den sog. Regeln der Rationalität verfährt. Diese Regeln der Rationalität geben die Bedingungen an, wann etwas ein guter Grund (für eine Meinung, eine Handlung, einen Wunsch etc.) ist.
Der Inhalt der Regeln läßt sich in einem weiteren Schritt näher bestimmen, wenn man das Ergebnis des Prozesses rationalen Hervorbringens von Meinungen bzw. Handlungen als Produkt einer Entscheidung rekonstruiert. Sowohl im theoretischen wie im praktischen Bereich – so meine These – lassen sich die Regeln der rationalen Überlegung als Regeln rationaler Wahl von Meinungen bzw. Handlungen verstehen. Diese Konzeption ist besonders mit zwei Problemen konfrontiert. Zum einen enthält sie in dem Bereich der Frage nach der Rationalität von Handlungen, für den die meiner These zugrundeliegende Konzeption oft vertreten wird, eine strittige These, die ich in Kapitel V verteidige: Für den Übergang von der praktischen Überlegung zur Handlung bedarf es keines spezifisch praktischen Rationalitätsmomentes. Zum anderen ist diese Konzeption für die Analyse der Rationalität von Meinungen kontrovers, weil sie eine andere strittige These impliziert, die ich in Kapitel III verteidige, nämlich daß es möglich ist, sich dafür zu entscheiden, etwas zu glauben. Wenn es gelingt diese Probleme befriedigend zu lösen, dann ist die Schlußfolgerung erlaubt, daß die Rationalität von Handlungen einerseits und Meinungen andererseits eine (in dieser entscheidenden Hinsicht) parallele Struktur aufweist.
Zur zweiten der genannten Fragen: Die Rationalität von Meinungen und Handlungen bezieht sich auf Begründungen relativ zu (anderen) Meinungen und Wünschen. Erschöpft sich Rationalität in relativen Begründungen oder gibt es daneben noch einen substantiellen Rationalitätsbegriff? Um einen substantiellen Rationalitätsbegriff in Anspruch nehmen zu können, muß neben der zweckrationalen Art von Begründung noch eine andere, absolute Begründung existieren. Eine solche Begründung

wäre dann gegeben, wenn sich die Kriterien, auf die wir uns zur Begründung von Meinungen und Handlungen beziehen, selbst nochmals rechtfertigen ließen. Im theoretischen Bereich gäbe es dann einen substantiellen Rationalitätsbegriff, wenn sich zeigen ließe, daß die kulturellen Standards der theoretischen Begründung (Gesetze und Theorien) ihrerseits transkulturell gerechtfertigt werden können. Dieser Frage widmet sich Kapitel IV. Im praktischen Bereich erhielte man einen substantiellen Rationalitätsbegriff, wenn es die Möglichkeit geben sollte, Normen (Kapitel VI) oder Wünsche (Kapitel VII) absolut zu begründen. In diesen drei Kapiteln wird sich aber zeigen, daß eine absolute Begründung und damit ein substantieller Rationalitätsbegriff nicht gegeben ist. Weder Standards noch Normen und Werte können m. E. letztbegründet werden. Also ergibt sich auch kein gegenüber der relativen Begründungsweise anderer, substantieller und somit evtl. spezifisch praktischer oder spezifisch theoretischer Rationalitätsbegriff.

So wird sich als Ergebnis der Untersuchung der Schluß ziehen lassen, daß Rationalität im theoretischen und praktischen Bereich zu Recht unter den im Titel genannten, einheitlichen Rationalitätsbegriff fällt.

Im letzten Kapitel VIII gehe ich der Frage nach, ob man das Vernunftprinzip – d. h. rational zu sein – seinerseits mit Gründen rechtfertigen kann. Auch hier muß die Antwort eher skeptisch ausfallen. Trotzdem halte ich das Vernunftprinzip, sich soweit wie möglich in seinem Denken, Sprechen und Handeln an die Vernunft zu halten, für unaufgebbar – und ich bin der Ansicht, daß man dieses Prinzip in einem schwachen, d. h. nicht absoluten Sinn begründen kann.

Teil I
Allgemeine Begriffsbestimmung

Kapitel I
Eine begriffliche Landkarte

Die erste Aufgabe einer Arbeit mit dem Titel »Rationalität« ist sicherlich die Klärung ihres Untersuchungsgegenstandes. Was hat man unter »Rationalität« zu verstehen? Dieses erste Kapitel soll klären, was wir umgangssprachlich mit dem Wort »rational« meinen. Es erfolgt eine begriffliche Vorklärung des Untersuchungsgegenstandes, durch die sich die zentralen Fragestellungen ergeben werden, die den weiteren Gang der Untersuchung leiten. Die allgemeine Bedeutungsanalyse beginnt mit der Klärung der Gegenbegriffe und der Bestimmung des Extensionsbereichs. Innerhalb des Extensionsbereichs lassen sich verschiedene Haupttypen unterscheiden. Jeweils mit Bezug auf einen derart ermittelten ›Kandidaten‹ für Rationalität soll dann die Bedeutung des Wortes analysiert werden.[1]

Um die Bedeutung des Wortes »rational« zu eruieren, scheint es hilfreich, zuerst die Synonyme und Oppositionen zu klären. Ich habe in der Einleitung schon herausgestellt, daß »rational« oft den gleichen Sinn hat wie »vernünftig«. Um das Gegenteil auszudrücken, stehen uns Worte wie »unvernünftig«, »vernunftlos«, »irrational« und »arational« zur Verfügung. Sowohl »vernünftig« als auch »rational« besitzen je zwei Antonyme, wobei umgangssprachlich »irrational« soviel wie »unvernünftig« und »arational« das gleiche wie »vernunftlos« bedeutet. Es ergeben sich daher jeweils zwei Entgegensetzungen: »rational« – »irrational« bzw. »vernünftig« – »unvernünftig« und »rational« – »arational« bzw. »vernünftig« – »vernunftlos«.

Arational nennen wir alles, was für Vernunft(-gründe) überhaupt nicht zugänglich ist. Arational meint soviel wie außer- oder nicht-rational, jenseits des Bereichs der Vernünftigkeit, eben vernunftlos. Welche Kriterien wir genau benötigen, um Arationalität zu prädizieren, möchte ich hier noch offenlassen. »Arational« ist ein deskriptiver Begriff.

Im Unterschied dazu liegt das, was »irrational« genannt wird, innerhalb des Bereichs der Vernunftgeltung. Wer oder was ir-

1 Den besten Überblick über die neuere Diskussion zum Thema Rationalität gibt J. Elster, *Rationality*.

rational ist, verstößt gegen die Regeln der Vernunft. In diesen Fällen sagen wir, etwas sei »unvernünftig«. Bei der Klärung dessen, was wir mit »Vernünftigkeit« meinen, hilft deshalb hauptsächlich das Gegensatzpaar »rational« – »irrational« weiter, weil es bei ihm um den Aspekt (der Verletzung) der Vernunftregeln geht.

Die besondere Bedeutung dieses Gegensatzpaares ergibt sich dadurch, daß in unserer Zivilisation die Ausdrücke »vernünftig« und »rational« außer einer deskriptiven auch eine normative Bedeutungskomponente besitzen. Eine deskriptive (bzw. kognitivistische) Bedeutung hat der Ausdruck »rational«, wenn er sich auf eine spezifische Eigenschaft bezieht. Um festzustellen, ob etwas rational ist, muß man untersuchen, ob die relevante Eigenschaft vorliegt, z.B. daß dieses Etwas bestimmte Bedingungen, Standards etc. erfüllt. Präskriptiv (nicht-kognitivistisch bzw. normativ) ist die Bedeutung des Prädikats »rational«, wenn mit dem Prädikat nicht das Vorliegen einer Eigenschaft oder Tatsache behauptet wird und die Aussage, etwas sei rational, nicht falsch oder wahr sein kann. Das präskriptive Element in »rational« bezieht sich auf eine Bewertung und Forderung.[2] Etwas zu bewerten oder zu fordern, bedeutet etwas anderes als eine bloße Beschreibung, in der behauptet wird, daß etwas die und die spezifische definierbare Eigenschaft besitzt. Besonders »irrational« ist ein präskriptiver bzw. normativer Begriff. Zu sagen, etwas sei irrational, heißt, es negativ zu bewerten und so zu kritisieren, weil es bestimmte Standards der Vernunft oder Rationalität nicht erfüllt. Die präskriptive Komponente läßt das Wort »irrational« geeignet erscheinen, in Unterhaltungen eine normierende oder sanktionierende Funktion auszuüben. In dieser Funktion nehmen wir diesen Ausdruck offensichtlich gern und häufig in Anspruch.

Der Bedeutung von »rational« kommt man einen weiteren Schritt näher, wenn man sich verdeutlicht, welche Extension das Wort besitzt. Wem oder was können wir die Eigenschaft, rational zu sein, zuschreiben? Zuerst einmal wird man an Personen denken. Wenn wir die Menschen im allgemeinen wie auch bestimmte Personen als »rational« bezeichnen, so unterstellen wir ihnen damit eine Disposition, eine Fähigkeit. Rationalität von

2 Vgl. A. Gibbard, *A Noncognitivistic Analysis of Rationality in Action*, S. 207ff.

Personen ist keine Wahrnehmungseigenschaft, sondern ein Dispositionsprädikat, für das wir andere Verifikationskriterien als für Wahrnehmungsprädikate haben. Eine rationale Einstellung läßt sich nur dann einer Person zuschreiben, wenn ihre Tätigkeiten oder Handlungen, ihre Überlegungen und Entscheidungen, ihre Reden oder Argumente und ihre Überzeugungen normalerweise rational sind. Eine Person ist der Träger von (grob unterteilt:) Meinungen und Handlungen, und sie ist nur dann rational, wenn ihre Handlungen und Meinungen es sind. Das in der Rede von einzelnen rationalen oder irrationalen Meinungen oder Handlungen enthaltene Lob oder der darin enthaltene Tadel beziehen sich dabei immer auf die betreffende Person, aber eben nur auf die Person in bezug auf ihre spezielle Meinung oder Handlung. Insofern scheinen die eigentlich interessanten Kandidaten für die Analyse des Rationalitätsbegriffs Meinungen und Handlungen von Personen zu sein, die deshalb im weiteren an erster Stelle Berücksichtigung finden. Erst dann gehe ich genauer auf die Rationalität von Personen ein; als letzte Kandidaten werden Expressionen, Evaluationen und Emotionen analysiert. Ich beginne mit der Rationalität von Meinungen.

1. Rationalität von Meinungen

Im theoretischen Bereich, verstanden als die kognitive Sphäre, scheinen sich auf den ersten Blick eine Menge Kandidaten für Rationalität anzubieten. Beispiele dafür wären: Überlegungen, Überzeugungen, Gedanken, Reden, Argumente usw. Was ist es, was wir in diesem Bereich als rational bezeichnen? Offenbar ist nicht die Äußerung als sprachliches Gebilde rational oder irrational.[3] Denn, um zu beurteilen, ob es vernünftig ist, einen bestimmten Behauptungssatz in einer Situation zu äußern, müssen zusätzliche Situationsumstände mitberücksichtigt werden. Aber auch der Inhalt eines Aussagesatzes, die Proposition, kann weder rational noch irrational sein, sie ist wahr oder falsch. Als rational oder irrational bezeichnen wir umgangssprachlich vielmehr Meinungen. Unter »Meinung« soll hier das Fürwahrhal-

3 So z.B. J. Habermas, *Theorie des kommunikativen Handelns*, Bd. I, S. 25ff.

ten einer Proposition verstanden werden.[4] Wir benutzen dafür Worte wie: glauben, erwarten, annehmen, überzeugt sein, für möglich halten, für wahrscheinlich halten, als unmöglich ansehen, ahnen, auf etwas gefaßt sein, sich etwas einbilden, vermuten, mit etwas rechnen etc. Das ist eventuell mehr, als wir umgangssprachlich unter dem Begriff einer Meinung verstehen. Rational oder irrational ist es, eine Meinung zu haben, nicht der Inhalt der Meinung, die Proposition. Das Meinen ist eine Relation zwischen einer Person und einer Proposition zu einem Zeitpunkt oder in einem Zeitraum: S meint zu t, daß p.

Wann bezeichnen wir eine Meinung als rational? Es fällt schwer, paradigmatische Fälle zu benennen, aus denen sich die Wortbedeutung klar herauslesen ließe. Solange auch noch nicht geklärt ist, ob es nicht mehrere Verwendungsweisen des Wortes gibt, kann ein bestimmtes Paradigma nicht ausgemacht werden.[5] Die Aufgabe läßt sich besser ex negativo angehen, da sich Beispiele für irrationale Meinungen unproblematischer angeben lassen.

Einige Beispiele für Meinungen, die dem Vorwurf der Irrationalität ausgesetzt sein können:

(a) in einem Telefonbuch die Nummer von jemandem zu suchen, von dem man eigentlich weiß, daß er keinen Telefonanschluß besitzt;

(b) Jesus für unsterblich zu halten, wenn man zugibt, er sei ein Mensch gewesen und alle Menschen seien sterblich;

(c) zu behaupten, am nächsten Samstag werde man sicher im Lotto gewinnen;

(d) zu glauben, ein Weinglas lasse sich mit kochendem Wasser füllen, nachdem man gesehen hat, wie etliche Gläser bei dem Versuch, sie mit kochendem Wasser zu füllen, zersprungen sind;

(e) zu glauben, unter einer Leiter hindurchzugehen, bringe Unglück;

(f) zu glauben, die SPD werde die nächsten Wahlen gewinnen, nur weil Willy Brandt es gesagt hat.

Woran liegt es, daß wir solche Meinungen irrational nennen? Man kann verschiedene Typen von Fehlern unterscheiden:

4 Hier geht es um das Problem, wie »eine Meinung haben« als mentaler Zustand philosophisch genau zu charakterisieren ist.

5 Vgl. M. Black, *Reasonableness*, S. 200f.

In Beispiel (a) ist offensichtlich, was nicht stimmt. Wer glaubt, von jemandem eine Telefonnummer ausfindig machen zu können, und gleichzeitig weiß, daß der Betroffene über gar kein Telefon verfügt, hat widersprüchliche Meinungen. Entweder der Betreffende besitzt keinen Telefonanschluß, dann kann auch keine Telefonnummer von ihm im Telefonbuch stehen (höchstens eine fiktive), oder es gibt doch eine gültige Telefonnummer, dann hat der Betreffende auch ein Telefon. Die zwei Meinungen: (i) »S hat kein Telefon« und (ii) »es gibt eine gültige Telefonnummer für S« widersprechen sich. Es wird in derselben Hinsicht behauptet, daß p und non-p. Dies ist ein logischer Widerspruch. Die Person S ist irrational, wenn sie zu t Meinungen hat oder äußert, die zueinander im Widerspruch stehen.

Beispiel (b) ist ein wenig komplexer. Hier handelt es sich um drei Meinungen, die untereinander im Widerspruch stehen. Aus den beiden Prämissen: (i) »Jesus ist ein Mensch« und (ii) »Alle Menschen sind sterblich« muß bei Strafe des Selbstwiderspruchs gefolgert werden: (iii) »Also ist bzw. war Jesus sterblich«. Die Konklusion folgt logisch aus den beiden anderen Aussagen. Daher ist es widersprüchlich und also irrational, die Wahrheit der Prämissen zu behaupten und gleichzeitig die Konklusion zu bestreiten, indem man z. B. wie in (b) das Gegenteil behauptet.

Beispiel (c): Wer weiß, wie ein Lottospiel organisiert ist, der kann aus seiner Kenntnis der Spielregeln logisch ableiten, wie gering seine Gewinnchancen sind, nämlich niemals sicher. Wer weiß, daß Lotto ein Glücksspiel ist, der weiß auch, daß der Zufall bestimmt, wer gewinnt. Und daß der Zufall entscheidet, impliziert logisch, daß kein Ergebnis vorhersehbar ist. »Das Ergebnis eines Glücksspiels ist unter Standardbedingungen nicht prognostizierbar« ist ein analytischer Satz. Es liegt in der Bedeutung des Wortes »Glücksspiel«, daß das Ergebnis unberechenbar ist. Wer also einen Treffer im Lotto sicher voraussagen zu können glaubt, widerspricht sich selbst.

Meinungen, die durch formal ungültige Schlüsse zustande kommen, bezeichnen wir als irrational. Daraus kann gefolgert werden, daß Rationalität von Meinungen zumindest so etwas wie »den logischen Regeln gemäß« (oder »konsistent« oder »logisch gültig«) bedeutet. Wenn wir einer Person S vorwerfen, sie sei irrational hinsichtlich der Meinung p, so kann damit gemeint sein, daß diese Meinung in einem Verhältnis der Inkonsistenz zu einer oder mehreren anderen Meinungen von S steht. Wir beziehen uns dabei also auf mehrere Meinungen von S, auf ihr System von Meinungen oder einen Teil davon. Diese Rationalitätsbeurteilung einer Meinung ist also relativ zu den anderen Meinungen der betreffenden Person.

Jetzt wird auch schon deutlich, warum es ein Vorwurf sein kann, wenn behauptet wird, S habe irrationale Meinungen. Ist damit gemeint, daß diese inkonsistent sind, sich also in irgendeiner Weise widersprechen, so sind sie nicht sinnvoll. Würde S sie äußern, so teilte sie nichts mit. Die Standardabsicht der Rede, die Intention des Mitteilens, wäre vereitelt. Ein Widerspruch hebt die betreffenden Aussagen auf. Eine Vernunftforderung ist also, nur konsistente Meinungen und entsprechende Äußerungen zu bilden.[6]

Daß Rationalität etwas mit logischer Bewertung zu tun hat, haben wir also gesehen. Kann man daraus folgern, daß Rationalität soviel heißt wie Konsistenz? Nein, denn daß Inkonsistenz zur Bestimmung von Irrationalität nicht ausreicht, zeigen die anderen Beispiele. Wir nennen S in diesen Fällen unvernünftig, weil sie bei der Bildung ihrer Meinung gewisse Evidenzen nicht hinreichend berücksichtigt hat.

Nehmen wir das Beispiel (d): S hätte aus der Tatsache, daß ihr die Gläser bei dem Versuch, sie mit kochendem Wasser zu füllen, jedesmal zersprungen sind, folgern müssen, daß es sich wahrscheinlich unter gleichen Bedingungen immer so verhalten wird. Hier hätte ein induktiver Schluß vollzogen werden müssen. Aus der Erfahrung, daß schon mehrere Gläser zersprungen sind, hätte eine generelle Schlußfolgerung abgeleitet werden können. Weil S es unterließ, nennen wir ihre Meinung, das Glas werde dieses Mal nicht zerspringen, irrational, obwohl keine Inkonsistenz vorliegt.

Aber auch die Begrenzung von Rationalität auf deduktive und induktive Schlüsse ist noch zu eng. Denn wer (wie in Beispiel (e)) eine Behauptung aufstellt, ohne die geringste Evidenz für seine These zu haben, setzt sich auch dem Vorwurf der Irratio-

6 Eine nähere Qualifikation und Einschränkung dieser Rationalitätsforderung findet sich in Kap. II und III.

nalität aus. Damit kommen wir zum eigentlichen Kern des Rationalitätsbegriffs: Man möchte gerne wissen, wie die Betreffende darauf kam, das zu glauben, was sie glaubt. Kann S einen Grund für ihre Meinung angeben, so werden wir diese rational nennen, wenn uns der Grund akzeptabel erscheint. »Vernünftig« und »rational« (angewandt auf Meinungen) heißt umgangssprachlich soviel wie »wohlbegründet«. Beispiel (e) ist ein Fall von Irrationalität, weil kein guter Grund angebbar ist für den Aberglauben, unter einer Leiter hindurchzugehen, bringe Unglück.

Eine Meinung ist rational, wenn derjenige, der sie hat, über rechtfertigende Gründe verfügt. Die Fähigkeit, eine Meinung zu rechtfertigen, ist nicht nur ein Vermögen des deduktiven Schließens, sondern allgemeiner die Fähigkeit, Aussagen zu begründen, auszuweisen, d.h. für sie Rede und Antwort stehen zu können (lateinisch: rationem reddere, griechisch: logon didonai). »Ratio«, »raison«, »reason« bedeuten ebensosehr »Grund« wie »Vernunft«.[7] Die Minimalbedingung für eine akzeptable Begründung ist die logisch korrekte Ableitung einer Meinung aus den sie rechtfertigenden Gründen. Insofern umfaßt die Bedeutung von »rational« im Sinn von »wohlbegründet« alle Anwendungssituationen, auch jene, in denen »rational« soviel wie »konsistent« bedeutet. Das, was wohlbegründet ist, ist auf jeden Fall in sich logisch konsistent. Allgemeiner gilt daher:

> Eine Meinung von S zu t ist rational oder vernünftig, wenn S zu t gute Gründe hat zu meinen, daß p.

Diejenige Meinung ist vernünftig, die die besten Gründe für sich beanspruchen kann. Wie kann man das feststellen, bzw. wie kann man zu einer wohlbegründeten Meinung gelangen? Daß man einen Grund hat, heißt zunächst, eine bestimmte Tatsache zu kennen und zu glauben, die uns dann dazu bewegt oder die geeignet ist, uns dazu zu bewegen, etwas in bestimmter Weise zu glauben. Es dürfte deutlich sein, daß nicht schon das bloße Haben eines solchen Grundes die Rationalität einer Meinung ausmachen kann. Um zu einem wohlbegründeten und damit rationalen Urteil zu kommen, bedarf es mehr als eines solchen Grundes und logischer Konsistenz.

7 Vgl. E. Tugendhat, *Vorlesungen zur Einführung in die sprachanalytische Philosophie*, S. 107.

Charakteristisch für eine gute Begründung sind folgende zwei Schritte: Zuerst müssen alle Tatsachen und Überzeugungen, die bedeutsam für die entsprechende Überlegung sein können, berücksichtigt werden. In diesem Stadium des Erwägens der Gründe ist man auf der Suche nach all dem, was einen Grund oder Gegengrund abgeben kann. Die relevanten Gesichtspunkte müssen aus dem Korpus von Überzeugungen, Meinungen, empirischen Kenntnissen und Beobachtungen herausgesucht werden. Ob das Ergebnis der Erwägung korrekt ist, entscheiden wir nach den Kriterien der Vollständigkeit, Ausgewogenheit und Relevanz der Gründe. Alle relevanten Gründe für und wider müssen Berücksichtigung gefunden haben. Der Vorwurf an jemanden, er habe bestimmte Gründe nicht ausreichend in Betracht gezogen und deshalb sei seine Meinung irrational, richtet sich auf eine Unkorrektheit beim Erwägen der Gründe.

Bei diesem ersten Schritt gelangt man nur zu Prima-facie-Gründen, die in einem zweiten Schritt noch gegeneinander abgewogen werden müssen. Welcher Grund, welche Überlegung, welcher Gesichtspunkt ist am wichtigsten? Das Abwägen von Prima-facie-Gründen orientiert sich an allgemeinen Regeln der Rangfolge von Gründen und ist daher nicht beliebig. Wir haben Überzeugungen hinsichtlich des Vorrangs einer Art von Gründen vor einer anderen. Welche Gründe innerhalb einer Art und welche Arten von Gründen anderen vorgezogen werden müssen, ist uns durch gewisse *kulturelle Standards* vorgegeben. So gelten in unserem Kulturkreis z. B. empirisch-wissenschaftliche Erkenntnisse als besonders gute Gründe. In Beispiel (f) wird ein Grund genannt, den wir gemäß der bei uns herrschenden Standards für unakzeptabel halten. Nur weil irgendeine Person, und sei es auch der Ehrenvorsitzende der SPD, Willy Brandt, eine Prognose gewagt hat, darf man der Vorhersage noch keinen Glauben schenken. Wann eine Wahlprognose als begründet gelten kann, dafür haben wir Kriterien, wie etwa die Berücksichtigung bestimmter statistischer Daten.

Das Feststellen, welche Meinung die besten Gründe für sich in Anspruch nimmt, wird in zwei Schritten vorgenommen, mit dem Berücksichtigen aller relevanten Tatsachen und dem Abwägen der Gründe.[8] Dementsprechend nennen wir Meinungen

8 Vgl. K. Baier, *The Moral Point of View*, Kap. 3.

unbegründet bzw. nicht wohlbegründet, wenn sie auf ganz oder teilweise irrelevanten Überlegungen beruhen (mangelnde Relevanz), bestimmte Aspekte nicht genügend berücksichtigt wurden (Unvollständigkeit), nicht richtig gewürdigt wurden (Einseitigkeit) oder eine Inkonsistenz im Meinungssystem aufweisen. Ferner ist eine Meinung dann irrational, wenn beim Abwägen der verschiedenen Argumente und Gegenargumente die Person eine falsche Gewichtung vornimmt.

Eine Meinung ist irrational genau dann, wenn die Meinung durch einen vermeidbaren Fehler im Denken zustande kam und deshalb zu Recht kritisierbar ist, weil sie nicht wohlbegründet ist. Leuchtet eine Begründung nicht ein, oder liegt gar keine vor, so kann die betreffende Person kritisiert werden, indem ihr Gegengründe genannt werden. Sie wird aufgefordert, die vorliegende Irrationalität einzusehen und zu beseitigen. Man appelliert an sie, ihre Vernunft zu gebrauchen, d.h. Meinungen nicht ungeprüft zu übernehmen, sondern nach ihren Gründen und Gegengründen zu fragen.[9] Dieses Vernunftgebot umfaßt auch die Forderung, offen gegenüber berechtigten Einwänden und Kritik und zugänglich für neue Erfahrungen zu sein. Das schließt aus, daß Meinungen ad hoc oder situationsspezifisch gebildet werden dürfen.[10] Wenn wir sagen, eine Person habe irrationale Meinungen, dann meinen wir damit, daß wir glauben, die Person hätte den ihr unterlaufenen Fehler vermeiden können, wenn sie richtig (nach-)gedacht hätte. Nur durch die Bereitschaft und Offenheit zur Argumentation kann ein unterlaufener Irrtum korrigiert und eine Meinung verbessert werden. Wenn die Kritik akzeptiert wird und es gelingt, den Fehler, der einem unterlaufen ist, zu identifizieren, kann die Meinung korrigiert werden. Aufgrund ihrer Kritisierbarkeit ist eine irrationale Meinung verbesserungsfähig. Das Konzept der Begründung und der Rationalität ist deshalb eng mit dem des Lernens verwoben.[11]

9 Vgl. E. Tugendhat, *Vorlesungen zur Einführung in die Sprachanalytische Philosophie*, S. 107.

10 Eine Meinung ist ad hoc gebildet, wenn es keine positiven Gründe für diese Zusatzmeinung gibt, außer ihre Fähigkeit, einen Einwand oder eine Kritik zu entschärfen.

11 J. Habermas, *Theorie des kommunikativen Handelns*, Bd. I, S. 38, ist einer der wenigen, der diesen Punkt sieht und ernst nimmt.

Irrational nennen wir nicht nur Meinungen, die auf einem kognitiven Fehler beruhen, sondern auch solche, die auf eine Illusion zurückgehen. Unter einer Illusion kann man eine Überzeugung verstehen, die falsch ist oder auch nicht, an der die Person jedoch deshalb festhält, weil sie einen Wunsch befriedigt.[12] Jemand könnte Beweise für die entsprechende Überzeugung haben, aber die Person glaubt an sie aus anderen Motiven, so z. B. das Bürgermädchen, das glaubt, ein Prinz werde zu ihr kommen. Man spricht in einem solchen Fall von Wunschdenken. Die Meinung ist nicht durch die Tatsachen gerechtfertigt, sondern durch einen unbewußten Wunsch motiviert. Wenn S nicht persönlich involviert wäre, würde sie die Ursache ihrer Meinung erkennen können. Sie würde dann p wegen der Gründe glauben und nicht nur, weil sie möchte, daß p wahr ist. Die durch einen unbewußten Wunsch hervorgebrachte Meinung ist nicht begründet und deshalb irrational. Eine Meinung ist nur dann rational, wenn sie gebildet wurde ohne Störung durch meinungsirrelevante kausale Prozesse wie z. B. Wunschdenken oder Ideologien. Bezeichnend für diese Illusionen ist, daß die betreffende Person, die statt durch Gründe durch Motive beeinflußt ist, in der Regel nichts davon weiß. Im Gegenteil, sie hält sich für vollkommen rational. Sie unterliegt einer Täuschung, die ihr nicht bewußt wird, da sie sich selbst und anderen Scheingründe nennt. Wer sich systematisch über sich selbst täuscht, ist irrational.

Ein Beispiel:[13] S hat ein Vorurteil gegenüber Schwarzen. Ein Vorurteil ist definiert als ein unbegründetes Urteil, es ist also auf jeden Fall irrational. Wenn S zur Rede gestellt wird, hat sie vier Möglichkeiten zu reagieren:

(i) Sie gesteht zu, daß sie ein Vorurteil hat, und verteidigt es. Sie liefert eine Rationalisierung, da es sich nur um Scheingründe handeln kann.

(ii) Sie leugnet jegliches Vorurteil und versucht, die Evidenzen, die dafür sprechen, daß sie das Vorurteil hat, wegzuerklären. S unterliegt in diesem Fall einer Selbsttäuschung.

(iii) Sie gesteht ihr Vorurteil ein, erkennt, daß es nicht zu verteidigen ist, und hält trotzdem an ihm fest.

(iv) Sie gesteht ihr Vorurteil ein und verspricht, sich zu ändern.

12 Vgl. S. Freud, *Die Zukunft einer Illusion*, S. 164.

13 Vgl. B. Szabados, *A Note on Irrationality*, S. 387ff.

Nur dieses Verhalten ist rational. S hat ihren Fehler eingesehen und korrigiert ihn.

Aber auch in den Fällen (i) und (ii) ist es potentiell möglich, die Irrationalität in Rationalität zu überführen, indem man S über ihre Illusionen aufklärt. Vorausgesetzt werden muß bei dieser Möglichkeit natürlich, daß die Person grundsätzlich den Wunsch hat, rational zu sein. Wer wie in Fall (iii) zu seiner Irrationalität steht, der kann nicht aufgeklärt werden, sondern dem kann man nur noch versuchen zu zeigen, daß es auch in seinem Interesse liegen kann, rationale Meinungen zu haben. In den ersten beiden Fällen hält S sich selbst für durchaus rational. Nur die Fähigkeit der Verdrängung und Täuschung über ihre Meinungen ermöglicht es ihr, von der Revision ihrer Überlegung und ihres Vorurteils abzusehen. Aufklärung besteht nun in einer Form immanenter Kritik. Man zeigt dem Betreffenden, daß er seinen eigenen Ansprüchen nicht gerecht wird. Selbsttäuschung und Rationalisierung müssen als solche bewußt gemacht werden. Unter einer Rationalisierung im pejorativen Sinn versteht man den Umstand, daß jemand für seine Meinung (oder Handlung) Gründe angibt, die die Meinung zwar rechtfertigen, aber die nicht wirklich die Gründe waren, aufgrund derer er die Meinung (oder Handlung) gebildet hat.

Zum Begriff der Rationalität gehört wesentlich der Prozeß der Aufklärung über Irrationalität, weil nur so die eigentlichen Gründe ihre Geltung erlangen können. Aufklärung umfaßt nicht nur das Ausräumen der Irrtümer, sondern auch die Befreiung von Illusionen. Dem Subjekt sollen die Ursachen und Gründe seiner Meinungen bewußt (gemacht) werden. Daher muß sich das Subjekt, will es vernünftig sein, reflexiv zu seiner eigenen Meinungsbildung verhalten, um so die systematischen Beschränkungen psychologischer Art zu durchschauen, denen die eigenen kognitiven Prozesse eventuell unterworfen sind. Selbstreflexion ist daher eine Voraussetzung von Rationalität. »Rational« als präskriptives Prädikat enthält also einerseits eine Beurteilung einer Meinung (oder Handlung etc.), und andererseits enthält es die Aufforderung an die Subjekte, sich ihrer Subjektivität und deren Begrenztheit bewußt zu werden.[14]

14 Beide Aspekte sind miteinander verträglich, weil sie sich ineinander umformulieren lassen. Beurteilungen einer Meinung lassen sich in Aufforderungen an den Meinenden umformulieren, und subjektbezogene Auffor-

Rationalität und Irrationalität lassen sich nur von solchen Meinungen prädizieren, die sich auf Gründe stützen können. Das ist der Sinn von »rational« und »irrational« im Gegensatz zu »arational«. Arationalität war vorläufig als all dasjenige bestimmt worden, was für Vernunft überhaupt nicht zugänglich, eben überhaupt vernunftlos ist. Jetzt kann ich präzisieren: Für Vernunft überhaupt nicht zugänglich zu sein, heißt, prinzipiell für Gründe nicht zugänglich, durch Gründe nicht beeinflußbar zu sein und durch Gründe nicht zu rechtfertigen zu sein. Meinungen, die sich überhaupt nicht auf Gründe stützen können, können weder rational noch irrational sein. Vernunftlos ist das, was seiner Art nach außerhalb des Bereichs der Rationalität steht, wie das Verhalten von (niederen) Tieren oder Reflexbewegungen u. ä.

Insoweit scheint das Kriterium für Arationalität klar und eindeutig. Doch der Schein trügt. Da sind zum einen Meinungen, die nicht der Begründung fähig sind, z. B. solche über subjektive, innere Zustände oder über direkte Sinneseindrücke. Isoliert betrachtet können sie weder als rational noch als irrational beurteilt werden, aber sie befinden sich in einem Vernunftkontext, sofern sie im Zusammenhang anderer Meinungen und Handlungen stehen. Deshalb ist mir nicht ganz klar, ob wir solche Meinungen arational nennen können. Die Unterscheidung zwischen rationalen und irrationalen Meinungen einerseits und arationalen andererseits darf offenbar nicht als exklusive aufgefaßt werden.

Zum anderen bestehen Schwierigkeiten bei der Klassifikation zwanghafter Meinungen. Wenn S's Meinung durch Überlegung, d. h. durch den Gebrauch von Gründen nicht verändert werden kann, dieselbe Meinung aber bei anderen durch das Nennen von Gründen beeinflußbar ist, gilt S's Meinung als zwanghaft. Unterliegt die Person psychologischen Beschränkungen, die die Form von Zwanghaftigkeit angenommen haben, ist die Person auch für die Gründe, die im Prozeß der Selbstreflexion eine Rolle spielen, nicht mehr zugänglich. Zwanghafte Meinungen können nicht durch den bloßen Gebrauch von Vernunftargumenten verändert werden. Ist eine zwanghafte Meinung deshalb arational, oder sollte man nicht lieber sagen, daß Zwanghaftig-

derungen lassen sich als Aufforderungen zur Herstellung einer vernünftigen Meinung deuten. Vgl. J. Mittelstrass, *Von der Vernunft*, S. 127.

keit ein besonders starker Grad von Irrationalität ist? Daß eine Korrektur dieser Meinung durch das Bewußtmachen von Gegenargumenten nicht möglich ist, spräche dafür, zwanghafte Meinungen als arational einzustufen. Andererseits sind zwanghafte Meinungen nicht prinzipiell unveränderbar. Sie können durch eine Psychotherapie oder sonstwie verursachte Veränderungen der Persönlichkeitsstruktur in den Einflußbereich der Vernunft (zurück-)geholt werden. Dieser Prozeß kann nicht im engeren Sinn als Aufklärung verstanden werden, da die Veränderung nicht mehr nur durch Gründe motiviert ist. Um Zwanghaftigkeit zu beseitigen, reicht es nicht, deren Existenz und Ursache der Person bewußt machen zu wollen. Gerade aufgrund ihrer psychologischen Beschränkung ist sie gar nicht in der Lage, die Zwanghaftigkeit ihrer Meinungen zu durchschauen. Die Zwanghaftigkeit ist nur durch eine Veränderung ihrer Psyche (z.B. durch Gegenkonditionierung) aufzuheben. Würde man zwanghafte Meinungen arational nennen, hieße das in solchen Fällen, daß vernunftlose Meinungen vernünftig würden. Das klingt merkwürdig, wenn es sich um dieselbe Meinung handeln soll. Ich schlage daher folgende Einteilung vor: Arational sind die Meinungen, die ihrer Art nach außerhalb des Bereichs der Vernunft liegen: irrational_1 sind unbegründete und schlecht begründete Meinungen, die durch Argumentation in rationale Meinungen überführt werden können; irrational_2 sollen die zwanghaften Meinungen heißen, die nur durch eine wie auch immer verursachte Beeinflussung der Persönlichkeitsstruktur in den Bereich der Rationalität hineingeholt werden können. Ich halte es für gleichgültig, ob man die Differenzierung zwischen »prinzipiell vernunftlos« und »wegen psychologischer Beschränkung nicht für Gründe zugänglich« in den Bereich des Wortes »arational« oder »irrational« legt. Es kommt nicht auf die Worte an, sondern darauf, daß diese Unterscheidung klar formuliert werden kann.

2. *Rationalität von Handlungen*

Rational nennen wir im praktischen Bereich in erster Linie Handlungen, in zweiter Linie Vorsätze, Absichten und Wünsche bzw. Ziele. Um eine Handlung als solche überhaupt beurteilen zu können, muß diese willentlich vollzogen worden sein.[15] Kann eine Person keine Kontrolle über ihr Tun ausüben, sprechen wir im strengen Sinn gar nicht von Handlungen. Die Person kann für die Folgen ihres Tuns nicht verantwortlich gemacht werden. Das Kriterium, das ermöglicht, die Verantwortlichkeit eines Menschen für eine Handlung zu messen, ist die Wirksamkeit von rationaler Überlegung bei der Veränderung von Verhalten.[16] Eine Person gilt nur als verantwortlich für diejenige Handlung, die durch den Gebrauch von Gründen verändert werden kann oder hätte verändert werden können. Das Beispiel des Mannes, der ständig seine Hände wäscht, mag dies verdeutlichen. Er wäscht seine Hände permanent, wie er sagt, aus hygienischen Gründen, weil er glaubt, sonst von Keimen vergiftet zu werden. Er kann nun mit besten medizinischen Belegen davon überzeugt werden, daß sein Glauben grundlos ist. Der Test besteht jetzt darin zu sehen, ob seine veränderte Überzeugung ein verändertes Verhalten hervorbringt. Bei einem zwanghaft sich die Hände Waschenden ist dies nicht der Fall; es findet keine Veränderung statt. Neurotisches und zwanghaftes Verhalten wird oft durch dieses Charakteristikum definiert. Ein Verhalten, das durch den Gebrauch von Gründen nicht wirksam verändert werden kann, will ich entsprechend der Verwendung der Terminologie bei Meinungen $irrational_2$ nennen. Nur durch Gründe beeinflußbare, d. h. für Überlegungen zugängliche Handlungen können rational oder $irrational_1$ sein.

Nicht jede Handlung, die freiwillig vollzogen wird, ist begründbar. Außer der Freiwilligkeit bedarf es zusätzlich einer Zielgerichtetheit, um eine Handlung als rational oder irrational bewerten zu können. Eine Handlung ist zielgerichtet oder absichtlich, wenn man irgend etwas mit seiner Handlung erreichen will. Wo man nichts mit einer Handlung bezweckt, ist es abwegig, sie als vernünftig bzw. unvernünftig bezeichnen zu wollen. Nicht-intentionales Verhalten kann in diesem Sinn weder als rational noch als irrational bezeichnet werden.

Die gewöhnliche Verwendung des Rationalitätsbegriffs mit Be-

15 Vgl. die sechs »necessary conditions for the reasonableness of actions« von M. Black, *Reasonableness*, S. 201 ff.

16 Vgl. auch für das Folgende J. Hospers, *Die Reichweite menschlicher Freiheit*, S. 99 ff.

zug auf Handlungen bzw. Verhalten setzt also Intentionalität voraus. Absichtlich handeln können nach allgemeiner Auffassung nur intelligente Individuen (Menschen und evtl. höhere Tiere). Im Gegensatz dazu wird in den Sozialwissenschaften manchmal auch von sog. Systemrationalität gesprochen. Danach besteht (system-)rationales Verhalten in der optimalen Adaptation an die Umgebung oder in einem Funktionszusammenhang eines beliebigen Systems. Der Begriff der Systemrationalität setzt keine Absichtlichkeit voraus und kann sich deshalb auf alle Entitäten, sog. Systeme, beziehen, die so beschrieben werden können, *als ob* sie zum Zweck der Selbsterhaltung auf ihre Umwelt reagieren. Die Erklärung solchen Verhaltens ist nicht intentional, sondern funktionalistisch: Das Verhalten wird erklärt mit Bezug auf eine unterstellte objektive Funktion des Systems. Der hier benutzte Sinn von Zweck besagt z.B., daß auch ein Coca-Cola-Automat den Zweck hat, Flaschen auszuwerfen, wenn er mit Münzen gefüttert wird. »Systemrational« scheint mir daher soviel zu bedeuten wie »als-ob-rational«. Daraus folgt, daß der Ausdruck »systemrational« von der intentionalen Bedeutung von »rationaler Handlung« abgeleitet ist. Weil es sich bei Systemrationalität um eine spezielle Begriffsprägung handelt, die nur Ähnlichkeit zum gewöhnlichen Verständnis von Rationalität hat, beziehe ich mich im folgenden nur auf die Bedeutung von »rational«, für die Absichtlichkeit eine notwendige Bedingung darstellt.

Wenn eine Handlung um eines bestimmten Zwecks willen oder mit einer bestimmten Absicht ausgeführt wird, wird eine Überlegung angestellt. Nur in bezug auf eine solche der Handlung vorgelagerte mögliche Überlegung, das angestrebte Ziel nach der besten Möglichkeit zu realisieren, können wir fragen, ob es vernünftig war oder ist, so zu handeln. Wir beurteilen, ob die Überlegung vom Handelnden richtig durchgeführt wurde und ob die ausgeführte Handlung mit dem Resultat der Überlegung übereinstimmt. Zweckgerichtetheit ist daher eine notwendige Bedingung für die Rationalität von Handlungen. Sie ist aber keine hinreichende Bedingung. Rationalität von Handlungen kann nicht allein durch bloße Intentionalität definiert werden. Wenn jemand angeben kann, was er mit einer Handlung beabsichtigt, heißt das noch nicht, daß wir sie deshalb als rational bezeichnen würden. Vielmehr bedarf es zusätzlich einer kritischen Beurteilung der vor der Handlung angestellten Erwägung und Abwägung aller relevanten Faktoren. Eine Handlung nennen wir dann rational, wenn sie auf der Grundlage bestimmter Informationen eine optimale Aussicht auf Erlangung ihrer Ziele bietet. Die Beurteilung der Rationalität von Handlungen hängt (ebenso wie die von Meinungen) mit ihrer Begründbarkeit zusammen:

> Eine Handlung ist rational, wenn der Handelnde begründen kann, warum er tut, was er tut.

Wie begründen wir Handlungen? An dieser Stelle sei soviel gesagt:[17] Bei der sog. *Zweckrationalität* wird eine Handlung relativ zu dem ihr vorgegebenen Zweck beurteilt, den sie erreichen soll.[18] Begründet wird, daß sich der angestrebte Zweck am

17 Eine eingehendere Analyse von Handlungsrationalität und -begründung erfolgt in Kap. V.

18 Dieser Ausdruck stammt von Max Weber. In *Wirtschaft und Gesellschaft* § 2 unterscheidet Weber vier Typen sozialen Handelns: zweckrationales, wertrationales, affektuelles und traditionelles Handeln. Webers Begriff der Zweckrationalität, der den Ausgangs- und Angelpunkt seiner ganzen Rationalitätsdiskussion darstellt, ist einigermaßen deutlich. Die knappe Definition lautet: »Zweckrational handelt, wer sein Handeln nach Zweck, Mittel und Nebenfolgen orientiert und dabei sowohl die Mittel gegen die Zwecke, wie die Zwecke gegen die Nebenfolgen, wie endlich auch die verschiedenen möglichen Zwecke gegeneinander rational abwägt: also jedenfalls weder affektuell (und insbesondere nicht emotional), noch traditional handelt.« (*Wirtschaft und Gesellschaft*, S. 13) Webers Hierarchie der Handlungstypen ist auf den Typus des zweckrationalen Handelns hin angelegt, so daß alle anderen Handlungstypen als spezifische Abweichungen eingestuft werden können. Unter dem Aspekt der Zweckrationalität kann eine Handlung nur in dem Maß rational sein, in dem sie nicht *blindlings* durch Affekte oder durch Traditionen oder durch Werte gesteuert wird. »Rein wertrational handelt, wer ohne Rücksicht auf die vorauszusehenden Folgen handelt im Dienst seiner Überzeugung von dem, was Pflicht, Würde, Schönheit, religiöse Weisung, Pietät oder die Wichtigkeit einer ›Sache‹, gleichviel welcher Art, ihm zu gebieten scheinen.« (*Wirtschaft und Gesellschaft*, S. 12) »Vom Standpunkt der Zweckrationalität aus aber ist Wertrationalität immer, und zwar je mehr sie den Wert, an dem das Handeln orientiert wird, zum absoluten Wert steigert, desto mehr: irrational, weil sie ja um so weniger auf die Folgen des Handelns reflektiert, je unbedingter allein dessen Eigenwert (reine Gesinnung, Schönheit, absolute Güte, absolute Pflichtmäßigkeit) für sie in Betracht kommt.« (*Wirtschaft und Gesellschaft*, S. 13)

besten durch das angewandte Mittel bewirken läßt. Beurteilt wird die Mittelrichtigkeit. Es ist nur dort angemessen, von rationalen Handlungen zu sprechen, wo es partielles Wissen über die Verfügbarkeit und Effizienz der Mittel gibt. Denn die Handlungsbegründung greift zurück auf die Meinungen des jeweils Handelnden. Die Handlung gilt als rational, wenn die ihr zugrundeliegende Meinung über die Mittel-Zweck-Beziehung rational ist. Die Rationalität von Handlungen ist daher relativ zu den Meinungen, die S zu t hat. Insofern können für zwei verschiedene Personen unter denselben Bedingungen unterschiedliche Handlungsweisen rational sein, obwohl beide dasselbe Ziel verfolgen. Denn sie besitzen jede eine andere Menge von theoretischen Meinungen. Da ihre Meinungen nicht wahr zu sein brauchen, nur rational, garantiert die Rationalität ihrer Handlungen noch nicht deren Erfolg. Das Scheitern eines zweckrationalen Handlungsversuchs läßt auf falsche theoretische Meinungen schließen.

Nicht alle Handlungen scheinen durch Mittel-Zweck-Bezie-

Bei Webers Definition mag auffallen, daß es nicht nur um das Finden der besten Mittel bei gegebenen Zwecken geht. Beim Abwägen der Mittel gegen die Zwecke und erst recht beim Abwägen der Nebenfolgen gegen die Zwecke stehen nicht nur Mittel, sondern auch Zwecke zur Disposition. Zweckrationalität bei Max Weber umfaßt also zwei Elemente: instrumentelle Rationalität, die sich auf die Wahl der Mittel bei gegebenen Zwecken bezieht, und Rationalität der Zwecke, womit Weber eine nach formalen und logischen Regeln erfolgende Abwägung der Zwecke meint, d.h. Konsistenz der Zwecke. Eine darüber hinausgehende Begründung oder Rechtfertigung von Zielen und Werten scheint Weber unmöglich. Vgl. M. Weber, *Methodologische Schriften*, S. 229ff.

Rationalität und deren Manifestationen im Prozeß der Rationalisierung gelten allgemein als ein wichtiges, wenn nicht das wichtigste Thema im Werk Max Webers, bes. in *Wirtschaft und Gesellschaft* und *Gesammelte Aufsätze zur Religionssoziologie*. Trotz der Zentralität dieses Begriffs in seinem Werk bietet Weber nirgendwo eine bündige und kohärente Erklärung der Termini »rational«, »Rationalismus« und »Rationalisierung«; statt dessen findet sich eine fragmentarische Diskussion dieser Themen über sein ganzes Werk verstreut. So wird denn auch in der Sekundärliteratur Webers weithin ungeklärter Rationalitätsbegriff moniert – trotz seiner ungeheuren Bedeutung und späteren Wirkung. Vgl. J. Habermas, *Theorie des kommunikativen Handelns*, Bd. I, Kap. II, bes. 207f. Viel Klarheit bringt S. Kalberg, *Max Webers Typen der Rationalität*.

Thank you.

hungen begründet zu werden. Eine wichtige andere Begründungsart besteht prima facie in der Nennung von Normen und Regeln als Gründe. In einer Situation (eines bestimmten Typs) handelt man in einer bestimmten Art und Weise, weil es die Norm oder Regel vorschreibt. Die Rationalität eines solchen Handlungstyps läßt sich auch auf Zweckrationalität zurückführen. Die Rationalität solcher Handlungen hängt nämlich von der Begründetheit der Meinung ab, daß in der spezifischen Situation, in der man sich befindet, ein Anwendungsfall der Regel oder Norm vorliegt, und von dem Wunsch, dieser Norm zu folgen.

Bei diesem ersten, groben Überblick drängt sich der Eindruck auf: Eine Handlung ist rational immer dann, wenn sie auf einer begründeten Mittel-Zweck-Meinung und einem Zweck beruht. Wie diese Begründungsstruktur näher zu analysieren ist, wird in Kapitel V dargelegt.

Ein wichtiger Punkt ist bis jetzt noch unberücksichtigt geblieben. Handlungen, so wurde gesagt, können begründet werden mit Bezug entweder auf Ziele und Zwecke oder Normen und Regeln. Sowohl die Ziele als auch die Normen gelten in solchen Begründungen als vorgegeben. Für die Rationalität von Handlungen scheint es zunächst unerheblich, ob jemand darin gerechtfertigt ist, den Zielen und Regeln zu folgen, an die er sich hält. Aber dabei handelt es sich um eine Verkürzung des Rationalitätsbegriffs. Zum einen können wir uns als mit Vernunft begabte Wesen überlegen, was wir (eigentlich) wollen und welche Regeln wir freiwillig befolgen wollen. Zum anderen sind uns in einer Situation normalerweise nie genau ein Ziel oder eine Norm vorgegeben, sondern wir haben verschiedene Interessen, und je nachdem, wie wir handeln wollen, sind unterschiedliche Regeln einschlägig. Was wir in solchen Fällen tun, ist, daß wir uns die praktische Frage stellen, welche Handlung in der Situation die für uns beste ist. In einer solchen praktischen Überlegung muß man berücksichtigen, was man in der Situation überhaupt tun kann, welche Möglichkeiten und Fähigkeiten gegeben sind. In Kenntnis der äußeren Situationsbedingungen sowie seiner eigenen Fähigkeiten muß man seine verschiedenen handlungsbezogenen Wünsche abwägen. Zu einer vollständigen Handlungsbegründung würde es demnach nicht ausreichen, eine Handlung relativ zu bestimmten Wünschen oder

Regeln zu begründen. Zusätzlich bedürfte es einer Begründung, warum man in dieser Situation dieses Ziel anstrebt oder nach dieser Regel handeln will. Zur Handlungsbegründung gehört also als zweiter und bei weitem wichtigerer Schritt der Rechtfertigung die Entscheidung für das Handlungsziel, das man zu realisieren beabsichtigt. Eine rationale Person wird alle relevanten Faktoren sowie ihre kurzfristigen und langfristigen Interessen berücksichtigen und im Licht ihrer Folgen und Nebenfolgen beurteilen und dann zwischen den verschiedenen alternativen Zielen wählen. Kann diese Wahl begründet werden, d.h. können Ziele und Regeln selbst nochmals als gerechtfertigt ausgewiesen werden? Dieser für die praktische Philosophie zentralen Frage soll in den Kapiteln VI und VII nachgegangen werden.

3. *Rationalität von Personen*

Wir bezeichnen eine Person als rational, wenn sie sich gewöhnlich in ihren Meinungen und Handlungen nach Gründen richtet. Rationalität im Sinn von absichtlich und bewußt rationalem Verhalten läßt sich nur Personen zuschreiben. Eine rationale Person muß drei Kriterien erfüllen: 1.) Sie muß Meinungen haben, von denen sie will, daß möglichst viele von ihnen rational sind. 2.) Sie muß Wünsche haben, von denen sie will, daß möglichst viele von ihnen rational sind. Die Punkte (1.) und (2.) setzen voraus, daß rationale Wesen Wünsche einer höheren Stufe besitzen, d.h. Wünsche, die sich darauf beziehen, daß ihre Meinungen, Wünsche und Handlungen rational sein mögen. 3.) Sie muß dazu disponiert sein, sich rational zu verhalten, d.h. die höherstufigen Wünsche müssen wirksam sein. Rationalität von Personen ist wesentlich eine *Disposition*, genauer gesagt, ein komplexes Bündel von Dispositionen höherer Stufe, die wiederum Tendenzen darstellen, sich in bestimmten Arten von Situationen auf charakteristische Weise zu verhalten. Oft beruht die Zuschreibung von Rationalität bezüglich Personen auf früheren Beobachtungen gewisser Äußerungen einer rationalen Einstellung der Person. Ob wir Personen in diesem deskriptiven Sinn im ganzen rational oder irrational nennen, ist dabei eine Sache des Grades. Jeder von uns handelt manchmal irrational

oder hat irrationale Überzeugungen. Wie stark die einzelnen Handlungen oder Meinungen oder wie viele Handlungen oder Meinungen irrational sein müssen, um im allgemeinen an der Rationalität der betreffenden Person zu zweifeln, ist nicht präzise angebbar.
Oft wird Personen Rationalität einfach unterstellt. Wir machen diese Unterstellung relativ häufig und können kaum auf sie verzichten, wenn wir uns das Handeln von Personen verständlich machen wollen. Neben der Möglichkeit funktionaler und physikalischer Beschreibungen benutzen wir am häufigsten die rationale Erklärung menschlichen Verhaltens.[19] Menschliches Handeln kann erklärt und prognostiziert werden, indem man der Person den Besitz gewisser Informationen zuschreibt, von ihr annimmt, daß sie von bestimmten Intentionen geleitet wird, und sich dann auf der Grundlage dieser Zuschreibung und Annahme die vernünftigste und angemessenste Handlung überlegt.[20] Die Information, daß die handelnde Person S in einer Situation (eines bestimmten Typs) war und daß in einer derartigen Situation die rationale Handlung H ist, liefert zwar Gründe für die Überzeugung, daß es für S rational gewesen wäre, H zu tun, aber keine Gründe für die Überzeugung, daß S H tatsächlich deshalb getan hat. Um diese letzte Überzeugung zu rechtfertigen, benötigt man die weitere Annahme, daß S eine rational handelnde Person war und die Disposition hatte, alles zu tun, was unter den gegebenen Umständen rational war. Rationalität ist unser primäres Konstruktionsprinzip von Erklärung. Wenn sich herausstellt, daß die Person irrational ist, ist das ein zusätzliches Explanandum. Wenn wir diese Rationalitätsstrukturen nicht zugrunde legen würden, wären Handlungen kaum erklärbar.
Bei uns selbst gehen wir ebenfalls von der Rationalitätsunterstellung aus. Wir versuchen im Zweifelsfall, unsere Rationalität zu retten, indem wir leichte mentale Störfaktoren wie Versagen, Täuschung etc. zur Entschuldigung anführen. Wir tun dies, um unserem Verhalten weiterhin Sinn zu geben. Wir wollen die Rationalitätsunterstellung so spät wie möglich fallenlassen. Das zeigt, was für einen wichtigen Stellenwert Rationalität in unse-

19 Vgl. C.G. Hempel, *Rationales Handeln*, S. 396ff.
20 Vgl. D.C. Dennett, *Intentionale Systeme*, S. 165f.; auch schon: M. Weber, *Wirtschaft und Gesellschaft*, § 1.

rer Selbstbeschreibung und in unserem Selbstverständnis einnimmt. Wir wollen in der Regel rationale Personen sein, d.h. wir haben das übergeordnete Ziel, rational zu sein. Mit Bezug auf diesen Wunsch kann Irrationalität als ein Vorwurf verstanden werden. Bei Individuen, die rational sein wollen und denen man zeigen kann, daß sie irrationale Meinungen oder Wünsche haben oder irrational gehandelt haben, fungiert dieser Nachweis als interne Kritik. Die Person hat sich nicht entsprechend ihrem höherstufigen Wunsch verhalten. Rationale Personen werden deshalb, sobald sie den Fehler einsehen, ihren Wunsch, ihre Meinung oder Handlung ändern.

Damit ein Wesen rational sein kann bzw. Rationalität exemplifizieren kann, müssen zwei allgemeine Voraussetzungen für Rationalität erfüllt sein: Rational können nur Wesen sein, die Sprache besitzen und frei sind.

Sprache – Wenn wir eine Person als rational bezeichnen, sprechen wir ihr die Fähigkeit zu, begründen zu können. Daß man Sprache benutzen muß, um Gründe auszudrücken, ist trivial. Die Frage ist aber, ob Sprache vorausgesetzt sein muß, um überhaupt Gründe haben zu können. Begründung impliziert einen Schluß, entweder vom Allgemeinen zum Speziellen oder vom Speziellen zum Allgemeinen. Daraus folgt, daß man sich bei der Begründung auf generelle Sachverhalte beziehen können muß.[21] Rationalität besteht in der Fähigkeit, bestimmte gegebene Tatsachen in bestimmter angemessener Weise mit anderen zu vereinigen oder zu ihnen in Beziehung zu setzen. Eine unartikulierte, lediglich im Verhalten sich manifestierende Assoziation des speziellen Phänomens A mit einem Phänomen B reicht nicht aus, sondern wir verlangen eine Formulierung dieses Zusammenhangs in Meinungen der Form: »Immer wenn A, dann B« oder »Alle A sind B«, damit gefolgert werden kann: »B, weil A«. Ein rationales Wesen ist deswegen rational, weil es in der Lage ist, sich auf generelle Sachverhalte zu beziehen. Das, so wird gängig behauptet, können Tiere nicht. Nur rationale Wesen vermögen generelle Urteile zu bilden, und zwar mittels Sprache. Denn sich auf generelle Sachverhalte beziehen zu können, ist die Fähigkeit, mit sprachlichen Prädikatoren umgehen zu können.[22]

21 Vgl. J. Bennett, *Rationalität*.

22 Das ist die Position des Nominalismus, so wie er von L. Wittgenstein in den *Philosophischen Untersuchungen* vertreten wird.

Die Bedeutung eines Prädikats zu kennen heißt, grammatisch sinnvolle Sätze damit bilden zu können. Dazu muß man den Rahmen sinnvoller Sätze kennen, in denen das Prädikat sinnvoll auftreten kann. Den Spielraum sinnvoller Sätze zu kennen bedeutet, ein ganzes Sprachspiel mit seinen Inferenzregeln zu kennen. Wenn zu einer Begründung universelle Aussagen benötigt werden, dann können Begründungen nur sprachlich gegeben werden. Denn nur in der menschlichen Sprache ist es möglich, allgemeine (Wenn-dann- bzw. All-)Sätze zu bilden und diese von singulären oder partikularen zu unterscheiden. Diese Fähigkeit stellt eine notwendige Bedingung für Begründung dar. Zur Rationalität einer Person gehören also die Fähigkeiten, mit Begriffen richtig umzugehen, generelle Urteile bzw. Gesetze zu bilden und Wahrheitswerte zu unterscheiden.[23]

Freiheit – Wenn wir einer Person bezüglich einer bestimmten Meinung Irrationalität bescheinigen (im Gegensatz zur Arationalität), dann behaupten wir, diese Person hätte sich, wenn sie andere Gründe berücksichtigt hätte, anders entschieden bzw. anders entscheiden können. In diesem Sinn hat Rationalität etwas mit Freiheit (und Verantwortung) zu tun. Halten wir diese Person nämlich in ihrer Entscheidung für nicht mehr beeinfluß-

23 D. Davidson vertritt in *Rational Animals* die Auffassung, daß ein Wesen keine Gedanken, Meinungen oder propositionalen Einstellungen haben kann, wenn es nicht über eine Sprache verfügt. Der Grund dafür lautet nach Davidson: (1.) Um eine Meinung zu haben, muß man notwendig einen Begriff der Meinung haben; (2.) um den Begriff einer Meinung zu haben, muß man Sprache haben (vgl. *Rational Animals*, S. 478). Davidson hält die nicht-sprachliche Evidenz für die Zuschreibung einer Meinung für zu schwach, um dieser Meinung einen spezifischen Inhalt zuschreiben zu können. So könne man z. B. dem Hund nicht die Meinung zuschreiben, daß die Katze auf dem Baum sitzt, weil nicht klar unterschieden werden könne zwischen der Proposition: (a) die Katze ist auf der Eiche oder (b) die Katze ist auf dem ältesten Baum in Sichtweite. Wie viele andere auch halte ich Davidsons radikale Ansicht für unplausibel. Wenn die Auffassung wahr wäre, hätten selbst Menschen, die eine in Teilbereichen weniger differenzierte Sprache sprechen, keine Meinungen. Welche Meinung sollten z. B. Eskimos, die angeblich über eine viel größere Differenzierung von Prädikaten für weiße Farbtöne in ihrer Sprache verfügen, uns Mitteleuropäern zuschreiben, wenn wir sagen: Der Eisbär ist weiß. Dieser Punkt gegen Davidson stammt von B. Thöle, *The Explanation of First Person Authority*, Fn. 63.

bar mit Gründen, so gilt ihr Verhalten als zwanghaft und daher als nicht-rational (irrational$_2$). Auch Personen, die notwendig nicht wohlbegründete Meinungen bilden, sind nicht-rational (irrational$_2$), d.h. für Gründe nicht zugänglich. Eine rationale Person muß bezüglich einer bestimmten irrationalen Meinung oder Handlung potentiell in der Lage sein, ihren Fehler einzusehen und zu korrigieren. Es wird nicht vorausgesetzt, daß eine Person tatsächlich überlegt, sondern nur, daß sie die Fähigkeit zur Überlegung hat. Bei wem diese Fähigkeit zu einem Zeitpunkt stark reduziert (wie etwa bei Betrunkenen) oder gar nicht vorhanden ist, wer in diesem gegenüber dem Problem des Determinismus oder Indeterminismus neutralen Sinn unfrei ist, kann weder als rational noch als irrational$_1$ gelten, da er nicht in der Lage ist, überhaupt begründete Entscheidungen zu fällen.

Woran zeigt sich die rationale Einstellung einer Person? Die Person muß offen sein gegenüber berechtigter Kritik und neuer Erfahrung. Sie muß bereit sein, ihre Meinungen im Licht neuer Erkenntnisse und Einsichten zu modifizieren oder zu revidieren. Die Fähigkeit zur Selbstreflexion ist, wie schon ausgeführt, eine weitere wichtige Bedingung der Rationalität von Personen. Insofern sind völlig rationale Personen emanzipierte Menschen, deren aufgeklärtes Bewußtsein ihr eigenes Leben, den Stil ihrer sozialen Existenz, ihren Willen und ihr Selbstbewußtsein wesentlich bestimmt. Rationalität impliziert das Streben nach Autonomie.

Zusätzlich bedarf es noch einer gewissen Einheitlichkeit des Selbst- und Weltverständnisses einer Person. Das System von Meinungen, das eine Person zum Zeitpunkt t besitzt, sollte möglichst keine logischen Widersprüche enthalten. Natürlich schließt dieses Konsistenzgebot nicht aus, daß eine Person im Laufe der Zeit allmählich ihre Meinung völlig ändert. Im Zuge dieser Veränderungen wird es kurzfristig immer zu Inkonsistenzen kommen, bei denen sich die rationale Person allerdings fragen muß, welche ihrer Meinungen sie aufgeben will: die jeweils neue oder eine der alten, die zu der neuen im Widerspruch steht. Schwieriger ist es zu beurteilen, ob die Rationalität von Personen auch Einheitlichkeit in dem Sinn verlangt, daß Wertungen und Expressionen kohärent sein müssen. Eine minimale Konsistenz der Präferenzen ist sicherlich nötig. So darf z.B. die

Transitivität nicht verletzt werden: Wenn eine Person S lieber A mag als B und B lieber als C, so muß sie auch A lieber mögen als C. Müssen aber die Präferenzen zusammen ein wohlgeordnetes Ganzes ergeben, um die Person rational sein zu lassen? Ich glaube, eine solche Forderung deckt der Rationalitätsbegriff nicht mehr ab. Vielmehr hängt die Antwort auf diese Frage von der jeweiligen Analyse des Begriffs der Person ab. Ist man nämlich der Meinung,[24] Personen konstituieren sich zumindest zum Teil aus ihren Wünschen, z. B. durch ihre Antwort auf die Frage »Wer will ich sein?«, so scheint eine Einheitlichkeit der Wünsche (und Meinungen) verlangt zu sein. Ein solcher Personenbegriff hat allerdings den Nachteil zu implizieren, daß Saulus und Paulus nicht ein und dieselbe Person gewesen sein können. Eine Auffassung, die zumindest unserem Allgemeinverständnis nicht entspricht. Weil sich die Person zeitlich konstituiert, können ihre Wünsche wechseln. Außerdem ist nicht klar, warum man von zwei Wünschen, die sich zusammen nicht realisieren lassen, einen aufgeben muß, nur weil die Beschaffenheit der Umstände die gemeinsame Verwirklichung z. Zt. ausschließt.[25]

Neben der Rationalität von Personen (d. h. *individueller* Rationalität) reden wir im übertragenen Sinn von Rationalität von Personengruppen (d. h. *kollektiver* Rationalität). Diese Bedeutung von Rationalität, bezogen auf Einheiten mit mehr als einem Individuum (wie z. B. Haushalte, Firmen, staatliche Gebilde etc.), muß auf die Rationalität einzelner Individuen zurückgeführt werden. Denn rationales Handeln hängt ab von Meinungen und Wünschen. Gemäß dem Prinzip des methodologischen Individualismus kann es so etwas wie kollektive Meinungen und Wünsche nicht geben. Die Entscheidungen und Handlungen einer Gruppe kommen zustande, indem irgendein Verfahren benutzt wird, autoritär oder demokratisch, mit dem ein gemeinsames Verhalten festgelegt wird, z. B. wie eine Familie ›ihr‹ Einkommen ausgeben will. Handeln im Sinne dieser mehr oder weniger gemeinsamen Entscheidung kann dann nur das Individuum. Ein besonderes Problem ergibt sich dadurch, daß etwas, was für den Einzelnen, evtl. sogar für jeden Einzelnen, rational ist, noch lange nicht für die Gesamtheit aller rational sein muß.

24 So z. B. D. Dennett, *Bedingungen der Personalität*, S. 303 ff.

25 Vgl. dazu Kap. V.2.3.

Dieses Problem ist besonders virulent bei der Begründung von Moral und bei der Beurteilung politischer Prozesse. Denn hier müsssen Verfahren für gemeinsame Entscheidungen entwickelt werden, die das gemeinsame Wohl fördern, und zwar so, daß es wegen des besseren Ergebnisses für jeden einzelnen rational ist, diese Entscheidung mitzutragen.

4. *Rationalität von Expressivem, Evaluativem und Emotionalem*

Lassen sich Rationalität oder Irrationalität in allen Bereichen menschlicher Handlungen und Verhaltensweisen prädizieren? Kandidaten, die bisher noch nicht berücksichtigt wurden, aber manchmal rational oder irrational genannt werden, sind vor allem Expressionen, Evaluationen und Emotionen. Im Bereich des Expressiven, Evaluativen und Emotionalen könnten Äußerungen und Verhalten nur rational sein, wenn für sie gute Gründe bestehen.[26]

Als rational soll – nach der Auffassung von Habermas[27] – eine Expression gelten, wenn sie wahrhaftig ist. Aber weil expressive Äußerungen sich auf Erlebnisse beziehen, die für eine bestimmte Person privilegiert zugänglich sind, sind expressive Selbstdarstellungen m. E. überhaupt nicht begründbar. Eine Expression ist die Äußerung eines unmittelbar wahrgenommenen inneren Zustands. Wie bei unmittelbarer Sinneswahrnehmung auch liegt hier kein Begründungs- und Überlegungszusammenhang vor, auf den wir Bezug nehmen, um die Expression als rational oder irrational beurteilen zu können. Als assertorischer Satz geäußert, impliziert jede Expression zwar den Anspruch auf Wahrheit, der aber gerade wegen des privilegierten Zugangs nicht intersubjektiv und separat begründet werden kann. Wenn – wie Habermas als Begründungsmodus vorschlägt[28] – einem Kritiker über ein enthülltes Erlebnis Gewißheit verschafft wer-

26 Diese Auffassung vertritt J. Habermas in *Theorie des kommunikativen Handelns*, S. 35-37, für den Bereich des Expressiven und Evaluativen.

27 J. Habermas, *Theorie des kommunikativen Handelns*, S. 35. Wahrhaftigkeit ist nach seiner Meinung der dritte »Geltungsanspruch« neben dem Anspruch auf Wahrheit und Richtigkeit.

28 Ebenda.

den soll, indem die betreffende Person die praktischen Konsequenzen zieht und sich in der Folge ihren Expressionen gemäß verhält, so verhält sich die Person auf diese Weise zwar konsistent, aber die einzelne Expression erweist sich dadurch nicht als rational im Sinne von begründet. Expressionen können allenfalls irrational in dem Sinn sein, daß sie in einem Verhältnis der Inkonsistenz zu anderen Expressionen und Evaluationen der Person stehen. Es ist jedoch möglich, den einzelnen Sprechakt der Expression als rational oder irrational zu bezeichnen mit Bezug auf die Situation und die Ziele, die man mit dieser Sprechhandlung verfolgt.

Evaluationen sind weder einfach expressiv, d.h. sie bringen weder ein bloß privates Gefühl zum Ausdruck, noch können sie normative Verbindlichkeit in Anspruch nehmen. Einer Evaluation liegen Wertstandards zugrunde, auf die wir Bezug nehmen müssen, um die Beurteilungen als angemessen erweisen zu können. Wertstandards können sich durch die Funktion der zu beurteilenden Gegenstände oder Handlungen ergeben. So ist ein Messer z.B. gut, wenn es scharf, stabil etc. ist, weil es dann seine Funktion am besten erfüllen kann. Insofern lassen sich Beurteilungen relativ zu vorgegebenen Funktionen begründen; sie können also rational sein. Die Funktion einer Handlung oder eines Gegenstandes wird durch das Ziel festgelegt, das man mit ihnen erreichen will. Damit hängt die Begründung letztlich von Wünschen ab. Andere Evaluationen sind direkt relativ zu eigenen Wünschen oder Zielen. Ob ich meinen Urlaub als gelungen betrachte, ist abhängig u.a. von meinen Vorstellungen von einem guten Urlaub, und das heißt schließlich von meinen Wünschen. So verweist die Frage nach der Rationalität von Bewertungen auf die nach der Rationalität von Wünschen (s. Kapitel VII).[29]

29 J. Habermas, *Theorie des kommunikativen Handelns*, S. 36, behauptet, daß für evaluative Äußerungen gute Gründe bestehen können: Sie müssen dann im Kontext kultureller Gewohnheiten verständlich sein. Angemessen seien Wertstandards und rational die Evaluationen dann, wenn die anderen Angehörigen derselben Lebenswelt unter den verwendeten Beschreibungen für die Evaluation ihre eigene Reaktion auf ähnliche Situationen wiedererkennen würden. Hier verwechselt Habermas Rationalität mit Normalität. Wir nennen eine Evaluation nicht irrational, weil sie inhaltlich unüblich, idiosynkratisch oder exzentrisch ist.

Bei einigen Emotionen und Gefühlen, z.B. bei einer Vorliebe für den Geruch fauliger Äpfel, haben wir keine Veranlassung, von (Ir-)Rationalität zu reden, denn subjektive Vorlieben z.B. für Gerüche, Geschmacksempfindungen etc. bedürfen keiner Begründung. Strukturell davon unterschieden sind Emotionen und Gefühle, die durch bestimmte Meinungen und Wünsche verursacht sind. Hier macht die Unterscheidung von Rationalität und Irrationalität insofern Sinn, weil wir es hier nicht mit in ihrem Wesen grundlosen Vorlieben, sondern mit Affekten zu tun haben, die auf einen Sachverhalt bezogen sind, z. B. bei einer Angst vor leeren Plätzen. Wenn die betreffende Person ihre Angst dadurch zu begründen versucht, daß sie meint, leere Plätze seien gefährlich, so hängt unsere Rationalitätsbeurteilung dieses Affekts davon ab, ob die Person zu dem Zeitpunkt gute Gründe hat, den implizierten Sachverhalt für wahr zu halten, d.h. zu glauben, daß leere Plätze gefährlich sind. Die Rationalität einer solchen Emotion hängt also von der Rationalität der ihr zugrunde liegenden Meinungen ab. Dementsprechend ist die Emotion irrational, wenn die ihr zugrunde liegende Meinung nicht wohlbegründet ist.[30] Emotionen hängen auch von Wünschen ab, so bin ich z. B. traurig, weil sich etwas nicht erfüllt, das ich mir wünsche. Wenn man den Wunsch allerdings nicht wirklich hat oder etwas eingetreten ist, was man sich viel mehr wünscht, sollte man rationalerweise nicht traurig sein. Hier ist allerdings eine wichtige Einschränkung zu machen: Emotionen sind psychologische Zustände, die sich von propositionalen Einstellungen dadurch unterscheiden, daß sie nicht wie Meinungen hauptsächlich von Evidenzen abhängen, sondern auch von Charaktereigenschaften und Stimmungen, wie Depression, Wut, Haß, Liebe etc. Emotionen werden nicht allein aus Meinungen und Wünschen hergeleitet. Emotionen enthalten oder beziehen sich auf Gefühle, und Gefühle sind, sofern sie nicht auf Wünsche zurückzuführen sind, arational. In dieser Hinsicht sind Emotionen auch oft arational. Daneben können Emotionen auch in einem zweckrationalen Sinn als rational oder irrational eingestuft werden, indem man prüft, ob es zweckra-

30 Vgl. A.O. Rorty, *Varieties of Rationality, Varieties of Emotion*, S. 334. Verschiedene Auffassungen der Rationalität von Emotionen finden sich u.a. in R. de Sousa, *The Rationality of Emotion*; A.O. Rorty (Hg.), *Explaining Emotions*, J. Elster, *Sadder but Wiser?*

tional ist, bestimmte Emotionen zu haben. Diese Einschätzung setzt allerdings voraus, daß es uns möglich ist, unsere Emotionen in bestimmtem Maße zu kultivieren. Nur insoweit eine Emotion absichtlich herbeigeführt oder unterdrückt werden kann, kann sie zweckrational oder irrational sein.

Gelegentlich findet man auch die Redeweise von sog. ästhetischer Rationalität.[31] Was kann damit gemeint sein? Zwei Bedeutungen lassen sich unterscheiden. Ästhetische Rationalität im ersten Sinn bezieht sich auf das wahrnehmende und beurteilende Verhalten derjenigen, die etwas als schön oder als Kunst erfahren. So verstanden korreliert ästhetische Rationalität mit rationaler Beurteilung. Ästhetische Urteile haben einen Wahrheitsanspruch, und die Frage ist, wie er begründbar ist. Mit Kant wird dabei auf die Eigenart des ästhetischen Gefühls als Leistung der reflektierenden Urteilskraft verwiesen. In dem Maß, in dem sich ästhetische Urteile begründen lassen, können sie in diesem ersten Sinn rational heißen. Dieser erste Sinn kann sich auch auf die ästhetische Produktion beziehen, als eine Art zweckgerichteter Handlung, deren Rationalität von der Rationalität des Urteils abhängt, daß der produzierte Gegenstand ein ästhetischer sei. Ästhetische Rationalität in einem zweiten Sinn soll sich auf so etwas wie das ›Rationale‹ im Ästhetischen oder in der Kunst beziehen, z. B. als Statthalter einer nicht-verdinglichten, nicht-seinsvergessenen, nicht-entfremdeten Vernunft oder Wahrheit. Dies kann ich nur so verstehen, daß das Kunstwerk bzw. die Rezeption von und der Umgang mit Kunst rational sein soll, weil – so könnte man sagen – ästhetische Erfahrungen und ästhetisches Verhalten zu einem ganzheitlichen, vernünftigen, unverkürzten Begriff von Lebens- und Weltverständnis gehörten. Ästhetische Praxis kann rational genannt werden, wenn mit Bezug auf bestimmte unserer Wünsche begründet werden kann, daß es wichtig ist, ästhetische Erfahrungen zu machen. Oder stärker: Ästhetische Praxis und ästhetische Kom-

31 Über ästhetische Rationalität wird in jüngster Zeit vor allem im Kontext der Frankfurter Schule gesprochen, seit sich herausgestellt hat, daß Habermas' Systementwurf bisher keinen Ort für die Eigenart des Ästhetischen vorsieht. Dabei soll das Ästhetische nicht in anderen Formen der Rationalität aufgehen, aber auch nicht ganz abseits von diesen stehen. Vgl. M. Seel, *Kunst der Entzweiung. Zum Begriff ästhetischer Rationalität.*

munikation sind rational nicht nur als Mittel zu anderen Zwekken, sondern auch weil ästhetische Rede durch die Überwindung der Grenzen gewöhnlicher Bedürfnisartikulation selbst und genuin ein Bedürfnis ersten Ranges erfüllt, nämlich nach unverkürztem kommunikativem Austausch von Menschen als Bedürfnissubjekten.[32]

5. *Die Problemstellung*

Aufgrund der bisherigen Analyse des Rationalitätsbegriffs läßt sich die allgemeine These formulieren:

> Als eine alle Anwendungssituationen umfassende Bedeutung von »Rationalität« erweist sich »wohlbegründet«. Etwas (Meinung, Handlung, Wunsch, Ziel, Norm etc.) ist rational, wenn es begründet, d.h. durch Gründe gerechtfertigt ist.[33]

Zwei Problemkreise werden den Fortgang der Untersuchung bestimmen:

32 Vgl. F. Koppe, *Grundbegriffe der Ästhetik*, II.4., bes. S. 137.

33 Diese Definition wird in Frage gestellt:
a) F. Kambartel bezweifelt in *Vernunft: Kriterium oder Kultur? Zur Definierbarkeit des Vernünftigen*, von einer wittgensteinianischen Position her, daß Vernunft als Kriterium, Prinzip oder Definition verstanden werden kann. Statt dessen handele es sich um eine Reihe verschiedener, obwohl miteinander auf vielfältige Weise verbundener Kriterien der Bewertung. Vernunft sei eine Kultur im Sinne einer nicht partikulären Praxis, die jede philosophische Analyse der Vernunft schon voraussetze. – Daß man Rationalität durch ein Kriterium definieren kann, glaube ich bisher schon angedeutet zu haben. In den weiteren Teilen der Untersuchung soll diese These belegt werden. Gegen Kambartels eigenen Vorschlag ist einzuwenden, daß die Rede von einer »grammatischen Kultur der Vernunft« Vernunft zum in der Regel affirmativen Teil einer (gesellschaftlichen) Wirklichkeit erklärt. Vernunft ist dann eine Eigenschaft von Verhältnissen statt Medium der Kritik. (Zu dieser Kritik an Kambartel vgl. J. Mittelstraß, *Von der Vernunft. Erwiderungen auf Friedrich Kambartel.*)
b) H. Schnädelbach, *Über Rationalität und Begründung*, kritisiert die Explikation von »Rationalität« durch »Begründung«, weil die beiden Begriffe in einem strikten Zirkelverhältnis zueinander stünden. Begründung müsse zusätzlich qualifiziert werden, um dem Sinn von Rationalität zu entsprechen. Bei dieser Qualifikation ließe sich kein von Rationalität un-

Auf einer ersten Ebene handelt es sich bei der Rationalität immer um eine relative Begründung. Meinungen werden relativ zu den Meinungen, Zielen und den Begründungsstandards begründet, die die betreffende Person zu t hat. Handlungen und Evaluationen werden relativ zu den ihnen zugrunde liegenden Meinungen und Zielen begründet, die ihrerseits rational sein müssen. Dort, wo nur relative Begründungen verlangt werden, benutzen wir »rational« in einem schwachen Sinn. Diesen Sinn nenne ich auch *formale* Rationalität. Es stellt sich von daher die erste Leitfrage: Gibt es daneben auch noch einen starken Rationalitätsbegriff, also das, was ich auch *substantielle* Rationalität nenne? Können die Kriterien, auf die wir uns zur (relativen) Begründung von Meinungen oder Handlungen beziehen, selbst nochmals als vernünftig ausgewiesen werden? Im theoretischen Bereich gäbe es möglicherweise neben dem schwachen auch einen starken Rationalitätsbegriff, dann nämlich, wenn sich zeigen ließe, daß die kulturellen Standards der Begründung (Gesetze und Theorien) ihrerseits transkulturell gerechtfertigt werden können. Diesem Problem, der Rationalität von Weltbildern, widmet sich Kapitel IV. Im praktischen Bereich erhielten wir dann einen starken Rationalitätsbegriff, wenn Normen oder Regeln (Kapitel VI) oder Ziele und Werte (Kapitel VII) ihrerseits begründet werden könnten.

Die beiden Hauptkandidaten für Rationalität sind Meinungen und Handlungen. Damit erhalten wir eine Unterscheidung von

abhängiges Prädikat angeben. – Einen Zirkel kann ich nicht sehen. Wie in den folgenden Kapiteln gezeigt werden wird, läßt sich »wohlbegründet« durch Rekurs auf prozedurale Regeln erklären. Daß man, um die Erklärung zu leisten, selbst Vernunft in Anspruch nehmen muß, macht den Inhalt der Erklärung nicht zirkulär. Vielmehr ist dies eine unausweichliche Lage: es handelt sich bei einer Analyse von Rationalität immer um eine Selbstaufklärung (fälschlicherweise substantiell gesprochen:) der Vernunft.

c) Die Explikation von Rationalität im Sinne von Wohlbegründetheit wird von allen Verfechtern von K. Poppers Falsifikationismus, den sog. kritischen Rationalisten, bestritten. Nach dieser Auffassung können Hypothesen nicht gerechtfertigt, sondern nur widerlegt werden. Es gibt danach keine guten Gründe. Vernunft bzw. Rationalität hängt demnach auch nicht an den guten Gründen, sondern an der kritischen Rolle der Prüfung und Zurückweisung von Hypothesen. Vgl. exemplarisch für diese Auffassung D. Miller, *A Critique of Good Reasons*.

Rationalität im theoretischen und praktischen Bereich. Die zweite Leitfrage bezieht sich auf das Problem, ob Rationalität im theoretischen und praktischen Bereich, über die gemeinsame Begriffsexplikation von »wohlbegründet« hinaus, das gleiche bedeutet. Läßt sich die Bedeutung von Rationalität von Handlungen auf den theoretischen Sinn von Rationalität reduzieren, so wie er bei der Begründung von Meinungen verwendet wird? Oder gibt es einen spezifisch praktischen Sinn von Vernünftigkeit? Kapitel V wird der Frage nachgehen, ob sich die relative Handlungsbegründung tatsächlich nur auf die Rationalität der zugrundeliegenden Meinungen bezieht oder ob die formale Handlungsrationalität nicht doch eine spezifisch praktische Komponente enthält. Sollte sich in Kapitel VI und VII zeigen, daß es im praktischen Bereich einen starken, substantiellen Rationalitätsbegriff gibt, hätten wir auf jeden Fall eine spezifisch praktische Handlungsbegründung. Die Frage nach der Möglichkeit praktischer Vernunft wäre dann positiv beantwortet. Gleichzeitig läßt sich auch andersherum fragen, ob sich der Begriff der Rationalität von Meinungen, gegen den ersten Anschein, auf den Rationalitätsbegriff, wie er im praktischen Bereich verwendet wird, beziehen läßt? Dies wird in den nächsten beiden Kapiteln II und III untersucht.

Dieses Kapitel I bzw. Teil I diente der Gewinnung der einheitlichen, sprachlichen Grundbedeutung von »rational« im Sinn von »wohlbegründet«. Der weitere Aufbau ergibt sich aus den beiden sich überschneidenden Einteilungen, in theoretische (Teil II) und praktische Rationalität (Teil III) einerseits und in relative (jeweils Teil A) und absolute Rationalität (jeweils Teil B) andererseits.

Teil II
Rationalität im theoretischen Bereich

A.
Relative theoretische Rationalität

In Kapitel I hat sich gezeigt, daß die eigentlich interessanten Kandidaten für Rationalität nur Meinungen und Handlungen sind. Damit erhalten wir eine Unterscheidung von Rationalität in einen theoretischen und in einen praktischen Bereich. Zur genaueren Bestimmung von »rational« scheint es berechtigt, mit dem theoretischen Bereich zu beginnen, weil wir prima facie bei der Prädizierung von Rationalität immer auf die kognitive Sphäre zurückgreifen, obwohl wir im Alltag das Wort häufiger zur Beurteilung von Handlungen verwenden. Um eine Handlung als vernünftig bezeichnen zu können, müssen wir den Bereich der Überlegungen und Überzeugungen des Handelnden mit einbeziehen. Während man zur Rationalität von Handlungen immer als eine notwendige, wenn auch nicht hinreichende Bedingung die Rationalität von Meinungen braucht, gilt dies umgekehrt nicht. Die Rationalität von Meinungen läßt sich ohne Bezug auf Handlungen bestimmen. Bevor in Teil III auf die Rationalitätsproblematik im praktischen Bereich ausführlich eingegangen wird, soll daher zuerst die Rationalität im theoretischen Bereich näher bestimmt werden. Mit der Reihenfolge ist keine Rangfolge verbunden. Allerdings wird sich zeigen, daß zwischen der Rationalität von Meinungen und der Rationalität von Handlungen eine Parallelität besteht: Die aus dem praktischen Bereich bekannte Struktur von Rationalität findet sich auch bei Rationalität von Meinungen. Dennoch soll nicht zuerst (im Sinne dieser These) die Rationalität von Handlungen behandelt werden, um dann deren Struktur einfach auf die Rationalität von Meinungen applizieren zu können. Vielmehr möchte ich Rationalität sowohl im theoretischen wie im praktischen Bereich gesondert voneinander möglichst vollständig untersuchen, so daß die einzelnen Teile (II.A. und III.A.) als selbständige Einheiten jeweils unabhängig voneinander zu verstehen sind. Gewisse Überschneidungen und Wiederholungen werden deshalb bewußt in Kauf genommen.

Rationalität im theoretischen Bereich ist vor allem die Rationalität von Meinungen. »Rational« ist in einem ersten Analyseschritt als gleichbedeutend mit »wohlbegründet« expliziert worden. Diese Explikation ist insofern nicht leer oder nutzlos, als »wohlbegründet« in unserem alltäglichen Sprachgebrauch besser verständlich und präziser faßbar ist. Erklärende Kraft besitzt diese Begriffsexplikation aber noch nicht. Daher schließt sich notwendig als zweiter Schritt der Untersuchung eine systematische Beantwortung der Frage an, was genau wir mit »wohlbegründet« meinen und worin eine gute, richtige Begründung von Meinungen besteht. Es läßt sich zeigen, daß Rechtfertigungen im theoretischen Bereich ein einheitlicher Kern formaler Art gemeinsam ist, der den Rationalitätsbegriff charakterisiert.

Durch die Untersuchung, welche Bedingungen für rationale Meinungen und ihre Gründe gelten, soll in Kapitel II deutlich gemacht werden, daß der Begriff der Wohlbegründetheit von Meinungen prozedural aufgefaßt werden muß. Was als gute Begründung zählt, läßt sich nur durch formale Prozeduren oder Verfahren und durch prozedural erzielbare Ergebnisse erläutern. Spezifischer vertrete ich hier die Auffassung, daß eine Rechtfertigung in einem nach internen[1] Regeln verlaufenden Prozeß der Meinungsbildung besteht.

In Kapitel III soll der Inhalt der Regeln rationaler Meinungsbildung näher analysiert werden. Dies läßt sich am besten bewerkstelligen, wenn man das Ergebnis des Prozesses rationaler Meinungsbildung als Produkt einer epistemischen Entscheidung versteht (III.1.). Die Regeln der rationalen Meinungsbildungen sind dann Regeln der rationalen Entscheidung (III.2.). Hierin zeigt sich die Parallelität zum praktischen Bereich. Durch den Aspekt der Regelhaftigkeit werden sich Ähnlichkeiten und Unterschiede zwischen theoretischer und praktischer Rationalität instruktiv erfassen lassen. Zur Stützung dieser These soll der naheliegende Einwand entkräftet werden, man könne sich nicht entscheiden, etwas zu glauben (III.3.). Des weiteren wird deutlich gemacht, daß mit dieser Konzeption theoretischer Rationalität als Regelfolgen und Wahl von Meinungen theoretische Irrationalität angemessen beschrieben und erklärt werden kann (III.4.).

Da die Rationalität von Meinungen von gewissen Standards

1 Der Terminus wird weiter unten in Anm. 12 erläutert.

abhängt, habe ich den hier verwendeten Rationalitätsbegriff als den schwachen bezeichnet. An diesem Punkt ergibt sich die Frage nach der Möglichkeit eines starken Rationalitätsbegriffs im theoretischen Bereich, mit der ich mich dann in Kapitel IV auseinandersetzen werde. Diesen erhält man, wenn es gelingt, die Standards der Begründung selbst noch einmal zu rechtfertigen. Die Frage nach der Begründung der Rationalitätskriterien selbst diskutiere ich im Kontext der kulturanthropologischen Debatte um die Rationalität von Weltbildern. In einer Auseinandersetzung mit kulturrelativistischen Positionen muß sich zeigen, ob und inwieweit es gelingen kann, Rationalitätsstandards kulturübergreifend zu rechtfertigen.

Kapitel II
Rationale Meinungsbildung

1. Bedingungen rationalen Meinens

Unter welchen Bedingungen kann jemand etwas rationalerweise glauben? Im folgenden sollen Bedingungen angegeben werden, die einzeln notwendig und zusammen hinreichend sind, daß S's Meinung, daß p, rational ist. Damit ergibt sich in diesem Kapitel eine *formale* Charakterisierung der Rationalität von Meinungen.

Ich beginne dazu mit einer kurzen Rekapitulation. Dasjenige, was im theoretischen Bereich rational genannt werden kann, sind Meinungen. Der Begriff der Meinung wird manchmal zweideutig gebraucht. Er kann einmal das bezeichnen, was geglaubt wird, d.h. die Proposition, oder zum anderen das, was die Person mit der Proposition ›macht‹, also das Glauben, das Meinen der Proposition.[2] Es ist nicht die Proposition, die rational oder irrational sein kann, sondern die sog. propositionale Einstellung gegenüber der Proposition, d.h. die Meinungen oder Einstellungen gegenüber gewissen Aussagen bzw. den dadurch beschriebenen Sachverhalten. Wenn Propositionen rational sein könnten, wären sie rational, unabhängig davon, wer, wann und in welchen Situationen die Proposition glaubt und aus welchen Gründen. »Rational« wäre dann ein objektives Prädikat wie »wahr«. Aber so verhält es sich nicht. Ein entsprechender Satz klingt schon unsinnig, z.B.: »›Zwei mal zwei ist vier‹ ist rational.« Der Satz wird überhaupt erst verständlich, wenn man ihn so liest: »Zu glauben, zwei mal zwei ist vier, ist rational.« Außerdem ist »rational« ein relatives Prädikat. Wenn eine Person S p glaubt, kann das rational sein, während es für eine andere Person A irrational ist, p zu glauben. Denn S ist im Besitz starker Evidenzen für die Wahrheit von p, A dagegen nicht. S hat gute Gründe, p zu glauben, A hingegen keine oder

2 So unterscheidet z.B. K. Popper in *Truth, Rationality and the Growth of Knowledge*, bes. Abschnitt II & III, zwischen dem, was eine Meinung rational macht, unabhängig davon, ob sie jemals akzeptiert wird, und dem, was die Akzeptanz einer Meinung rational macht.

schlechte. Etwas (p) zu glauben, kann also nicht rational sein tout court, sondern nur relativ zu den Gründen, die die Person zu der Zeit hat. Daher war in Kapitel I als erste, offensichtlich notwendige Bedingung für Rationalität im theoretischen Bereich formuliert worden:

(1) Eine Meinung von S ist rational, wenn S zu t gute Gründe hat zu meinen, daß p.

Diese Bedingung ist nicht spezifisch genug. Sie bedarf weiterer Erläuterungen. Also ist weiter zu fragen: Was heißt es, einen Grund dafür zu haben, p zu glauben? Hier sind semantisch verschiedene Bedeutungen möglich, die aber nicht alle in die gerade genannte, erste Rationalitätsbedingung eingesetzt werden können und deshalb als *rationale Gründe*, d.h. als Gründe, wie sie für die Rationalität einer Meinung nötig sind, ausscheiden.[3] Wenn man genügend berücksichtigt, daß Rationalität sich auf die propositionale Einstellung bezieht, paßt nur eine bestimmte Konzeption von »Grund zu meinen, daß p« in die Erklärung von Rationalität. Das jedenfalls möchte ich zu zeigen versuchen.

Was muß für eine Person gegeben sein, damit ihr Glauben, daß p, rational ist? Eine häufig zu findende und auf den ersten Blick nicht unplausible Auffassung lautet, daß Gründe Prämissen eines Arguments sind und die Meinung aus den Prämissen rationalerweise zu folgern oder zu schließen sei. Rationalität ist demnach als logische oder induktive Relation von Prämissen zu Konklusionen zu verstehen. Dieses Modell ist einfach und vollständig. Es kann eine Erklärung anbieten, was ein Grund ist und wie die Rechtfertigungsbeziehung aussehen muß. Es ist aber ein, wenn auch weitverbreitetes, Mißverständnis, theoretische Rationalität mit (deduktiven und induktiven) logischen Argumenten gleichzusetzen. Diese Interpretation von Begründung beruht auf einer auf Hume zurückgehenden Auffassung von Vernunft als Vermögen, Wahrheiten mit Hilfe logischer Relationen zu ermitteln.

Diese Auffassung ist aber aus folgenden Gründen abzulehnen:[4]

3 Im Fortgang der weiteren Untersuchung verwende ich öfter den Ausdruck »rationale Gründe« der Kürze halber für Gründe, die die für die Rationalität von Meinungen, Handlungen, Wünschen etc. notwendigen Bedingungen erfüllen.

4 Auf den Unterschied zwischen Logik und Regeln der Rechtfertigung ver-

Die beiden Relata eines Arguments sind Propositionen. Logische Argumente beziehen sich daher auf einen anderen Gegenstandsbereich als Rationalität. In der Logik und Argumentationstheorie geht es um gültige Schlüsse, d.h. um Schlüsse, bei denen die Wahrheit beibehalten wird. Die Träger von Wahrheitswerten sind dabei Propositionen. Meinungen werden nur in einem abgeleiteten Sinn als wahr bezeichnet, nämlich dann, wenn ihr Inhalt eine wahre Propostion ist.[5] Und umgekehrt können Propositionen und Theorien dann auch nur derivativ als rational bezeichnet werden, wenn sie auch geglaubt werden. Als rational im theoretischen Bereich wird dagegen das Haben von Meinungen bezeichnet. Objekte jener epistemischen Bewertung, die Rationalität ausmacht, sind nicht Argumente oder Schlüsse, wie sie die Logik behandelt, sondern die Begründung von Meinungen, verstanden als psychische Zustände. Die Prädikate »rational«, »vernünftig«, »begründet« etc. beziehen sich auf psychische Zustände. Denn zu sagen »das, was sie glaubt, ist rational«, heißt eigentlich, »das, was sie glaubt, ist rational zu glauben«. Deshalb bedarf es für Rationalität Gründe, die anzeigen, daß der psychische Zustand der Person gerechtfertigt ist. Theoretische Rationalität hat es also mit Gründen, etwas zu glauben, zu tun, und nicht mit Gründen für die Wahrheit einer Proposition. Nur psychische Zustände wie glauben, fühlen, beabsichtigen, können rational und irrational sein und nicht Propositionen.[6] So können die für Rationalität benötigten Gründe auch nicht Gründe für Propositionen sein, sondern nur Gründe für psychische Zustände von bestimmten Personen.

weist auch A. I. Goldman in *Epistemology and Cognition*, Kap. 5.1.; eine stärkere These, Logik habe keine entscheidende Relevanz für die Prinzipien des »Überlegens«, vertritt G. Harman in *Logic and Reasoning* und *Change in View*, Kap. 2.

5 Die Auffassung von Vernunft als dem Vermögen, Wahrheiten über logische Relationen zu ermitteln, hat also die unsinnige Konsequenz, daß es nicht nur keine Gründe für Handlungen, sondern auch keine für Meinungen geben kann, weil weder Handlungen noch Meinungen wahr (oder falsch) sein können.

6 Im Rest der Arbeit spreche ich deshalb, wenn nichts anderes betont wird, von Meinungen nur noch im Sinne von »glauben, daß p«. Manchmal werde ich auch, der Umgangssprache folgend, verkürzt von »q ist ein Grund für p« sprechen und damit meinen »zu glauben, daß q, ist ein Grund für S zu t zu glauben, daß p«.

Hier könnte eingewendet werden, Gründe für die Wahrheit einer Proposition seien auch immer schon Gründe dafür (zumindest sofern man sich ihrer bewußt ist), die Proposition zu glauben. Das folgt aber nicht.[7] Denn, wenn q logisch p impliziert und S q glaubt, folgt daraus noch nicht, daß S p rationalerweise glauben *sollte*. Das hieße nämlich, man müßte jede logische Schlußfolgerung aus seinen Meinungen glauben – eine Forderung, die angesichts der natürlichen Beschränkungen des Menschen prinzipiell unerfüllbar ist. Denn alle logischen Schlußfolgerungen aus unseren Meinungen stellen eine unendliche Menge von weiteren Meinungen dar. Wenn q logisch p impliziert und S q glaubt, folgt daraus auch nicht, daß S p glauben *darf*. Die Proposition p könnte absurd oder in anderer Weise im Licht anderer geglaubter Propositionen für S unakzeptabel sein, dann wäre p eher ein Grund, besser q aufzugeben.

S's Meinung p ist nicht allein dadurch begründet, daß sich überhaupt ein Grund q für die Meinung p finden läßt. Damit die Proposition q ein guter Grund für die Meinung p sein kann, muß S q auch glauben. Es ist unsinnig zu sagen: »Der Grund für Peters Müdigkeit ist, daß Peter dauernd gähnt.« Das Gähnen ist nicht der rechtfertigende Grund (noch die erklärende Ursache) für Peters Müdigkeit. Statt dessen ist meine Meinung, daß Peter dauernd gähnt, ein Grund für mich zu glauben, daß Peter müde ist. Es gilt also:

(2) Gründe für rationale Meinungen einer Person S bestehen in anderen Meinungen von S.

Mit dieser Bedingung werden auch bestimmte, nur erklärende Gründe ausgeschieden. Gründe, warum S p glaubt, erklären in der Regel durch Angabe von Ursachen das Zustandekommen oder Aufrechthalten der Meinung. Z.B. können frühkindliche Erfahrungen erklären, warum S so schlechte Meinungen über Frauen hat, aber sie rechtfertigen S's Meinungen nicht. Es ist kein Grund, den die Person S für ihre Meinung hat. Rationale Gründe müssen (zumindest auch) rechtfertigende Gründe sein. Rechtfertigende Gründe können nur Meinungen der betreffenden Person sein. Als Spezifikation von rationalen Gründen halte

7 Für die beiden folgenden Argumente vgl. G. Harman, *Thought*, S. 157 und ders., *Change in View*, S. 11f.

ich also fest: Rationale Gründe sind weder mit logischen Gründen gleichzusetzen noch mit beliebigen Ursachen. Bei rationalen Meinungen und rationalen Gründen handelt es sich jeweils um psychische oder kognitive Zustände der Person und nicht um Propositionen.

Müssen rationale Gründe oder rationale Meinungen wahr sein? »Rational« ist zu unterscheiden von »wahr«. Da der Fehler in der Literatur häufiger zu finden ist,[8] möchte ich betonen: Weder sind beide Begriffe gleichbedeutend, noch ist Wahrheit eine Bedingung für Rationalität. Wahr oder falsch ist das mit einem Behauptungssatz »p« Ausgesagte, die Proposition »daß p«, und zwar unabhängig davon, ob wir die Wahrheit oder Falschheit erkannt oder begründet haben. Denn es gibt – wie wir gleich sehen werden – Fälle, in denen es rational ist, die Meinung, daß p, zu haben, obwohl die Proposition p falsch ist. Umgekehrt gibt es Fälle, in denen es irrational ist, die Meinung, daß p, zu haben, obwohl die Proposition p wahr ist. Daß etwas wahr ist, bietet keinen hinreichenden Grund, es zu glauben, weil die Wahrheit anzuerkennen nicht heißt, einen Grund anzugeben, warum man sie glauben sollte.[9] Der Begriff der Wahrheit (einer Proposition) ist ein objektiver oder realistischer Begriff. Der Begriff der Rationalität (einer Meinung) dagegen bezieht sich auf Erkenntnis und Begründungsfähigkeit; er ist ein subjektiv-epistemischer Begriff.

In Fällen, in denen die Gründe, die die Person für ihre Meinung anführt, falsche Meinungen darstellen, nehmen viele intuitiv an, solche Meinungen können nicht wirklich gerechtfertigt sein; dies widerspreche dem Wahrheitsbezug theoretischer Rationalität. Wenn z.B. eine Person S eine Weltumsegelung für unmög-

8 Z.B. bei S. Lukes, *Some Problems about Rationality*, S. 207: »Beliefs, or sets of beliefs, are said to be irrational if they are inadequate in certain ways: [...] if they are, partially or wholly, false; [...]«.

9 Insofern besteht eine Ähnlichkeit zwischen Glauben und Fürchten, Hoffen etc. Auch wenn glauben, daß p, heißt glauben, daß p wahr ist, so gilt dieser Zusammenhang auch für fürchten, daß p, hoffen, daß p, etc. Auch hier impliziert hoffen oder fürchten, daß p, zu glauben, daß p wahr ist (oder in Zukunft wahr werden wird). Um das Spezifische der propositionalen Einstellung zu markieren, muß es Gründe für die Hoffnung, die Furcht etc. und auch für die Meinung geben, die nicht in der Evidenz für die Wahrheit von p liegt.

lich hält, da sie der Ansicht ist, die Erde habe die Form einer Scheibe, scheint es vielen seltsam, wenn man von dieser Person sagt, sie habe einen Grund für ihre Meinung, obwohl der genannte Grund doch falsch sei. Aber zum theoretischen Sinn von Rationalität gehört lediglich, daß sich »rational« auf die Art und Weise der Begründung und Verwendung von für wahr gehaltenen Annahmen bezieht. D.h. die Annahmen dürfen auch falsch sein, ohne daß die Begründung deshalb irrational würde. Bei einem bestimmten Wissensstand ist es vollkommen rational zu glauben, die Erde sei eine Scheibe. Und unter der Annahme, die Erde sei eine Scheibe, ist es vollkommen rational zu folgern, daß die Welt unmöglich umsegelt werden könne. Die Person, die glaubt, die Erde sei eine Scheibe, hat gute Gründe zu glauben, man könne nicht um die Welt segeln. Hier wird deutlich, daß die Falschheit einer oder auch aller Meinungen, die in einem Begründungszusammenhang auftauchen, nicht die Irrationalität der schlußgefolgerten Meinung bewirkt. Wenn die Meinung für S zu t_1 rational war vor der Entdeckung zu t_2, daß die Erde eine Kugel ist, bleibt sie auch nach der Entdeckung rational für S zu t_1, allerdings nicht für S zu t_2.
Rationale Gründe müssen für wahr gehalten werden, können aber de facto falsch sein (d.h. auf falschen Propositionen beruhen). Eine Interpretation von Begründung, die das nicht zulassen will, liefert keine angemessene Analyse von Rationalität. Die Falschheit der Meinung q berührt nicht den Punkt, daß ich gute Gründe haben kann für meine Meinung p, nämlich meine falsche Meinung q. Wenn ich meine Meinung, daß q, für einen guten Grund halte, drücke ich damit allerdings aus, daß ich q für wahr halte. Wenn ich q dennoch für falsch halte, widerspreche ich mir. Aus der Außenperspektive besteht das Problem allerdings nicht. Jemand anderes kann S's Grund (z.B. die Erde als Scheibe zu sehen) für S's Meinung (z.B. eine Weltumsegelung als unmöglich anzusehen) durchaus für falsch halten.
Wenn zugestanden wird, daß rationale Meinungen falsch sein können, dann können diese rationalen, aber falschen Meinungen auch – sofern es so etwas wie eine Transitivität der Rechtfertigungsbeziehung gibt – ihrerseits als rechtfertigende Gründe fungieren. Die Meinungen, die durch rationale, aber falsche Meinungen begründet werden, können selbst rational sein. Also gilt:

(3) Für eine rationale Begründung muß weder die zu begründende noch die begründende Meinung wahr sein.[10]

Bisher haben wir als Bedingungen für einen rationalen Grund ermittelt, daß es sich bei diesem um eine Meinung der betreffenden Person handelt, die nicht unbedingt wahr sein muß und die die fragliche Meinung rechtfertigt. Diese Bedingungen (1) bis (3) sind nicht hinreichend. Man muß sich besonders einen wichtigen und häufig übersehenen Punkt klarmachen: Selbst wenn S p glaubt und q glaubt und q ein guter Grund für p ist, folgt dennoch nicht, daß S p aus einem guten Grund glaubt. Ein Arbeitgeber z. B. überlegt, welchen der Bewerber um eine Stelle er einstellen soll. Alle Unterlagen sprechen dafür, daß X am besten qualifiziert ist. Aber der Arbeitgeber entscheidet sich für X nicht wegen dessen Qualifikation, sondern weil er wegen eines Vorurteils gegen Frauen die schärfste Konkurrentin von X ablehnt. Die Meinung des Arbeitgebers, X sei, die zur Verfügung stehenden Evidenzen vorausgesetzt, einzustellen, ist in diesem Fall irrational. Wir werden dem Arbeitgeber doch einen Vorwurf machen. Eine Meinung ist nicht schon deshalb rational, weil sie in einer externen Rechtfertigungsbeziehung zu einem anderen Zustand des Meinens der Person steht. Damit eine Meinung eine andere wirklich begründet, müssen die

10 In der Erkenntnistheorie, verstanden als das Unternehmen, dem es hauptsächlich um die Analyse und die Begründung von Wissen geht, findet sich hingegen (auch) eine andere Definition von »epistemisch gerechtfertigter Meinung«. Danach ist eine Meinung p gerechtfertigt, wenn diese geeignet ist, die Wahrheit von p zu erfassen. Eine Meinung ist genauer dann gerechtfertigt, wenn sie auf einer solchen Grundlage gebildet wurde, die es objektiv wahrscheinlich macht, daß die Meinung korrekt ist. Die Rechtfertigung hängt also davon ab, ob die Grundlage der Meinung objektiv geeignet ist, zur Wahrheit zu führen. Danach ist es überhaupt nicht notwendig – wie hier unterstellt –, daß man zu einer gerechtfertigten Meinung p nur gelangen kann, indem man diese durch andere Meinungen rechtfertigt und stützt. Fälle derart nicht-inferentiell gerechtfertigter Meinungen sind Aussagen über Wahrnehmung, Introspektion bzw. psychologische Berichte über sich in der ersten Person und notwendige Wahrheiten. Diese Fälle werden von traditionellen erkenntnistheoretischen Fundamentalisten selbst-rechtfertigende oder basale Meinungen bzw. Basissätze genannt. Offenkundige Beispiele dafür sind Sinneswahrnehmungen, z. B. »dieses Hemd ist rot«. Solche Wahrnehmungsmeinungen über die Außenwelt basieren auf subjektiven Sinneseindrücken. Es ist plausibel an-

Gründe auch dafür verantwortlich sein, daß die Person diese Meinung bildet. Es kann z. B. eine logische Beziehung von q zu p bestehen, von der S nichts weiß, z. B. weil sie zu komplex ist. S, zu deren Meinungsmenge auch q gehört, könnte aus anderen Gründen oder Ursachen, sei es durch Zufall, Raten oder falsches Schließen auf p kommen. Da es – objektiv gesehen – eine logische Beziehung zwischen q und p gibt, wäre S gerechtfertigt zu glauben, daß p, wenn es nur um die logische Beziehung der in den kognitiven Zuständen geglaubten Propositionen ginge. Das ist unplausibel. Es wird dabei vernachlässigt, wie S in den Zu-

zunehmen, daß wir normalerweise dabei keine Meinungen über den Vorgang haben, wie man von den physikalischen Objekten oder Sinnesdaten affiziert wird. Wir schließen nicht aus bestimmten visuellen Erfahrungen darauf, daß dieses Hemd rot ist. Es gibt normalerweise keine Prämissen und keinen Schluß. Die Beobachtungsaussage »dieses Hemd ist rot« gilt insofern als gerechtfertigt, als sie durch einen generell verläßlichen Mechanismus hervorgebracht wird. Die Bildung von Meinungen, die auf Sinneswahrnehmungen beruhen, zeigt also, daß es möglich ist, Meinungen in einer verläßlichen, wahrheitsgerichteten Weise zu bilden. (Vgl. dazu W.P. Alston, *Concepts of Epistemic Justification* und ders., *Internalism and Externalism in Epistemology*, bes. S. 193 f.) Wahrnehmungsurteile werden in der Tat nicht mit Gründen gerechtfertigt. Deshalb – so war auch schon in Kap. I behauptet worden – bezeichnen wir umgangssprachlich solche Urteile auch nicht als rational oder irrational. Wer angesichts eines blauen Pullis behauptet: »Dieses Hemd ist rot«, von dem würden wir nicht sagen, er habe eine irrationale Meinung, sondern eher vermuten, daß er die Worte »rot« und »Hemd« nicht richtig verstehe oder, sollte das ausgeschlossen sein, daß die Sinneswahrnehmungen der Person gestört seien. Wenn bestimmte Epistemologen Wahrnehmungsurteile, die aufgrund eines verläßlichen Prozesses zustande kommen, epistemisch gerechtfertigt nennen (also so definieren), so meinen sie damit offenbar etwas anderes, als hier unter rationaler Rechtfertigung verstanden wird. Der Sinn, an dem die Erkenntnistheoretiker interessiert sind, ist derjenige, der in der Definition von »Wahrheit« als »wahre, gerechtfertigte Meinung« eine prominente Rolle spielt. Für dieses Interesse, bei dem es letztlich um die Fundierung unserer Erkenntnis geht, ist der nicht-inferentielle Sinn von epistemischer Rechtfertigung zentral. Allerdings gibt es sehr wenige Propositionen, zu deren Wahrheit wir diesen direkten und unfehlbaren Zugang haben. Mich interessiert hingegen Rationalität von Meinungen in einem deontologischen Sinn, bei dem es um die Frage geht, ob der Meinende alles ihm zur Verfügung Stehende getan hat, um seine Meinung korrekt zu bilden.

stand des Meines, daß p, gekommen ist. Keine Meinung ist schlechthin rational, d. h. es kann nicht rational sein, eine Proposition zu akzeptieren, egal in welchem vorhergehenden psychischen Zustand die Person war.[11] Denn das würde bedeuten, daß es gerechtfertigt ist, die Meinung zu haben, selbst wenn man durch Zufall, Raten oder falsches Schließen auf sie gekommen ist. Das ist klarerweise unakzeptabel. Es kommt statt dessen darauf an, wie, d. h. durch welche Art von Übergang S vom Glauben, daß q, zum Glauben, daß p, gekommen ist. Es kann nicht nur darum gehen, daß p logisch auf q basiert, sondern die Meinung p muß psychisch auf der Meinung q basieren. Die Meinung q muß operativ sein in der Meinungsbildung von p. Ob es rational ist für eine Person S zu glauben, daß p, hängt von den korrekt verarbeiteten Gründen ab, die S in der Situation tatsächlich hat. Ihre tatsächlichen Gründe sind diejenigen, die sie auch motiviert haben, p für wahr zu halten. Gründe, etwas zu glauben, dürfen nicht verwechselt werden mit Gründen, aufgrund derer man etwas glaubt. Nur letztere (das sind interne Gründe) sind relevant für die Frage, ob man berechtigt ist, das zu glauben, was man glaubt.

Da eine psychische Basis für die Meinung verlangt wird, muß ein rationaler Grund ein *Motiv* abgeben, die Meinung zu haben. Andernfalls ist die Meinung unmotiviert und damit nicht psychisch fundiert. »S hat einen guten Grund zu glauben, daß p« impliziert nach dieser Interpretation, daß S auch über ein Motiv verfügt, p zu glauben. Das Haben eines Grundes wird hier in einem Zusammenhang mit der subjektiv motivationalen Verfassung des Meinenden gesehen. Eine Begründung bezieht sich dann nur auf die faktischen Gründe der betreffenden Person, die die Meinung rechtfertigen. Es sind subjektive Gründe. Dem widerspricht eine andere Interpretation, nach der nicht unbedingt ein Motiv vorliegen muß, um einen Grund zu haben, p zu glauben. Gründe werden dann in einem objektiven Sinn verstanden, als Gründe, die es für oder wider eine Meinung gibt, völlig unabhängig davon, ob jemand sie sich zu eigen macht oder nicht. Es sind objektive Gründe, die sich die Person ra-

11 Deshalb ist die Ansicht auch falsch, die für das Akzeptieren von logischen Wahrheiten oft vorgeschlagen wird, daß es nämlich immer rational sei, logische Wahrheiten zu glauben. Wenn S nicht erkennt, daß es sich um eine logische Wahrheit handelt, hat S auch keinen Grund, sie zu glauben.

tionalerweise zu eigen machen sollte. Umgangssprachlich findet diese zweite Interpretation ihren Ausdruck in einem Satz der Art: »Es gibt für S einen Grund zu glauben, daß p.« Die erste Auffassung kann man eine *internalistische*, die zweite eine *externalistische* Interpretation von »Grund« nennen, entsprechend kann man von externen und internen Gründen sprechen.[12] Aus den bisher genannten Argumenten sollte klar geworden sein:

(4) Rationale Gründe können nur im internalistischen, d.h. motivationalen Sinn verstanden werden.[13]

Wenn man die Unterscheidung zwischen subjektiven und objektiven Gründen mit der Frage verbindet, ob die fragliche Meinung zufällig entstanden ist oder durch S's Aufmerksamkeit auf die Gründe für die Meinung, dann ist offensichtlich: Eine Meinung, die objektiv, aber nicht subjektiv rational ist, kann nur zufällig entstanden sein. Eine subjektiv rationale Meinung

12 Die terminologische Unterscheidung zwischen Internalismus und Externalismus ist etwas schwammig. Sie wird einerseits im Zusammenhang mit Handlungsgründen verwendet, wobei als Unterscheidungsmerkmal (für Handlungsgründe) der motivationale oder nicht-motivationale Charakter von Gründen definiert wird. Vgl. dazu B. Williams, *Internal and External Reasons*; vgl. auch Kap. V dieser Arbeit. In der Erkenntnistheorie andererseits kennzeichnet die Unterscheidung von Internalismus und Externalismus die jeweilige Einstellung zu der Frage, ob das, was eine Meinung rechtfertigt, dem Meinenden kognitiv zugänglich sein muß oder nicht. Der Internalismus behauptet: Nur etwas, was in der Perspektive des Subjekts ist, d.h. wozu die Person Zugang hat, kann eine Meinung rechtfertigen. Rechtfertigung von Meinungen ist damit eine Funktion dessen, was die Person glaubt oder aufgrund angemessener Überlegung glauben kann. Die verschiedenen Versionen eines so verstandenen Internalismus analysiert ausführlich W.P. Alston, *Internalism and Externalism in Epistemology*; vgl. auch R. Fumerton, *The Internalism/Externalism Controversy*. Rationale Gründe sind nach meiner Auffassung intern sowohl im ersten, d.h. motivationalen, wie im zweiten, d.h. epistemischen Sinn.

13 Wenn »rational« als »wohlbegründet« im Sinne interner Gründe verstanden wird, ist eine rationale Meinung subjektiv faktisch wohlbegründet. Die externalistische Deutung versteht »rational« als »idealiter« oder »objektiv wohlbegründet«, und d.h., die Meinung ist subjektiv oft nur begründbar, aber nicht begründet. Entsprechend kann m.E. die gelegentlich zu findende Auffassung, »rational« bedeute »begründbar«, als externalistischer Standpunkt gedeutet werden.

dagegen kann zufällig oder nicht zufällig gebildet worden sein.[14] Um Zufälligkeit auszuschließen, gilt deshalb außerdem:

(5) Der Faktor, der relevant ist für die Rationalität einer Meinung, ist die Art der Entstehung (und Aufrechterhaltung) einer Meinung.[15]

Ob es für S zu t rational ist zu glauben, daß p, hängt davon ab, nach welchem Verfahren S die Meinung tatsächlich bildet (bzw. gebildet hat). Der zentrale Gedanke, der hinter dieser Interpretation steht, besagt, daß die rationale Rechtfertigung von Meinungen als kognitiver Prozeß verstanden werden muß, für den der Meinende *kognitiv verantwortlich* ist. Man kann nicht begründete Meinungen erwerben, ohne einen subjektiven Prozeß des »Überlegens«[16] zu durchlaufen. Nur so hat man *selbst* Gründe für seine Meinungen. Die bloß Tatsache, daß es externe Gründe für meine Meinung p gibt, macht es noch nicht für mich rational, p zu glauben. Es müssen meine guten Gründe sein, aus denen ich p glaube. Eine rationale Meinung muß aufgrund des guten Grundes q geglaubt werden. Wie könnte sonst ein Faktum, das ich nicht berücksichtige, mir erlauben oder vorschreiben, die Meinung p zu bilden? Ob S's Meinung p ratio-

14 Vgl. L.J. Cohen, *The Unity of Reason*, S. 259.

15 Die Auffassung, daß sich interne Gründe auf mentale Aktivitäten beziehen, vertreten u. a. auch: A. I. Goldman, *Epistemology and Cognition*; G. Harman, *Thought*, und *Change in View*. Für eine entsprechende externalistische Position für Meinungsgründe als im weiten Sinn soziale Aktivität argumentiert J. Mackenzie, *Reasoning and Logic*. Für eine gegenteilige Auffassung vgl. R. Foley, *The Theory of Epistemic Rationality*. Foleys Theorie ist internalistisch in dem Sinn, daß die Faktoren, die bestimmen, ob es für eine Person rational ist, eine Meinung zu glauben, Faktoren sein müssen, zu denen die Person Zugang hat. Gleichwohl argumentiert Foley gegen alle Theorien, in denen die kausale Geschichte der Meinung als relevant für die Rationalität einer Meinung gilt (wie z. B. Goldman, Armstrong, Swain, Audi, Sosa, Plantinga, Alston).

16 Im Deutschen ist der Terminus »Denken« für den an dieser Stelle gemeinten Sinn zu weit, er schließt Phantasie, Imagination, Urteilskraft, Intuition etc. mit ein. Diese Aspekte des Denkens können normalerweise weder rational noch irrational sein. Man benötigt daher einen engeren Begriff, bei dem es überhaupt nur Sinn macht, von korrekt und unkorrekt zu reden, so wie es im Rationalitätsbegriff impliziert ist. Im Englischen wird dafür der Ausdruck »reasoning« benutzt. In Ermangelung eines Besseren wird hier etwas ungenau der Terminus »Überlegung« verwendet.

nal ist, stellt nicht nur eine Funktion der anderen Meinungen, die S glaubt, und der Relation zwischen ihnen dar, sondern auch eine Funktion der psychischen Fakten über die Bildung der Meinung p.

Folgt aus dieser Bedingung, daß man den Prozeß, die Entstehung, die psychische Basierung mit berücksichtigen muß? Man könnte doch denken, es reiche, wenn S p glaubt und q glaubt und außerdem der Meinung ist, es gibt eine Rechtfertigungsbeziehung R zwischen q und p.[17] Eine Rechtfertigungsrelation R besteht im wesentlichen wohl aus einer deduktiven oder induktiven Abhängigkeit. Die Rechtfertigungsbeziehung muß nach Meinung der Person bestehen. Rechtfertigung soll hiernach also nicht objektiv verstanden werden. Gegen diesen Vorschlag ist einzuwenden, daß es als Bedingung für eine rationale Begründung einer Meinung nicht reicht, daß die Person erkennt, daß p und q in einer logischen Beziehung zueinander stehen. Die Bedingung, daß die Person wirklich wissen muß, daß es zwischen q und p eine gültige Rechtfertigungsbeziehung R gibt, verlangt einerseits zuviel und andererseits zuwenig:

(i) Menschen, die keine Kenntnis der Logik und daher keinen Begriff von (logischer) Gültigkeit haben, können auch gerechtfertigte Meinungen bilden (z. B. Kinder).[18] Man hat in der Regel keine korrekten Meinungen zweiter Stufe über seinen Meinungserwerb, trotzdem können Meinungen erster Stufe rational sein. Für Rationalität eine explizite Kenntnis der Rechtfertigungsbeziehungen zu verlangen, ist also eine zu starke Forderung.

(ii) Die Forderung droht in einen Regressus ad infinitum zu fallen, wenn die Rechtfertigungsbeziehung R als explizite, weitere Prämisse in einer Art Argument aufgenommen werden muß. Wenn die Menge der Prämissen als Grund aufgefaßt wird, benötigt man eine weitere, verbindende Meinung zwischen den Prämissen und der Konklusion. Ein Regreß kann nur vermieden werden, wenn S's Meinung über die Rechtfertigungsbeziehung R zwischen q und p implizieren würde, daß S die Meinung p wegen q bildet. Dann wäre keine weitere, höherstufige Rechtfertigungs- oder Verbindungsbeziehung nötig. Aber erstens ist

17 Diese Auffassung vertritt u. a. R. Audi, *Belief, Reason, and Inference*, bes. S. 34ff.

18 Vgl. A.I. Goldman, *Epistemology and Cognition*, S. 86.

der wesentliche Punkt in dem Fall nicht mehr S's Meinung über eine Rechtfertigungsbeziehung zwischen q und p, sondern S's Schließen bzw. Ableiten von q auf p, wobei »schließen« und »ableiten« als psychische Prozesse aufzufassen sind. Die Rationalität der Meinung ergibt sich aus dem kognitiven Übergang von q zu p. Zweitens folgt aus dem Kennen einer Rechtfertigungsbeziehung zwischen q und p nicht unbedingt, daß S p auch aufgrund dieser Rechtfertigungsbeziehung und q bildet. Damit bin ich beim dritten und wesentlichen Kritikpunkt:

(iii) Als zusätzliche Bedingung reicht es nicht aus, daß S lediglich um eine Rechtfertigungsbeziehung zwischen q und p wissen muß. Denn S könnte auch glauben, daß p und q in einer rechtfertigenden Beziehung zueinander stehen, und trotzdem unbegründeterweise meinen, daß p, wenn sie p aus anderen Gründen oder Ursachen als q glaubt. Der Arbeitgeber z.B. hat gute Gründe zu glauben, X sei besser qualifiziert, und ist sich dessen auch bewußt, hält X aber aus anderen Gründen für besser, nämlich wegen seines negativen Vorurteils gegenüber Frauen. Die rechtfertigende Beziehung, um die S weiß, ist in diesem Fall gar nicht der entscheidende Grund für S, q zu glauben. Auch führt das Kennen einer Rechtfertigungsbeziehung nicht automatisch zu einem entsprechenden psychischen Schluß oder einer Ableitung.

Statt dessen muß als Bedingung für rationale Gründe gefordert werden, daß S p *aufgrund* ihres Erkennens von q glaubt. Wenn es sich um eine rationale Verbindung zwischen der Meinung p und der Meinung q handelt, dann glaubt S, daß p, *weil* sie einen Grund (z.B. q) dafür hat. Dieses »weil« kann als das »weil« einer Erklärung verstanden werden. Das Vorliegen der Meinung q ist ein *erklärender Grund*, d.h. ein Grund, warum S p glaubt.

(6) Gründe für rationale Meinungen sind erklärende Gründe.

Nun ist die Bedeutung von Grund im Sinne einer Erklärung zu weit, weil es natürlich viele Fälle gibt, in denen S's Glauben, daß p, erklärt werden kann durch irgendeinen psychischen Zustand r, der nicht einmal eine bewußte Meinung von S sein muß, die nicht Fälle einer rationalen Verbindung sind. Es geht bei theoretischer Rationalität aber nicht nur um die Erklärung von Meinungen (aus der Perspektive der 3. Person), sondern auch um die Vernünftigkeit des Glaubenden. In der internen Interpretation (und nur in ihr) kann die Person die Begründung ihrer Meinung sich selbst (in der 1. Person) als den Grund, warum sie diese Meinung hat, zuschreiben. Selbst wenn S aufgrund falscher Meinungen glaubt, daß p, gibt es nicht nur einen Grund, warum sie p glaubt, sondern dieser Grund zeigt sie auch als eine Person, die in Relation zu ihren (falschen) Prämissen (d. h. Meinungen) vernünftig geurteilt hat.[19] Um die rationale Verbindung zwischen q und p zu charakterisieren, braucht man *rechtfertigende Gründe*. Nur sie gewährleisten die Rationalität von Meinungen.

(7) Gründe für rationale Meinungen sind auch rechtfertigende Gründe.

So wichtig allerdings die Unterscheidung zwischen erklärendem und rechtfertigendem Grund ist, noch wichtiger für die Rationalitätsproblematik ist ein bestimmter Zusammenhang zwischen beiden: Rechtfertigende Gründe müssen *auch* erklärende Gründe sein. Der Begriff des rationalen Grundes stellt eine Art Schnittstelle zwischen einer Theorie der Erklärung von Meinungen (oder Handlungen) und einer Theorie ihrer Rechtfertigung dar. Wir begegnen hier gleichzeitig zwei Relationen zwischen der Meinung und dem Grund. Es handelt sich einerseits um eine rechtfertigende, d. h. normative bzw. präskriptive, Relation. Der Inhalt von Evidenzen und Wünschen, der den Grund konstituiert, empfiehlt die Meinung. Andererseits liegt auch eine kausale Relation vor. Das bedeutet, der rechtfertigende Grund q muß die Meinung, daß p, *kausal verursacht* haben. Warum? Nur so kann man zwei Fälle von rechtfertigenden Gründen unterscheiden. In dem obigen Arbeitgeber-Beispiel hat der Arbeitgeber zwar einen guten Grund, p zu glauben, aber er glaubt p nicht deshalb, *weil* er Grund hat, p zu glauben. Was erklärt den Unterschied zwischen diesem Fall und demjenigen, in dem S p glaubt, weil sie einen Grund dafür hat? Die einzige einleuchtende Antwort, die sich anbietet, besagt, daß der Grund im zweiten Fall verursacht, daß S p glaubt.[20] Ent-

19 Vgl. B. Williams, *Internal and External Reasons*, S. 19, dt. S. 113f.

20 Vgl. D. Davidson, *Action, Reason and Causes*, dt. *Handlungen, Gründe, Ursachen*, der moderne Standardaufsatz für eine kausale Auffassung von (Handlungs-)Gründen. Zur kausalen Interpretation von Gründen für Meinungen vgl. B. Williams, *Deciding to Believe*, bes. S. 141-144.
Wie der Inhalt dieses kausalen »weil« auszufüllen ist, stellt eine echte,

scheidend ist hier nicht, daß rationale Meinungen kausal verursacht sein müssen und andere nicht, denn (wahrscheinlich) sind alle kognitiven Zustände kausal verursacht. Vielmehr kommt es darauf an:

(8) Rationale Meinungen sind durch rechtfertigende Gründe verursacht.

Irrational sind dagegen alle Meinungen, die eben nicht durch rechtfertigende Gründe verursacht sind. Bei irrationalen Meinungen liegt nur eine kausale Verursachung, aber keine kausale Verbindung zu rechtfertigenden Gründen vor. Nicht anders ist es bei einer sog. Rationalisierung. Unter dem pejorativen Terminus »Rationalisierung« versteht man das Angeben von Scheingründen.[21] Mit der Unterscheidung zwischen rechtfertigenden und kausal wirksamen Gründen an der Hand ist es jetzt leicht, rationale Gründe von Scheingründen zu unterscheiden.

systematische Schwierigkeit in der Philosophie des Geistes dar. Denn wir haben nicht nur keine Vorstellung davon, wie die kausale Verbindung zwischen Meinungen instantiert ist; wir kennen außerdem keine den Naturgesetzen ähnlichen Gesetze dieser mentalen kausalen Verknüpfungen. Obwohl wir nur eine verschwommene Vorstellung davon haben, worin diese kausale Verbindung besteht, kann dies kein prinzipieller Einwand gegen die kausale Verbindung von Meinungen sein. Denn es gibt viele andere Fälle, in denen man sich auf eine kausale Verbindung innerer Zustände berufen muß, die genauso unklar ist. So muß man z. B. zur Erklärung von Erinnerung auf ein kausales »weil« zurückgreifen. Eine notwendige Bedingung von Erinnerung an Ereignisse ist, daß S jetzt p glauben muß, weil – kausales »weil« – S p damals bewußt erlebt, wahrgenommen oder ähnliches hat. Nur so läßt sich echte Erinnerung von einer Kenntnis des Ereignisses durch die Erzählungen Dritter unterscheiden. Um unsere mentalen Zustände analysieren, definieren und erklären zu können, benötigen wir die Annahme solcher unbestimmten Kausalverbindungen. (Dieses Argument stammt von B. Williams, *Deciding to Believe*, S. 142). Damit die These, daß Meinungen andere Meinungen verursachen können, hinreichend gestützt ist, braucht man nur zu wissen, welche Veränderungen in der Welt sie regelmäßig hervorbringen. Man braucht dazu nicht erklären zu können, wie diese Veränderung hervorgebracht wird. Gegebenenfalls wird die naturwissenschaftliche Forschung in Zukunft zeigen, daß es gar keine physikalischen Eigenschaften gibt, die Meinungen entsprechen.

21 Seltener wird »Rationalisierung« auch im Sinn von Begründung gebraucht. So z. B. bei D. Davidson, *Essays on Actions and Events*, dt. *Handlung und Ereignis*.

Scheingründe sind solche Gründe, die zwar die fragliche Meinung rechtfertigen (können), sie aber de facto gar nicht verursacht haben. Eine Rationalisierung ist deshalb auch ein Fall von Irrationalität, weil die beiden Bedingungen, Rechtfertigung und Verursachung, nicht von ein und demselben rationalen Grund erfüllt werden.

Rechtfertigende Gründe sind mithin auch erklärende Gründe. Da nicht im Einzelfall empirisch geklärt werden kann, ob p durch q kausal verursacht wurde, ist S's rationale Meinung nur zu erklären durch Angabe von S's rechtfertigendem Grund und ihrer Disposition, die Meinung kausal aufgrund des korrekten Mechanismus zu bilden. Eine rationale Erklärung arbeitet also mit der Unterstellung, daß S eine rational Meinende ist, d.h. daß sie die Disposition hat, ihre Meinungen durch einen rationalen Mechanismus zu erzeugen. Durch welche spezifischen empirischen Kriterien diese Rationalitätsunterstellung auch immer charakterisiert werden mag, im deskriptiv-psychologischen Sinn ist sie ein weites dispositionelles Merkmal, weil man der Person ein komplexes Bündel von Dispositionen höherer Ordnung zuschreibt. Die Dispositionen, die man impliziert, wenn man einer Person Rationalität zuschreibt, können als Regelmäßigkeit im Verhalten aufgefaßt werden – in dem Sinn, daß jemand mit einer solchen Disposition in Situationen bestimmter Art entweder ausnahmslos oder mit einer gewissen Wahrscheinlichkeit auf eine charakteristische Weise handelt. Eine Meinung unter Hinweis auf die Gründe und die Rationalität des Meinenden zu erklären, heißt dann zu zeigen, daß die Meinungsbildung konform ging mit den dispositionellen Gesetzmäßigkeiten, die rationales Verhalten unter den gegebenen Umständen charakterisieren.[22]

Die vorgebrachten Argumente besagen also: Meinungen sind nur in einem bestimmten Sinn rational; rational im theoretischen Bereich ist das Glauben, Meinen oder Fürwahrhalten von Propositionen. Eine so verstandene Meinung ist dann rational, wenn sie rational gebildet wurde, d.h. wegen des oder der ra-

22 Dies ist – auf Meinungen übertragen – die kausal-nomologische Position von C.G. Hempel, *Aspekte wissenschaftlicher Erklärung*, Kap. 10, bes. S. 202ff. Vgl. zur Diskussion dieser Position Kap. V dieser Arbeit.

tionalen Gründe. Zur Bestimmung dessen, was Rationalität von Meinungen ausmacht, muß man eine Bedingung angeben, *wie* S p glauben muß. Sie läßt sich nicht durch Bedingungen darüber, *was* S glauben muß, ersetzen. Die rationale Begründung einer Meinung ist eine bestimmte Art des Übergangs von bestimmten Ausgangsmeinungen in einer bestimmten Situation zu der Meinung, daß p. Dadurch wird für die Bedeutung des theoretischen Rationalitätsbegriffs der Prozeß der Meinungsbildung zentral, weil er den Begründungsmechanismus abgibt.

Eine rationale Meinung darf nicht einfach irgendwie verursacht sein (wie z. B. durch Zufall, Raten oder falsches Schließen), sondern:

(9) Eine rationale Meinung muß durch rechtfertigende Gründe *»in der richtigen Weise«* verursacht werden.

Nur so kann der Fall ausgeschlossen werden, daß man zwar durch theoretische Überlegung zu der Meinung gelangt, die durch die Gründe am besten bestätigt wird, allerdings durch inkorrekte Verarbeitung, falsche Begründung oder fehlerhaftes Schließen, indem z. B. beim Abwägen der verschiedenen Argumente und Gegenargumente falsch gewichtet wird. So können z. B. zwei Personen von denselben Prämissen ausgehen und über verschiedene Wege dieselben Resultate erreichen; sie glauben dann die Konklusion aus unterschiedlichen erklärenden Gründen. Wenn die Schlußfolgerung der ersten Person korrekt ist, die der zweiten nicht, ist nur die erste Meinung wohlbegründet, die zweite dagegen nicht, weil nur im ersten Fall der Begründungsmechanismus korrekt ist. Was aber macht den Übergang von der Meinung q zu der Meinung p korrekt oder rational?

Der Übergang muß den normativen Maßstäben für Rationalität entsprechen. Dies sind Regeln oder Standards für den korrekten, d. h. rechtfertigenden kausalen Übergang von einem psychischen Zustand zu einem anderen kognitiven Zustand des Meinens. Zum Begriff von Rationalität gehört die Erfüllung von Standards, Kriterien oder Regeln. Dieser Aspekt von Rationalität ergibt sich schon aus rein semantischen Gründen. »Rationalität« als normatives Prädikat impliziert eine Bewertung und so etwas wie ein Verbot oder eine Erlaubnis (von Meinungen im theoretischen Bereich, von Handlungen und Zielen im praktischen Bereich). Für eine Bewertung benötigt man einen Maßstab, der dieser Beurteilung zugrunde liegt. Wenn theoretische Rationalität soviel wie korrekte Meinungsbildung bedeutet, dann sind also Regeln oder Kriterien zu suchen, die angeben, was ein *guter, korrekter oder rationaler* Begründungsmechanismus für Meinungen ist. Dies ist eine deontologische Konzeption theoretischer Rationalität: Eine Meinung ist rational, wenn sie nicht durch bestimmte relevante Regeln verboten wird. Diese deontologische Auffassung entspricht einem zumindest im praktischen Bereich ganz natürlichen Verständnis von »Rechtfertigung«. Sie verbindet »Rationalität« mit »Verpflichtung«, »Verbot«, »Lob«, »Tadel« etc.[23]

Die normativen Maßstäbe, die man zur Beurteilung von theoretischer Rationalität verwendet, dürfen nicht als externe Standards aufgefaßt werden, sondern als intern anwendbare Maßstäbe guter Begründung. Als solche lassen sich diese nur noch als Produktionsregeln verstehen, d.h. als Regeln für mentale Prozesse. Denn eine intern begründete Meinung muß nach bestimmten intern anwendbaren Verfahren gebildet worden sein, die, sofern korrekt angewandt, für die Rationalität des Ergebnisses verantwortlich sind. Diese korrekten Mechanismen des Meinungserwerbs lassen sich zur weiteren Präzisierung so beschreiben, als verliefen sie nach Regeln.[24] Der Regelaspekt von Rationalität ergibt sich damit auch aus der internalistischen Konzeption von Begründung. Dies kann man sich durch folgende Überlegung verdeutlichen: Eine internalistische Theorie der Rationalität ist eine Rekonstruktion der Verfahren des ›Überlegens‹, und die Verfahren des Überlegens sind am besten zu verstehen als Bildung von Meinungen gemäß bestimmten Regeln. Wenn es für S rational ist, p zu glauben, dann weil sie

23 Der gegenwärtig prominenteste Verfechter einer epistemisch-deontologischen Auffassung ist R. Chisholm, *Theory of Knowledge*. Durch diese deontologische Konzeption ergibt sich eine relativ große Ähnlichkeit zwischen theoretischer und praktischer Rationalität. Genau deswegen wird die deontologische Konzeption auch häufig kritisiert, insbesondere weil sie eine willentliche Kontrolle über die Meinungsbildung verlangt, die nach Meinung der Kritiker nicht gegeben ist. Vgl. W.P. Alston, *The Deontological Conception of Epistemic Justification*. Diesen Einwand versuche ich in Kapitel III.3. zu entkräften.

24 D.h. der Regelaspekt ist eine philosophische Annahme, die sich dadurch rechtfertigen läßt, daß sie das Phänomen besonders gut erklärt.

einen internen Grund (z. B.: q) dafür hat.[25] Also muß S von q auf p ›geschlossen‹ haben. Wie aber kommt sie auf p? S darf weder rein zufällig zu der Meinung, daß p, gekommen sein, denn dann wäre die Meinung überhaupt nicht rational bzw. begründet, noch kann S's Meinung ausschließlich gemäß empirischen Regularitäten oder kausalen Naturgesetzen zustandegekommen sein (wie z. B. bei Computern), weil dann die Meinung höchstens in einem externalistischen Sinne gerechtfertigt, aber nicht – wie hier gesucht – intern rational sein kann. (Damit ist nicht ausgeschlossen, daß eine intern begründete Meinung auch kausal verursacht ist.) Als dritte Alternative bleibt demnach nur:

(10) Rationale Überlegung ist als eine mentale Aktivität zu verstehen, die von bestimmten Regeln geleitet wird.[26]

Nur so kann der normative Charakter interner Gründe verständlich gemacht werden. Wie sonst läßt sich unsere Unterscheidung zwischen Überlegen und Denken einerseits und bloßer Assoziation oder bloßer Verursachung andererseits verstehen? Ist das nicht gerade die Unterscheidung zwischen inneren Prozessen, die nach Regeln des Begründens verlaufen, und solchen, bei denen dies nicht der Fall ist? Dieser Befund (d. h. der Aspekt, von Regeln geleitet zu sein) wird auch durch unsere innere Erfahrung phänomenal gedeckt, beispielsweise wenn wir uns bemühen, unsere Überlegungen zu korrigieren und zu verbessern.

Dieses Regelfolgen verstehe ich dabei als intentionales Handeln, das auf einem impliziten habitualisierten Wissen beruht.[27] Die

25 Hier sei noch einmal daran erinnert, daß reine Wahrnehmungsurteile weder rational noch irrational, sondern arational sind.

26 Die Vorstellung von Rationalität als Regelfolgen ist weit verbreitet, wird allerdings häufig, wenn nicht meistens externalistisch verstanden, z. B. als Folgen logischer Regeln. Gelegentlich wird der Aspekt der Regelhaftigkeit mit Verweis auf die Urteilskraft und das Regelfolgenproblem ganz bestritten, z. B. von R. Wachbroit in *Theories of Rationality and Principles of Charity*, und von H. I. Brown in *Rationality*.

27 Auf die bekannten Probleme des Regelfolgens, wie sie im Anschluß an Wittgensteins Regelfolgenparadox diskutiert werden, kann ich hier nicht näher eingehen. Vgl. L. Wittgenstein, *Philosophische Untersuchungen*, bes. §§ 201 & 202, generell § 198-243; S. Kripke, *Wittgenstein on Rules and Private Language*; C. McGinn, *Wittgenstein on Meaning*; G.P. Baker, P.M.S. Hacker, *Scepticism, Rules and Language*; W. Stegmüller,

Tätigkeitssteuerung ist dabei kausal und intentional (s. o.). Die Regeln der Rationalität zu befolgen muß deshalb als eine mentale Aktivität gedacht werden, die normalerweise bewußt gemacht und verändert werden kann, weil nur so der Meinende in der Lage ist, Instruktionen in Form solcher Regeln zu befolgen und auch zu erkennen, ob er dabei erfolgreich war oder nicht. Rationalität bezieht sich auf bewußtes Denken bzw. auf Denken, das dem Denkenden bewußt (gemacht) werden kann, weil nur bewußtes Überlegen durch Hinweise auf seine Rationalität oder Irrationalität beeinflußt werden kann und so Korrektur und Lernen möglich sind. Die Korrigierbarkeit und Verbesserung wurde im 1. Kapitel als wesentlich zum Rationalitätsbegriff gehörend bestimmt. Wenn man diesen Aspekt ernst nehmen will, kann rationale Überlegung nur als prinzipiell bewußt konzipiert werden. Einige der Regeln können dabei in einer ansonsten bewußten Episode der Meinungsbildung unbewußt vollzogen werden, d. h. ohne die Möglichkeit der direkten bewußten Beeinflussung durch den Denkenden. Soll die Rede von Regelfolgen hier allerdings noch sinnvoll sein, muß dies als ein implizites habitualisiertes Regelfolgen verstanden werden. Die Habitualisierung des Regelfolgens kann wenigstens prinzipiell bewußt gemacht werden und ist indirekt beeinflußbar. In dem Fall, in dem alle Regeln unbewußt ablaufen, findet – so wie der Rationalitätsbegriff hier verstanden wird – keine rationale oder irrationale Meinungsbildung statt, sondern eine arationale.[28]

Zusammengefaßt sind Gründe für eine Meinung einer Person eine Funktion des Meinungsbildungsprozesses. Daß S p aus Gründen glaubt, heißt, daß S p als Resultat eines bestimmten regelgeleiteten Prozesses der Meinungsbildung glaubt. Damit

Kripkes Deutung der Spätphilosophie Wittgensteins; G. Seebaß, *Was ist eine Regel der Sprachverwendung?*

28 Bei rationalem Denken und ›Überlegen‹ haben wir es demnach mit einer gedanklichen Aktivität zu tun, die durch Regeln der Rationalität geleitet wird. Allerdings wird sich später zeigen, daß diese Regeln prinzipiell nicht explizit angebbar sind. Dennoch scheint für die Erklärung epistemischer Rationalität etwas gewonnen zu sein, wenn sich ›Überlegung‹ und damit Rationalität und Wohlbegründetheit als Regelfolgen erklären läßt, solange man über die Art und Funktion der Regeln noch mehr feststellen kann.

sich als Ergebnis des regelgeleiteten Prozesses nur rationale Meinungen ergeben, müssen diese Regeln also mindestens die genannten Bedingungen erfüllen: Erstens müssen sie intern begründete Meinungen produzieren; zweitens müssen diese Meinungen durch die Gründe verursacht werden, und drittens muß diese Verursachung auf die richtige Weise, d.h. nach (den richtigen) Regeln geschehen.

Die Regeln theoretischer Rationalität müssen also – so zusammenfassend die hier vertretene Auffassung – als Regeln der *Bildung* von Meinungen konzipiert werden, d.h. als korrekte Verfahren oder Prozesse der Meinungsbildung.[29] Theoretische Rationalität ergibt sich aus einer spezifischen Art der Genese von Meinungen, bei der bestimmte Regeln intern vom Meinenden angewandt werden müssen. Die Rationalität (des Habens) von Meinungen beruht damit auf einer Bewertung der Prozesse der Meinungsbildung und -aufrechterhaltung.[30] Rationalität von Meinungen läßt sich (operational) definieren durch folgendes *Regelprinzip theoretischer Rationalität (RTR)*:

29 Diese These ist beeinflußt durch die Konzeption »epistemischer Rechtfertigung« von A.I. Goldman in *Epistemology and Cognition*, obwohl Goldmans »reliabilist foundationalism« im Gegensatz zur hier vertretenen Auffassung objektive, nicht subjektive Regeln für die Rechtfertigung einer Meinung verlangt, die letztlich in angeborenen, ungelernten, psychisch basalen Prozessen kodiert sind und nur ausgeführt, aber nicht angewendet werden. – Für den Begriff der theoretischen Rationalität ist meiner Kenntnis nach eine Erklärung, wie sie hier versucht wird, noch nicht vorgelegt worden.

30 Ich subsumiere hier die Aufrechterhaltung von Meinungen unter deren Entstehung. Die Prozesse des Entstehens, Veränderns und Aufrechterhaltens einer Meinung können historisch betrachtet durchaus differieren. Denn die epistemische Ausgangssituation und die Art und Weise, wie man auf eine Meinung gekommen ist (z.B. durch relative Unwissenheit, Zufall, etc.), können sich unter Umständen ganz wesentlich von den Gründen und Ursachen für die Aufrechterhaltung der Meinung unterscheiden (z.B. wenn sich relevante andere Meinungen geändert haben oder man merkt, daß es viel bessere Gründe für die Meinung gibt). Der Einfachheit halber will ich hier von den Fällen ausgehen, in denen es keinen Unterschied in der Situation und in den Hintergrundsmeinungen von S bei der Meinungsbildung und -aufrechterhaltung gibt. Dies mag gerechtfertigt erscheinen, weil man die Aufrechterhaltung einer Meinung unter neuen Bedingungen idealisiert als neue Meinungsbildung verstehen kann.

(RTR) Es ist rational für S zu t zu glauben, daß p, genau dann, wenn diese Meinung aufgrund bestimmter Regeln für die Bildung von Meinungen entstanden ist oder aufrechterhalten wird.

Nach dieser Konzeption ist theoretische Rationalität generell eine Eigenschaft des Denkens bzw. Überlegens, wie es in der Meinungsbildung oder Entscheidungsfindung vorkommt. Insbesondere ist sie eine Eigenschaft der benutzten Methoden und der sie leitenden Regeln, sogenannter *Regeln der theoretischen Rationalität* (TR), nicht des Ergebnisses des Prozesses. Soweit besteht eine Parallelität zwischen theoretischem und praktischem Bereich; in beiden Fällen läßt sich Rationalität verstehen als Befolgung interner Produktionsregeln (einmal von Meinungen, das andere Mal von Handlungen), deren Resultat intern gerechtfertigt ist.[31]

Wir können also nicht beurteilen, ob eine Meinung rational ist, ohne zu wissen, wie die Person zu ihr gekommen ist. Wenn wir eine Meinung irrational nennen, bedeutet dies, daß die Person bessere Methoden hätte benutzen können und sollen, um zu ihrer Entscheidung zu kommen. Bei theoretischer Irrationalität liegt ein für die Person vermeidbarer kognitiver Fehler vor. Eine Meinung p ist irrational für S zu t, wenn bei ihrer Bildung oder Aufrechterhaltung die Regeln der Rationalität verletzt werden.

Eine Meinung ist also rational bzw. wohlbegründet, wenn sie entsprechend den Regeln der Rationalität gebildet wird. Damit bleibt »rational« ein relatives Prädikat. Denn die Rationalität einer Meinung ist abhängig von den Meinungen und Zielen,[32] die S zu t hat, und den Regeln der rationalen Meinungsbildung, die S anwendet bzw. für richtig hält. Entsprechend kann man verschiedene Grade theoretischer Rationalität unterscheiden (RG):

(RG-1) Eine Meinung ist rational relativ zu den gegebenen Meinungen, Zielen und Rationalitätsregeln von S zu t.

Dies ist die *radikal subjektivistische* Variante. Es sind aus-

31 Eine internalistische Auffassung wird auch mit Bezug auf Handlungsbegründungen in Kap. V vertreten.

32 Für die Abhängigkeit der Meinungsbildung von Zielen wird ausführlich im nächsten Kapitel III argumentiert.

schließlich die Regeln und Meinungen des Subjekts, nach denen die Rationalität von Meinungen beurteilt wird. Ein Beispiel dafür wäre: S erhitzt einen Topf mit Fett. Das Fett wird zu heiß und beginnt zu brennen. S glaubt nun, die Flammen mit Wasser löschen zu können, weil S nicht weiß, daß kochendes Fett, in Verbindung mit Wasser gebracht, explodiert. Unter der Voraussetzung dieser Unkenntnis ist S's Meinung rational, d.h. ihren Meinungen über das Löschen von Feuer entsprechend. S's Meinung wäre dann rational gemäß (RG-1). Handelte es sich um eine im Umgang mit Fett erfahrene Köchin, so beurteilen wir sie nach (RG-1) als irrational. Diese Köchin kennt die Reaktion von heißem Fett mit Wasser, hat die entsprechenden Schlüsse daraus nicht gezogen und ist deshalb irrational (vorausgesetzt, die entsprechenden Schlüsse entsprechen auch ihren Rationalitätsregeln).

Meinungen, die gemäß (RG-1) rational genannt werden, können dennoch in der Umgangssprache als irrational kritisiert werden. Im Fall des Beispiels kann man auch anders urteilen: S hätte doch wissen müssen, was mit heißem Fett und Wasser passiert. Die Beurteilung dieses Falls hängt dann davon ab, ob es eine Forderung der Rationalität ist, die Reaktion von heißem Fett mit Wasser zu kennen. Gesetzt den Fall, S sei ein zehnjähriges Kind, so können wir diese Anforderung m. E. nicht stellen. Handelt es sich um einen Erwachsenen, der (nur) gelegentlich für sich kocht, kann man das schon verlangen. Wir verlangen von ihm, daß er es hätte wissen müssen, entweder aus eigener Erfahrung oder von den Berichten anderer. Wir kritisieren den Erwachsenen, weil wir der Meinung sind, daß ihm dieses Wissen zugänglich war.

So nennen wir auch eine Person irrational, die durch ihr prinzipiell zugängliche, gute Gründe nicht veranlaßt wird, eine bestimmte Proposition zu akzeptieren (oder abzulehnen). Die Irrationalität einer Meinung braucht nicht nur aus einem Fehler in der Ableitung der gegebenen Gründe zu bestehen. Irrational ist es auch, sich nicht um die Kenntnis guter Gründe bemüht zu haben. Es kann auch gute bzw. bessere Gründe (für oder gegen eine Meinung) geben, von denen die Person bisher keine Kenntnis hat. Dies impliziert den Anspruch an die Person, diese Gründe zu entdecken. Theoretische Rationalität kann nicht nur von der richtigen Inferenz aus aktuell geglaubten Meinungen abhängen. Die Regeln der rationalen Meinungsbildung umfassen mehr als die Regeln der Inferenz. Sie umfassen u.a. auch Regeln über die Berücksichtigung der Evidenzen. Eine Meinung kann bzw. wird also als irrational kritisiert werden, weil S nicht die richtigen Evidenzen in Betracht gezogen, seine Ziele der Meinungsbildung falsch abgewogen oder in anderer Weise als inkorrekt beurteilte Regeln der Rationalität angewendet hat.[33] Dieser Kritik liegt also ein anderer Rationalitätsgrad zugrunde. Welcher? Hier gilt es, zwei Möglichkeiten zu unterscheiden:

(RG-2) Eine Meinung ist rational relativ zu den *objektiv* adäquaten Meinungen, Zielen und Regeln.

Dies ist die *radikal objektive* Version. Danach gibt es eine objektiv richtige Menge von Regeln, wie Meinungen zu bilden sind. Auf den Inhalt der Regeln brauche ich hier nicht einzugehen. Es genügt vielleicht der Hinweis, daß ein großer, wenn nicht der überwiegende Teil der philosophischen Logik und Epistemologie diese objektivistische Konzeption theoretischer Rechtfertigung vertritt. Die epistemische Rechtfertigung einer Meinung ist nach dieser Konzeption auch nicht relativ zu irgendwelchen Zielen von S, weil als Ziel korrekter Meinungsbildung Wahrheit vorgegeben ist, und auch nicht relativ zu S's Meinungen, weil jede Person alle möglichen Evidenzen berücksichtigen muß. Diese objektivistische Konzeption ist im wesentlichen durch den Versuch motiviert, sicheres Wissen und Erkenntnis zu erlangen.

Vergleicht man diese Konzeption mit dem, was bisher an Bedingungen für rationale Gründe und damit auch für Regeln der rationalen Meinungsbildung genannt wurde, so zeigt sich, daß beide miteinander unverträglich sind. Eine Meinung, die zwar objektiven Standards gemäß gerechtfertigt ist bzw. werden

33 Einen entsprechenden Vorwurf erhebt der Externalismus gegen eine internalistische Auffassung, die rationale Gründe als die motivationalen, kausalen und rechtfertigenden Gründe der Person expliziert. Er macht kritisch geltend, daß diese Bedingungen nicht hinreichen. Es kann doch gute Gründe für S geben, die de facto nicht S's motivierende rechtfertigende Gründe sind. Also – folgert der Externalist – gibt es nichtmotivierende gute Gründe. Der Internalismus kann dem Einwand allerdings entgehen, indem er diese Forderungen mit in die Regeln der Rationalität einbaut.

kann, ist nicht rational (in dem hier explizierten internalistischen Sinn), wenn diese Regeln nicht diejenigen sind, die die Person auch selbst akzeptiert. Andernfalls können sie die Meinung nicht über den rationalen Weg kausal hervorgebracht haben. Die Person glaubt die Meinung nicht der objektiven Rechtfertigung wegen. Statt dessen scheint folgende Konzeption sinnvoll, die die Nachteile sowohl des radikalen Subjektivismus wie des radikalen Objektivismus vermeiden kann:

(RG-3) Eine Meinung ist rational relativ zu den Meinungen, Zielen und Regeln, die S nach reiflicher Überlegung gewählt hat.

Dies kann man eine *reflektiert subjektive* Version von theoretischer Rationalität nennen.[34] Sie wird dem motivationalen und kausalen Aspekt rationaler Begründung gerecht. Außerdem macht diese Konzeption von theoretischer Rationalität ein m. E. wesentliches Spezifikum von Rationalität deutlich: Eine rationale Begründung muß subjektiv überzeugend sein. Bei den Rationalitätsregeln handelt es sich um einen internen, eigenen Beurteilungsmaßstab im Unterschied zu einem externen. Der Vorwurf der Irrationalität besagt demnach, daß die Person ihren eigenen Standards gemäß etwas falsch gemacht hat. Gerade darin liegt der spezifische motivationale Appell, der besonders auf die Aufklärung des kognitiven Fehlers, d. h. auf das Bewußtmachen und anschließende Beseitigen des Fehlers geht, weil die Person selbst ein Motiv dazu hat. Hierin liegt auch der schon in Kapitel I behauptete enge Zusammenhang zwischen dem Begriff der Rationalität und dem Prozeß der Aufklärung bzw. des Lernens begründet, der ein wichtiges Motiv für diese Konzeption von Rationalität abgibt.

Rationale Gründe sind also subjektive Gründe, die aber natür-

34 Eine solche Konzeption, die er aristotelisch nennt, vertritt R. Foley in *The Theory of Epistemic Rationality*, bes. 2.8.
»I have no argument that indicates that this perspective – the subjective reflective one – is intrinsically any more important or any more appropriate for making judgements of rationality than other perspectives. Indeed, I do not think that it is intrinsically more appropriate. It is one perspective from which judgements can be made, but neither it nor any other perspective is the only perspective from which such judgements can be made; there is no privileged perspective for making judgements of rationality.« (S. 136)

lich auch erfolgreich kritisiert werden können. Im Gegensatz zum radikalen Subjektivismus muß es möglich sein, dumme Meinungen, unsinnige Inferenzen oder falsche Ziele zu kritisieren. Aber entgegen dem radikalen Objektivismus kann diese Kritik nicht bloß von außen, gemessen an einem objektiven Standard, kommen; sie muß die Perspektive des Meinenden einnehmen. Die Kritik soll an Zielen und Meinungen des Kritisierten anknüpfen, mit deren Hilfe man ihm zeigen kann, daß eine bestimmte Meinungsbildung oder auch bestimmte Ziele oder Prämissen nach seinen eigenen Vorstellungen irrational sind. Man appelliert an die Person, ihre eigenen Standards oder Regeln zu überdenken, z. B. ob sie wirklich gut geeignet sind, ihren Zielen der Meinungsbildung zu dienen, oder ob sie im Licht neuer Erfahrungen nicht zu revidieren sind. Rationale Kritik ist demnach immer so etwas wie immanente Kritik. Was rationale Gründe bzw. Regeln für S sind, kann demnach nur S selbst nach reiflicher Überlegung bzw. angemessener Reflexion bestimmen. Zur Rationalität im theoretischen Bereich gehören auch theoretische Meta-Überlegungen, in denen es darum geht, Gründe oder Regeln der rationalen Meinungsbildung reflexiv zu ermitteln und abzuwägen. Deshalb heißt diese Rationalitätskonzeption reflektiert subjektiv. Urteile über die Rationalität einer Meinung müssen aus der Perspektive der betreffenden Person nach reiflicher Überlegung getroffen werden.

Ein weiteres Argument für (RG-3) liegt darin, daß es mit subjektiven Rationalitätsstandards wesentlich leichter fällt, die Meinungen von fremden Personen zu verstehen, wenn man deren Standards erst einmal ermittelt hat. Subjektive Standards vorausgesetzt, müssen wir den Personen wesentlich weniger Fehler in ihrem kognitiven Verhalten zuschreiben als bei Standards, die ihnen fremd sind. Die Abweichung von irgendeinem objektiven Standard würde uns noch nichts erklären.

Die Standards der theoretischen Rationalität können demnach relativ sein. Es kann innerhalb einer Gesellschaft und zwischen verschiedenen Kulturen Unterschiede nicht nur im Korpus der akzeptierten Überzeugungen geben, sondern auch verschiedene Standards der rationalen Akzeptierbarkeit bzw. Regeln der rationalen Bildung von Meinungen. In der Tat wäre es merkwürdig, wenn diese Feststellung begrifflich ausgeschlossen wäre, weil es nur einen einzigen objektiven Standard geben soll. Als

eine wichtige Teilmenge jeglicher Regeln der rationalen Meinungsbildung gelten allerdings die Regeln der Logik universell und objektiv. Die Regel, daß Aussagen untereinander in keinem Verhältnis der Inkonsistenz stehen dürfen, ist so fundamental, daß sie jeder Kultur zugrunde liegt. Das liegt darin begründet, daß der Satz vom Widerspruch die Bedingung der Möglichkeit sinnvollen und verständlichen Sprechens und (in Sprache gefaßten) Denkens ist. Den Satz vom Widerspruch müssen wir auch unterstellen, um die Äußerungen anderer Menschen verstehen und ihnen Meinungen zuschreiben zu können. Rationalität im Sinn von Konsistenz innerhalb des Meinungssystems gilt daher kulturunabhängig. Die Gesetze der formallogischen Beziehungen (aufgrund der Bedeutung der Formwörter wie »alle« und »nicht«) gelten über die Sprache hinaus, in der sie formuliert werden.[35] Allerdings handelt es sich bei diesen nicht-relativen Rationalitätsregeln um ein rein formales Kriterium, nicht um eine starke kulturinvariante Bedingung, in dem Sinn von Heuristiken, Entscheidungsverfahren oder Methoden.
Wenn es also unterschiedliche Rationalitätsstandards geben kann (wie immer sie aussehen mögen), dann ergibt sich unter ihnen eine Konkurrenz. Auch aus der reflektiert subjektiven Perspektive stellt sich damit die Frage, ob sich zwischen diesen unterschiedlichen Standards noch einmal mit Gründen entscheiden läßt. Dieser Frage der Begründung von Rationalitätsstandards widmet sich das Kapitel V. Auch für eine reflektiert subjektive Konzeption von theoretischer Rationalität ist diese Frage nicht vorentschieden. Der reflektierte Subjektivismus impliziert keinen Relativismus, natürlich auch nicht dessen Gegenteil. Im Gegensatz dazu stellt der Objektivismus (sehr wohl) eine begriffliche Vorentscheidung dar.

2. Der normative Charakter des Regelprinzips

Die Rechtfertigung einer Meinung wird im Regelprinzip theoretischer Rationalität durch eine idealtypische Genese dieser Meinung bestimmt, und zwar durch Anwendung interner Regeln und Methoden der Meinungsbildung. Diese Auffassung

35 Vgl. P. Strawson, *Introduction to Logical Theory*, Kap. 1.

von Rationalität könnte im Verdacht stehen, Rationalität zu naturalisieren, genauer zu psychologisieren, und lediglich eine deskriptive Theorie der Rationalität zu liefern. Das würde aber dem normativen oder evaluativen Charakter des Vokabulars für Rationalität nicht gerecht. Um dem Verdacht der Naturalisierung zu entgehen, muß nochmals betont werden, wie wichtig es für die hier vertretene Auffassung von Rationalität ist, daß der Meinende seine Überlegungen, die seine Meinung generieren, als Gründe für seine Meinung ansieht (dies ergibt sich aus der internalistischen Konzeption von Rationalität). Sobald die Rationalität einer Meinung von der subjektiven Beurteilung der rechtfertigenden Beziehung der Propositionen abhängt, wird sie innerhalb eines komplexen Netzes von Normen für Meinungen lokalisiert. Theoretische Rationalität als Befolgung von Normen für Meinungen zu beschreiben, entspricht dem Verständnis von »rational« als präskriptivem Prädikat.

Die Aufgabe einer Theorie der Rationalität wird gewöhnlich so verstanden, daß sie die Bedingungen anzugeben hat, die eine Meinung als Produkt von Überlegungen erfüllen muß, um als rational klassifiziert werden zu können. Die Leitfrage einer so verstandenen Theorie: »Welche Bedingungen, Standards oder Prinzipien müssen Meinungen erfüllen?« ist nach der hier vertretenen Auffassung, wie sie im (RTR) zum Ausdruck kommt, allerdings zu transformieren in die Frage: »Wie müssen wir unsere Meinungen bilden?«. Hier wird weder nach den Bedingungen der empirischen Entstehung unserer Meinungen gefragt noch nach einer Mechanik unserer kognitiven Prozesse, sondern nach bestimmten regelgeleiteten mentalen Aktivitäten, die unternommen werden müssen, damit die sich ergebende Meinung rational ist. Regeln der Rationalität werden gemäß (RTR) verstanden als Anweisungen für den Gebrauch unseres Verstandes. Was klassisch als ein Kanon von Bewertungskriterien verstanden wurde, wird hier als ein System von Regeln für die Herstellung von Meinungen aufgefaßt. Diese vorgenommene Transformation der Fragestellung ändert nichts daran, daß eine Erklärung von Rationalität geliefert werden soll, die dem normativen Charakter des Prädikats »rational« und dem evaluativen Charakter einer Theorie der Rationalität gerecht wird.

Die Theorie ist selbst normativ, weil sie nicht nur die Menge der Rationalitätsregeln angibt, sondern auch vorschreibt, diesen

Regeln zu folgen. Dies ergibt sich aus der Tatsache, daß »rational« ein präskriptives Prädikat ist. Eine Meinung als irrational zu bezeichnen, heißt, sie als eine zu bezeichnen, die bestimmten Standards normativer Art nicht entspricht und die man deshalb nicht haben bzw. wieder aufgeben sollte. Eine rationale Meinung dagegen entspricht den Standards und sollte deshalb gebildet oder aufrechterhalten werden. Das Prädikat hat also einen deskriptiven Aspekt, der angibt, was es heißt, rational zu sein, nämlich den anzugebenden Regeln der Rationalität zu folgen. Deskriptiv ist die Verwendung des Prädikats »rational« auch, wenn man einer Person zum Zwecke der Erklärung eine Disposition zur rationalen Meinungsbildung unterstellt. Wichtiger aber ist, daß das Prädikat auch einen präskriptiven Aspekt besitzt, der in der Aufforderung liegt, den Regeln zu folgen, und bei Nicht-Befolgung zur Kritik führt. Ob eine Meinung den Standards entspricht, ist eine deskriptive Feststellung; die Präskription liegt in der Forderung, die Standards einzuhalten.[36] Eine solche Forderung liegt in den beiden *Regeln theoretischer Rationalität* (TR), die von (RTR) u.a. impliziert werden:

(TR-1) Man soll (darf) solche und nur solche Meinungen bilden, die entsprechend (RTR), d.h. durch einen korrekten Prozeß der Meinungsbildung, erworben wurden. *(Regel des Erwerbs rationaler Meinungen)*

(TR-2) Man soll (muß) eine Meinung aufgeben, wenn man für sie keine adäquate Rechtfertigung besitzt. *(Regel der Aufgabe irrationaler Meinungen)*

Die Rationalität einer Meinung p für S zu t impliziert die Forderung, daß S p (weiterhin) glauben soll bzw. darf. Entsprechend impliziert die Irrationalität der Meinung p für S zu t, daß S p nicht glauben soll. Als normative Forderung bezieht sie sich eher auf schon vorhandene Meinungen, die von S als irrational erkannt werden und deshalb aufgegeben werden sollen. So ergeben sich, wenn man Rationalität entsprechend (RTR) konzipiert, die *Regel des Erwerbs rationaler Meinungen* (TR-1) und die *Regel der Aufgabe irrationaler Meinungen* (TR-2).

Beide Regeln sind nicht ganz unumstritten. So wird gegen (TR-1) eingewendet, es sei für jede beliebige Person S unmög-

36 Vgl. W. Spohn, *Wie kann eine Theorie der Rationalität normativ und empirisch zugleich sein?*

lich, die Menge aller für sie rationaler Meinungen zu glauben. Dazu reicht schon die Speicherkapazität des menschlichen Gehirns nicht aus. Außerdem ist es geradezu unvernünftig, die beschränkten menschlichen Kapazitäten mit Trivialitäten vollzustopfen, nur weil sie intern rational sind. Doch aus diesen richtigen Überlegungen ergibt sich kein Einwand gegen (TR-1), weil eine Meinung p für S nur dann intern rational ist, wenn S auch ein Interesse an p hat. Dies ergibt sich aus der internalistischen Konzeption von Gründen, weil es zur rationalen Meinungsbildung auch immer eines Motivs bedarf.[37]

Gegen (TR-2) wird eingewendet, man könne nicht von allen Meinungen wissen, wie sie entstanden sind und ob sie mithin wohlbegründet sind.[38] Eine solche Auffassung von Rationalität verlange zu viel, denn es wird gefordert, daß man stets gute Gründe für seine Meinungen haben muß. Um dem gerecht zu werden, müsse man sich entweder (i) seiner Gründe für seine Meinungen bewußt sein oder (ii) sie rekonstruieren können oder (iii) die Meinung wieder neu begründen können. Außerdem müsse nach jeder Änderung in der Gesamtmenge der Meinungen stets geprüft werden, ob alle Meinungen und ihre Begründungen noch gültig sind oder ob sie nicht mit anderen neu erworbenen Meinungen und deren Begründungen im Widerspruch stehen oder schlicht ihre Grundlage durch Aufgabe oder Veränderung der Prämissen verloren haben. Hier werde permanente Selbstdurchleuchtung gefordert. Schon angesichts der komplexen Netzwerkstruktur von Rechtfertigungen sei das unmöglich. Selbst wenn dies möglich wäre, gäbe es sogar einen guten Grund, nämlich den praktischen der Ressourcenknapp-

37 Vgl. Kap. III.2. – G. Harman vertritt in *Change in View* eine noch radikalere Gegenposition: Wir brauchen keine Gründe, etwas zu glauben; nur um etwas nicht mehr zu glauben, brauchen wir (Gegen-)Gründe. Harman versteht dies als ein systematisch gerechtfertigtes normatives Prinzip der Epistemologie. Da es in diesem Abschnitt um den normativen Charakter des theoretischen Rationalitätsbegriffs geht, auf den sich Harman nicht bezieht, sehe ich von einer Diskussion seiner Position ab. Mutatis mutandis können die im folgenden vorgebrachten Argumente zur Verteidigung des Wohlbegründetheits-Anspruchs auch gegen diesen Einwand vorgebracht werden.

38 Dieser Einwand findet sich bei G. Harman, *Change in View*, Kap. 4., auch wenn er nicht speziell auf Rationalität bezogen ist.

heit, nicht immer alle Begründungen präsent zu haben.[39] Bei allen drei oben genannten Möglichkeiten, der Forderung, nur begründete Meinungen zu haben, gerecht zu werden, werden knapp bemessene Ressourcen unseres Denkapparates beansprucht. Immer wieder nach alten oder neuen Begründungen zu suchen, koste zuviel Zeit und Denkkapazität, und sich an alle Gründe für seine Meinungen zu erinnern, verlange ein großes Gedächtnis und gute Erinnerungsfähigkeit. Dies alles seien Faktoren, die uns nur limitiert zur Verfügung stehen und über deren Einsatz wir selbst noch einmal rational entscheiden müssen. (TR-2) zu folgen sei also irrational. Da wir uns selbst nicht stets so kritisch prüfen, seien wir demnach irrational in fast allen unseren Meinungen. (TR-2) fordere damit, praktisch alle unsere Meinungen aufzugeben. Damit werde es unmöglich, (TR-2) zu folgen.[40] Selbst für eine normative Theorie erweise sich die Rationalitätsforderung (TR-2) als unplausibel. Es sei in diesem Fall fraglich, ob dem »Sollen« ein »Können« entspricht.
Diese Kritik basiert auf einem empirischen und naturalistischen Mißverständnis der Regeln der Rationalität. Der Kritik liegt die Auffassung zugrunde, Rationalitätsforderungen müßten insbesondere unsere kognitiven Beschränkungen berücksichtigen. Es scheint mir daher im Zusammenhang dieser Arbeit wichtig zu

39 Aufgrund solcher Überlegungen postuliert Harmann das Metaprinzip »clutter avoidance: One should not clutter one's mind with trivialities«, nach dem sich alle Prinzipien des Überlegens richten müssen. Vgl. G. Harman, *Change in View*, S. 12, 15, 41f.

40 Statt dessen muß nach Harman die Forderung so weit ermäßigt werden, daß sich das Prinzip der Meinungsaufgabe aufgrund von Zweifel ergibt: S muß aufhören, p zu glauben, wenn S Gründe hat, an der Wahrheit von p zu zweifeln, und keine stärkeren, d.h. die Zweifel beseitigenden Gründe für p hat. Normalerweise – so Harmans Auffassung – benötigen Meinungen keine Begründung. Rechtfertigung wird erst dann verlangt, wenn es besondere Gründe gibt, Zweifel an einer speziellen Meinung zu hegen. (TR-2) entspricht mehr unseren Intuitionen darüber, wie Leute denken sollten, und unserer Verwendung des Wortes »rational«. Harmans Prinzip dagegen entspricht eher dem, was wir wirklich tun. Wie wir tatsächlich verfahren – und das scheint uns alltäglich zu reichen – ist so, daß wir nicht jede Meinung eliminieren, wenn sie ungenügend begründet ist, gemessen an unseren Rationalitätsstandards; vielmehr glauben wir, nur jene Meinungen aufgeben zu müssen, bei denen wir Gründe haben zu glauben, daß sie falsch sind.

klären, eine wie enge Relation zwischen doxastischer Verpflichtung und doxastischer Kompetenz (d.h. der Fähigkeit, den doxastischen Verpflichtungen zu entsprechen) besteht. Es besteht keine ganz scharfe Trennung zwischen einer philosophischen und empirischen Untersuchung von Rationalität. Eine Theorie der Rationalität enthält sowohl präskriptive wie deskriptive Elemente. Einen zu engen Zusammenhang herzustellen, erweist sich dabei als unangemessen. Dazu nun genauer:

Durch einen Vorwurf der Irrationalität wird das Subjekt aufgefordert (darin liegt der normative Charakter begründet), seine Meinung zu korrigieren, zu verbessern und aus diesem Fehler für die Zukunft zu lernen, sich also grundsätzlich ein besseres Verfahren zur Meinungsbildung anzueignen. Damit diese mit der Bedeutung von »rational« implizierte Forderung nach Korrektur und Verbesserung überhaupt von den Kritisierten berücksichtigt werden kann, müssen die Regeln der Rationalität subjektiv befolgbar, also normativ realistisch sein. Es hat keinen Sinn, Vorgehensweisen anzuraten, die die Subjekte nicht befolgen können, oder Ergebnisse vorzuschreiben, die sie nicht erreichen können. Regeln für ideale Subjekte geben uns keine Hilfestellung. Im Unterschied zu Theorien des Wissens oder der Erkenntnis muß man sich, um die Regeln der Rationalität ermitteln zu können, an den faktischen Fähigkeiten orientieren, die wir besitzen, und den Kapazitäten und Beschränkungen des kognitiven Systems Rechnung tragen. Doch dazu muß man erst einmal genau wissen, worin diese Fähigkeiten bestehen, wie man sie optimieren kann und wo ihre prinzipiellen Grenzen liegen.[41] Empirische Untersuchungen oder gar eine deskriptive Theorie[42] sind deshalb sinnvoll als Basis und Korrektiv (oder

41 Genau das soll die kognitive Psychologie leisten. Der Versuch, ihre Einsichten zu benutzen, um zu einer realistischen Ethik des Meinens zu gelangen, ist das Projekt, das Goldman für die Epistemologie verfolgt. Vgl. A.I. Goldman, *Epistemics: The Regulative Theory of Cognition*. Gegen dieses Projekt werden die Standardeinwände gegen eine naturalisierte Erkenntnistheorie vorgebracht. Vgl. P. Bieri, *Generelle Einführung*, S. 59ff. Eine Untersuchung der Korrektivfunktion der Psychologie für eine Theorie der Rationalität liefert J. Baron, *Rationality and Intelligence*.

42 Vgl. für einen Überblick R.P. Abelson, *Social Psychology's Man*.

Regulativ) für eine normative Theorie. Eine von der kognitiven Psychologie und anderen Naturwissenschaften gelieferte Deskription menschlicher kognitiver Fähigkeiten gibt den Rahmen ab, innerhalb dessen normative Regeln nur Sinn haben. Denn woher kann eine normative Theorie der Rationalität überzeugende Richtlinien nehmen, an die wir uns im Denken halten sollen, wenn nicht aus der Idealisierung und Optimierung der Art, wie Menschen tatsächlich korrekt denken bzw. überlegen.

Eine normative Theorie der rationalen Überlegung kann mit Hilfe einer Methode erstellt werden, wie sie in der Ethik unter dem Titel »Reflective Equilibrium« (Überlegungsgleichgewicht) bekannt geworden ist.[43] Die Daten der Theorie sind dabei, wenn man so will, die basalen Intuitionen darüber, wie man denken, überlegen, schließen sollte und wie man es nicht sollte. Aus diesen Intuitionen werden Prinzipien gebildet, die an den Intuitionen über Einzelfälle solange überprüft und ggf. angepaßt werden, bis Prinzipien und Intuitionen übereinstimmen. Dabei wird eine idealisierte Theorie nicht die Intuitionen eines jeden berücksichtigen.[44] Im Gegensatz zur Ethik gibt es im theoretischen Bereich Experten für bestimmte Gebiete. In der Ethik sind unsere Intuitionen alle gleichberechtigt; im theore-

43 Dieser Titel und die Methode für die Rechtfertigung einer moralischen Theorie stammt von J. Rawls, *A Theory of Justice*, bes. §§ 4 & 9. Für eine ausführliche Diskussion und Verteidigung der Methode vgl. N. Daniels, *Wide Reflective Equilibrium and Theory of Acceptance in Ethics*. Diese Methode wurde im theoretischen Bereich eingeführt von N. Goodman, *Fact, Fiction, Forecast*.

44 L.J. Cohen vertritt in *Can Human Irrationality be Experimentally Demonstrated?* die Auffassung, daß für eine normative Theorie der Kognition die Intuitionen aller berücksichtigt werden sollen. Daraus ergibt sich für Cohen, daß es zwar eine empirische Theorie des menschlichen Denkens geben könne, daß diese aber dieselben Daten auf dieselbe Weise wie eine normative Theorie benutzen müsse. In beiden Fällen sei das Ziel, die einfachste und aussagekräftigste Menge von Prinzipien zu ermitteln, die den Daten entspricht. D.h. die deskriptive Theorie wird mit der normativen identisch sein. Natürlich machen wir beim Denken Fehler. Aber für Cohen zeigen sich so in empirischen Studien nur Fehler in der Performanz, nie in der Kompetenz (um diese Unterscheidung von Chomsky zu benutzen). Kritisch dazu S.P. Stich, *Could Man be an Irrational Animal?*

tischen Bereich dagegen nicht. Die Intuitionen eines Ungeschulten können bei Statistik, Logik etc. nicht in gleicher Weise zählen. Hier haben Experten eine andere Kompetenz, die bei der normativen Theoriebildung vorrangig berücksichtigt werden muß.[45] Normative Thesen über rationale Prozeduren werden gewonnen und können gerechtfertigt werden, sofern sie übereinstimmen mit den Auffassungen und Einzelfall-Intuitionen möglichst vieler Experten über das, was als korrekte Regel gilt. Für eine normative Theorie der Rationalitätsregeln scheint diese kohärentistische Rechtfertigung zu genügen.

Ein »Sollen« impliziert ein »Können«. Insofern enthält jede Regel der Rationalität implizit die Hypothese, daß wir Menschen als vernunftbegabte Wesen auch in der Lage sind, diesen Normen zu folgen. Diese Unterstellung läßt sich überprüfen; so können normative Theorien der Rationalität (ein Stück weit) empirisch getestet werden.[46] Aus empirischen Befunden ergeben sich ernstzunehmende Einwände gegen eine stark idealisierte normative Theorie der Rationalität. Vor allem bei den Erinnerungsfähigkeiten des menschlichen Gedächtnisses[47] sowie der Fähigkeit, Wahrscheinlichkeiten zu kalkulieren[48] und logische Ableitungen durchzuführen,[49] idealisieren die gängigen Rationalitätstheorien zu stark.

45 Vgl. S. P. Stich & R. E. Nisbett, *Justification and the Psychology of Human Reasoning*.

46 Vgl. H. Smokler, *Are Theories of Rationality Empirically Testable?*

47 Vgl. C. Cherniak, *Minimal Rationality*, Kap. 3.: Rationality and the Structure of Human Memory.

48 In den letzten Dekaden sind zahlreiche psychologische Untersuchungen über die Beurteilung von Wahrscheinlichkeiten erschienen, wie sie vom Normalbürger im Durchschnitt vorgenommen werden. Die Ergebnisse fast aller Untersuchungen zeigen, daß unser aller intuitiver Prozeß der Wahrscheinlichkeitsbeurteilung insofern inkorrekt zu sein scheint, als er gegen die Regeln der Wahrscheinlichkeitstheorie verstößt. Die wichtigsten und einflußreichsten Untersuchungen stammen von D. Kahnemann & P. Slovic & A. Tversky, *Judgement under Uncertainty: Heuristics and Biases*. Ähnliche Untersuchungen stammen von R. Nisbett & L. Ross, *Human Interference: Strategies and Shortcomings of Social Judgement*. Vgl. A. I. Goldman, *Epistemology and Cognition*, Kap. 14: Probability Judgements.

49 Vgl. C. Cherniak, *Minimal Rationality*, Kap. 1.: Minimal Rationality und Kap. 2.: Feasible Inferences.

Empirische Befunde nützen noch in einer weiteren Weise. Wenn den Regeln der Rationalität regulative Funktion zukommt, ist es angebracht, sich um die schwachen Punkte oder Defekte des kognitiven Systems zu kümmern. Untersuchungen unserer angeborenen kognitiven Neigungen können zeigen, wie gut sie ohne spezielle Übung funktionieren und welche Fehler ggf. zu erwarten sind. Solche Kenntnisse können helfen, wirklich nützliche Leitlinien für die Ausbildung des Verstandes zu bilden.

Dies alles bedeutet aber nicht, daß die Regeln der Rationalität naturalisiert oder empirisch festgelegt werden können. Die Regeln der Rationalität als Maßstäbe zur Kritik und zur Befolgung im Denken können durchaus idealisierte oder ideale Standards der Überlegung enthalten. Deshalb läßt sich auch (TR-1) verteidigen. Die in ihr formulierte Verpflichtung impliziert nicht, daß wir tatsächlich in der Lage sein müssen, diese Forderung vollständig zu erfüllen. Die Regel ist normativ nicht unangemessen, denn sie verweist lediglich darauf, welches Ziel es zu erreichen gilt und daß es deshalb wünschenswert ist, Mittel und Wege zu finden, unsere Kapazitäten zu erweitern, die helfen, der Regel zu entsprechen.

Solche Mittel und Wege sind uns gegeben; deshalb gelingt es uns zumindest gelegentlich, das normative Ziel der Rationalität von Meinungen zu erreichen. Der Kritiker unterschätzt unsere Fähigkeiten und Möglichkeiten diesbezüglich: (i) Für den Prozeß der Begründung unserer Meinungen und für die Erinnerung der Rechtfertigungsbeziehungen stehen uns »externe« Hilfsmittel zur Verfügung (wie Bücher, Computer etc.), die zu benutzen uns kein Rationalitätsprinzip verbietet – im Gegenteil. Wir sind verpflichtet, alle uns zur Verfügung stehenden, auch »externen« Ressourcen einzusetzen. Eine Rechtfertigung darf sich auf andernorts gespeicherte, von anderen gelieferte, uns evtl. sogar unbekannte oder unverständliche (begründende) Meinungen berufen (wie z. B. bei einer Berufung auf die Autorität von Experten). In diesem Sinne können Begründungen »arbeitsteilig« sein. (ii) Wir besitzen in unserem Denken Gewohnheiten, die uns stark entlasten können. Unter Denkgewohnheiten verstehe ich habitualisierte Denkprozesse oder Meinungen. Denkgewohnheiten können durchaus rational sein, wenn sich eine Person einen Denkprozeß oder eine Meinung bewußt angewöhnt, die zum Zeitpunkt dieses Entschlusses für die Person wohlbegründet ist. Nach der Gewöhnung produziert die Person den Denkprozeß oder die Meinung quasi automatisch nach einem Reiz-Reaktions-Schema, ohne in dem Moment subjektiv bewußt eine Begründung dafür zu haben. Die Rechtfertigung ist vielmehr indirekt; sie ist das Produkt einer rationalen Gewöhnung, eines rationalen Prozesses oder einer rationalen Meinung. Solche habitualisierten Denkprozesse und Meinungen brauchen daher nicht aufgegeben zu werden. Wir entlasten uns vom Druck des ständig neu nach Rechtfertigung und nach angemessenen Meinungen Suchens, wenn wir einen Teil unserer Meinungen für Standardsituationen habitualisieren. Wir haben dann Kapazitäten frei für die Bildung anderer rationaler Meinungen. (iii) Menschen sind lernfähige Wesen, auch im Denken. Dazu bedarf es der Anleitung und Schulung der Methoden des Überlegens, in Extremfällen sogar der Psychotherapie zur Überwindung von inneren Widerständen. So läßt sich schrittweise die ›Korrektheit‹ des Denkens verbessern. Das Ziel und den Maßstab dazu geben die Rationalitätsregeln ab, so auch das Prinzip der Meinungsaufgabe mangels Rechtfertigung.

Wir sind im allgemeinen nicht in der Lage, Fehler und Beschränkungen im Denken ganz zu vermeiden. Diese Tatsache verweist allerdings eher auf das Problem, wie unsere Fähigkeiten und Techniken so verbessert werden können, daß wir der Rationalitätsforderung genügen. Im Prinzip scheint das aber möglich, deshalb ist die Forderung nach Wohlbegründetheit nicht unrealistisch oder illegitim. Z.B. wird der Anspruch, nur das richtige Ergebnis einer sehr komplizierten Division zu glauben, nicht dadurch hinfällig, daß sich 90% der Menschen statistisch gesehen bei dieser Teilung verrechnen. Es ist falsch zu glauben, empirische Befunde, wie Menschen normalerweise denken, sollten uns stets zwingen, die Normen diesen Erfahrungen anzupassen. Das Denken der in Tests befragten Personen verweist oft eher auf typische Fehler, die einer Berichtigung durch pädagogisch und evtl. psychologisch angeleitete Lernprozesse sowie technischer Hilfe bedürfen. Ob eine systematische Tendenz der Menschen, von den Regeln der Rationalität abzuweichen, die Unangemessenheit der Regeln beweist oder auf ein menschliches Defizit hinweist, das behoben werden muß, ist nicht immer leicht zu entscheiden. Im theoretischen Bereich scheint es mir sinnvoll, kognitive Fehler, die erkennbar auf Lücken in der Erinnerung oder des Gedächtnisses, Beschränkung der gedanklichen Verarbeitung, Unaufmerksamkeit oder emotionale Störungen zurückzuführen sind, den Menschen zuzuschreiben. Bei Fehlern, die nicht so charakterisiert werden können, sollten wir dagegen überlegen, ob die Normen unerreichbar, unrealistisch und deshalb in irgendeinem Sinn falsch sind. Es wäre in der Tat verfehlt, eine normative Theorie des Überlegens zu entwerfen, die die menschlichen kognitiven Fähigkeiten derart ignoriert, daß deren Normen prinzipiell nicht erreicht werden könnten. Umgekehrt ist es genauso verfehlt, die Normen nur der Empirie entnehmen zu wollen. Beide Arten von Theorie böten den Denkenden keinerlei Orientierung und Maßstäbe im Denken. Eine angemessene normative Theorie des Überlegens darf hohe Standards an das menschliche Denken anlegen, die jeweils prinzipiell erreichbar sein sollten. Hierin liegt eine legitime Idealisierung deskriptiver Befunde. Bei der Frage, warum diesen hohen Standards nicht entsprochen wurde, lassen sich spezifische Ursachen und damit oft Entschuldigungen für den Denkenden finden. Einer normativen Theorie des Überlegens sollte es dabei nicht nur um externe Kritik zu tun sein, sondern um die interne Anleitung des Denkenden, den Standard so gut wie möglich zu erfüllen. Dies entspricht der Bedeutung von »rational«, zu der Kritisierbarkeit und Lernfähigkeit wesentlich gehören. Hier wird also eine deontologische Konzeption von theoretischer Rationalität vertreten. »Rational« wird benützt, um Lob und Tadel für doxastisches Handeln auszusprechen. Rationalität impliziert also eine intellektuelle Verpflichtung, und zwar diejenige, die Meinungen (so gut es geht) entsprechend den Regeln der Rationalität zu bilden. Die Regeln der rationalen Meinungsbildung dürfen dabei nicht zu hoch für die Fähigkeiten der Menschen angesetzt sein.[50]

***

50 Eine Gegenauffassung vertritt z.B. R. Foley in *The Theory of Epistemic Rationality*, 5.5, S. 226ff., mit der These, daß epistemische Rationalität und doxastisches Lob nicht zusammenhängen. Eine weitere Gegenmeinung findet sich bei R. Audi in *An Epistemic Conception of Rationality*, S. 326. Audi ist der Meinung, nur weil wir nicht anders können, ist es nicht auch schon rational, sondern nur entschuldbar.

»Rational« heißt soviel wie »wohlbegründet«. Obwohl umgangssprachlich verschiedene Bedeutungen von »Grund« feststellbar sind, ist für die adäquate Explikation theoretischer Rationalität im Sinn von wohlbegründet – so habe ich in diesem Kapitel zu zeigen versucht – nur eine internalistische, kausale, deontologische und prozedurale Konzeption von »Rationalität« bzw. »rationalem Grund« vertretbar. Für eine rationale, begründete Meinung gelten demnach folgende Bedingungen:

- Eine rationale Meinung ist das Ergebnis einer mentalen Aktivität des Meinenden. Der Faktor, der relevant ist für die Rationalität einer Meinung, ist die Art der Entstehung (und Aufrechterhaltung) einer Meinung.
- Diese mentale Aktivität, d.h. der Prozeß der Meinungsbildung, ist rational, wenn er nach den Regeln der Rationalität vollzogen wurde. Die Standards der Rationalität sind Regeln für die Meinungsbildung. Dies ist eine deontologische Konzeption theoretischer Rationalität.
- Die Begründung ist abhängig von den kognitiven Fähigkeiten und dem Wissensstand, der dem Meinenden prinzipiell zugänglich ist. Was die Rationalität einer Meinung ausmacht, können nur Faktoren sein, die dem Subjekt kognitiv zugänglich sind (zumindest nach reiflicher Überlegung). Das sind in der Regel seine Meinungen, seine Ziele und die von ihm akzeptierten intellektuellen Verpflichtungen, wie sie in den Regeln der Rationalität zum Ausdruck kommen.
- Eine rationale Begründung enthält ein *Motiv* für den Meinenden, die entsprechende Meinung zu bilden. Dies ist eine internalistische Interpretation von »rationaler Grund«.
- Eine rationale Meinung wird durch den (regelgeleiteten) Prozeß der Meinungsbildung *auf die richtige Weise verursacht*.

Diese Interpretation entspricht einer fundamentalen Intuition bezüglich theoretischer Rationalität. Den Elementen einer rationalen Begründung von Meinungen kann man am besten gerecht werden, wenn man Wohlbegründetheit als Befolgung interner Regeln der Meinungsbildung konzipiert. Damit ist nur formal bestimmt, was eine Meinung rational macht. Des weiteren müssen die Regeln inhaltlich näher charakterisiert werden. Das soll im nächsten Kapitel geschehen.

Kapitel III
Rationale Meinungsbildung als rationale Wahl

1. Eine entscheidungstheoretische Konzeption

Im vorhergehenden Kapitel sind die Begriffe »rationaler Grund«, »rationale Begründung« und »rationales Meinen» näher analysiert worden. Als ein wesentliches Resultat ergab sich das Regelprinzip theoretischer Rationalität (RTR), demgemäß die Rationalität von Meinungen in einem regelgeleiteten Verfahren der Meinungsbildung begründet ist. Diese und die anderen ermittelten formalen Bedingungen theoretischer Rationalität sagen noch nichts darüber aus, welche Verfahren eine Meinung rechtfertigen. Die Rechtfertigungsbeziehung ist bisher inhaltlich noch völlig unbestimmt. Gemäß (RTR) – und darin liegt u.a. dessen Erkenntnisgewinn – muß man dazu angeben, welches die richtigen Regeln der Meinungsbildung sind, so daß diese Meinung wohlbegründet ist.

Zur Beantwortung der Frage, welche die Regeln der Meinungsbildung sind, scheint es sinnvoll, sich anzusehen, wie eine gute interne Begründung idealtypisch aussieht. Eine (idealtypische) interne epistemische Rechtfertigung läßt sich analytisch in vier Phasen (oder Schritte) einteilen: 1.) Zielbestimmung, 2.) Hypothesenbildung, 3.) Evidenzsuche und 4.) Entscheidung.[1] Diese Einteilung der Phasen und der Charakter der Phasen als Suche ergibt sich aus der zugrundeliegenden Idee, daß jede rationale Überlegung eine Form zielgerichteten Denkens ist und eine Art von Wahl zwischen möglichen Alternativen zur Erreichung des Ziels darstellt (entweder zwischen Meinungen bei theoretischer Rationalität oder Handlungen bei praktischer Ra-

1 Die Einteilung entstammt einer theoretischen Reflexion, und sie ist – obwohl sie nicht im Widerspruch zu bisherigen empirischen Erkenntnissen steht – m.W. nicht empirisch getestet. Diese Analyse epistemischer Rechtfertigung kann dementsprechend nur dadurch gerechtfertigt werden, daß sie einerseits unseren Begriffen, Intuitionen und inneren phänomenologischen Beobachtungen entspricht und sich andererseits als wirkungsvolles Mittel bei der Aufdeckung und Beseitigung von Fehlern des Denkens erweist. – Ein ähnliches, allerdings dreiphasiges Modell vertritt J. Baron in *Rationality and Intelligence*, Kap. 2.

tionalität). Bei jeder Wahl bzw. Entscheidung benötigt man ein Ziel, einen Wunsch oder Wert, mit dessen Hilfe die Entscheidung getroffen werden kann. Welches Ziel als oberstes Kriterium der spezifischen rationalen Wahl gelten soll, ist nicht von vornherein ausgemacht; Ziele können nicht als gegeben unterstellt werden. Auch sie können rational oder irrational sein. Sie sind selbst Objekte rationaler Entscheidungen. Deshalb ist es eine der Aufgaben des rationalen Überlegens, bei jedem Prozeß der Meinungsbildung die spezifischen Ziele zu bestimmen (Phase 1). Wenn es sich um eine Wahl handelt, muß es auch Möglichkeiten geben, zwischen denen gewählt werden kann, und wenn rationales Denken bewußt ist, dann müssen die Möglichkeiten auch bewußt gemacht werden, also gehört die Suche nach Lösungsmöglichkeiten zur rationalen Überlegung (Phase 2). Es muß außerdem Gesichtspunkte geben, die die Wahl zwischen den Möglichkeiten beeinflussen. Dies sind im theoretischen Bereich die Evidenzen, nach denen zu suchen eine weitere Aufgabe der rationalen Überlegung ist (Phase 3). Schließlich müssen die Möglichkeiten im Licht der Evidenzen abgewogen, Schlüsse gezogen und die Entscheidung für eine Meinung getroffen werden (Phase 4). So ergeben sich notwendig die vier Phasen einer rationalen Wahl von Meinungen. Damit es sich um eine gute oder rationale Begründung handelt, müssen für jede Phase bestimmte Kriterien erfüllt sein. Das läßt sich (gemäß (RTR)) so verstehen, daß diese Schritte in allen Punkten bestimmten Regeln entsprechend vorgenommen werden müssen. Jede dieser Phasen läßt sich als eine regelgeleitete Aktivität, in der Regel eine Suche mit Hilfe von Strategien, analysieren.

Unter Rationalität (einer Meinung, einer Handlung oder eines Wunsches) ist generell eine sorgfältige, zielgerichtete Überlegung des Subjekts zu verstehen, wie es seine Ziele möglichst effektiv verwirklichen kann, und die entsprechende praktische Realisierung dieser Überlegung. Jede Art von Rationalität besteht in der Entscheidung über die effektivsten Mittel zum Erreichen bestimmter Ziele. Das gilt auch für die Wahl der Ziele selbst, die nur mit Bezug auf höhere Ziele gerechtfertigt werden können. Wichtig in dem Zusammenhang ist die These, daß diese generelle Konzeption von Rationalität (auch) für den theoretischen Bereich gilt, d.h. auch für Meinungen. Bei rationaler Meinungsbildung handelt es sich um eine rationale Wahl bzw.

rationale Entscheidung darüber, welche nach subjektiver reiflicher Überlegung die angemessenste Meinung für ein bestimmtes Problem ist. Die rational gebildete Meinung ist nach reiflicher Überlegung des Subjekts das effektivste Mittel, das gewählte Ziel zu erreichen. Dieser Rekonstruktion (theoretischen wie praktischen) rationalen Überlegens liegt das Schema der sog. Entscheidungstheorie zugrunde. Angewandt auf den Prozeß der Meinungsbildung[2] postuliert diese Theorie ein Prinzip rationaler bzw. begründeter Meinung, sehr ähnlich Bayes' Prinzip der rationalen Entscheidung.[3] Die epistemische Entscheidungstheorie nimmt an, der Denkende habe epistemische Werte (»Nutzenfunktionen«), insbesondere Wahrheit zu akzeptieren und Falschheit zu vermeiden. Nun ist die Wahl von Meinungen rational, die den erwarteten Nutzen so maximiert, wie er aus dem »epistemischen Nutzen« und der subjektiven Wahrscheinlichkeit bestimmt wird. Theoretische und praktische Rationalität besitzen also nach dieser Theorie eine ähnliche formale Struktur des Prozesses der Urteilsbildung.

Die These, Rationalitätsmaximen im theoretischen Bereich ließen sich als Regeln rationaler Wahl von Meinungen auffassen, entspricht nicht unbedingt dem traditionellen und gängigen Bild von theoretischer Rationalität.[4] Die Auffassung von rationaler Meinungsbildung als rationaler Entscheidung (über die

2 Die epistemische Entscheidungstheorie wurde entwickelt von: C. Hempel, *Deductive-Nomological vs. Statistical Explanation*; J. Hintikka & J. Pietarinen, *Semantic Information and Inductive Logic*; I. Levi, *Gambling with Truth*; ders., *The Enterprise of Knowledge*; R. Hilpinen, *Rules of Acceptance and Inductive Logic*; K. Lehrer, *Knowledge*. Ich verzichte hier auf eine genaue und formale Darstellung dieser Theorie. Mir geht es hier vielmehr darum, die Grundannahmen dieser Konzeption von Meinungsbildung zu plausibilisieren.

3 Vgl. zur rationalen Wahl von Handlungen und Wünschen Kap. V.

4 Zur epistemischen Entscheidungstheorie werden im allgemeinen zwei alternative Konzeptionen theoretischer Rationalität bzw. Rechtfertigung vertreten. Das ist zum einen eine Kohärenztheorie der Rationalität, die eine ganz »schwache« Interpretation der Rationalität bei Meinungen vertritt, derzufolge diese nur in einer Konsistenz und Kohärenz mit den anderen Meinungen der Person besteht. An die kohärenten Meinungen werden keine weiteren Anforderungen gestellt. Das sehen »starke« Interpretationen, wie die epistemische Entscheidungstheorie und der epistemische Fundamentalismus, anders. Für den epistemischen Fundamentalismus gibt

Rationalitätsmaximen und Ziele) setzt einen gewissen Entscheidungsspielraum (eine Freiheit der Wahl) bei Meinungsbildungen voraus. Diese Unterstellung ist im Fall von Meinungen problematisch und kontraintuitiv.

Zwei Positionen stehen sich in dieser Frage gegenüber: Auf der einen Seite die Position des sog. *Evidentialismus*, die behauptet, Wahrheit als oberstes Ziel der rationalen Meinungsbildung sei aus begrifflichen oder empirisch-psychologischen Gründen zwingend vorgegeben. Mit der Wahrnehmung der Evidenzen bilde sich quasi-automatisch eine Meinung. Der relevante Faktor bei der Bildung einer Meinung ist der kognitive »input«, d. h. die Summe der Evidenzen. (Daher seine Bezeichnung.) Eine Wahlmöglichkeit besteht nach dieser Auffassung nicht. Es ist demnach unmöglich oder zumindest sehr irrational, bewußt eine Meinung aus nicht-wahrheitsorientierten Motiven zu bilden. So wie es für eine Person unmöglich ist, bewußt p und ihr kontradiktorisches Gegenteil non-p zu glauben, so ist es für den Evidentialismus unmöglich, p zu glauben, während man gleichzeitig glaubt, daß die Evidenzen die Falschheit von p anzeigen. Die Intention beim Glauben einer Meinung ist nach Ansicht des Evidentialisten notwendig das Erfassen eines wahren Sachverhalts. Man könne nicht bewußt etwas glauben, was man für falsch hält. Wir können gar nicht anders, als uns in unseren Meinungen nach der Wahrheit zu richten. Eine Meinung sei demnach ein mentaler Zustand, der – um es metaphorisch zu

es zwei Arten der epistemischen Rechtfertigung: eine direkte Fundierung eines bestimmten Typus von Meinungen in einer entsprechenden Erfahrung und eine indirekte Rechtfertigung aller übrigen Meinungen qua Inferenz von direkt gerechtfertigten Meinungen. Weitere Details dieser Position sind unter deren Verfechtern umstritten, wie die Frage, ob Meinungen, die direkt in empirischer Erfahrung gegründet sind, nicht widerlegbar oder unbezweifelbar sind, oder ob nur deduktive Inferenzen oder auch probabilistische Relationen eine indirekte Rechtfertigung darstellen. Der Kohärentismus ist zu schwach, und der epistemische Fundamentalismus wird den in Kapitel II genannten Bedingungen für rationale Begründung nicht gerecht. Das ist nur der Fall bei der epistemischen Entscheidungstheorie. Sie fordert von rationalen Meinungen eine bestimmte regelgeleitete Art der Herstellung der Meinungen. Ist eine Meinung den Regeln entsprechend gebildet, kann sie als rational gelten. Die Regeln rationaler Meinungsbildung sind die Regeln rationaler Wahl. Innerhalb dieser Position ist der Inhalt dieser Regeln kontrovers.

sagen – »auf Wahrheit zielt«. Also sei als Ziel jeder (zumindest jeder rationalen) Meinungsbildung notwendig Wahrheit vorgegeben. Wegen der vorgegebenen Wahrheitsorientierung – so argumentiert der Evidentialismus weiter – sei Glauben dann auch nicht frei wählbar und nicht willentlich. Von einer rationalen Wahl könne man nur dann sinnvoll sprechen, wenn es sich um willentliche oder intentionale Handlungen handelt, die man bewußt steuern und auch unterlassen kann. Meinungen und ihre »Ziele«[5] stehen aber nicht unter der direkten oder unmittelbaren Kontrolle durch den Willen des Subjekts. Deshalb sei das oben skizzierte Modell theoretischer rationaler Entscheidung verfehlt. Daraus zieht der Evidentialist eine weitergehende Folgerung: Wenn man sich nicht entscheiden kann, etwas zu glauben, dann könne man mithin auch außerstande sein, einer Rationalitätsregel im theoretischen Bereich bewußt und willentlich zu folgen. Deshalb ist für den Evidentialismus sogar die Auffassung von theoretischer Rationalität als Regelfolgen ggf. unzutreffend.

Mit der Gegenposition zum Evidentialismus wird die Auffassung vertreten, daß es adäquate, nicht-wahrheitsorientierte Gründe für eine Meinung geben könne. Es könne Gründe für eine Meinung geben, für die der Meinende keine adäquaten Evidenzen besitzt. Dies impliziert die These, daß Glauben – zumindest in einigen Fällen – willentlich ist. Diese Position bezeichnet man als »doxastischen Voluntarismus« oder »Meinungsvoluntarismus«.[6] Man könne sich selbst dazu bringen oder entscheiden, etwas zu glauben, weil diese Meinung bestimmte der eigenen frei gewählten Ziele befriedigt, die nichts

5 Ein Evidentialist lehnt wahrscheinlich wegen der seiner Ansicht nach notwendigen Vorgegebenheit der Wahrheitsorientierung bei Meinungen die Rede von »Zielen der Meinungsbildung« als irreführend ab.

6 Der doxastische Voluntarismus ist keine einheitliche Doktrin. Unter seinen Vertretern gibt es unterschiedliche Auffassungen zu mindestens folgenden drei Aspekten: 1.) Sind Meinungen unter unserer direkten oder nur indirekten Kontrolle? 2.) Wenn es möglich ist (in irgendeiner der beiden Weisen) willentlich zu glauben, dann stellt sich die Frage, was und wie man glauben soll. Wird die Frage, was man glauben soll, beantwortet durch eine Art moralischer Regeln (eine sogenannte Ethik des Glaubens) oder durch Klugheitsregeln? 3.) Unter welchen Umständen ist es möglich, willentlich zu glauben? Hängt dies vom Grad der Evidenz ab?

mit der Wahrheit der Proposition zu tun haben (müssen). Es gebe die Möglichkeit, eine Meinung auch aus anderen Gründen als ihrer evidentiellen Rechtfertigung wegen zu glauben. Deshalb sei eine Wahl der Ziele möglich und unter Rationalitäts-Gesichtspunkten beurteilbar.

Je nachdem, welche Position man zu dem Problem, ob man sich entscheiden kann, etwas zu glauben, einnimmt, kann sich jeweils ein anderes Verständnis der Rationalität von Meinungen ergeben: Der Meinungsvoluntarismus sieht eine Parallele zwischen Rationalität im theoretischen und praktischen Bereich, nach der Rationalität in allen Bereichen einheitlich als maximengeleitete rationale Wahl analysiert werden kann. Der Evidentialismus dagegen leugnet eine Parallele, indem er jeglichen Entscheidungsspielraum bei Meinungsbildung bestreitet. Stattdessen behauptet er einen spezifisch epistemischen Sinn von Rationalität, der durch Wahrheitsorientierung als notwendig oberstes Ziel jeder (rationalen) Meinungsbildung definiert ist, im Unterschied zu einem praktischen Sinn von Rationalität, der durch rationale Wahl definiert ist.

In diesem Kapitel möchte ich zeigen: Die entscheidungstheoretische Konzeption läßt sich ohne Schwierigkeiten auf den theoretischen Bereich anwenden und ist deskriptiv und normativ angemessen. Um dieses Ziel zu erreichen, gliedere ich meine Argumentation in zwei Schritte. Zuerst versuche ich zu zeigen, daß man von rationaler Entscheidung auch sprechen kann, sofern Wahrheit – aus welchen Gründen auch immer – das oberste Ziel rationaler Meinungsbildung sein sollte. Damit soll sich die entscheidungstheoretische Konzeption theoretischer Rationalität auch dann als angemessen erweisen, wenn die Auffassung des Evidentialismus richtig sein sollte. Im zweiten Schritt werde ich dann zu zeigen versuchen, daß auch eine rationale Wahl von Zielen der Meinungsbildung möglich ist. D.h. für rationale Meinungsbildung sind andere Ziele als Wahrheit möglich. Damit vertrete ich eine Version des Meinungsvoluntarismus. Je nachdem, was als Ziel rationaler Meinungsbildung festgesetzt wird, schlage ich für theoretische Rationalität eine begriffliche Unterscheidung zwischen *epistemischer* und *prudentieller Rationalität* vor:[7]

7 Mit diesen begrifflichen Festlegungen wird natürlich keineswegs das Sachproblem definitorisch beseitigt oder vorentschieden; es läßt sich in diesen

- Eine Meinung bzw. eine Meinungsbildung ist *epistemisch rational* genau dann, wenn sie aufgrund der Befolgung von Regeln gebildet wird, die ausschließlich mit Bezug auf Wahrheit als oberstes Ziel der Meinungsbildung gerechtfertigt sind. Oder: Epistemisch rational sind alle nach wahrheitsorientierten Regeln gebildeten Meinungen.
- Eine Meinung bzw. eine Meinungsbildung ist *prudentiell rational* genau dann, wenn sie aufgrund der Befolgung von Regeln gebildet wird, die mit Bezug auf das vom Meinenden am höchsten geschätzte Ziel (das ein anderes als Wahrheit sein kann) gerechtfertigt sind. Oder: Prudentiell rational sind alle nach nutzenorientierten Regeln gebildeten Meinungen.

Epistemische Rationalität hängt demnach mit Gründen für die Wahrheit einer Proposition zusammen; solche Gründe kann man deshalb auch *epistemische* oder *theoretische Gründe* nennen. Prudentielle Rationalität hat es dagegen mit Gründen zu tun, die es praktisch wünschenswert erscheinen lassen, diese oder jene Meinung zu haben; solche Gründe kann man deshalb auch *prudentielle* oder *praktische Gründe* nennen.
Dieser Unterscheidung folgend, werde ich im nächsten Abschnitt III.2 eine Analyse epistemischer Rationalität und anschließend in III.3 eine Untersuchung der Möglichkeit prudentieller Rationalität unternehmen. Durch dieses zweistufige Vorgehen läßt sich klarer zeigen, daß die entscheidungstheoretische Rationalitätskonzeption ohne weiteres mit sonstigen Konzeptionen epistemischer Rechtfertigung von Meinungen kompatibel ist, auch wenn man bestimmte Annahmen über die Ziele macht, nämlich daß das Ziel Wahrheit (oder ähnliches) sein muß. Auch epistemische Rationalität ist ein Spezialfall der allgemeinen Konzeption rationaler Entscheidung. Die Regeln epistemischer Rationalität, d. h. die Regeln epistemisch-rationaler Meinungsbildung, lassen sich als Regeln rationaler Wahl von Meinungen für den speziellen Fall angeben, daß Wahrheit als Ziel gegeben ist. Das gilt es nun zu zeigen.

Termini ebenso formulieren, nämlich: Kann es prudentiell rationale Meinungen geben?

2. *Regeln epistemischer Rationalität*

In diesem Abschnitt soll epistemische Rationalität (in dem eben eingeführten Sinn) inhaltlich näher bestimmt werden. Die formale Charakterisierung hatte sich aus den formalen Bedingungen aus Kapitel II. ergeben. Die inhaltliche Charakterisierung erfolgt nun durch die Angabe der richtigen Regeln der Meinungsbildung. Diese Regeln wiederum sollen ermittelt werden, indem untersucht wird, was in den vier Phasen der Meinungsbildung gemäß der entscheidungstheoretischen Konzeption rationalerweise zu tun ist. Neben der Angabe der inhaltlichen Bedingungen theoretischer Rationalität wird so im folgenden auch für die Konzeption epistemischer Rationalität als rationale Wahl argumentiert. Ich gehe dabei die vier Phasen der Reihe nach durch.

2.1. Zielbestimmung

Eine Überlegung ist meist auf ein Ziel gerichtet. Das muß nicht immer so sein.Es kann auch zielloses Überlegen geben. Nur ein Ziel aber gibt der Episode oder Sequenz des Überlegens einen Beurteilungsmaßstab. Die Überlegung kann nur insofern für gut, angemessen, fehlerhaft, irrig, unbegründet etc. befunden werden, als sie ein Ziel zu realisieren hilft oder verhindert. Bei jeder Rationalitätsbeurteilung einer Meinung ist also (analytisch) ein Ziel vorausgesetzt. Jede rationale Meinungsbildung gilt als eine absichtliche, zielgerichtete Aktivität. Interne Gründe für eine Meinung beziehen sich – so wurde in Kapitel II behauptet – inter alia auf die motivationale Verfassung des Glaubenden. Dies ergibt sich aus der Konzeption von Gründen als motivierenden Faktoren für den kausal wirksamen Prozeß der Meinungsbildung. Dazu muß ein Wunsch (oder verschiedene hierarchisch gestaffelte Wünsche) vorhanden sein, den die Person mit ihrer Meinungsbildung zu befriedigen können glaubt. Dies entspricht einer auf Hume zurückgehenden Theorie der Motivation. Hume bezieht dabei seine Theorie der Motivation nur auf Gründe für Handlungen.[8] Mir scheint es plausibel, diese Theorie motivierender Gründe auch auf Meinungen zu über-

8 Für diese eigentliche, Humesche bzw. internalistische Auffassung, daß Handlungsgründe motivierend sein müssen und daß Motivation nur durch

tragen. Für diese Auffassung ist die Behauptung konstitutiv, daß die Motivation ihre Quelle in dem Umstand hat, daß ein entsprechender Wunsch und eine Mittel-Zweck-Meinung vorhanden ist. D.h. q konstituiert zu t einen motivierenden Grund für S zu der mentalen Aktivität (oder Handlung) φ genau dann, wenn es ein Z gibt, so daß q zu t aus einem Wunsch von S nach Z und einer Meinung, daß sie Z durch φ erreicht, besteht.[9] Dagegen könnte eingewendet werden, daß man sich bei der Bildung einer Meinung normalerweise keiner Anwesenheit eines Wunsches introspektiv bewußt ist. Solche Skepsis gegenüber der Zielorientiertheit von Meinungsbildung geht zurück auf eine unplausible, rein phänomenologische Konzeption von Wünschen. Es ist generell unangemessen, Wünsche als essentiell mit einem phänomenalen Inhalt versehen zu verstehen, d.h. so zu verstehen, daß sie mit einem Gefühl begleitet sind. Wünsche sind nicht immer von einem Gefühl begleitet, einen Wunsch zu haben. Auf längerfristige Ziele hin orientierte Wünsche z.B. verspüren wir nur gelegentlich, aber wir schreiben sie uns die ganze Zeit zu. Plausibler ist deshalb eine dispositionale Konzeption von Wünschen. Wünsche sind danach als mentale Zustände zu verstehen, die eine bestimmte funktionelle Rolle haben. D.h. der Wunsch nach Z ist der mentale Zustand von S, der allen entsprechenden Dispositionen von S zugrunde liegt, wie z.B. in bestimmten Situationen φ zu tun.

Jede absichtliche Tätigkeit ist klarerweise zielorientiert, denn die Absicht formuliert das Ziel. Das Ziel stellt den motivationalen Grund (oder einen Teil der Begründung) für die Tätigkeit dar. Interne Gründe zu haben heißt, Ziele zu haben. Nur weil und wenn das Ziel gewollt wird, sind Gründe zwingend, d.h. von der Art, daß sie ein intelligentes und sensibles Wesen motivieren, etwas zu glauben. Erst vor dem Hintergrund, daß die Tätigkeiten, die als rational bezeichnet werden können, wie Meinen (oder auch Handeln und Wünschen) auf ein Ziel gerichtet sind, ergibt sich ein interner, subjektiver Beurteilungsmaßstab für die Tätigkeit, nämlich wie erfolgreich aus subjektiver Sicht nach reiflicher Überlegung die Meinung das Ziel erreichen wird.

das Vorliegen eines Wunsches zustande kommt, wird in Kapitel V argumentiert.

9 Vgl. auch M. Smith, *The Humean Theory of Motivation.*

Im ersten Schritt (Phase 1) der Prozedur, in der eine Meinung rational gewählt werden soll, sind die Ziele der Meinungsbildung festzulegen. Jede rationale Meinungsbildung verfolgt gleichzeitig verschiedene hierarchisch geordnete Ziele. Bei epistemisch-rationaler Meinungsbildung ist mindestens ein Ziel, und zwar das oberste in der Hierarchie der Ziele, nicht beliebig. Dieses oberste Ziel, genauer eine conditio sine qua non, epistemisch-rationaler Meinungsbildung ist per definitionem das Streben nach der Wahrheit der Proposition.

Wahrheit ist für epistemische Rationalität ein normatives Ziel. Selbst wenn man – wie der Evidentialismus – annimmt, daß es aus begrifflichen oder kontingenten Gründen unmöglich ist, bewußt für unwahr gehaltene Meinungen zu bilden, ist Wahrheit ein *normatives* Ziel. Eine Meinung kann natürlich auch aus anderen Ursachen (Zufall, unbewußte Beeinflussung durch einen Wunsch, Unachtsamkeit etc.) als dem Streben nach Wahrheit gebildet werden. Auch in diesen Fällen gilt analytisch, daß S p für wahr hält, aber eben zu Unrecht. S hätte, wenn sie vorsichtiger, aufmerksamer und aufrichtiger ihre Meinung gebildet hätte, die Beeinflussung durch meinungsirrelevante Faktoren vermeiden können. S hat sich in diesem Sinn nicht genug um die Wahrheit ihrer Meinung bemüht, deshalb ist ihre Meinung irrational (egal ob sie tatsächlich wahr oder falsch ist). Der für epistemische Rationalität interessante Zusammenhang zwischen Meinungsbildung und Wahrheitsstreben ist normativ. Das Streben nach Wahrheit bei der Bildung von Meinungen stellt eine, und zwar die wichtigste, normative Forderung dar, die spezifisch für epistemische Rationalität ist. Insofern hat die Rede von Wahrheit als unverzichtbarem Ziel epistemisch-rationaler Meinungsbildung einen Sinn. Die Meinung muß mit der Absicht und dem Bemühen gebildet werden, Wahrheit zu erreichen. Dabei fungiert Wahrheit als regulative Idee oder Grenzbegriff, d.h. rationale Personen sollen nach Wahrheit streben, ohne je sicher sein zu können, sie erreicht zu haben. Inwieweit der Rationalitätsforderung, dieses Ziel zu erreichen, Genüge getan wird, entscheidet im wesentlichen darüber, ob die gebildete Meinung rational oder irrational genannt werden muß. Wenn wir eine Meinung rational nennen, bedeutet dies, daß sie vor dem Hintergrund der einer Person zu diesem Zeitpunkt zur Verfügung stehenden Erkenntnismöglichkeiten und

Begründungsverfahren diejenige ist, die aus der Sicht dieser Person die größte Wahrscheinlichkeit hat, wahr zu sein. Von diesem unverzichtbaren Ziel her erklärt sich auch die wesentliche Rolle epistemischer Gründe. Gründe bilden dann eine epistemische Rechtfertigung für eine Meinung, wenn sich für den Meinenden aus ihnen eine genügend große Wahrscheinlichkeit ergibt, daß die geglaubte Proposition wahr ist. Epistemisch-rationale Gründe für eine Meinung sollen deren Wahrheit sichern. Wahrheit stellt dabei das Gegenmittel zu kognitivem Irrtum dar, d.h. je wahrheitsorientierter, desto weniger Irrtum.

Wahrheitsorientierung ist zwar eine notwendige, doch keine hinreichende Bedingung für die Zielbestimmung *epistemischer* Rationalität. Unter dem Gesichtspunkt des praktischen Erkenntnisinteresses wird mehr als Wahrheit verlangt. Die Wahrheit einer Proposition p ist für sich genommen noch kein hinreichender Grund, p zu glauben. Wenn gute Aussichten bestehen, daß die durch bestimmte Verfahren zu gewinnende Proposition p wahr sein wird, bedeutet dies nicht, daß man auch schon Grund hat, dieses Verfahren zu aktivieren, um die Meinung zu bilden und im Gedächtnis zu bewahren. Die Wahrheit von p erkennen zu können, heißt nicht, Grund genug zu haben, warum man p glauben sollte im Sinne einer mentalen Aktivität, die mit Kosten und Risiken verbunden ist.[10] Dies ergibt sich aus zwei Überlegungen: Erstens stellt jede neu zu bildende Meinung, die nicht bereits in der Meinungsmenge enthalten oder

10 Dies gilt auch für einen Spezialfall der Begründung einer Meinung, nämlich wenn der Meinende die Wahrheit der Proposition allein schon aus dem Verständnis ihres Inhalts erkennt. Dies ist der Fall bei logisch notwendigen (d.h. analytischen) Wahrheiten. (Ob es noch andere Arten von [nicht-analytischen] Aussagen gibt, die selbstevident sind und somit in diese Rubrik fallen, ist kontrovers.) Zwei Einschränkungen sind angebracht, da häufiger die Meinung zu finden ist, es sei rational, jede analytische Proposition zu glauben. Analytische Propositionen zu glauben, ist nur dann rational, wenn man ihre Wahrheit aufgrund der Bedeutung ihrer Worte auch selbst erkannt hat. Sofern man die Analytizität der Proposition nicht erkannt hat, wäre es irrational, diesen Satz zu glauben (das folgt aus der internalistischen Konzeption von Rationalität). Aber selbst wenn man um die Analytizität der Proposition weiß, ist dies noch kein hinreichender Grund, sie auch in dem Sinn zu glauben, daß sie in das dauerhaft gespeicherte System aufzunehmen ist, wie im folgenden ausgeführt wird.

von ihr (unmittelbar) impliziert wird, aus der Sicht des Überlegenden ein (neues) Risiko des Irrtums dar. Also braucht der Überlegende einen Anreiz, die neue Meinung zu erwerben. Zweitens können oder sollten wir angesichts unserer knappen Ressourcen rationalerweise unser Gedächtnis nicht mit Trivialitäten belasten. Es scheint unsinnig und unmöglich, alles glauben zu wollen, von dem man Grund hat zu glauben, daß es wahr ist. Wir müssen die Proposition auswählen, die wir glauben wollen. Als Auswahlkriterium fungiert dabei das jeweilige Erkenntnisinteresse. Je nachdem, welches Erkenntnisinteresse eine Person hat, kann es irrational sein, nur trivial wahre Meinungen zu haben, weil diese uninformativ und damit unnütz sind. Um einen motivierenden Grund zu haben, eine wahre Proposition zu glauben, bedarf es noch eines Interesses an ihrem Informationsgehalt. Der Informationswert der Proposition kompensiert das Risiko des Irrtums. Dieses Erkenntnisinteresse ergibt sich aus der Hoffnung, ein intellektuelles oder praktisches Problem zu lösen.[11] Rationale Überlegung stellt eine Form problemlösenden Denkens dar, wobei die Lösung als Ziel fungiert. Normalerweise ist jede Person daran interessiert, möglichst viel Relevantes, d.h. für sie Wichtiges, über ihre Welt zu erfahren. Dahinter steckt außer theoretischer Neugier auch das fundamentale praktische Interesse, uns in dieser Welt besser zurechtzufinden, d.h. mehr zu verstehen und dadurch adäquater und deshalb erfolgversprechender handeln zu können. Insofern spielen im Prozeß der Meinungsbildung praktische Ziele oder Wünsche eine wichtige Rolle bei der Festlegung des Erkenntnisinteresses. Ziel epistemisch-rationaler Meinungsbildung ist also die wahre Beantwortung einer Frage, d.h. die richtige Lösung eines Problems. Bei der Beurteilung epistemischer Rationalität einer Meinung kommt es auf die Einschätzung der internen und subjektiven Gründe nicht nur für die Wahrheit, sondern auch für die *Relevanz* der Meinung an. Der Begriff der Relevanz bringt eine Fülle von Interessen und Werten ins Spiel bei der Bestimmung des Ziels einer konkreten Meinungsbildung. Relevanz ist mithin eine wesentliche Bedingung zusätzlich zum Wahrheitskriterium, eine andere Dimension der Beurteilung von Begründungen. Also ist Wahrheits-

11 Vgl. A.I. Goldman, *Epistemology and the Theory of Problem Solving*; J. Kekes, *Rationality and Problem-Solving*.

orientierung zwar das unverzichtbare, aber nicht das einzige Ziel einer jeden epistemisch-rationalen Meinungsbildung. Nimmt man die beiden Ziele Wahrheit und Relevanz zusammen, so läßt sich folgende Forderung epistemischer Rationalität formulieren:

(TR-3) Bei epistemisch-rationaler Meinungsbildung sollen relevante, wahre Meinungen maximiert und sowohl irrelevante als auch falsche Meinungen minimiert werden.[12]

Diese erweiterte Zielbestimmung epistemischer Rationalität kann nun zwei Arten von kognitiven Fehlern begegnen: Irrtum und Ignoranz. Irrtum ist eine durch irgendeinen Fehler in der Meinungsbildung entstandene falsche Meinung. Ignoranz liegt dagegen vor, wenn die Person sich überhaupt nicht oder nicht genügend um (wahre) Meinungen bemüht, die wichtige Fragen oder Probleme beantworten könnten, die sie gelöst haben will. Dieser kognitive Fehler kann nicht durch Wahrheitsstreben allein ausgeschlossen werden, sondern bedarf auch des Bemühens um die Lösung bestehender Probleme, also des Strebens, eine möglichst große Menge relevanter (und wahrer) Meinungen zu produzieren. So wie die (im Rationalitätsbegriff enthaltene) Forderung nach Wahrheit den kognitiven Irrtum ausschließen soll, so soll die Forderung nach Relevanz die Ignoranz ausschließen. Aufgrund der Relevanzforderung hängt epistemische Rationalität mit Intelligenz zusammen, verstanden als allgemeine Problemlösungskompetenz.[13]

Die Aufgabenstellung in der ersten Phase einer rationalen Meinungsbildung muß mithin darin bestehen, die verschiedenen Ziele der beabsichtigten Meinungsbildung zu bestimmen, indem das zu lösende Problem als Frage formuliert wird, die die

12 Für eine ähnliche Auffassung vgl. I. Levi, *Gambling with Truth*, der als die beiden Ziele der Wissenschaft Vermeidung von Irrtum und Maximierung des Informationswertes ansieht. Dagegen sieht G. Harman in *Change in View* die Ziele pragmatistischer als Maximierung von Kohärenz und Minimierung von Wechsel.

13 Für den Zusammenhang von Intelligenz und Rationalität vgl. auch J. Baron, *Rationality and Intelligence*. Dagegen unterscheidet A.I. Goldman in *Epistemology and Cognition* I.4. Rationalität, Intelligenz und Geschwindigkeit als drei unterschiedliche, oberste Kriterien der Epistemologie.

Meinung beantworten soll. Dabei wird zusätzlich gefordert, das Problem so zu formulieren, daß es möglichst gut gelöst werden kann. Eine Verbesserung der Resultate kann erreicht werden durch möglichst sinnvolle Formulierungen, durch Formulierung des Problems unter einem anderen, produktiveren Blickwinkel, durch Unterteilung in Subprobleme etc.[14]
Gesucht werden muß im weiteren Verlauf des Prozesses diejenige Antwort, die die problemformulierende Frage zufriedenstellend beantwortet und die eine relativ hohe subjektive Wahrscheinlichkeit besitzt, daß sie wahr ist. Man hat nur dann eine reelle Chance, eine solche Antwort bzw. Meinung zu finden, wenn man die drei weiteren Phasen – die Bildung von Hypothesen, die Einschätzung der Evidenzen und die Schlußfolgerung – ordnungsgemäß durchläuft.

2.2. Hypothesenbildung

In der zweiten Phase sollen rationalerweise verschiedene mögliche Kandidaten für die Antworten auf die Frage, die das Problem formuliert, gesucht werden. Es geht in dieser Phase um das, was man häufig auch Hypothesenbildung nennt. Die Hypothesen formulieren die Alternativen, zwischen denen rational zu wählen ist. Man sollte rationalerweise nicht nur zwischen Ja-

14 Wie die Art, in der die Frage formuliert wird, die Möglichkeit einer schnellen und korrekten Lösung beeinflußt, zeigt folgendes Beispiel: Zwei Züge sind 50 km voneinander entfernt. Um 14 h beginnen beide Züge, aufeinander zuzufahren. Zum gleichen Zeitpunkt beginnt ein Vogel, von der Spitze des einen Zugs zur Spitze des anderen Zugs zu fliegen. Dort angekommen, fliegt er zum ersten Zug zurück usw. hin und her, bis die Züge sich treffen. Wenn beide Züge 25 km/h und der Vogel 100 km/h schnell sind, wie viele Kilometer hat der Vogel insgesamt zurückgelegt? Bei dieser Fragestellung scheint es nötig zu errechnen, wie lang jeder Flug zwischen den Zügen ist. So gesehen, ist das Problem schwer zu lösen. Wenn man sich statt dessen auf die Zeit konzentriert, die der Vogel zu fliegen hat, ist die Lösung trivial. Die Züge müssen 1 Stunde fahren, bevor sie sich treffen (50 km mit einer Geschwindigkeit von zusammen 50 km/h), und der Vogel fliegt in der einen Stunde bei einer Geschwindigkeit von 100 km/h 100 km. Das Beispiel stammt von M.I. Posner, *Cognition*, zitiert nach A.I. Goldman, *Epistemology and the Theory of Problem Solving*.

oder Nein-Antworten wählen, sondern zwischen verschiedenen miteinander konkurrierenden Hypothesen. Bei Ja- oder Nein-Antworten geht es lediglich um die Frage, ob es wahrscheinlicher ist, daß p wahr ist oder non-p. Aber eventuell ist q die bessere Alternative sowohl p wie non-p gegenüber. Deshalb gilt als eine weitere Rationalitätsregel:

(TR-4) Bedenke alle möglichen sinnvollen Hypothesen.

Diese Bedingung wird allerdings durch Überlegungen, daß Zeit knapp und teuer ist, relativiert. Die Hypothesen können sich in ihrer Problemlösungskapazität unterscheiden. Die Hypothesen müssen, sofern sie wahr sein sollten, Lösungen der Problemfrage darstellen. Aber einige mögliche Antworten auf das Problem können ›besser‹ als andere sein, weil sie das Problem schneller, eleganter, einfacher, umfassender, endgültiger oder situationsunabhängiger zu lösen versprechen. Diese Hypothesen (falls sie wahr sein sollten) sind die effizienteren Mittel zum Erreichen des epistemischen Ziels. Wenn man als den umfassenderen epistemischen Wert wahre Problemlösung annimmt, statt nur Wahrheit, dann lassen sich die Hypothesen in eine subjektive Rangordnung ihrer epistemischen Wünschbarkeit bzw. ihres ›epistemischen Nutzens‹ bringen. Der sog. epistemische Nutzen wird dadurch bestimmt, wie man die potentiellen Konsequenzen, falls die Hypothese akzeptiert oder zurückgewiesen wird, subjektiv einschätzt. Dies ist ein Maß für die zu gewinnende Menge an nützlicher Information.

2.3. Evidenzensuche

Zur Begründung von Meinungen gehört wesentlich, daß die Meinung irgendwie substantiell begründet ist, d.h. gerechtfertigt durch die zur Verfügung stehende Evidenz. Für die Rationalität einer Meinungsbildung ist es erforderlich, daß die Person alle relevanten Tatsachen berücksichtigt hat. Es gibt einen engen (begrifflichen) Zusammenhang zwischen »q ist Evidenz für p« und »q ist Grund für die Meinung, daß p«. Wenn q Evidenz für p ist, dann ist die Meinung q prima facie ein guter Grund, p zu glauben.[15] Es ist nur prima facie ein guter Grund,

15 Vgl. P. Achinstein, *Concepts of Evidence*.

weil es auch Gegenevidenzen und andere Gegengründe geben kann, die sich gegenseitig schwächen oder verstärken. Eine Meinung ist erst dann durch Evidenzen wohlbegründet, wenn es mindestens eine der zur Verfügung stehenden Evidenzen gibt, die nicht von einer Gegenevidenz widerlegt oder aufgewogen wird.

Als Evidenz gelten zuerst einmal alle Meinungen der betreffenden Person, die (in einem engeren Sinn des Wortes) Gründe für und wider eine Hypothese bilden. Evidenzen im engeren Sinn sind Informationen über Tatsachen, empirische Erkenntnisse u. ä. (also Meinungen), die auf momentanen Sinneswahrnehmungen, Beobachtungen, Erfahrungen oder Erinnerungen beruhen.[16] Als Evidenzen im weiteren Sinn zählen auch die Hintergrundannahmen des Überlegenden, die im Gedächtnis gespeichert sind oder aus den erinnerten Meinungen erschlossen werden. Diese Hintergrundannahmen bestehen aus bestimmten kontingenten, empirischen Propositionen in der Menge der Meinungen des Überlegenden, die für eine Entscheidung von diesem relativ zu dem Problem, mit dem er konfrontiert ist, als sicher unterstellt werden. Evidenzen können dem Überlegenden dabei entweder passiv zukommen, müssen dann allerdings als solche bemerkt und berücksichtigt werden, oder sie müssen aktiv gesucht und erworben werden. Für rationale Meinungsbildung wird mehr verlangt als nur die passive Aufnahme momentaner Sinneswahrnehmungen und Hintergrundannahmen. Verlangt werden auch – zumindest bei Meinungen über komplexe Themen – eigene Aktivitäten, um Kenntnis möglichst aller relevanten und prinzipiell zugänglichen Evidenzen zu erwerben. Das Rationalitätskriterium evidentieller Rechtfertigung impliziert eine Forderung, aktiv nach der überhaupt (prinzipiell) zur Verfügung stehenden Evidenz zu suchen. Für die Suche nach Evidenzen gilt dabei folgende Regel:[17]

16 Hier möchte ich nochmals betonen (vgl. S. 32), daß Wahrnehmungsurteile selbst weder rational noch irrational sind. Durch direkte Wahrnehmung erzeugte Meinungen sind in dem hier beschriebenen Sinn nicht begründet, deshalb auch nicht rational.

17 Eine genaue Spezifikation dieses Rationalitätskriteriums liefe auf eine Rekapitulierung der Epistemologie und wissenschaftlichen Methodologie, insbesondere der Induktionsproblematik hinaus. Das kann hier nicht geleistet werden.

(TR-5) Die Evidenzen müssen möglichst vollständig und relevant sein und ausgewogen berücksichtigt werden.[18]

Um diese Regel zu erfüllen, muß die betreffende Person sich gegebenenfalls auch um zusätzliche neue Meinungen kümmern, damit alle relevanten Tatsachen in Form von Meinungen auch in die Überlegung eingehen. Konkreter heißt dies:

(a) Die Person, die sich eine Meinung bildet, muß sich überhaupt erst einmal um eine evidentielle Absicherung der zu bildenden Meinung bemühen.

Es stellt (auch) eine Verletzung der Regeln der rationalen Meinungsbildung dar, d.h. die resultierende Meinung wäre irrational, wenn gar nicht nach einer möglichen Begründung gefragt oder gesucht wurde.[19] Nur indem man sich um eine Begründung und d.h. bei empirischen Meinungen um eine evidentielle Absicherung bemüht, beugt man dem (oben schon erwähnten) Fehler der Ignoranz vor.

(b) Die betreffende Meinung darf nicht auf ganz oder teilweise irrelevanten Überlegungen beruhen, d.h. die Evidenzen müssen relevant sein.

Epistemische Rationalität beinhaltet (qua Wahrheitsorientierung) ein Streben danach, objektiv zu sein, und Objektivität beinhaltet den Versuch, jene Aspekte zu vernachlässigen, die unser Urteil beeinflussen können, aber nicht relevant sind als Evidenz, d.h. die Wahrheit der zu begründenden Meinung nicht beeinflussen. Das Kriterium für die Relevanz wird auch hier durch das Erkenntnisinteresse bzw. durch die problemformulierende Frage vorgegeben. Relevant sind alle Informationen, deren Wahrnehmung einen Unterschied in der Überlegung und Meinungsbildung machen würde, die spezifischen Erkenntnis-

18 Vgl. R. Carnaps bekanntes »requirement of total evidence« in *Logical Foundations of Probability*, S. 211. »Die Forderung nach totaler Evidenz ist weder ein Axiom noch ein Theorem der induktiven Logik; sie betrifft nicht die formale Gültigkeit induktiver Argumente. Vielmehr ist sie, wie Carnap betont, eine Maxime für die Anwendung der induktiven Logik; wir können sie als eine notwendige Bedingung für die rationale Anwendung induktiver Logik in konkreten »Wissenschaftssituationen« bezeichnen [...].« C.G. Hempel, *Aspekte wissenschaftlicher Erklärung*, S. 80.

19 Gegen F. Schick, *Consistency*, S. 482ff. muß man festhalten, daß es nicht inkonsistent ist, eine Evidenz nicht oder falsch zu berücksichtigen.

interessen vorausgesetzt.[20] Aus der Hermeneutik und der Wissenschaftstheorie wissen wir, daß die Art und Weise, in der Evidenzen interpretiert werden (und selbst das, was als Evidenz gezählt wird), zum großen Teil von der leitenden Theorie und der interpretierenden Hypothese abhängt.

20 Hier übertrage ich Brandts Charakterisierung des Relevanzbegriffs für Handlungen und Wünsche auf Meinungen. Vgl. R. Brandt, *A Theory of the Good and the Right*, S. 12: »A piece of information is relevant if its presence to awareness would make a difference to the person's tendency to perform a certain act, or to the attractiveness of some prospective outcome to him. Hence it is an essentially causal notion.« Für eine kausale Interpretation sprechen einige Gründe: Relevanz ist sehr schwer semantisch oder epistemisch (durch die Beziehung des Inhalts der Information zur Meinung) zu explizieren. Ein kausales Kriterium ist naturalistisch und deshalb nicht evaluativ. Dies ist nützlicher als den evaluativen Terminus »rational« wieder durch evaluative Termini zu erklären.
Unter relevanter Evidenz versteht man umgangssprachlich allerdings auch eine Information, die man berücksichtigen sollte, selbst wenn man faktisch nicht durch sie zur Änderung seiner Überlegung motiviert wird. (Diesen Einwand erhebt S. Nathanson in *The Ideal of Rationality*, S. 97.) Eine internalistische Deutung von relevanter Evidenz kann diesem Aspekt insofern gerecht werden, als es nicht nur darauf ankommt, daß die Wahrnehmung der Evidenz einen Unterschied macht, sondern auch, daß der Überlegende seine Erkenntnisziele richtig bestimmt hat und sich ihrer bewußt ist. Wenn S die und die Evidenz berücksichtigen sollte, obwohl S dies nicht tut, dann hat S sich fehlerhafterweise nicht klar (genug) gemacht, daß diese Evidenz für ihre Erkenntnisziele relevant ist. Wenn der Überlegende sein Erkenntnisziel und die fragliche Information klar ›vor Augen‹ hat und die Information dann keinen Unterschied für die Meinungsbildung des Überlegenden macht, ist sie nicht (kausal) relevant. Der Überlegende kann kaum dafür kritisiert werden, die Information nicht berücksichtigt zu haben; er hat das Beste getan, was er konnte. Eine normative Forderung darüber hinaus ist unsinnig. Dagegen könnte man von einer externalistischen Warte aus sagen, daß ein Punkt übrigbleibt: Eine Information ist auch relevant, wenn der Meinende z.B. aufgrund eines böswilligen neurochirurgischen Eingriffs nicht in der Lage ist, die Information zu berücksichtigen, d.h. nicht auf ihre Präsenz reagieren kann. Die Unfähigkeit des Meinenden, auf relevante Kritik zu reagieren, macht die Kritik nicht irrelevant. Aber diese externe Kritik kann keine normative Empfehlung an den Meinenden darstellen, weil der Betreffende ihr in diesem Fall nicht nachkommen kann. Deshalb ist seine Meinung auch nicht irrational, es sei denn, man versteht »rational« und »irrational« nicht als präskriptive Prädikate.

Als meinungsirrelevant haben auch alle anderen Wünsche der Person zu gelten, die nicht in die Problemformulierung miteingegangen sind, aber die Meinungsbildung beeinflussen könnten. So soll diese Bedingung Wunschdenken und Selbsttäuschung ausschließen. Bei Wunschdenken und Selbsttäuschung dominieren Ziele oder Wünsche den Meinungsbildungsprozeß, besonders die Berücksichtigung der Evidenz, die nach Meinung des Überlegenden nicht seine erkenntnisleitenden Ziele sein sollten. Die im Falle von Wunschdenken kausal wirksamen Wünsche sind nicht diejenigen, die der Überlegende in Phase 1 als seine Ziele gewählt hat. Deshalb ist Wunschdenken irrational.[21]

(c) Alle Aspekte müssen ihrer Relevanz entsprechend berücksichtigt werden, d.h. die Evidenzen müssen möglichst vollständig sein.

Die Forderung nach Vollständigkeit erfüllt gleich mehrere Funktionen. Sie soll einmal sicherstellen, daß vor allem wichtige Gegenevidenzen mit berücksichtigt werden. Dies schließt die Forderung ein, speziell nach Evidenzen auch gegen unsere favorisierte Hypothese (oder Meinung) zu suchen. Wenn wir nur nach positiven Evidenzen suchen, werden wir sie wahrscheinlich finden und so ihre subjektive Wahrscheinlichkeit stärken (Einseitigkeit). Zum anderen bietet eine (wirklich) vollständige Evidenzmenge die größere Gewähr, mehrdeutige Schlußfolgerungen auszuschließen; sie kann zumindest in vielen Fällen eine eindeutige Meinungsbildung ermöglichen (nur wird man fast nie wirklich vollständige Evidenzen sammeln können; s.u.).

(d) Die Evidenzen müssen richtig gewürdigt werden, um Einseitigkeit zu vermeiden.

Die Tendenz, einer ins Auge springenden Evidenz überproportionales Gewicht zu geben, ist relativ weit verbreitet. Dieser Tendenz nachzugeben, stellt einen der häufigsten, nicht durch einen Wunsch motivierten Fehler dar, der zur Irrationalität einer Meinung führt. So muß vermieden werden, daß die Wür-

21 Die Auffassung, Wunschdenken sei irrational, weil überhaupt ein Wunsch im Meinungsbildungsprozeß eine entscheidende Rolle spielt, ist unakzeptabel, weil Wünsche immer eine entscheidende Rolle spielen und spielen sollten (s. III.2.1.). Wichtig ist nur, daß die Ziele der Meinungsbildung rational gewählt werden.

digung der Evidenz von Nebensächlichkeiten, wie z. B. der Art und Ordnung der Präsentation, beeinflußt wird.[22]

(e) Die Person muß im meinungsbildenden Prozeß offen für Widerlegung und Modifikation durch gegenteilige Evidenz sein.

Hier kommt es darauf an, daß (Gegen-)Evidenzen als solche auch wahrgenommen und anerkannt werden.

(f) Man soll (nur) jenes Maß an Evidenz sammeln, das zwischen der unteren und oberen Grenze liegt, die durch die Ziele der Meinungsbildung definiert werden.[23]

Wenn man Meinungsbildung als eine Entscheidung zu einer Meinung konzipiert, dann muß jeder Entscheidung zur Bildung einer empirischen Meinung eine weitere Entscheidung darüber vorausgehen, wann man aufhören soll, Informationen zu sammeln. Es ist irrational, sich so gut man nur irgend kann in eine bessere evidentielle Lage zu bringen. Normalerweise setzen uns nicht-epistemische Gründe Grenzen bezüglich der Zeit und des Aufwands, die man braucht, die Wahrheit herauszufinden, indem man weitere Evidenzen sammelt und auswertet. Ein bestimmter Aufwand ist rational (gefordert), solange man nämlich (rationalerweise) glaubt, der Aufwand werde sich lohnen, d. h. die Wahrscheinlichkeit, daß man eine wahre Meinung bildet, werde sich deutlich erhöhen. Aber jenseits eines bestimmten Punkts wird der zusätzliche Aufwand des Evidenzensammelns eine nur relativ geringe oder gar keine entsprechende Verbesserung der epistemischen Situation zur Folge haben. Im Prozeß rationaler Meinungsbildung muß man also möglichst rational entscheiden, wieviel Evidenz zu sammeln effektiv ist, wenn man

22 Ein Beispiel von M. I. Posner, *Cognition*, dafür, welchen Einfluß die Ordnung der Präsentation haben kann, soll dies verdeutlichen: Wenn in einem Test die Untersuchten gefragt werden, welche der folgenden vier Wörter: »Wolkenkratzer«, »Kathedrale«, »Tempel«, »Gebet« unpassend in der Reihe ist, neigen die meisten dazu, »Gebet« zu nennen. Durch das erste Wort »Wolkenkratzer« wird die Liste als eine Aufzählung von Gebäudetypen aufgefaßt. Wenn aber die vier Wörter in folgender Ordnung präsentiert werden: »Gebet«, »Kathedrale«, »Tempel«, »Wolkenkratzer«, dann werden die Eintragungen unter dem Begriff »Religion« subsumiert, und »Wolkenkratzer« ist das aus der Reihe fallende Wort.

23 Vgl. hierzu und für die folgenden Erläuterungen J. Elster, *The Nature and Scope of Rational Choice Explanation*, S. 69 f.; R. Foley, *The Theory of Epistemic Rationality*, 5.3.

eine wahre Meinung bilden und eine falsche vermeiden will. Von der Rationalität dieser Vorentscheidung hängt die Rationalität der Meinungswahl unweigerlich ab.
Wieviel Evidenz sollte man sammeln, bevor man eine Meinung bildet – wenn man die Meinungsbildung rational nennen soll? Ein idealer Beobachter könnte das optimale Maß an Zeit bestimmen, daß man zum Sammeln von Informationen verwenden sollte, weil er alles über die Situation weiß, den Wert dieses Zusammentragens einschätzen kann und so den Punkt findet, an dem der Wert der Information den Unkosten gleicht. Die Person weiß aber nicht im voraus, was der trade-off zwischen dem Sammeln der Information und ihrem Nutzen ist. Ihr fehlen in der Regel die Informationen, die sie braucht, um eine optimale Entscheidung bezüglich ihres Informationensammelns zu treffen. Die Person muß deshalb auf einer intuitiven Basis entscheiden – was nicht einem zufälligen oder willkürlichen Ergebnis gleichkommt. Bei dem Maß der zu sammelnden Informationen gibt es eine Art Untergrenze, das sind jene Informationen, von denen der Überlegende im voraus weiß, daß sie wertvoll sind. Man weiß beispielsweise, daß man, um die Statik einer Brücke zu berechnen, bestimmte Informationen benötigt. Es gibt auch eine Art Obergrenze, wo mehr Zeit aufzuwenden witzlos wäre. Um z. B. das Wetter von morgen vorherzusagen, kann man nicht länger als 24 Stunden Evidenzen sammeln. Die Grenzen des Informationensammelns werden bestimmt durch die Natur des zu lösenden Problems und d. h. durch die Ziele der Meinungsbildung. Die Zeit und der Aufwand, die man für das Evidenzensammeln zur Verbesserung seiner epistemischen Situation bezüglich einer Meinung benötigt, reduzieren die Zeit und den Aufwand, die zur Verfolgung seiner sonstigen epistemischen und nicht-epistemischen Ziele beansprucht werden, und verringern ab einem gewissen Punkt deren Realisierungschancen beträchtlich. Deren Realisierung ohne Überlegung aufzugeben, wäre irrational. Hier ist dann ein Abwägen seiner verschiedenen epistemischen und nicht-epistemischen Ziele rationalerweise gefordert. Dabei werden (auch in einer Konzeption epistemischer Rationalität) praktische Gesichtspunkte die entscheidende Rolle spielen müssen.[24]

24 Manchmal, besonders in Grenzsituationen, ist es unmöglich, die Kosten und marginalen Gewinne von zusätzlicher Information einzuschätzen.

Die bei rationaler Meinungsbildung zu berücksichtigende Information kann also nicht schlicht als die der Person bekannten oder unmittelbar zugänglichen Tatsachen verstanden werden; das wäre zu wenig verlangt. Zur Rationalität gehört auch eine Suche nach Information. Auf der anderen Seite kann jedoch keine perfekte Information verlangt werden; das wäre zuviel verlangt. Das Maß an Information, das der Überlegende rationalerweise zu berücksichtigen hat, wird durch das Erkenntisziel und andere Ziele bestimmt.

Evidentielle Stützung ist ein zentraler Bestandteil epistemischer Rationalität. Die Berücksichtigung der Evidenz folgt notwendig aus dem unverzichtbaren Ziel epistemischer Rationalität: Wahrheit. Wahrheit ist eine conditio sine qua non für epistemisch-rationale Meinungsbildung. Der Überlegende kann diese

Ein General kennt z.B. mitten in der Schlacht die genaue Position der gegnerischen Truppen nicht. Der Wert dieser Information könnte sehr groß sein, kann aber nicht eingeschätzt werden. Es zu versuchen würde die unplausible Fähigkeit verlangen, den verschiedenen möglichen Positionen des Feindes numerische Wahrscheinlichkeits-Einschätzungen zuzuordnen. Die Kosten des Informationensammelns sind gleichermaßen unklar. Die Kosten könnten enorm sein, wenn der Feind die Zeit der Feindaufklärung für einen Angriff nutzen sollte; sie könnten aber auch zu vernachlässigen sein. Unter solchen Umständen läßt sich kein *optimales* Maß an Evidenz bestimmen. Die Rationalität der vorhergehenden Entscheidung über das Maß der zu berücksichtigenden Evidenz ist in solchen (nicht in allen) Fällen eine Entscheidung unter Unsicherheit. Hier gibt es kein Optimum, sondern nur ein ›befriedigendes‹ Maß an Evidenz. Dieses ›befriedigende‹ Maß wird mit Bezug auf praktische Ziele intuitiv durch Urteilskraft oder (vielleicht besser) durch Befolgung bewährter Faustregeln oder stereotyper Entscheidungsprinzipien bestimmt.

Besonders J. Elster sieht dies als einen von mehreren Fällen, in denen eine Theorie der Rationalität, verstanden als optimale Entscheidung, unterbestimmt ist. »Rational behaviour can be characterized as optimizing only – or at most – with respect to *given* beliefs about the world, but the principles of rationality governing belief aquisition cannot be spelled out in terms of optimization.« J. Elster, *Sour Grapes*, I.3. S. 18. Vgl. auch ders., *Solomonic Judgements*, I. bes. S. 15f. Aber Elster gibt auch zu, daß eine unterbestimmte Theorie deshalb nicht falsch ist, vor allem dann nicht, wenn keine bessere zur Verfügung steht. Diese Unterbestimmtheit läßt sich durch Theorien ›begrenzter‹ oder ›befriedigender‹ Rationalität ergänzen, nach denen kein Optimum, sondern zufriedenstellende Lösungen zu wählen sind.

Rationalitätsbedingung nur erfüllen, wenn er die ihm zur Verfügung stehenden Evidenzen ihrem Gewicht entsprechend berücksichtigt. Evidenzen überhaupt nicht zur Kenntnis zu nehmen oder falsch zu gewichten ist der sicherste Weg, das Ziel, eine wahre Meinung zu bilden, nicht zu erreichen. Ein Überlegender kann nur dann dieses Ziel erreichen, wenn seine Meinung möglichst gut von den Evidenzen, die ihm zur Verfügung stehen, gestützt oder bestätigt wird.

Die gebildeten und nach ihrer Wünschbarkeit geordneten Hypothesen sind anhand der Evidenz danach zu beurteilen, mit welcher subjektiven Wahrscheinlichkeit sie wahr sind. Die Funktion der Evidenz ist es, die Stärke der einzelnen Hypothesen (d.h. das Maß, in dem die Hypothesen die Wünsche erfüllen) zu erhöhen oder zu verringern. Die der Person verfügbaren Evidenzen müssen die zu wählende Hypothese (mehr oder weniger) bestätigen. Die Bestätigung, die die Hypothese durch die Evidenz erfährt, kann dabei deduktiv oder induktiv sein. Die Grenzfälle sind hier logische Unverträglichkeit und logische Folgerbarkeit von Evidenz und Hypothese. Als Maximen epistemischer Bestätigung gelten in dieser Phase rationaler Entscheidung also die Regeln der Logik und der Induktion. Ist eine deduktive Schlußfolgerung möglich, wird eine bestimmte Hypothese (logisch) zwingend durch die Evidenz (in diesem Fall das Hintergrundwissen) bestätigt oder widerlegt. In der induktiven Logik gibt die Bestätigung normalerweise den Grad der Wahrscheinlichkeit an, den eine Hypothese aufgrund der Evidenz besitzt. Bei empirischen Hypothesen besteht eine evidentielle Rechtfertigung darin, daß das Maß an Glaubwürdigkeit einer Hypothese proportional zum Gewicht der zur Verfügung stehenden Evidenz ist.[25] Nach diesem Kriterium sollte der Grad

25 Dieses Kriterium setzt voraus, daß es eine Möglichkeit gibt, das Gewicht der Evidenz zu bemessen und Glauben zu graduieren. Diese graduierten Meinungen (d.h. Meinungen, die mehr oder weniger geglaubt werden) werden als subjektive Wahrscheinlichkeiten aufgefaßt (im Unterschied zur statistischen Wahrscheinlichkeit). Zu sagen, daß S der Proposition, daß es morgen regnen wird, eine (subjektive) Wahrscheinlichkeit von 0,7 zuspricht, bedeutet, daß S diese Proposition im Maße 0,7 glaubt. Und d.h. (grob), daß S bereit wäre, 0,70 DM zu wetten, um 1 DM zu erhalten, falls es morgen regnet, und nichts, falls es nicht regnet. Vgl. R.C. Jeffrey, *The*

des Glaubens vom Gewicht der Evidenz abhängen.[26] Als Regeln, die diese Phase der Evidenzsuche anleiten sollen, lassen sich also die Regeln der angemessenen Berücksichtigung der Evidenz und der deduktiven wie induktiven Logik bestimmen.

2.4. Entscheidungsfindung

Nachdem die Ziele bestimmt, alternative Hypothesen formuliert und diese anhand der verfügbaren Evidenzen geprüft worden sind, muß in dieser letzten Phase eine Hypothese rational ausgewählt werden, die von diesem Moment an als Meinung der betreffenden Person angesehen werden kann. Als Regel der rationalen Wahl gilt dabei:

(TR-6) Die (zu wählende) Proposition muß die beste Proposition sein – die kognitiven Ziele des Überlegenden und die verfügbare Evidenz vorausgesetzt.

Die rationale Meinungsbildung besteht nach dieser entscheidungstheoretischen Konzeption in einer rationalen Wahl der Hypothese mit dem größten epistemischen Nutzen und der größten subjektiven Wahrscheinlichkeit. Für eine rationale Entscheidung müssen die Hypothesen einerseits anhand der Evi-

Logic of Decision, S. 60. Diese grobe Charakterisierung soll die Unterstellung der elementaren Wahrscheinlichkeitstheorie begründen. Dabei handelt es sich allerdings um eine substantielle psychologische Annahme, die bezweifelt werden kann. So z.B. A.I. Goldman, *Epistemology and Cognition*, Kap. 15.

26 Es gibt z.Zt. kein allgemein anerkanntes normatives Modell für die Benutzung von Evidenzen. Statt dessen konkurrieren alternative Theorien miteinander, denen fundamental verschiedene Konzeptionen der induktiven Inferenz zugrunde liegen. Die Unterschiede liegen in folgenden Hinsichten (vgl. H. Smokler, *Are Theories of Rationality Empirically Testable?* S. 302f.): (i) Sie beinhalten eine »folk-psychological« oder »computational« Konzeption der Bildung von Meinungen (I. Levi, *Decisions and Revisions* vs. R.C. Jeffrey, *The Logic of Decision*); (ii) sie sind baysianisch oder nicht, d.h. sie graduieren Meinungen gemäß subjektiven Wahrscheinlichkeiten oder nicht (R.C. Jeffrey, *The Logic of Decision* vs. G. Shaefer, *A Mathematical Theory of Evidence*); (iii) sie enthalten die Annahme von Zufall oder nicht (z.B. I. Levi, *The Enterprise of Knowledge* vs. H.E. Kyburg, *Probability and the Logic of Rational Belief*).

denzen danach eingeschätzt werden, mit welcher subjektiven Wahrscheinlichkeit sie das Ziel der Meinungsbildung (bei epistemischer Rationalität: wahre Problemlösung) erreichen, und andererseits danach bewertet werden, in welchem Maß sie dem Ziel der Meinungsbildung nützen, d. h. inwieweit sie in der Lage sind, das Problem zu lösen. Aus dem Produkt der subjektiven Wahrscheinlichkeit und der Einschätzung der Problemlösungskapazität ergibt sich die epistemische Gesamtnutzenerwartung der Hypothesen. Als Rationalitätsregel gilt dann (ähnlich Bayes' Prinzip):[27]

(TR-7) Wähle diejenige Hypothese mit der größten epistemischen Nutzenerwartung.

Bei epistemischer Rationalität handelt es sich um eine Forderung nach Optimierung. Rational ist es, eine Meinung zu bilden, die in der Situation am besten ist, relativ zu den gegebenen Erkenntnisinteressen und Erkenntnismöglichkeiten. Eine rationale Meinung repräsentiert also die beste Meinung, die man in einer bestimmten Situation haben kann, zumindest diejenige, gegenüber der (rationalerweise) keine andere Alternative vorzuziehen wäre.

(TR-7) widerspricht einer Auffassung, die als entscheidende Bedingung für rationale Meinungsbildung die normative Doktrin formuliert, nichts zu glauben, was nicht durch Evidenzen abgesichert ist, oder graduierend: eine Meinung nur in dem Maße zu glauben, in dem sie durch die verfügbaren Evidenzen gesichert ist.[28] Diese Auffassung ist besonders häufig bei Evidentialisten zu finden. Dahinter steckt häufig die These, daß sich Meinungen über Tatsachen wegen der Wahrheitsorientierung legitimerweise *nur* aus evidentiellen Tatsachen ergeben dürfen. Es gelte deshalb: (i) Man darf nichts aufgrund unzureichender Evidenzen glauben, und (ii) man muß das glauben, was immer durch hinreichende Evidenzen gestützt ist. So beschrieben, wird aus dem in diesem Kapitel Gesagten schon klar, daß der Evidentialismus in dieser Form nicht zu halten ist. Die zweite Bedingung verlangt zuviel. Man kann und sollte rationalerweise nicht alles glauben, wofür man hinreichende Evidenzen hat. Die Idee bei (ii) ist natürlich – und die ist richtig –, daß wir die Augen

27 Vgl. Kap. V.

28 »It is wrong everywhere and for anyone to believe anything upon insufficient evidence.« W.K. Clifford, *The Ethics of Belief*.

nicht vor den Tatsachen verschließen dürfen. Aber der Evidentialismus vernachlässigt insgesamt, daß wir aufgrund von übergeordneten Zielen etwas glauben und nicht nur aufgrund von Evidenzen. Deshalb ist die Doktrin, daß Meinungen nur durch die verfügbaren Evidenzen bestimmt sein sollten, unakzeptabel.

Die Ziele bestimmen in (i) auch, was als hin- oder als unzureichende Evidenz für eine Meinung gelten kann. Dies gilt auch für (TR-7). Denn entgegen bestimmten Versionen der Entscheidungstheorie scheint es unplausibel anzunehmen, wir würden in normalen Fällen Wahrscheinlichkeiten kalkulieren und Meinungen entsprechend den Wahrscheinlichkeiten unterschiedlich stark glauben. In Fällen, in denen von der Wahrheit oder Falschheit nicht allzuviel abhängt, ist es zu kompliziert, so zu verfahren. Deshalb kann es auch nicht als rationale Methode empfohlen werden. Statt dessen gilt für die Akzeptanz einer Hypothese das Gewicht der Evidenz oft in Kombination mit einem *Schwellenkriterium*.[29] Liegt das Gewicht der Evidenz über dem Schwellenwert, wird eine Meinung ohne Graduierung nach der Stärke der Evidenz und Wahrscheinlichkeit gebildet bzw. sollte die Meinung rationalerweise so gebildet werden. Der Schwellenwert wird dabei von Überlegungen, die sich aus der Natur des Problems ergeben, bestimmt. Folgender Gedanke spricht für die Annahme eines Schwellenkriteriums: Wahrscheinlichkeit und Gewichtigkeit verschiedener Evidenzen sind normalerweise schwer zu kalkulieren. Die Schwierigkeiten erhöhen sich, wenn sie bei jeder neu hinzukommenden Evidenz neu berechnet werden müssen. Wir sind uns bei relativ wenigen unserer Meinungen sicher, mit welcher Wahrscheinlichkeit wir sie glauben und welche wie gewichteten Evidenzen wir für die Meinung haben. Der propositionale Gehalt unserer Meinungen ist uns also leichter zugänglich als das Maß, in dem wir sie glauben. Angesichts unserer beschränkten kognitiven Ausstattung ist es im evolutionären Anpassungsprozeß für jemanden, der ggf. schnell reagieren muß, offenbar sehr sinnvoll, den propositionalen Gehalt der Meinungen unabhängig von dem Grad des Glaubens zu erinnern. Deshalb scheint es plausibel anzunehmen, daß im Prozeß der rationalen Meinungsbildung die

29 Vgl. N. Koertge, *On Explaining Beliefs*, S. 312.

Evidenzen gewichtet werden und erst ab einem bestimmten Gewicht der Evidenz die Proposition geglaubt wird, und zwar dann nicht graduell, sondern simpliciter. Wie hoch die Schwelle sein muß, damit die Proposition akzeptiert werden kann, hängt dabei von pragmatischen Überlegungen ab, vor allem von der Einschätzung der Folgen, falls ein Irrtum unterlaufen sein sollte. Die Kosten eines Irrtums, so wie sie sich aus den Erkenntniszielen des Überlegenden ergeben, bestimmen das Maß an Evidenz, das die Proposition intern rechtfertigt.

Die selektive Beachtung von Evidenzen und die Anwendung interpretierender Hypothesen sind zum größten Teil eine Sache der Gewohnheit. Deshalb wird uns der Vorgang der rationalen Wahl auch nur nach Reflexion bewußt. Die Gewohnheiten sind über längere Zeit kultivierbar, und deshalb muß ihre Bestätigung als absichtlich angenommen werden. Die Regeln epistemisch-rationaler Meinungsbildung zu habitualisieren, ist normalerweise rational, weil entlastend. Durch die Einführung eines Schwellenkriteriums handelt es sich bei epistemischer Rationalität nicht immer um eine optimale Lösung im Sinn einer für diese Frage optimalen Antwort, sondern um eine befriedigende Lösung. Diese Strategie selbst, die Meinungsbildung an ein Schwellenkriterium zu koppeln, kann hingegen m.E. als optimales Mittel zum Zweck gewertet werden.

Es sollte deutlich geworden sein, daß man epistemische Rationalität als rationale Wahl von Meinungen nach bestimmten Regeln konzipieren kann, selbst wenn als oberstes Ziel Wahrheit vorgegeben ist. Theoretische Rationalität ist die Befolgung von Regeln der Meinungsbildung, die zweck-mittel-rational begründet sind. Das heißt, die Regeln sind die effektivsten (zumindest gibt es keine besseren) Mittel zur Erreichung des jeweils selbstgewählten Ziels der Meinungsbildung. Bei epistemischer Rationalität ist Wahrheit dabei ein unverzichtbares Ziel. Es soll also nicht immer in der konkreten Situation das Optimum gesucht werden, sondern die Meinung soll nach Regeln gebildet werden, die das Optimum normalerweise, d.h. in der Mehrzahl der Fälle, erreichen. Die Regeln der Rationalität sind die erfolgreichsten Verfahren der Problemlösung und als solche gerechtfertigt. Der Prozeß der Meinungsbildung läßt sich als eine mentale Aktivität (Handlung) verstehen, in der es darum geht, die für einen selbst in dieser Situation beste Meinung zu wählen. Die Regeln der rationalen Wahl ähneln strukturell denen der praktischen Rationalität, zumindest was die Phasen 1, 2 und 4 betrifft. Die Berücksichtigung der Evidenz und, bei epistemischer Rationalität, die Festschreibung des Ziels Wahrheit sind Spezifika theoretischer Rationalität. Im folgenden Abschnitt werde ich dieses entscheidungstheoretische Modell in seiner Anwendung insofern erweitern, als ich zu zeigen versuche, daß man auch im theoretischen Bereich die Ziele, d. h. auch andere als Wahrheit, rationalerweise wählen kann.

3. *Entscheidung zwischen Wahrheit und Nützlichkeit*

Bei epistemischer Rationalität gilt Wahrheit per definitionem als unverzichtbares Ziel. Evidentialisten sehen es hingegen als oberstes Ziel jeder Form theoretischer Rationalität. Oder anders formuliert: Sie sehen epistemische Rationalität als die einzige Form theoretischer Rationalität. Sie leugnen die Möglichkeit prudentieller Rationalität. Nach Auffassung des Evidentialismus gehört es zur Bedeutung von Rationalität im theoretischen Bereich, daß alle rationalen Meinungen Wahrheit als oberstes Ziel haben. Wahrheit sei deshalb analytisch das angemessene Ziel aller rationalen Meinungsbildung, und eine Orientierung an anderen Zielen als Wahrheit macht die Meinungsbildung notwendig irrational.

Diese Behauptung kann nicht überzeugen. Erstens variieren die (sprachlichen) Intuitionen in diesem Punkt. Ob man aufgrund von nicht-wahrheitsorientierten Zielen zustande gekommene Meinungen irrational nennen muß oder nicht, ist begrifflich unklar. Eine mit Bezug auf praktische Ziele gewählte Meinung mag ja (objektiv, nicht subjektiv) falsch sein, gleichwohl ist sie für die betreffende Person sehr nützlich (sonst hätte sie sie ja nicht gewählt). Und das Nützlichste zu wählen, ist doch rational, oder? Hierin zeigt sich eine begriffliche Ambiguität bei »rationalen Meinungen« bzw. »Rationalität von Meinungen« zwischen epistemisch rational und prudentiell rational. Wenn man einer Bedeutung den Vorrang gibt, bedarf es einer Begründung dafür. Sie könnte darin bestehen, daß man nicht willentlich prudentiell-rational sein kann. Dazu gleich mehr.

Wenn man zweitens die Wahrheitsorientierung rationaler Meinungsbildung derart durch Begriffsfestlegung vorgibt, mag man sich zwar einiger Probleme entledigen, aber man schafft auch neue. Das vielleicht wichtigste Problem ist, daß eine durch Definition eingeführte Wahrheitsorientierung rationaler Meinungsbildung nicht unmittelbar ein Ziel im Sinn eines internen Grundes darstellt, der das Subjekt motiviert, die jeweils in Frage stehende Proposition zu glauben. Statt dessen stellt sich jetzt für das überlegende Subjekt die Frage, warum es eine rationale, d. h. wahrheitsorientierte Meinung statt einer irrationalen, d.h. nicht-wahrheitsorientierten bilden sollte. Wenn man die Rationalität von Meinungen definitorisch an Wahrheitsorientierung bindet, verändert man auch den Sinn von »rational« oder von »rationalem Grund«, so daß sich das Problem nur etwas verschoben wieder ergibt. Unter einem Ziel der rationalen Meinungsbildung habe ich einen motivierenden und rechtfertigenden Grund verstanden (vgl. Kapitel II.1.), so daß sich die Frage, warum man eine rationale Meinung bilden sollte, nicht mehr sinnvoll stellen läßt. Denn das heißt, danach zu fragen, welches Motiv man hat, seinem Motiv zu folgen – und das ist unsinnig: Welche Antwort könnte man darauf geben, außer wieder ein Motiv zu nennen? Daraufhin entwickelt sich ein regressus ad infinitum. Versteht man Rationalität im Sinn von internen Gründen, dann gilt es vielmehr, sich klarzumachen, ob und warum man Wahrheitsorientierung zum obersten Ziel der rationalen Meinungsbildung machen will. Eine mögliche Antwort könnte lauten, daß man gar nicht anders kann, und nicht etwa, weil es sich aus dem Begriff der Rationalität einer Meinung ergibt.

Der Evidentialismus kann die Wahrheitsorientierung also nicht aus dem Rationalitätsbegriff begrifflich ableiten. Statt dessen behauptet er (gemeinsam mit vielen anderen), daß es unmöglich ist, eine Meinung überhaupt absichtlich und bewußt aufgrund anderer Ziele als Wahrheit zu bilden. Deshalb können die Ziele rationaler Meinungsbildung nicht absichtlich gewählt werden. Die Frage, ob es prudentielle Rationalität gibt, hängt also eng mit dem Problem zusammen, ob man sich entscheiden kann, eine bestimmte Meinung zu glauben, u. a. deshalb ist dieses Problem hier auch von Interesse.

Eine Entscheidung, etwas zu glauben, scheint deshalb (vielen) begrifflich oder psychologisch problematisch oder gar unmöglich, weil eine Meinung irgendwie auf Wahrheit gerichtet sei. Aber was heißt »auf Wahrheit gerichtet« genau? Eine Meinung ist definiert als das Fürwahrhalten einer Proposition. Deshalb ist es logisch ausgeschlossen, etwas zu glauben, was man in derselben Hinsicht nicht für wahr hält. Fraglich ist, ob aus diesem analytischen Satz gefolgert werden kann, daß es auch begrifflich unmöglich ist, sich zu entscheiden, eine Proposition aus anderen als wahrheitsorientierten Motiven zu glauben. Sollte letzteres begrifflich möglich sein, ist es dann eventuell psychologisch unmöglich? Wenn man eine Meinung intentional aufgrund anderer Ziele als Wahrheit bilden kann, dann sind die Ziele der Meinungsbildung frei wählbar. Wenn Wahrheit nicht logisch oder psychologisch das oberste Ziel ist, ist jede Wahl zwischen verschiedenen Zielen der Meinungsbildung möglich. Deshalb ist mit den (der Einfachheit halber) verkürzten Formulierungen des Problems, wie »ist Glauben willentlich?« oder »kann man sich entscheiden zu glauben?« stets gemeint: »Kann man Meinungen aus anderen als wahrheitsorientierten Gründen absichtlich hervorrufen bzw. glauben oder nicht?« Zur Beantwortung dieser Frage sind zwei Aspekte zu unterscheiden: a) Sind die Ziele der Meinungsbildung frei wählbar? und b) Sind Meinungen frei wählbar, wenn man bestimmte Ziele voraussetzt?

Diesen beiden Fragen wird im folgenden nachgegangen. Gegen den Einwand des Evidentialismus soll gezeigt werden, daß Wahrheitsorientierung nicht aus analytischen Gründen das oberste Ziel jeder Meinungsbildung sein muß, wobei es psychologische Grenzen willentlichen Glaubens gibt (2). In einem wichtigen Fall, dem der indirekten Beeinflussung, ist eine freie Wahl der Ziele auch psychologisch nicht ausgeschlossen (1). Wahrheitsorientierung erweist sich als sehr wichtiges Ziel, aber nicht aus begrifflichen oder psychologischen Gründen, sondern aus praktischen Gründen (3). Selbst wenn Wahrheit als oberstes Ziel der Meinungsbildung feststeht, ist durchaus noch ein gewisser Entscheidungsspielraum bei der Meinungsbildung gegeben (4).

Meinungsbildung ist abhängig von Zielen. Diese Ziele können variieren. So gibt es Fälle, in denen das Ziel Wahrheit ist, und Fälle, in denen die Meinungsbildung durch andere, praktische Ziele motiviert wird (so z.B. im Fall von sogenanntem Wunschdenken). Wir wissen (nicht erst seit Freud), daß nicht-evidentielle Faktoren eine große Rolle bei der Meinungsbildung spielen können. Wir sind keineswegs immer emotional neutral gegenüber den Dingen, die wir glauben. Sollte von der Wahrheit einer Meinung viel für uns abhängen, versuchen wir, sie »mit allen Mitteln« und um jeden Preis aufrechtzuerhalten. In solchen Fällen sind unsere Emotionen und Wünsche die einzigen kausalen Faktoren der Meinungsbildung oder -aufrechterhaltung. Auch wenn Menschen in solchen Situationen dazu neigen, ihre Meinung gegenüber anderen und sich selbst zu rationalisieren, indem sie zum Schein evidentielle Gründe anführen, sind diese in Wirklichkeit nicht die Gründe, aus denen die Meinung geglaubt wird. Dies zeigt sich meistens dann, wenn die Person an ihrer Meinung festhält, obwohl ihr Glaube anhand der von ihr selbst als Evidenzen akzeptierten Daten erschüttert werden konnte. Rein empirisch läßt sich also feststellen, daß verschiedene Ziele, vor allem auch andere als Wahrheit, auf die Meinungsbildung einwirken können. Wenn etwas aus nicht-evidentiellen Gründen oder Ursachen geglaubt wird, selbst wenn es aus gar keinen Gründen geglaubt wird, hört es nicht auf, eine Meinung zu sein. Daß es andere Ursachen für die Bildung einer Meinung geben kann, sollte deshalb auch unstrittig sein. Fraglich dagegen ist, ob sich im theoretischen Bereich die Ziele bewußt wählen lassen oder nicht.

In einer (philosophisch vielleicht trivialen, aber für das Rationalitätsverständnis wichtigen) Hinsicht ist die Frage zu bejahen, ob ich mich willentlich und rationalerweise aus anderen als wahrheitsorientierten Motiven zu einer Meinung entscheiden kann. Denn es ist möglich, auf Umwegen, also indirekt, zu bestimmten Meinungen aufgrund anderer Ziele als Wahrheit zu kommen. Dazu muß man sich der Hilfe kausaler Faktoren bedienen, die nichts mit der Wahrheit einer Proposition zu tun haben, wie z.B. Hypnose, Drogen, post-hypnotische Suggestion, Propaganda u.a. Die bewußte Anwendung dieser Faktoren kann dazu führen, daß man eine bestimmte Proposition glaubt. Wenn solche Methoden ohne weiteres erfolgreich angewendet werden können, um bestimmte Meinungen bei anderen zu erzeugen, warum sollte es dann nicht möglich sein, sich selbst dieser Methoden zu bedienen, um bei sich selbst eine bestimmte erwünschte Meinung zu erzeugen?

Ein gewisses Problem liegt darin, daß die Person am Ende des Verfahrens nicht zugleich die neu erworbene Meinung und das nicht-wahrheitsorientierte Motiv, aufgrund dessen die indirekte Strategie der Meinungsbildung angewandt wurde, bewußt präsent haben darf, weil das Fürwahrhalten und dessen Motiv zueinander im Widerspruch stehen. Es kommt hier nicht darauf an, daß die Meinung, daß p, unvereinbar ist mit der Überzeugung, daß diese Meinung das Resultat irgendeines Kausalprozesses ist, denn vermutlich ist jeder Meinungsbildungsprozeß auch ein Kausalprozeß. Im Fall einer indirekten Beeinflussung des Prozesses der Meinungsbildung ist vielmehr wesentlich, daß die Meinung, daß p, aus der falschen Art von Kausalprozeß herrührt, aus einem Prozeß nämlich, der keinen Bezug zur Wahrheit von p aufweist. Wo liegt das Problem? Wenn der Meinungsbildungsprozeß keinen Bezug zur Wahrheit der Proposition hat, oder anders formuliert, wenn die Meinung aus nicht-wahrheitsorientierten Zielen gebildet wurde, dann kann das zweierlei bedeuten. (a) Die evidentielle Lage ist unklar, so daß andere Ziele als Wahrheit den Meinungsbildungsprozeß indirekt (oder vielleicht auch direkt?) entscheidend beeinflussen. Wie weit in solchen Fällen praktische Ziele die Meinungsbildung bestimmen können und dürfen, diskutiere ich weiter unten im 4. Abschnitt. In diesen Fällen stellt Wahrheit durchaus das oberste Ziel dar, nur wird die Meinung nicht allein dadurch determiniert. (b) Zum anderen kann der »Einfluß nicht-wahrheitsorientierter Ziele« bedeuten, daß die Meinung gegen die vorhandenen Evidenzen gebildet wird. Dann wird die Meinung, daß p, gebildet, obwohl der Meinende aufgrund der Evidenzen p für falsch hält bzw. halten müßte. Das jedoch scheint paradox. Es scheint unmöglich, bewußt p zu glauben, und wegen des nicht-wahrheitsorientierten Ursprungs der Meinung zu glauben bzw. glauben zu müssen, daß p unwahr ist oder zumindest nicht durch hinreichende Evidenzen gestützt ist. Dies stellt ein ernsthaftes Problem bei der direkten, nicht auf Evidenzen gestützten Meinungsbildung dar. Aber dieses Problem kann beim Einsatz indirekter Strategien umgangen werden. Deshalb ist auch eine indirekte Meinungsbildung aufgrund nicht-wahrheitsorientierter Ziele auf jeden Fall möglich.

Damit also die Entscheidung, sich durch indirekte Strategien dazu zu bringen, p zu glauben, erfolgreich ausgeführt werden kann, muß ein offener bewußter Widerspruch vermieden werden. Dazu gibt es (mindestens) zwei Möglichkeiten. Eine indirekte Strategie der Beeinflussung kann erfolgreich sein, wenn sie im Gedächtnis des Glaubenden ausgelöscht wird.[30] Das wirksamste Vorgehen besteht wohl darin, einen Kausalprozeß in Gang zu bringen, der die doppelte Wirkung besitzt, die Meinung herbeizuführen, und gleichzeitig das ursprüngliche Motiv und die angewandte indirekte Strategie vergessen zu lassen. Darum zu bitten, hypnotisiert zu werden, Drogen zu nehmen und was es sonst noch gibt, ist ein solcher Mechanismus. So zu tun, als würde man glauben, ist ein anderer. Die Person manipuliert dabei ihre Meinungen, indem sie so tut, als hätte sie diese Meinungen schon. So kann man sich z. B. laut Pascals Argument der Wette[31] zu dem Glauben an Gott bringen, indem man sich allen religiösen Zeremonien für eine längere Dauer unterzieht,

30 Vgl. B. Williams, *Deciding to Believe*, S. 149ff. (dt.: *Kann man sich entscheiden, zu glauben?* S. 237ff.) und J. Elster, *Ulysses and the Sirens*, II.3, die diesen Fall als den einzig möglichen, zutiefst irrationalen und nur mittels Selbsttäuschung möglichen ansehen. Auf eine Alternative weist der nächste Absatz hin.

31 Vgl. B. Pascal, *Pensées*, dt.: *Über die Religion und einige andere Gegenstände*. Dieses Argument Pascals diskutiert J. Elster kritisch in *Ulysses and the Sirens*, II.3. Dies ist schon der zweite Schritt in Pascals Argument. Folgende Überlegung geht dem voraus: Es ist nicht hinreichend klar, ob Gott existiert oder nicht. Wenn er existiert und man nicht an ihn glaubt, wird das negative Folgen haben; glaubt man hingegen an ihn, erhält man unendlich großen Gewinn: existiert Gott nicht, haben beide Alternativen keine Folgen. Abzuwägen gegen den Nutzen des Glaubens sind relativ niedrige Kosten, die durch eine christliche Lebensform entstehen. Wichtig für diesen ersten Schritt des Arguments ist, daß nach Pascal die evidentiellen Gründe nicht hinreichen, um zu entscheiden, ob man an die Existenz Gottes glauben soll oder nicht. (Dieser erste Schritt von Pascals Argument der Wette wird in Abschnitt (4) noch einmal aufgenommen.) Hier möchte ich die stärkere These vertreten, daß es mit Hilfe indirekter Strategien möglich ist, in sich die Meinung, daß p, zu erzeugen, obwohl

Messen besucht, sich taufen läßt, betet, beichtet, kurz: sich wie ein besonders religiöser Christ benimmt. Dieser Mechanismus, lange genug angewendet, funktioniert offenbar, weil Menschen die Tendenz haben, die sie in diesem Fall ausnutzen, nicht nur ihren Meinungen entsprechend zu handeln (der normale Fall), sondern umgekehrt auch ihre Meinungen ihren Handlungen anzupassen, um die kognitive Dissonanz gering zu halten. Diese Arten selbstinduzierten Glaubens sind auf Selbsttäuschung angewiesen.[32] Der Verlust der Kritikfähigkeit ist eine wesentliche Bedingung dafür, daß die Proposition ernsthaft geglaubt werden kann. Wenn der Verlust nicht aus dem Prozeß selbst, der die Meinung herbeiführt, resultiert, wäre dafür ein eigenständiger Prozeß nötig.

Es gibt aber auch noch eine andere, häufig übersehene Möglichkeit, sich indirekt aufgrund von nicht-wahrheitsorientierten Motiven zu einer Meinung zu bringen, die keine Selbsttäuschung impliziert. Dies ist der Fall, wenn sich die Evidenzlage im Laufe und wegen der indirekten Strategie der Meinungsbildung wandelt. Folgendes Beispiel möge das illustrieren:[33] Angenommen, ein überzeugter und sehr christlicher Biologiestudent glaubt daran, daß Gott die Welt in ihrer jetzigen Form geschaffen hat. Der Student bemerkt, daß seine beruflichen Aussichten mit dieser religiösen Überzeugung ausgesprochen schlecht sind. Deshalb beschließt er zuerst, öffentlich so zu tun, als ob er an die Evolutionstheorie glaube, aber weiterhin privat seinen Glauben an Gottes Schöpfung nicht aufzugeben. Aber dieses Heucheln, dieses Vorspielen falscher Überzeugungen fällt ihm schwer und ist nicht gut mit seinem Selbstbild zu vereinbaren. Deshalb scheint es ihm das Beste, wirklich zu glauben,

die einem bekannten Evidenzen gegen p, also für non-p sprechen. Pascals Argument ist schwächer.

32 Dabei stellt sich ein weiteres (philosophisch umstrittenes) Problem, nämlich ob und wie Selbsttäuschung möglich ist, auf das ich erst in Kapitel III.4 eingehen werde. Die beiden Methoden der Selbsttäuschung, die dort genannt werden, seien hier schon einmal vorweg erwähnt: 1. Strategie: Kontrolle des Inputs an Evidenzen; 2. Strategie: Manipulation der Verarbeitung der bereits vorhandenen Information aufgrund eines Vorurteils.

33 Das Beispiel stammt von T. Cook, *Deciding to Believe without Selfdeception*, S. 442f.

die Lebewesen auf der Erde hätten sich evolutionär entwickelt. Also entscheidet er sich, an die Evolutionstheorie zu glauben, obwohl er meint, daß die Evidenzen dagegen sprechen, denn die Bibel ist für ihn die entscheidende Quelle der Evidenzen zu dieser Frage. Dem Studenten gelingt es, die angestrebte Überzeugung zu erwerben, indem er die oben skizzierte Strategie anwendet, so zu tun, als wäre die angestrebte Meinung wahr. Nach Abschluß seines Diploms und seiner Promotion an einem anerkannten biologischen Institut haben ihn solche Faktoren wie seine Bewunderung für seine Professoren, unterschiedlicher sozialer Druck und das Vermindern kognitiver Dissonanz dazu gebracht, die Evolutionstheorie tatsächlich für wahr zu halten. Der Biologe hat nicht vergessen und täuscht sich auch nicht darüber, wie er sich indirekt und mittels nicht-evidentieller Mechanismen zu dieser Meinung gebracht hat und daß er sie nur aus strategischen Erwägungen annehmen wollte. Allerdings hält er nun nicht nur seinen früheren Glauben an die Schöpfung für falsch, sondern vor allem hält er die Art der herangezogenen Evidenz (die Bibel) für verfehlt. Daß er damals daran glauben konnte, hält er heute für ein Produkt solcher nicht-evidentieller Faktoren wie Ignoranz, Sozialisation, Erziehung, blindes Vertrauen in die Lehren der Eltern und Lehrer, sozialer Druck der Gemeinde etc. Indem er die frühere Meinung und die sie stützende Evidenz so (weg-)erklären kann, bereitet es ihm keine Schwierigkeiten, heute an die moderne Biologie zu glauben und gleichzeitig zu wissen, daß diese Überzeugung eine Konsequenz seiner damaligen strategischen Entscheidung ist, diese Meinung mittels indirekter Strategien hervorzubringen. Dies ist möglich, weil sich im Prozeß der induzierten Meinungsbildung die Evidenzen und das, was überhaupt als Evidenz anerkannt wird, verändert haben.

Zusammenfassend möchte ich festhalten, daß man sich indirekt dazu bringen kann, eine Meinung aus anderen als wahrheitsorientierten Gründen zu glauben. Selbsttäuschung mag bei der Benutzung indirekter Strategien oft nützlich sein, ist aber nicht immer nötig. Eine Grenze finden diese indirekten Strategien in der analytisch bedingten Unmöglichkeit, etwas zu glauben, von dem man gleichzeitig weiß, daß es falsch ist. Dies verdeutlicht einen generellen Aspekt der Meinungsbildung, daß nämlich im Prinzip fast jede Meinung erworben werden kann, wenn nur hinreichende Änderungen im übrigen Meinungssystem vorgenommen werden. Die Änderung seiner evidentiellen Standards z. B. verlangt eine recht große Änderung im Meinungssystem. Zu gravierende und vielfältige Änderungen können zu aufwendig und sich nach einer Gewinn- und Verlust-Rechnung als zu kostspielig erweisen, so daß hier für selbstinduzierte, nichtevidentielle Meinungsbildung eine Grenze des Machbaren besteht.

Selbst wenn es nicht der direkten Kontrolle unterliegt, ob man etwas glaubt oder nicht, so unterliegt es doch der indirekten Einflußnahme durch (andere) psychologische Verfahren, die der Kontrolle durch den Willen unterworfen sind. Egal ob die Anwendung indirekter Strategien zur Meinungsbildung immer irrational ist oder nicht, es ist zumindest eine Aufgabe der Regel der Rationalität, diese Faktoren, die doxastische Einstellungen beeinflussen, zu regeln (z. B. Aufmerksamkeit etc.). Die Möglichkeit, den Meinungsbildungsprozeß indirekt zu beeinflussen, reicht schon aus, um der Rede von theoretischer Rationalität als Befolgung von Regeln einen Sinn zu geben. Wenn man sich überhaupt nicht entscheiden könnte, etwas zu glauben, dann wäre man auch außerstande, einer idealisierten Regel zu folgen. Eine Regel, die mir vorschreibt, in einem bestimmten Fall eine andere als die von mir akzeptierte Hypothese zu glauben, wäre von mir nicht direkt befolgbar. Indirekte Beeinflussung bietet hier einen Ausweg. Wenn ich unter Rückgriff auf andere meiner allgemeineren kognitiven Neigungen oder Überzeugungen zu der Auffassung gelange, daß die Regel korrekt ist, kann und sollte dieser Umstand mich dazu bewegen, durch indirekte Einflußnahme auf meinen Meinungsbildungsprozeß diesen so zu steuern, daß ich der Regel folge. Unklar ist bislang noch, ob die Anwendung indirekter Strategien der Meinungsbildung aufgrund nicht-wahrheitsorientierter Ziele stets irrational ist. Bevor ich dieser Frage im 3. Abschnitt nachgehe, soll zuerst ermittelt werden, ob man nicht nur indirekt, sondern auch direkt bei sich eine nicht-wahrheitsorientierte Meinung hervorrufen kann.

3.2. Ein direkter Einfluß nicht-wahrheitsorientierter Ziele ist begrifflich nicht unmöglich

Eine indirekte nicht-wahrheitsorientierte Meinungsbildung wird durch eine Veränderung der epistemischen Persönlichkeit realisiert, d.h. durch entsprechende indirekte Veränderung des Systems von Meinungen, der evidentiellen Standards und/oder der Regeln der Meinungsbildung. Ist es auch möglich, sich selbst direkt dazu zu bringen bzw. sich zu entscheiden, etwas aus anderen als wahrheitsorientierten Motiven zu glauben? Bei einer solchen Glaubensentscheidung müßte die Meinung, daß p, direkt erworben werden, d.h. als ein Resultat der bewußten Absicht, p zu glauben. Eine solche Meinung müßte zwar nicht gänzlich unabhängig von jeglicher Überlegung über ihren Wahrheitsgehalt gebildet werden können, aber die nicht-wahrheitsorientierten Gesichtspunkte müßten bei der Meinungsbildung überwiegen. Der nicht-wahrheitsorientierte Grund müßte die Meinung direkt hervorrufen können.

Diese Charakterisierung vorausgesetzt, scheint es vielen Philosophen *begrifflich* unmöglich, willentlich, bewußt und unabhängig von der Wahrheit etwas zu glauben. Das bedeutet, es müßte sich ein analytisches Argument dafür angeben lassen, warum Wahrheit notwendig das oberste Ziel von Meinungsbildung überhaupt ist. Es sind im wesentlichen zwei begriffliche Zusammenhänge, die als Kandidaten für ein solches Argument in Frage kommen. Dies ist zum einen der begriffliche Zusammenhang von »glauben« und »für wahr halten« (1.) und zum anderen der zwischen »empirischer Meinung« und »Wahrnehmung der äußeren Wirklichkeit« (2.). Trotzdem – so werde ich im folgenden argumentieren – läßt sich aus diesen analytischen Beziehungen keine begriffliche Unmöglichkeit ableiten, intentional und direkt aus nicht-wahrheitsorientierten Zielen zu glauben. Beide Argumentationsstrategien, die sich auf diese beiden begrifflichen Zusammenhänge beziehen, können nicht schlüssig zeigen, daß es begrifflich bzw. analytisch unmöglich ist, bewußt und unabhängig von der Wahrheit etwas zu glauben.

1. Argumentationsstrategie: Ergibt sich das Ziel jeder Meinungsbildung nicht schon notwendig aus der Bedeutung des Begriffs Meinung? Eine erste Argumentation für eine solche

These sieht im wesentlichen so aus:[34] Wenn eine Person S etwas willentlich glaubt, bildet S die Meinung unabhängig von der Wahrheit der entsprechenden Proposition. Dann aber kann S es überhaupt nicht als eine Meinung auffassen, weil »Meinung« definiert ist als »Fürwahrhalten einer Proposition«. So reicht jedoch das Argument nicht aus, wenn man nicht bestreiten will, daß Meinungen aus anderen Ursachen als dem Streben nach Wahrheit gebildet werden können (wie z.B. durch Zufall, Wunschdenken, indirekte Beeinflussung etc.). Auch in diesen Fällen gilt zwar analytisch, daß S p für wahr hält, aber eben zu Unrecht. Bei dem bewußten Versuch, eine unwahre Meinung zu erzeugen, hindert die Tatsache, daß die Proposition, die ich als Produkt der indirekten Beeinflussung glauben will, falsch sein wird, nicht daran, den angestrebten Zustand als Meinung zu bezeichnen. S möchte eine Proposition, die S (angesichts der ihr verfügbaren Evidenzen) z.Zt. für falsch hält, in Zukunft für wahr halten. Die Absicht, etwas aus nicht-wahrheitsorientierten Zielen zu glauben, ist deshalb nicht begrifflich ausgeschlossen. Da man keine Schwierigkeiten hat, diese Intention zu bilden, kann sie auch nicht kontingenterweise unmöglich sein.

Aber selbst wenn man beabsichtigen kann, die Meinung mit einem anderen Ziel als Wahrheit zu bilden, ergeben sich nicht gewisse (ggf. unüberwindliche) Schwierigkeiten bei dem Versuch, dieses Ziel direkt zu erreichen? Worin liegen diese Schwierigkeiten? Bei willentlicher direkter Meinungsbildung aus nicht-evidentiellen Gründen lassen sich fünf Fälle unterscheiden:

34 Vgl. B. Williams, *Deciding to Believe*, bes. S. 148f., der z.Zt. die prominenteste Version der These vertritt, daß Glauben aus begrifflichen Gründen nicht willentlich ist. »Belief cannot be like that; it is not a contingent fact that I cannot bring it about, just like that, that I believe something, as it is a contingent fact that I cannot bring it about, just like that, that I'm blushing. Why is this? One reason is connected with the characteristic of beliefs that they aim at truth. If I could acquire a belief at will, I could acquire it whether it was true or not; moreover I would know that I could acquire it whether it was true or not. If in full consciousness I could will to acquire a »belief« irrespective of its truth, it is unclear that before the event I could seriously think of it as a belief, i.e. as something purporting to represent reality.« (B. Williams, *Deciding to Believe*, S. 148.)
Zur Kritik an Williams vgl. B. Winters, *Believing at Will*, bes. S. 252-256; J. Bennett, *Why is Belief Involuntary?*, bes. S. 92-95.

(1) S ist sich nicht bewußt, daß sie p aus nicht-wahrheitsorientierten Gründen glaubt. (Selbsttäuschung)
(2) S ist sich voll bewußt, daß sie p aus nicht-wahrheitsorientierten Gründen glaubt; S hat keine Meinung zu den Evidenzen.
(3) S ist sich voll bewußt, daß sie p aus nicht-wahrheitsorientierten Gründen glaubt; S nimmt alle ihr zur Verfügung stehenden Evidenzen bewußt wahr und S glaubt, die Evidenzen sprechen für die Wahrheit von p.
(4) S ist sich voll bewußt, daß sie p aus nicht-wahrheitsorientierten Gründen glaubt; S nimmt alle ihr zur Verfügung stehenden Evidenzen bewußt wahr und hält die Evidenzen für nicht hinreichend, um über die Wahrheit oder Falschheit von p zu entscheiden.
(5) S ist sich voll bewußt, daß sie p aus nicht-wahrheitsorientierten Gründen glaubt; S nimmt alle ihr zur Verfügung stehenden Evidenzen bewußt wahr, und S glaubt, die Evidenzen sprechen für die Falschheit von p.

Welche der fünf Fälle sind möglich und welche nicht? Worin liegen ggf. die Schwierigkeiten? Im 1. Fall ist das direkte Induzieren einer nicht durch Evidenzen gestützten Meinung begrifflich möglich, weil S sich über die Art, wie die Meinung zustande gekommen ist, täuscht. Es ergibt sich für S kein ihr bewußter Widerspruch. Etwas kann aus nicht-evidentiellen Gründen geglaubt werden, ohne aufzuhören, eine Meinung zu sein (s. o.); solange dieser Umstand S nicht im Bewußtsein präsent ist, ergibt sich für S kein Problem. Sofern Selbsttäuschung möglich ist, scheint also auch dieser Fall begrifflich möglich.[35] Man kann

35 Gegen diesen Fall, der auf Selbsttäuschung angewiesen ist, wendet B. Williams, *Deciding to Believe*, S. 148 ein: »With regard to not belief could I know – or, if all this is to be done in full consciousness, even suspect – that I had acquired it at will. But if I can acquire beliefs at will, I must know that I am able to do this; and could I know that I was capable of this feat, if with regard to every feat of this kind which I had performed I necessarily had to believe that it had not taken place?«
Aber dieses Argument, daß man, wenn willentliches Glauben denn erfolgreich wäre, überhaupt nicht wissen könne, daß Meinungen willentlich erzeugt werden können, weil dazu Selbsttäuschung notwendig sei, kann aus drei Gründen nicht überzeugen. Erstens bedarf es bei willentlichem Glauben (wenn es das denn gibt) nicht notwendig einer Selbsttäuschung; dann nämlich nicht, wenn sich im Zuge der willentlichen Meinungsbil-

psychologisch ein anderes Ziel als Wahrheit bewußt wählen und die mit Bezug darauf gebildete Meinung auch aufrechterhalten, sofern man sich selbst darüber täuschen kann. Das bedeutet, man müßte nicht nur die Meinung direkt erzeugen, sondern auch die Selbsttäuschung direkt hervorrufen können. Denn im Gegensatz zu indirekten Strategien wie Hypnose handelt es sich bei direkter Meinungsbildung um keinen Kausalprozeß, der gleichzeitig auch eine Täuschung oder ein Vergessen hervorruft. Mir zumindest ist kein Beispiel für so ein Phänomen bekannt. Unklar ist daher, wie wir es direkt bewirken können, uns bei der direkten Erzeugung einer Meinung auch über ihre Entstehung zu täuschen. Wie schafft man es, absichtlich und direkt etwas zu vergessen, das man in Wirklichkeit (irgendwo, irgendwie) glaubt? Wenn ich mir die Abwesenheit eines bestimmten Gedankens (oder der Gedanken überhaupt) wünsche, dann reicht allein dieser Wunsch dazu aus, die Anwesenheit des Gedankens sicherzustellen. Der Versuch, die Abwesenheit eines mentalen Objekts zu wollen, macht sich selbst zunichte.[36] Bei

dung für die gebildete Meinung sie stützende Evidenzen gefunden haben, weil man z. B. jetzt erst offen für Wahrnehmung dieser Evidenzen ist. Man hätte die Meinung dann aus nicht-wahrheitsorientierten Motiven erworben, hält sie jetzt aber aufgrund von Evidenzen für wahr. Zweitens ist es selbst dann möglich, von der Fähigkeit zum willentlichen Glauben grundsätzlich Kenntnis zu erlangen, wenn damit stets Selbsttäuschung verbunden sein müßte. Obwohl man von der willentlichen Erzeugung einer Meinung nicht wissen kann, solange man die Meinung aufrechterhält, weil man zur Vermeidung eines Widerspruchs ihre Entstehung vergessen haben muß, so ist es doch möglich, durch eine Aufklärung einer Selbsttäuschung (in deren Folge dann natürlich die Meinung verschwindet) von dem Mechanismus des willentlichen Induzierens von Meinungen zu erfahren. Drittens gälte Williams' Argument – falls stichhaltig – auch für Fälle indirekter Hervorbringung von Meinungen, weil man sich auch hier darüber täuschen muß, daß man die Meinung nicht aufgrund von epistemischen Gründen (z. B. Evidenzen) glaubt. Aber indirekte Beeinflussung der Meinungsbildung ist (auch für Williams) möglich. Das Argument schießt also übers Ziel hinaus.

36 J. Elster, *Sour Grapes*, Kap. II sieht Vergessen wie Natürlichsein und Schlafen als einen Zustand, der wesentlich »Nebenprodukt« ist. Unter dieser Bezeichnung versteht Elster psychische und gesellschaftliche Zustände, die das Ergebnis einer Handlung sind, allerdings nicht als intendierter Effekt einer Handlung absichtlich hervorgebracht werden können,

Selbsttäuschung handelt es sich um einen psychischen Zustand, den man selbst nicht direkt willentlich erzeugen kann. Deshalb ist es unmöglich, den 1. Fall bewußt direkt herbeizuführen.
Im 2. Fall bildete S die Meinung, daß p, ohne Berücksichtigung der Evidenzen aus nicht-evidentiellen Gründen. S nimmt die Evidenzen gar nicht zur Kenntnis. Dieser Fall ist unproblematisch, weil sich so kein Widerspruch zwischen den verfügbaren Evidenzen und der gebildeten Meinung ergeben kann. Der 2. Fall ist somit begrifflich und psychologisch möglich, aber irrational. S verletzt eine Regel der theoretischen Rationalität, nämlich (TR-5), die Evidenzen möglichst vollständig, adäquat und ausgewogen zu berücksichtigen.
Im 3. Fall bildete S die Meinung, daß p, aus nicht-evidentiellen Gründen und nicht durch Beurteilung der für p sprechenden Evidenzen. Folgendes Beispiel mag diesen Fall verdeutlichen:

sondern nur als ihre unabsichtliche Nebenfolgen. Dieses Phänomen nicht zu beachten, kann zu zwei Fehlern führen: (i) Da einige Zustände vorteilhaft oder wünschenswert sind, ist es oft verlockend, sich an ihrer Herbeiführung zu versuchen – obschon der Versuch zum Scheitern verurteilt ist. (ii) Wenn wir beobachten, daß einer dieser Zustände vorliegt, dann ist es überdies verlockend, ihn als intendiertes Ergebnis einer Handlung zu erklären, die zu seiner Herbeiführung entworfen wurde, obwohl dies vielmehr ein Indiz für das Gegenteil ist. Mit der Untersuchung solcher Zustände, die wesentlich Nebenprodukte sind, korrigiert Elster den Eindruck, den er selbst in *Ulysses and the Sirens* hervorgerufen hat, daß praktisch jeder Effekt durch menschliches Handeln absichtlich hervorgebracht werden könne, entweder direkt oder indirekt durch Strategien der Selbstbindung.
Elsters These ist allerdings entweder trivial oder schlicht falsch. Trivial ist die Behauptung, daß Zustände wie Vergessen, Schlaf, Natürlichkeit (dies sind seine Beispiele in II.2) nicht hervorgebracht werden können, indem man sie nur will. Wenn seine These dagegen ist, daß diese Zustände weder direkt noch indirekt intentional erzeugt werden können (vgl. II.3., bes. S. 57), dann fällt es leicht, das Gegenteil zu demonstrieren. Es gibt verschiedene Möglichkeiten, sich indirekt dazu zu bringen, einzuschlafen (z. B. durch Schlafmittel, Alkohol oder ein langweiliges Buch) oder etwas zu vergessen (z. B. durch Tätigkeiten, die die ganze Aufmerksamkeit kosten, Alkohol, Medikamente). Durch Anwendung indirekter Strategien können wir also wesentlich mehr erreichen, als Elster denkt. Das bedeutet natürlich nicht, daß wir alles erreichen können, was wir wollen. Aber die Grenzen sind nicht begrifflicher, sondern empirischer Art.

Eine Studentin möchte die nächste Prüfung bestehen, und dieser Wunsch führt dazu, daß sie auch davon überzeugt ist, sie werde die anstehende Prüfung bestehen. Gleichzeitig sprechen alle zur Verfügung stehenden Evidenzen wie die guten Ergebnisse der Probeklausuren, Vergleiche mit Kommilitonen etc. auch für diese Meinung. Zwar ist S's Meinung ebenfalls durch die S verfügbaren Evidenzen gestützt, aber die Evidenzen stellen keine internen Gründe für die Meinung dar, weil sie die Meinung nicht in der richtigen Weise kausal gebildet haben. Dieser Fall ist solange begrifflich und psychologisch unproblematisch, solange kein Gegensatz zwischen wahrgenommenen Evidenzen und der gewünschten Meinung besteht. Problematisch wird der Fall erst, wenn S p auch glaubt, selbst wenn ihrer Meinung nach die evidentiellen Gründe nicht hinreichend sind, die Wahrheit von p anzunehmen. Dann liegt allerdings der 5. Fall vor.

Im 4. Fall läßt sich mit Bezug auf Wahrheit nicht zwischen p und non-p entscheiden. Descartes und andere empfehlen in solchen Situationen, sich rationalerweise des Urteils zu enthalten. Dies ist sicherlich eine weitere Rationalitätsregel (TR), die für normale Fälle Gültigkeit hat. Es scheint aber zumindest möglich, sich bewußt und willentlich in einer solchen Situation für eine der beiden Optionen zu entscheiden. Wenn der Entscheidungsdruck in der Situation groß genug ist und die Zeit sehr knapp, muß man sich manchmal – trotz unzureichender Evidenzen – für eine der beiden Möglichkeiten entscheiden. So muß sich z. B. in einer Gefahrensituation beim Autofahren der Fahrer entscheiden, welche Reaktion für ihn die beste ist. In der Kürze der Zeit kann er nicht genügend Evidenzen sammeln, also muß er sich ohne sie entschließen. Die Entscheidung trifft er mithin aus anderen als evidentiellen Gründen. (Vgl. auch III.3.4.)

Der 5. Fall schließlich scheint ausgeschlossen, d.h. es ist unmöglich, daß es einen Fall mit dieser Beschreibung geben kann. Warum? Es ist unmöglich, von einer bestimmten seiner Meinungen zu glauben, daß die evidentiellen Gründe in hinreichendem Maße gegen sie sprechen. Dieser Fall verstößt gegen die stärkste Unmöglichkeitsbehauptung (UM), die in diesem Zusammenhang gültig ist. Sie lautet:

(UM) Es ist unmöglich, daß S in vollem Bewußtsein zugleich

glaubt, daß sie p glaubt, und daß die ihr bekannten Evidenzen gegen die Wahrheit von p sprechen.[37]

Einige Erklärungen für die umständliche Formulierung sind vielleicht angebracht. So ist es möglich zu sehen, wie eingeschränkt (UM) ist, und wie (UM) von anderen Behauptungen zu unterscheiden ist, mit denen sie leicht verwechselt werden könnte. (a) Die Behauptung gilt nur, wenn es sich um eine bestimmte Meinung p handelt, denn es ist möglich, von einer unbestimmten meiner vielen Meinungen zu glauben, daß sie falsch ist (»Vorwort-Paradox«). (b) Die Behauptung gilt auch nur für den Fall, daß man eine Meinung darüber hat, daß man p glaubt und die Evidenzen gegen p sprechen. Es ist möglich, daß man p glaubt und die einem bekannten Evidenzen gegen p sprechen, wenn man von mindestens einem der beiden Umstände keine Kenntnis hat. Dies ist der oben genannte 1. Fall. (c) Die Evidenzen, die gegen die Wahrheit von p sprechen, müssen S natürlich bekannt sein. Sie müssen in hinreichendem Maß gegen p sprechen. Daß sie gegen die Wahrheit von p sprechen, bedeutet, daß sie für die Wahrheit von non-p sprechen.

Ich behaupte nun: (UM) gilt nicht im strengen Sinn analytisch, sondern nur kontingenterweise. Daher ist der 5. Fall auch nicht begrifflich, sondern nur psychologisch unmöglich. (UM) – so könnte dagegen behauptet werden – gilt notwendig, weil das kontradiktorische Gegenteil von (UM) einen Widerspruch bildet: Es ist widersprüchlich zu glauben, daß man p glaubt, und daß die bekannten Evidenzen für non-p sprechen. Denn das heißt, bewußt und gleichzeitig p und non-p zu glauben. Fall (5) verstieße damit also gegen den Satz vom (ausgeschlossenen) Widerspruch und sei deshalb begrifflich unmöglich. Also gilt (UM) per Umkehrschluß analytisch. Diese Argumentation macht zwei bezweifelbare Annahmen. Erstens setzt sie »hinreichende Gründe für p haben« mit »glauben, daß p« gleich, um so einen Widerspruch zu konstruieren (i). Zweitens wird unterstellt, daß es unmöglich sei, in vollem Bewußtsein etwas Widersprüchliches zu glauben (ii).

(i) Die erste Annahme ist zu stark; »glauben, daß« ist nicht mit »rationaler Akzeptierbarkeit« oder »akzeptieren von p aus evidentiellen Gründen« gleichzusetzen. Gegen diese Gleichsetzung

37 Formaler: »GSp« stehe für »S glaubt, daß p«, dann lautet UM: $\sim\Diamond$ GS (GSp & p wird durch die Evidenzen nicht gestützt).

kann man von beiden Seiten her mit Gegenbeispielen argumentieren. Zunächst zur Seite der Meinungen: Wie schon häufiger betont, stellt etwas auch dann eine Meinung dar, wenn es aus nicht-evidentiellen Gründen gebildet und aufrechterhalten wird. Wenn Meinungen nur das wären, was durch Evidenzen gestützt wird, dann schlösse diese Begriffsfestlegung viele geläufige Fälle aus, in denen etwas aufgrund anderer psychologischer Faktoren geglaubt wird. Wenn eine Mutter annimmt, daß ihr Sohn im Krieg nicht gefallen ist, obwohl seit über vierzig Jahren kein Lebenszeichen von ihm existiert, dann hat die Mutter (nach allgemeinem Sprachgebrauch) dennoch eine Meinung (sie hält es für wahr, daß ihr Sohn im Krieg nicht getötet wurde), obwohl die ihr bekannten Evidenzen eindeutig dagegen sprechen. Nun zur Seite der Evidenzen: Der Person bekannte Evidenzen sind Informationen, von denen die Person Kenntnis hat, die ihr im Bewußtsein präsent sind, also im weiteren Sinn des Wortes »Meinungen«. »Meinung« in diesem Sinn umfaßt zweierlei: Zum einen kann darunter eine Meinung sui generis verstanden werden, d. h. ein Fürwahrhalten einer Proposition ohne Einschränkungen. Zum anderen kann es sich um eine Einschätzung subjektiver Wahrscheinlichkeiten handeln, d. h. um ein Glauben, daß p, in unterschiedlichen Stärken je nach Grad der Wahrscheinlichkeit, mit der p wahr ist. Evidenzen scheinen nur Meinungen im zweiten Sinn des Wortes zu sein. Wäre es anders, hätte man in einem Fall, in dem Evidenzen und Gegenevidenzen gegeneinander abgewogen werden müssen, ein völlig inkonsistentes System von Meinungen. Statt dessen müssen Evidenzen addiert, gegeneinander verrechnet etc. und schließlich noch ein Schwellenkriterium überwunden werden, bevor sie eine Meinung bilden können. So läßt sich auch erklären, wie jemand zwar glaubt, daß alle Evidenzen für non-p sprechen, er aber dennoch p glaubt. Ein solcher Fall ist gegeben, wenn die Evidenzen auch zusammen und nach reiflicher Abwägung die Schwelle nicht überwinden konnten. Ein Beispiel: M wird des Mordes verdächtigt; alle verfügbaren Indizien sprechen dafür, daß M die Tat begangen hat. Dennoch spricht das Gericht M frei, denn die Evidenzen waren zusammen nicht hinreichend, um das Schwellenkriterium (d. h. beyond reasonable doubt) zu erfüllen. Es wäre sehr merkwürdig, diesen Fall so zu beschreiben, daß der Richter widersprüchliche Meinungen hat. Wenn die Beschreibung unsinnig ist, dann zeigt dieses Beispiel, daß ein Vorliegen evidentieller Gründe für p nicht notwendig in der Meinung, daß p, resultiert. Aus der Annahme, daß die Evidenzen einen bestimmten Sachverhalt wahrscheinlich machen, folgt noch nicht, daß man den Sachverhalt auch glaubt, und zwar dann nicht, wenn die Evidenzlage generell zu dünn ist.

(ii) Auch die zweite Annahme, daß es unmöglich sei, etwas Widersprüchliches zu glauben, ist bezweifelbar. Es scheint möglich, sich widersprechende Sätze zu glauben.[38] In mindestens zwei Konstellationen scheint prima facie die Möglichkeit für inkonsistente, jeweils einzeln bewußte Meinungen gegeben zu sein.[39]

(a) Eine erste Möglichkeit für inkonsistente Meinungen ergibt

38 Die folgenden Bemerkungen wollen natürlich nicht die Gültigkeit des Satzes vom (ausgeschlossenen) Widerspruch in Zweifel ziehen. Der locus classicus für die Formulierung und Begründung des Satzes vom Widerspruch findet sich in der *Metaphysik* des Aristoteles (1005 b 19f.): »Daß ein und dasselbe [Prädikat] ein und demselben [Subjekt] nach derselben Hinsicht gleichzeitig zukommt und nicht zukommt, ist unmöglich [...].« Vgl. zur Interpretation und transzendentalen Begründung dieses Satzes P. Strawson, *Introduction to Logical Theory*, Kap. 1, §§ 1-8, und E. Tugendhat/U. Wolf, *Logisch-semantische Propädeutik*, Kap. 4: Der Satz vom Widerspruch. – Ich verstehe den Satz vom Widerspruch zunächst so, daß er für Sätze bzw. Aussagen gilt und besagt, daß es unmöglich ist, sinnvolle widersprüchliche Aussagen zu machen, weil widersprüchliche Aussagen uninformativ sind. Wenn man annimmt, daß eine Meinung notwendig ein sprachliches Phänomen ist (diese Annahme ist nicht unstrittig), dann könnte man denken, der Satz vom Widerspruch ließe sich ohne weiteres auch auf Meinungen übertragen. Das aber scheint zweifelhaft. Offenbar spielt die Art des Meinens (bewußt vs. unbewußt; Langzeit- vs. Kurzzeitgedächtnis, etc.) eine entscheidende Rolle bei der Frage, welche Art von inkonsistenten Meinungen logisch und/oder psychologisch unmöglich sind. Vgl. R. Foley, *Is it Possible, to Have Contradictory Beliefs?* und ders., *Justified Inconsistent Beliefs*.

39 Nicht mit einem Widerspruch sind Fälle zu verwechseln, die nur in der Außenperspektive des Beobachters so scheinen, als hätte die Person widersprüchliche Meinungen. Dies sind Fälle, in denen (i) die Person S p glaubt, obwohl ihr Verhalten dafür spricht, daß sie auch non-p glaubt, (ii) S jetzt p glaubt, obwohl sie noch kurz vorher non-p glaubte, (iii) S p glaubt, obwohl sie in einem anderen Sinn, evtl. unbewußt, unterdrückt etc., non-p glaubt, (iv) S zwei Sätze für wahr hält, wobei die beiden Sätze widersprechende Propositionen ausdrücken, aber die Person nicht wirklich genau versteht, was zumindest eine Proposition (wenn nicht beide) ausdrückt, also das sog. disquotation principle verletzt wird.

sich aus der Unterscheidung zweier Arten der Inkonsistenz von Meinungen. Der Satz vom Widerspruch, bezogen auf Meinungen, ist zweideutig, d. h. man kann zwei Fälle unterscheiden, die beide ausgeschlossen sein müssen, wenn widersprüchliche Meinungen unmöglich sein sollen:[40]

(SW-1) Es ist unmöglich, daß S in derselben Hinsicht die Proposition p glaubt und die Proposition non-p glaubt.

(SW-2) Es ist unmöglich, daß S in derselben Hinsicht (p und non-p) glaubt.

Der erste Satz sagt, es ist unmöglich, zwei (oder mehrere) sich untereinander widersprechende Meinungen zu haben; der zweite sagt, es ist unmöglich, eine widersprüchliche Meinung zu glauben.[41] (SW-2) ist der Satz vom Widerspruch, angewendet auf Meinungen – und daher wahr, wenn es sich um eine bewußte, in einem Satz bzw. einer Proposition ausdrückbare Meinung handelt. Gilt das auch für (SW-1)? Lassen sich die beiden Fälle ineinander überführen? Kann aus (SW-2), dem Fürwahrhalten einer in sich widersprüchlichen Proposition, (SW-1), das Fürwahrhalten zweier sich widersprechender Propositionen, gefolgert werden? Nicht unmittelbar, denn um (SW-1) aus (SW-2) deduzieren zu können, müßte aus dem Umstand, daß S zwei sich widersprechende Meinungen hat, folgen, daß sie auch eine in sich widersprüchliche Meinung hat. Sicherlich ist es logisch möglich, zwei beliebige Meinungen in eine zusammengesetzte Meinung zu überführen, aber – und das ist hier die Frage – geschieht das auch immer notwendigerweise? Hier wird ein Zusammenhang in der 3. Person behauptet. Ob eine Person, die zwei Meinungen glaubt, auch beide zusammen in einer Meinung glaubt, ist umstritten. Wenn (SW-1) nicht aus (SW-2) folgen sollte, müßte für die Wahrheit von (SW-1) unabhängig argumentiert werden. Wenn (SW-1) sich nicht als gültig erweisen sollte, wäre eine Möglichkeit von Inkonsistenz bei Meinungen gegeben. Ich komme auf das Problem, ob aus [S glaubt p und S glaubt q] folgt [S glaubt p & q], gleich zurück. Vorher möchte ich zwei klassische Beispiele für solche Fälle vorstellen. Sie werden unter den Stichworten »Vorwort-Paradox« und »Lotterie-Paradox« diskutiert.

40 Vgl. R. Foley, *Is it Possible, to Have Contradictory Beliefs?*

41 Wenn »GSp« für »S glaubt, daß p« steht, kann man den Unterschied so repräsentieren: 1. $\sim\Diamond$ (GSp & GSnon-p); 2. $\sim\Diamond$ (GS(p & non-p)).

Das sog. Vorwort-Paradox liegt vor, wenn der Autor einer Monographie im Vorwort behauptet, von all den Thesen, die er im Hauptteil seines Buches vertrete, seien bestimmt einige falsch. Der Autor unterstellt, mindestens einige seiner Behauptungen seien falsch, weil es nach all dem, was man über die Fehlbarkeit des Menschen weiß, sehr wahrscheinlich ist und er daher gute Gründe hat zu glauben, daß er sich auch irren kann. Andererseits beansprucht der Autor für jede seiner im Buch vertretenen Thesen deren Wahrheit, ein Anspruch, der ihm auch jeweils gut begründet zu sein scheint. Zusammengenommen bilden die Thesen des Buches und die Aussage im Vorwort einen Widerspruch, der von dem Autor auch als solcher zur Kenntnis genommen wird. Der Autor hat bewußt als widersprüchlich erkannte, aber einzeln gerechtfertigte Meinungen.[42] Eigentlich sind wir alle in der Lage dieses Autors, wenn wir genügend skeptisch bezüglich unseren Fähigkeiten sind, wahre Meinungen zu bilden. Wenn wir selbstkritisch genug sind, dann glauben wir, daß von unseren Meinungen mindestens einige falsch sind. Wenn wir das glauben, können sie nicht alle zusammen wahr sein. Also sind unsere Meinungen inkonsistent, und wir wissen das.

Für das sog. Lotterie-Paradox stelle man sich eine faire Lotterie mit einer Million Losen vor.[43] Nun hat die Person S guten Grund zu glauben, daß z.B. die Losnummer 7 nicht gewinnen wird, denn ex hypothesi ist die Chance nur eins zu einer Million, daß dieses Los gewinnt. Eine solche Evidenz scheint ausreichend, die Meinung, daß dieses Los nicht gewinnen wird, zu rechtfertigen. Genau das gleiche gilt auch für jedes beliebige andere Los. Wenn man die Evidenzen für jedes mögliche Los in dieser Weise einzeln prüft, wird man zusammengenommen zu der Ansicht gelangen müssen, daß kein Los gewinnen wird. Da S diese Lotterie für fair hält, hält S auch die dadurch implizierte Proposition, daß eines der Million Lose gewinnen wird, für wahr. Es sieht so aus, als ob S für jede ihrer Meinungen in bezug

42 Die Tatsache, daß die widersprüchlichen Meinungen in diesem Fall gerechtfertigt sind, verschärft das Problem. Für das Argumentationsziel dieses Abschnitts würde es auch reichen, wenn es sich um ungerechtfertigte Meinungen handelte.

43 Das Lotterie-Paradox findet sich zum ersten Mal bei H. Kyburg, *Probability and the Logic of Rational Belief*, S. 197f.

auf diese Lotterie Evidenzen hat, die hinreichen, die jeweiligen Meinungen zu rechtfertigen. Und doch widersprechen sich diese Meinungen offensichtlich.

Beide Fälle lassen sich allgemeiner so fassen: [S glaubt p, S glaubt q, S glaubt r ... S glaubt r + *n*] und [S glaubt ((q und r ... und r + *n*) implizieren non-p)],[44] wobei gilt, daß S den Widerspruch innerhalb dieser Menge seiner Meinungen erkennt. Mit einer paradoxalen Situation haben wir es hier zu tun, weil S zwei Meinungen hat, die beide hinreichend gerechtfertigt sind, aber zusammen nicht wahr sein können – ein Fall, der durch das Konsistenzprinzip ausgeschlossen sein sollte. Durch welche Formulierung des Konsistenzprinzips ist dieser Fall ausgeschlossen? Wenn wir es hier tatsächlich mit einem Widerspruch zwischen zwei Meinungen zu tun haben, dann zwischen [S's Meinungen (p & q & r ... & r + *n*)] und [S's Meinung ((q & r ... & r + *n*) implizieren non-p)]. Aber glaubt S wirklich (p & q & r ... & r + *n*), bzw. ist S gerechtfertigt, dies zu glauben? Das hängt davon ab, ob es korrekt ist, von [S glaubt p, S glaubt q, S glaubt r ... S glaubt r + *n*] auf [S glaubt (p & q & r ... & r + *n*)] zu schließen. Ob dieser Schluß und damit auch der von (SW-1) auf (SW-2) gültig ist, hängt davon ab, ob das Konjunktionsgesetz bei Meinungen gilt oder nicht. Allgemein wird akzeptiert, daß es notwendig der Fall ist:

> Immer, wenn jemand eine Konjunktion glaubt, glaubt er auch jedes der Konjunkte.[45]

Gilt auch dessen Umkehrung, das sog. *Konjunktionsgesetz* für Meinungen:[46]

> Immer wenn jemand zwei Propositionen glaubt, glaubt er auch die Konjunktion dieser Propositionen?

44 R. Foley, *Justified Inconsistent Beliefs*, S. 248.

45 Formaler: N (Wenn GS(p & q), dann GSp & GSq).

46 Statt von einem separaten Konjunktionsgesetz zu reden, unterscheiden viele, Kyburg folgend, ein starkes und ein schwaches Konsistenzprinzip, wobei das starke das Konjunktionsprinzip enthält, das schwache hingegen nicht. Eine Formulierung des starken Konsistenzprinzips lautet: Es ist unmöglich, daß S glaubt, daß p und q und r ... und r + *n*, und glaubt, daß q und r ... und r + *n* non-p impliziert. Formaler: ~◇ ((GS(p & q & r ... & r + n) & GS ((p & q & r ... & r + *n*) impliziert non-p)). Das schwache Konsistenzprinzip fordert dagegen nur, daß man nicht in derselben Hinsicht p und non-p glauben kann. Formaler: ~◇ (GS(p & non-p)).

Oder gilt nicht statt dessen:

> Es ist möglich für eine Person, zwei Propositionen zu glauben, ohne die Konjunktion der beiden Propositionen zu glauben?[47]

Ein erster Grund, den man für die Gültigkeit der letzteren Auffassung anführen kann, ist: Wenn das Konjunktionsgesetz bei Meinungen nicht gilt, sind diese scheinbar paradoxen Fälle wie im Lotterie- oder Vorwortbeispiel erklärlich. Es liegt dann gar kein Widerspruch vor, weil S die Konjunktion ihrer Einzelmeinungen nicht glaubt. So meint S im Lotteriebeispiel von jedem einzelnen Los, daß es nicht gewinnt, aber nicht von allen Losen zusammen, daß sie nicht gewinnen. Der Autor des Buches hält jede seiner Thesen für wahr, glaubt aber nicht, daß sie alle zusammen wahr sind. Ein weiterer Grund für die Ungültigkeit des Konjunktionsprinzips ist die Überlegung, daß eine Anwendung des Konjunktionsprinzips bei einer großen Menge von Meinungen unmöglich ist. Denn die Person muß in der Lage sein, die zusammengesetzte Proposition gedanklich zu erfassen. Ist die Anzahl der Meinungen einer Person nur groß und komplex genug, scheint es schon aus Zeitmangel praktisch unmöglich, die zusammengesetzte größere und noch komplexere Meinung zu bilden und zu verstehen. Wenn es Zweifel an der Gültigkeit des Konjunktionsgesetzes gibt – und mehr konnte ich hier nicht zeigen –, dann scheint es eine Möglichkeit zu geben, zwei sich widersprechende Meinungen gleichzeitig bewußt zu glauben, weil man dann in der Lage ist, sie nicht in einen so engen Zusammenhang zu bringen, daß sich *eine* widersprüchliche Proposition ergibt.

(b) Die zweite Möglichkeit inkonsistenter Meinungen hängt mit der ersten eng zusammen: Eine Person hat bewußt zwei sich widersprechende Meinungen, d. h. sie hält zwei Propositionen für wahr, die zusammen nicht wahr sein können, aber die betreffende Person weiß nicht um den Widerspruch zwischen den von ihr geglaubten Propositionen. Zum Beispiel: S glaubt, daß p, und glaubt, daß q, wobei gelten soll: q impliziert non-p. Wenn S nicht weiß (nicht bemerkt, sich nicht klar macht, sich nicht bewußt ist), daß q non-p impliziert, dann scheint es möglich, widersprüchliche Meinungen zu haben. Daß die beiden

47 Fomaler: $\Diamond$ (GSp & GSq & ~ GS(p & q)).

von ihr für wahr gehaltenen Propositionen sich ausschließen, ist S entgangen.[48] Beispiele dafür erleben wir täglich; z.B. wenn man sich verrechnet und etwa meint 1872 : 13 = 134. Oder: Einige Mathematiker halten Goldbachs Vermutung für wahr, andere wiederum halten sie für falsch. Eine dieser beiden Meinungen ist eine notwendige Falschheit.[49] Jede analytisch falsche Proposition stellt einen Fall von inkonsistenten Meinungen dieser Art dar. Die Tatsache, daß S's Meinungen in dieser Weise inkonsistent sind, impliziert nicht, daß S sich bewußt ist, daß sie gleichzeitig eine Proposition und ihre Negation glaubt. Die beiden Propositionen sind objektiv widersprüchlich, unabhängig davon, ob S darum weiß oder nicht, aber S hat subjektiv keine sich widersprechenden Meinungen. Möglich und erklärlich wird der objektive Widerspruch in S's Meinungen erst durch dieses subjektive Nicht-Wissen um den Widerspruch. Es reicht nicht, daß die Meinungen sich widersprechen, sondern die Person muß das auch erkennen, um einen Widerspruch ausschließen zu können. Aber – so haben wir gesehen – selbst bei bewußten Meinungen ist es möglich, den Widerspruch nicht zu bemerken. Diese Fälle von Widersprüchen, die nicht offensichtlich sind, können sehr häufig in einem komplexen System von Annahmen auftauchen.

Damit ist die Gegenthese, die besagt, (UM) gelte notwendig, weil das kontradiktorische Gegenteil einen Widerspruch bildet, widerlegt. Denn beide Annahmen, die die Gegenthese macht, erweisen sich als zu stark: (i) die Gleichsetzung von »hinreichende Gründe für p haben« mit »glauben, daß p«, und (ii) die Behauptung, es sei unmöglich, sich widersprechende bewußte Meinungen zu glauben. Durch das Anzweifeln von (i) scheint eine analytische Interpretation von (UM) ausgeschlossen. (UM) kann daher, sofern sie überhaupt gültig ist, als empirische Wahrheit gelten. Die Diskussion von (ii) hat allerdings Zweifel aufgeworfen, ob (UM) überhaupt in dieser Form gilt. Das hängt davon ab, in welcher Form der Satz vom Widerspruch bei Mei-

48 Wobei wir es in diesem Fall offenlassen können, ob S hätte wissen können, daß q non-p impliziert.

49 Das Beispiel stammt von B. Winters, *Believing at Will*, S. 247. Ch. Goldbach äußerte 1792 (in abgeschwächter Form) zuerst die bisher nicht bewiesene Vermutung, nach der jede gerade natürliche Zahl $\neq 2$ als Summe zweier Primzahlen darstellbar ist.

nungen gültig ist. Diese Frage soll hier nicht weiter verfolgt werden.

Die bisher behandelte erste Argumentationsstrategie für die These, ein direkter Einfluß nicht-wahrheitsorientierter Ziele sei begrifflich unmöglich, versuchte die Bedeutung von »glauben« als »für wahr halten« zur Etablierung von Wahrheit als notwendiges Ziel der Meinungsbildung zu nutzen. Diese Argumentation schlägt fehl, weil von den verschiedenen denkbaren Fällen höchstens einer, der fünfte, ausgeschlossen ist – doch wenn, dann nicht begrifflich, sondern empirisch.

2. Argumentationsstrategie: Darüber hinaus gibt es noch eine weitere Argumentationsstrategie, um zu zeigen, daß Wahrheitsorientierung aus analytischen Gründen das unverzichtbare Ziel der Meinung ist. Diese zweite Argumentation bezieht sich auf den begrifflichen Zusammenhang, in dem »empirische Meinungen« und »Erkenntnis der äußeren Wirklichkeit« stehen.

> Another reason stems from our considerations about perceptual belief: a very central idea with regard to empirical belief is that of coming to believe that p because it is so, that is, the relation between a man's perceptual environment, his perceptions, and the beliefs that result. Unless a concept satisfies the demand of that notion, namely that we can understand the idea that he comes to believe that p because it is so and because his perceptual organs are working, it will not be the concept of empirical belief [...]. But a state that could be produced at will would not satisfy these demands, because there would be no regular connexion between the environment, the perceptions and what the man came out with, which is a necessary condition of a belief [...].[50]

Empirische Meinungen werden immer als systematisches Resultat von Sinneseindrücken der Außenwelt gebildet. Ein Zustand, der willentlich hervorgerufen werden kann, ist nach Williams unmöglich eine empirische Meinung, weil es keine »geregelte Verbindung« zwischen dem Zustand und der Sinneswahrnehmung der Person gibt, d.h. keine strikte, ausnahmslose, geregelte Verbindung. Vier Gründe sprechen gegen dieses Argument. Erstens: Wenn es als analytisches Argument verstanden wird, ist es einfach question-begging, weil alles von einer voraussetzungsreichen und deshalb bestreitbaren Definition von »empirischer Meinung« abhängt. Soll die Frage dagegen nicht per Definition geklärt werden, hängt viel von einer plau-

50 B. Williams, *Deciding to Believe*, S. 148f.

siblen Analyse dessen ab, was wir mit »Meinung« bezeichnen.[51] Zweitens kann es – je nach Verständnis von »Meinung« – sinnvoll sein, unter einer empirischen Meinung eine nur *normalerweise* (und nicht – wie Williams unterstellt – *immer*) als Resultat von Sinneswahrnehmungen erworbene Meinung zu verstehen. Ein solches Verständnis würde unmittelbar willentlich erzeugte Meinungen nicht ausschließen; derartige Fälle wären dann lediglich atypisch. Man benötigt dann allerdings ein Kriterium, warum es sich bei diesen atypischen Fällen auch um Meinungen handelt. Ein solches Kriterium könnte z. B. deren Relation zu anderen Meinungen und Wünschen der Person sein. Drittens schießt auch dieses Argument über das Ziel hinaus,[52] weil es auch gegen indirekt hervorgerufene empirische Meinungen spricht, deren Existenz niemand bestreiten will. Viertens: Wenn das alles gälte, bezöge es sich nur auf eine relativ kleine Klasse von Meinungen, nämlich die Wahrnehmungsmeinungen. Alle anderen Arten von Meinungen blieben davon unberührt.

Die These – so läßt sich das Zwischenergebnis zusammenfassen –, man könne aus begrifflichen Gründen keine Meinung aufgrund einer Willensentscheidung erwerben, läßt sich mit diesen beiden behandelten Argumentationen nicht verteidigen. Natürlich ist nicht ausgeschlossen, daß andere, bessere Argumente für die konzeptionelle Unmöglichkeit von willentlichem Glauben angeführt werden können. Aber auf welche begriffliche Zusammenhänge könnten sie sich noch berufen? Der einzig interessante analytische Satz in diesem Zusammenhang ist: Es ist unmöglich, von einer seiner Meinungen bewußt zu glauben, man hätte sie willentlich aus anderen als wahrheitsorientierten Motiven hervorgebracht. Dies gilt als Implikation des analytischen Satzes, daß es unmöglich ist, bewußt zu glauben, man habe eine unwahre Meinung. Aus diesen beiden analytischen Sätzen läßt sich aber nicht folgern, daß es unmöglich ist, eine Meinung aufgrund reiner Willensentscheidung zu erwerben. Denn es ist damit noch nicht logisch ausgeschlossen, daß die Ziele der Meinungsbildung frei und direkt wählbar sind. Wenn es nicht begrifflich ausgeschlossen ist, bleiben noch zwei Mög-

51 Z. B. eine funktionalistische Analyse des Begriffs einer Meinung, der gemäß die essentielle Rolle von Meinungen (und Wünschen) in der Erklärung der Handlungen von Personen besteht.

52 S. o. Anm. 35.

lichkeiten offen: Entweder ist eine Entscheidung, etwas zu glauben, kontingenterweise ausgeschlossen oder eine solche Entscheidung ist nur für rationale Meinungsbildung begrifflich unmöglich. Auf letzteres komme ich nun zu sprechen.

3.3. Normative Begründung der Wahrheitsorientierung

Wenn es für den Prozeß der Meinungsbildung indirekt möglich und direkt wenigstens begrifflich nicht ausgeschlossen ist, daß eine Meinung aufgrund anderer Ziele als dem der Wahrheit gebildet wird, so bleibt in diesem Zusammenhang noch die Frage zu klären, ob eine auf diese Weise zustandegekommene Meinung als rational oder irrational zu beurteilen ist. Nicht-evidentielle Ursachen werden in der Regel als meinungsirrelevant eingestuft und die entsprechende Meinung deshalb als irrational beurteilt. Wunschdenken gilt vielen als ein klassischer Fall von Irrationalität im theoretischen Bereich. Die Ziele der Meinungsbildung sind nicht gleich rational. Warum? Woher ergibt sich die normative Bewertung der Ziele? Impliziert die normative Bewertung der Ziele nicht die Möglichkeit einer bewußten Entscheidung zwischen ihnen?

Wenn es prudentiell rationale Meinungen geben kann, stellt sich dieselbe Frage auf einer höheren Ebene. Würden wir eine Person rational nennen, wenn sie prudentiell rationale Meinungen bildet? Auf dieser Ebene muß man zwischen der Beeinflussung der Meinungsbildung durch nicht-wahrheitsorientierte Ursachen wie Wünsche einerseits und der skrupulösen Ausrichtung von Meinungen auf Wahrheit und evidentielle Absicherung mit Gründen andererseits wählen. Hier handelt es sich um zwei praktische Alternativen. Die Gründe für die Entscheidung zwischen beiden Alternativen können sich nur noch auf praktische Ziele beziehen. Bei der Frage, ob es rational ist, epistemisch rational zu sein, kann das erste »rational« nur noch das prudentielle sein.

Ich behaupte und möchte dafür im folgenden argumentieren, daß für die Wahl der richtigen intellektuellen Einstellung im theoretischen Bereich folgende Rationalitätsregel gilt:

(TR-8) Es ist (prudentiell) rational, in der Regel nur epistemisch rationale Meinungen zu bilden.

Die in dieser Regel festgeschriebene Orientierung an Wahrheit als oberstem Ziel der Meinungsbildung läßt sich utilitaristisch begründen. Es ist für jeden nützlich, was immer seine sonstigen Ziele sind, für die erfolgreiche Realisierung seiner Ziele der Regel zu folgen, stets nur epistemisch rationale Meinungen zu bilden. Wir sollten uns rationalerweise bei unserer Meinungsbildung über Tatsachen (normalerweise) nur auf die Evidenzen stützen, weil wir nur so in Kontakt mit der Realität bleiben können.[53] An dem Kontakt zur Realität, d.h. an möglichst wahren Meinungen über sie, sollten wir rationalerweise interessiert sein, weil ansonsten eine erfolgreiche Realisierung unserer basalen Wünsche und Ziele gefährdet wäre. Den Kontakt mit der äußeren Wirklichkeit zu verlieren, hätte sehr unangenehme Konsequenzen, die so weit gehen können, daß der grundlegende Wunsch nach Überleben, dessen Erfüllung für alle weiteren eine Voraussetzung bildet, gefährdet wäre. Wahrheit bzw. Wahrheitsorientierung ist deshalb als oberstes Ziel rationaler Meinungsbildung gerechtfertigt, und zwar als normalerweise am besten geeignetes Mittel zur Realisierung aller praktischen Ziele. Es ist also rational, Wahrheit bei der Meinungsbildung stets einen sehr hohen Wert einzuräumen.

Die normative Zielvorgabe epistemischer Rationalität besteht darin, keine anderen Erwägungen bei der Bildung einer Meinung über Tatsachen eine *größere* Rolle spielen zu lassen als ihre (mögliche) Wahrheit. Wie ist dieses Ziel seinerseits begründet? Dahinter steht die Überzeugung, daß wir den Kontakt zur realen Welt verlören, wenn wir anderen Faktoren erlaubten, bei der Bildung einer Meinung wesentlich mit hineinzuspielen. Das hätte für uns recht unangenehme Konsequenzen. Klugheit diktiert uns, die korrekten Verfahren der Meinungsbildung anzuwenden, weil die so gewonnenen Meinungen diejenigen sind, die am wahrscheinlichsten wahr sind. Und wahre Meinungen sind auf lange Sicht besser als falsche Meinungen zur Anleitung unserer Handlungen. Rationalität im theoretischen Bereich ist

53 Vgl. Kapitel IV: Begründung von Rationalitätsstandards. Dort soll gezeigt werden, daß Wahrheitsorientierung bei Meinungsbildung das beste Mittel zur Lösung (theorieunabhängiger) Probleme ist. Wegen eines, anthropologisch gesehen, unausweichlichen Interesses aller Menschen an der Lösung solcher Probleme kann Problemlösung als objektiver, d.h. nicht-relativer Standard von Rationalität angesehen werden.

deshalb so wertvoll, weil sie uns subjektiv die besten Chancen gibt, die Realität zu erkennen. Eine solche pragmatische Rechtfertigung hat eine besondere Bedeutung für den Status theoretischer Gründe, denn so werden Meinungsbildung generell und Wahrheitsstreben im besonderen einem oder mehreren praktischen Zielen untergeordnet. Die Rationalität von Meinungen hängt dann insgesamt von Werten ab.

In Fällen allerdings, in denen man weiß oder mit großer Wahrscheinlichkeit vermutet, daß man mit anderen als wahren Meinungen besser zurechtkommen wird, kann es dagegen durchaus rational sein, im Prozeß der Meinungsbildung der Wahrheitsorientierung die praktischen Ziele vorzuziehen. Eine Gruppe von Fällen, in denen prudentielle Überlegungen nicht irrational sind, sind sich selbst bewahrheitende Meinungen:[54] Man stelle sich z. B. einen Studenten vor, der eine Prüfung nur dann besteht, wenn er selbst glaubt, er werde sie bestehen, weil er nur so die richtige Motivation zum Lernen, keinen Prüfungsstreß usw. hat. Im allgemeinen hat ein gutes Selbstvertrauen einen positiven Effekt auf die Motivation und den Erfolg. Deshalb hat eine solche Meinung die Tendenz, sich selbst auch wahr zu machen. Die Meinung ist zum Zeitpunkt ihrer Bildung von den zur Verfügung stehenden Evidenzen nicht gestützt, aber sie zu haben, ist für die Person sehr nützlich. Wenn der Student nach all dem, was er über sein Verhalten in Prüfungssituationen weiß, annehmen kann, diese Meinung werde sich selbst bewahrheiten, hat er einen rationalen Plan, das zu erreichen, was er will, nämlich Erfolg. In diesem Fall ist die Meinung des Studenten, er werde die Prüfung bestehen, die ihm zur Verfügung stehenden Evidenzen vorausgesetzt, epistemisch irrational, aber prudentiell rational.[55]

54 Vgl. J. Elster, *Sour Grapes*, IV.4., der u. a. Beispiele dafür zitiert, daß die Meinung, man werde viel erreichen, häufig eine kausale Bedingung dafür ist, überhaupt etwas zu erreichen.

55 Auf die Frage, wie der Student die Meinung gegen die Evidenzen bilden bzw. aufrechterhalten kann, lassen sich zwei Antworten geben. Der Student könnte von sich behaupten, er stütze seine Meinung gar nicht auf die Situation vor der Prüfung, denn das wäre zugegebenermaßen (epistemisch) irrational, sondern auf den erwarteten Erfolg. Empirische Wahrheit ist nicht sein höchstes Ziel; er opfert es für etwas Wertvolleres, nämlich die zukünftige Wahrheit, die sich aus dem Glauben in die Vorhersage ergibt (self-fulfilling prophecy). Aber gegen diese Beschreibung

Bei der Abwägung von prudentieller und epistemischer Rationalität sind zwei Dinge zu berücksichtigen: Da es prudentielle Rationalität mit dem Ergreifen geeigneter Mittel zu einem Zweck zu tun hat, bedarf es wahrer Meinungen zur Beurteilung und Wahl der Mittel. Da prudentiell rationale Meinungen nur durch Zufall auch wahr sein können, ist man zur Förderung seiner Interessen auf epistemisch rationale Meinungen angewiesen. Deshalb kann auch bei prudentieller Rationalität nicht auf die Berücksichtigung und Stützung durch Evidenzen verzichtet werden. Es wäre prudentiell irrational, ganz auf epistemische Rationalität zu verzichten. Daher kann es nur in Einzelfällen rational sein, eine Meinung nach Nützlichkeits- statt nach Wahrheitsgesichtspunkten zu bilden.

Bei der Abwägung der Ziele bedarf es unbedingt einer Berücksichtigung der langfristigen Konsequenzen. Im Augenblick mag es nützlich scheinen, einem Wunschdenken nachzugeben, aber die gewünschte Meinung führt zu veränderten Handlungen, die den Nutzen minimieren können. Das übertriebene Selbstbewußtsein des Studenten kann z. B. dazu führen, daß ihn die Prüfer durchfallen lassen, statt milde oder fair zu prüfen. Man sollte auch nicht übersehen, daß Selbsttäuschung, die dafür in der Regel ja nötig ist, fast nie ein lokales Phänomen bleibt, sondern zu weiteren falschen Meinungen und Selbsttäuschungen führt. Denn zum einen soll die durch Wunschdenken erworbene Meinung konsistent mit den übrigen bewußten Meinungen sein. Deshalb muß das ganze System von Meinungen an die falsche Meinung angepaßt werden (normalerweise muß die neue Meinung zu den übrigen passen). Außer den eigenen Meinungen müssen auch alle Evidenzen für das Gegenteil, alle gegenteiligen Äußerungen von Menschen, denen man sonst Vertrauen schenkt, weg- oder uminterpretiert werden. Letztlich sieht man sich dann einer weltweiten Verschwörung gegenüber,

spricht, daß es die normale Funktion von Meinungen ist, wahr zu sein, und nicht, sich selbst zu bewahrheiten. Der Student benutzt seine Meinung hier in einem ungewöhnlichen Sinn und muß sich deshalb auf der epistemischen Ebene über die Evidenzen selbst täuschen. Vgl. D. Pears, *Motivated Irrationality*, S. 34f.

Die oben beschriebenen Strategien indirekter Beeinflussung der Meinungsbildung sind alle in diesem Sinn epistemisch irrational, aber prudentiell rational.

die die eigene aus praktischen Gründen aufrechterhaltene Meinung falsch erscheinen lassen will. Das so veränderte System von Meinungen, die nicht mehr evidentiell gestützt sind, fungiert zum anderen als Reservoir von Hintergrundannahmen und Evidenzen bei neuen Meinungsbildungen der Person. So entsteht schnell eine Art Schneeballeffekt, was die Anzahl falscher Meinungen der Person betrifft. So kann das absichtliche Ändern einer Meinung aus prudentiellen Gründen häufig zu einem Zustand führen, den die Person jetzt, vor dem Hintergrund ihrer derzeitigen guten epistemischen Gründe, als massiven Irrtum ansieht. Es ist daher abzuwägen, ob das praktische Ziel, um dessentwillen die Meinung gebildet wird, tatsächlich der Person so viel wichtiger ist als die im Prinzip vorhersehbaren Konsequenzen, nämlich auf lange Sicht gezwungen zu sein, seine anderen Meinungen zur Stützung des Wunschdenkens verändern zu müssen und so immer stärker Gefahr zu laufen, den Kontakt zur Realität zu verlieren.
Sich selbst dazu zu bringen, etwas aus prudentiellen Gründen zu glauben, muß nicht unbedingt so weitreichende Konsequenzen haben. Es gibt wahrscheinlich einige nicht zentrale und unwichtige Meinungen, die aus der Sicht des Individuums nicht zu massivem, sondern nur zu moderatem oder nicht signifikantem Irrtum führen. Wenn die prudentielle Meinungsbildung nur recht wenige voraussehbar falsche Meinungen nach sich zieht, kann der praktische Nutzen diesen epistemischen Nachteil aufwiegen. Aber recht häufig wird der beschriebene Schneeballeffekt einsetzen und viele falsche Meinungen hervorbringen. Alles in allem ist vor dem Trugschluß zu warnen, daß die Meinungen, die aufgrund von praktischen Interessen gebildet werden, diesen Zielen auch tatsächlich immer dienen.[56] Das erklärt auch, warum es so verlockend sein kann, zu denken, daß es zutiefst irrational sei, wenn man prudentiellen Gründen erlaubt, epistemische Gründe bei der Meinungsbildung überwiegen zu lassen. Es ist nicht ausgeschlossen, daß praktische Ziele eine Meinung prudentiell rational machen können, selbst wenn man epistemische Gründe hat, sie falsch zu finden. Aber in normalen Fällen ist es für eine Person fast immer prudentiell irrational, aus praktischen Gründen etwas gegen ihre epistemischen Gründe

56 Vgl. J. Elster, *Sour Grapes*, S. 156 und R. Foley, *The Theory of Epistemic Rationality*, Kap. 5, bes. 218ff.

zu glauben, wenn man alle Folgen bedenkt. In Anbetracht der Folgen gibt es im allgemeinen prudentielle Gründe, die gut genug sind, um jemanden nach reiflicher Überlegung stets zu motivieren, bei der Meinungsbildung epistemische Gründe dominieren zu lassen. Ein anderes Ziel als Wahrheit für seine Meinungsbildung zu wählen, wird die Realisierung fast aller anderen praktischen Ziele stark gefährden, die zu realisieren nur mittels wahrer Meinungen möglich ist. Bei der Überlegung, ob man eine Meinung aus prudentiellen Gründen glauben soll, sind demnach alle anderen Ziele durch die langfristigen Folgen mitbetroffen. Die Rationalität der Entscheidung hängt also von der richtigen Kalkulation der langfristigen Folgen gegen den kurzfristigen Gewinn ab. Diejenigen Meinungen, für die man wichtige oder starke prudentielle Gründe hat (obwohl epistemisch irrational), gehören normalerweise zu jenen Überzeugungen, die für das Selbstverständnis zentral sind, wie Meinungen über seine Fähigkeiten, Talente, seine Wirkung etc. Aber genau bei jenen Meinungen, die zentral sind, wird ihre willentliche Bildung gegen die Evidenzen die größten Folgen nach sich ziehen, weil diese Meinungen am wenigsten isoliert von anderen Meinungen bestehen.

Wegen dieser nicht-intendierten und langfristigeren Folgen ist es oft schwer bis unmöglich, die Konsequenzen einer Meinungsbildung aus nicht-wahrheitsorientierten Zielen vorherzusehen und abzuwägen. Bei der Abwägung sowohl kurzfristiger als auch langfristiger Ziele und Folgen kann schnell ein Fehler unterlaufen, weil wir nun einmal tendenziell »kurzsichtig« bei der Verfolgung unserer Interessen sind. Häufig zeigt erst reifliche Überlegung die wahrhafte Irrationalität der vermeintlich prudentiellen Entscheidung. Deshalb ist es sinnvoll, daß wir die Zielbestimmung für unsere Meinungsbildung in der Regel habitualisiert haben oder die Wahl des Ziels in Übereinstimmung mit einer Faustregel bzw. stereotypen Entscheidungsmaxime treffen. Im ersten Fall wählt man gar nicht aktuell zwischen Zielen der Meinungsbildung, sondern verfährt gewohnheitsmäßig in einer bestimmten Art und Weise. Die Entscheidung zwischen den Zielen ist im vorhinein getroffen und dann angewöhnt worden, so daß jetzt die Zielbestimmung bei einer normalen Meinungsbildung quasi-automatisch abläuft. Diese Gewohnheit läßt sich als implizites Regelfolgen begreifen, und zwar als Folgen der Faustregel, möglichst nur durch Evidenzen begründete Meinungen zu bilden. Die Ziele der Meinungsbildung möglichst nur einmal für eine große Anzahl von Anwendungsfällen zu wählen, um dann diese Entscheidung zu habitualisieren, ist recht vorteilhaft. Es wäre zu aufwendig, zu zeit- und kostenintensiv, jeden trivialen Fall einzeln abzuwägen und zu entscheiden. Jede Meinungsbildung würde zu einem gewaltigen Unternehmen. Nach einer Faustregel zu verfahren, bietet zudem die Sicherheit, sich nicht bei jeder Meinungsbildung aufs neue vor der naheliegenden Gefahr hüten zu müssen, daß man dem kurzfristigen Vorteil ein zu großes Gewicht gegenüber den langfristigen Nachteilen gibt. Eine Entscheidung habitualisiert zu haben, heißt nicht, sie nicht in konkreten Situationen nur durch einen Akt des Bewußtseins außer Kraft setzen zu können. So ist es, wenn man will, stets möglich, für eine konkrete Situation die Entscheidung über die Meinungsziele neu zu treffen. Auch dann – das ist der zweite Fall – wird es wahrscheinlich am vernünftigsten sein, nach der Faustregel zu verfahren, Wahrheit zum unverzichtbaren Ziel seiner Meinungsbildung zu machen, weil – wie oben ausgeführt – die Konsequenzen so schlecht zu kalkulieren sind und man nicht sicher sein kann, daß es im gegebenen Fall wirklich prudentiell rational ist, eine nicht durch Evidenzen gestützte Meinung zu bilden.

Die Habitualisierung und die Befolgung stereotyper Entscheidungsmaximen erklärt zum Teil, warum Menschen so selten nicht-epistemische Gründe bei ihrer Meinungsbildung berücksichtigen und auch so selten den Eindruck haben, daß ihnen diese Option zur Verfügung steht.[57] Es ist zwar nicht – wie viele meinen – unmöglich, Meinungen gegen die Evidenzen wegen

57 Dies mag auch im Sinn einer »Irrtumstheorie« (zu diesem Begriff vgl. J. Mackie, *Ethik*, S. 39) erklären helfen, warum umgangssprachlich gängigerweise unter »theoretischer Rationalität« epistemische Rationalität (im hier eingeführten Sinn) verstanden wird: Weil es generell prudentiell rational ist, epistemisch rational zu sein, hat sich (fälschlicherweise) epistemische Rationalität als generelle Bedeutung von »theoretischer Rationalität« eingeschliffen. Meine Interpretation von theoretischer Rationalität nimmt zwar bei der umgangssprachlichen Verwendung ihren Ausgang, entfernt sich aber aus theoretischen Gründen von der in der Umgangssprache implizierten Auffassung über die Art der Rechtfertigung von Meinungen.

anderer Ziele als Wahrheit zu glauben, aber es ist sehr häufig (prudentiell) irrational, das zu tun. Es mag uns oft so eindeutig und zutiefst irrational erscheinen, daß wir diese Möglichkeit, ein anderes Ziel als Wahrheit zu wählen, gar nicht ernsthaft in Betracht ziehen. Auch dieses Ausblenden von Optionen scheint wiederum prudentiell rational: Indem man sich die Entscheidungsmöglichkeit gar nicht richtig klarmacht, kann man auch nicht verführt werden, Meinungen wegen anderer Ziele als Wahrheit zu bilden.

Ich fasse zusammen: Die Streitfrage, ob Wahrheit oder Nutzen die obersten Ziele der rationalen Meinungsbildung darstellen, läßt sich nicht durch Rekurs auf die Bedeutung von »rational« klären. Statt dessen ist im theoretischen Bereich zwischen epistemischer und prudentieller Rationalität zu unterscheiden. Die zentrale These dabei lautet: Wahrheit und epistemische Rationalität, die die beste Chance bildet, sie zu erreichen, sind kein unverzichtbares Ziel. Es kann rational sein, beide eines anderen, höheren Ziels wegen zu opfern. Das ist nicht paradox, weil die verletzte epistemische Rationalität strikt auf Wahrheit bezogen ist, während sich prudentielle Rationalität als der umfassendere Begriff erweist. Epistemische Rationalität muß selbst nochmals mit Bezug auf prudentielle Rationalität gerechtfertigt werden: Es ist für jeden im allgemeinen nützlich, nur solche Meinungen zu bilden, die durch die Evidenzen begründet sind. Ausnahmen von der Regel sind möglich. Die Wahrheitsorientierung ist aus normativen, nicht aus begrifflichen Gründen als oberstes Ziel der Meinungsbildung ausgezeichnet.

Es sollte auch deutlich geworden sein, daß die Interpretation von Rationalität als Regeln der rationalen Wahl von Meinungen (s.o. III.2.) nicht notwendig von einem doxastischen Voluntarismus abhängt. Selbst wenn das Ziel rationaler Meinungsbildung (wie auch immer) vorgegeben ist, kann rationale Meinungsbildung noch als rationale Wahl konzipiert werden, und zwar von geeigneten Strategien und Maximen zur Bildung von wahren Meinungen. Die Regeln rationaler Meinungsbildung können bzw. müssen dann außerdem immer noch als die am besten geeigneten Mittel zur Erreichung eines, dann vorgegebenen, obersten Zwecks verstanden werden. Diesen Maximen – so wird sich zeigen – kann durch indirekte Einflußnahme auf den Prozeß der Meinungsbildung gefolgt werden.

3.4. Wird eine Meinung gewählt?

Wenn also das oberste Ziel rationaler Meinungsbildung normativ vorgegeben ist, stellt sich die weitere Frage, ob aus einer gegebenen Wahrheitsorientierung die zu bildende Meinung mit einer Art Notwendigkeit folgt oder ob es selbst bei einer wahrheitsorientierten Meinungsbildung noch einen Entscheidungsspielraum gibt. Hier vertrete ich die These, daß es sich in den Fällen, in denen es um bewußte und *direkte* Wahl von Meinungen zu gehen scheint, eigentlich um eine Wahl der Ziele der Meinungsbildung handelt. Wer die Ziele der Meinungsbildung erreichen will, muß auch die entsprechenden Meinungen bilden wollen, oder seine Ziele ändern. Hier gibt es (wie im praktischen Bereich) keinen Freiheitsspielraum mehr, den man nützen könnte, gegen sein eigenes, rationales Urteil, daß p zu glauben in dieser Situation das Beste ist, etwas anderes, z. B. q, zu glauben. Auch im praktischen Bereich sind Handlungen in dem Sinn unfrei(willig), daß sie durch den stärksten praktischen Grund bzw. durch das stärkste Motiv verursacht werden. Statt dessen setzt Rationalität nur einen schwächeren Freiheitsbegriff voraus, nach dem wir frei sind, etwas zu tun, wenn wir es in Übereinstimmung mit unseren eigenen Zielen tun, ohne äußeren Zwang. In diesem Fall kann man sagen, wir hätten frei gewählt, selbst wenn wir, die gleichen Ziele vorausgesetzt, uns nicht anders hätten entscheiden können. Wir können uns nicht anders entscheiden, weil wir nicht anders wollen. Im Fall von Meinungen wäre es ähnlich, selbst wenn Glauben nicht willentlich ist. Wenn wir etwas glauben, wofür wir nach unserer Meinung zwingende Evidenzen haben, und Wahrheit das oberste Ziel der Meinungsbildung ist, dann ist die Meinung frei, obwohl wir nicht anders können. Unfrei ist eine Meinung, wenn sie durch Propaganda, Hypnose oder andere Formen der Beeinflussung gegen den (nicht unbedingt expliziten) Willen der betreffenden Person erzeugt wird. Rationalität setzt nur einen mit dem Determinismus kompatiblen Freiheitsbegriff voraus, der bei Meinungen wie bei Handlungen eine kausale Verursachung zuläßt.[58]

58 Meinungsvoluntaristen sind geneigt, ihre Position aus der Bedeutung von Rationalität abzuleiten. Nach dieser Argumentation gibt es eine Parallele zwischen Rationalität im theoretischen und im praktischen Bereich. Im

Für eine entsprechende Entscheidungsmöglichkeit spricht auch nicht die Möglichkeit theoretischer Willensschwäche (Akrasia). Es ist zwar durchaus plausibel anzunehmen, daß Akrasia sowohl für theoretische (epistemische und prudentielle) wie praktische Gründe gelten kann. Es lassen sich recht einfach Beispiele benennen, in denen die Person S, die verfügbaren Evidenzen und Wahrheitsorientierung als oberstes Ziel ihrer Meinungsbildung vorausgesetzt, erkennt, daß sie p glauben sollte, d.h. daß sie hinreichend gute Gründe hat, p zu glauben, aber dennoch aus meinungsirrelevanten Motiven zu einer anderen Meinung kommt. Eine solche Meinung ist willensschwach und irrational. Wie immer dieses Phänomen zu erklären ist,[59] es ist ein Fehler, die Möglichkeit des Phänomens Akrasia oder Willensschwäche (sei sie praktisch oder theoretisch) so zu deuten, als weise sie auf eine bewußte und direkte Beeinflussung einer Wahl der Mei-

praktischen Bereich setzt Rationalität voraus, daß die Handlung bzw. Intention von einer freien willentlichen Entscheidung abhängt. Entsprechend muß die gleiche Voraussetzung auch für Rationalität im theoretischen Bereich gelten. Daraus läßt sich dann folgern, daß wir entweder die gleiche Freiheit in bezug auf unsere Meinungen wie in bezug auf unsere Handlungen haben, oder aber, daß der Begriff einer rationalen Meinung keine Anwendung findet. Wenn Glauben tatsächlich überhaupt nicht absichtlich hervorgebracht werden kann, sondern sich aus der internen Wahrnehmung von Evidenzen und Inferenzen stets notwendig ergibt, kann man von rational und irrational in bezug auf Meinungen gar nicht sinnvoll sprechen. Denn die sinnvolle Anwendung (dieser) normativen Prädikate (wie »rational« und »begründet«) setzt doch die Freiheit und Fähigkeit voraus, einer epistemischen Norm folgen zu können, wenn man das will. Wenn »muß« oder »sollen« ein »Können« (und dessen subkonträres Gegenteil »unterlassen können«) impliziert, dann folgt, daß eine Meinungsbildung etwas sein muß, das wir in irgendeiner Weise willentlich tun oder lassen, zumindest beeinflussen können. Es ist also entweder richtig, von rationalen Meinungen zu sprechen, und das setzt einen gewissen Spielraum der Wahl voraus, oder es ist prinzipiell nicht möglich, sich für eine Meinung zu entscheiden (die Meinungen werden statt dessen nur kausal determiniert). Dann muß die Rede von »es ist rational oder irrational zu glauben, daß p« (verstanden im internalistischen Sinn) konsequenterweise unterbleiben. – Das im Text gebrachte Argument soll zeigen, warum aus dem Rationalitätsbegriff kein doxastischer Voluntarismus folgen muß.

59 Vgl. zur Möglichkeit willensschwacher oder akratischer Meinungen A. Mele, *Irrationality*, Kap. 8.

nung durch den Willen der Person hin. Wie der Ausdruck »Willensschwäche« schon nahelegt, handelt es sich statt dessen um eine Begrenzung der aktiven Fähigkeiten der Person. Willensschwäche kann unmöglich eine Bedingung intentionalen Handelns bzw. Glaubens sein. Eine direkte willentliche Entscheidung gegen das eigene Urteil, in dieser Situation sei es insgesamt das Beste, p zu glauben, kann es nicht geben. Insofern spricht auch die Möglichkeit von theoretischer Willensschwäche nicht für eine Freiheit zur Wahl einer Meinung bei gegebenen Zielen.

Allerdings gibt es, Wahrheit als oberstes Ziel vorausgesetzt, einen gewissen Spielraum für *indirekte* Einflußnahme durch praktische Ziele. Trotz Wahrheit als oberstem Ziel können praktische Ziele in zweierlei Weise Einfluß auf die Meinungsbildung nehmen: (a) Direkten Einfluß können praktische Ziele in Fällen epistemischer Indifferenz nehmen, d.h. in Fällen, in denen die Evidenzen nicht ausreichen oder nicht schlüssig für eine Alternative sprechen. (b) Bei jeder wahrheitsorientierten Meinung setzen prudentielle Überlegungen ein Schwellenkriterium für Evidenzen fest. Durch indirekte Beeinflussung dieser Schwelle läßt sich auch Einfluß auf die Wahl der Meinung nehmen. Diese beiden m.E. einzigen Möglichkeiten der Wahl von Meinungen bei gegebenen Zielen möchte ich näher erläutern.

(a) Praktische Ziele können die Meinungsbildung dann determinieren (auch wenn Wahrheitsorientierung das oberste Ziel ist), wenn die bekannten Evidenzen nicht klar für oder gegen die Wahrheit einer Proposition sprechen. Die der Person verfügbaren und ihr präsenten Evidenzen sind in solchen Situationen selbst nach sorgfältiger Prüfung und gewissenhaftem Abwägen bezüglich der Wahrheit von p indifferent. Das kann der Fall sein, wenn die Evidenzen und Gegenevidenzen sich gegenseitig aufheben (man also gleich gute Gründe für p und non-p hat) oder wenn die Evidenzen zusammen nicht in dem geforderten Maße hinreichend sind, p zu stützen (man also keine guten Gründe hat, p zu glauben, aber auch keine guten Gründe, p nicht zu glauben). Wenn das oberste Ziel Wahrheit ist und die Evidenz nicht ausreicht, um deutlich genug für oder gegen die Wahrheit zu sprechen, gilt allgemein, daß man sich rationalerweise des Urteils zu enthalten habe. Für den Fall, in dem Evidenzen und Gegenevidenzen gleich stark sind, ist diese

Empfehlung verständlich, weil man ansonsten gegen genauso starke Evidenzen etwas glauben müßte. Im Fall von Wahrheitsorientierung der Meinungsbildung bereitet das (überwindbare) Schwierigkeiten. In dem Fall, in dem die Evidenzen nicht im erforderlichen Maß hinreichend sind, ist Urteilsenthaltung nicht unbedingt geboten. Hier kann man die Aufforderung zur Suspendierung der Entscheidung nur mit der Maxime begründen, daß man Meinungen stets nur aus guten Evidenzen glauben sollte. Aber diese Forderung wiederum kann nur erhoben werden, wenn genügend Zeit zur Verfügung steht (wie in den Wissenschaften), d.h. das zu klärende Problem nicht drängt, und berechtigte Hoffnung besteht, daß bessere Evidenzen in Zukunft zur Verfügung stehen werden. Ist hingegen Zeit knapp und/oder das Interesse an einer Meinung zum fraglichen Problem extrem groß, kann es geboten sein, sich eine Meinung aufgrund der verfügbaren Evidenzen zu bilden.

Ein klassisches Beispiel dafür ist der erste Teil von Pascals Argument der Wette:[60] Die positiven Evidenzen, die für die Existenz Gottes sprechen, sind nicht hinreichend, um jemanden rationalerweise motivieren zu können, nur deshalb an Gott zu glauben. Bei dieser epistemischen Ausgangssituation kommt der Gesichtspunkt des zu erwartenden Nutzens ins Spiel. Da derjenige, der an die Existenz Gottes glaubt, einen unendlich großen Gewinn erhält, wenn er recht hat, wobei aber nur eine endliche Summe einzusetzen ist, und nur relativ geringer Verlust droht, wenn er unrecht hat, fordert das Prinzip der Maximierung des zu erwartenden Nutzens, daß man an Gott glauben sollte. In dieser Situation gibt es also für das Glauben an Gott keinen epistemischen Grund (keine hinreichenden Evidenzen für die Wahrheit), sondern nur einen praktischen Grund, sich zum Glauben zu veranlassen. Man kann – so der oben schon behandelte zweite Schritt von Pascals Argument – mittels indirekter Strategien zur gewünschten Überzeugung gelangen, indem man eine Reihe von Handlungen unternimmt, die die vorhersehbare Folge haben wird, daß man zu glauben beginnt. In diesem Fall schlägt Pascal vor: »[...] alles zu tun, als ob Sie gläubig wären, Weihwasser zu benutzen und Messen lesen zu lassen usf. Ganz natürlich wird Sie das sogar glauben machen

60 Vgl. dazu J. Elster, *Ulysses and the Sirens*, II.3.

und verdummen.«[61] Dieses Beispiel zeigt, wie es möglich ist, daß andere, praktische Ziele neben Wahrheit als oberstem Ziel eine entscheidende Rolle bei der Bildung einer Meinung spielen können. Wenn die Evidenzen indifferent bzw. zusammen nicht hinreichend sind, kann mit Bezug auf das oberste Ziel »Wahrheitsorientierung und evidentielle Bestätigung« allein die Meinung nicht gewählt werden. Daher können für eine Meinungsbildung weitere Ziele herangezogen werden. Die Wirkung solcher Ziele ist dabei unproblematisch, weil die auch aus prudentiellen Gründen gebildete Meinung nicht den Evidenzen »widerspricht«. Es sprechen keine starken oder zumindest gleich guten Evidenzen dagegen. Deshalb ist eine solche Meinungsbildung willentlich und direkt möglich und prudentiell rational.

(b) Evidentialisten werden den (direkten) Einfluß praktischer Ziele als irrational verurteilen. Sie machen sich nicht hinreichend klar, daß praktische Interessen als »Unterziele« in jeder rationalen Meinungsbildung eine wichtige Rolle spielen. Ob eine solche Meinung, die nicht durch die Evidenzen hinreichend gestützt ist, vielleicht gar nicht gebildet bzw. aufrechterhalten werden soll, ist selbst eine praktische Frage. Ihre Beantwortung hängt von dem Charakter des Problems ab, zu dessen Lösung Meinungen gebildet werden. Idealiter müßte man sich daher in jedem Einzelfall durch rationale Abwägung der Ziele und nach Einschätzung der evidentiellen Situation entscheiden, ob man es sich leisten kann, seine Meinungsbildung aufzuschieben oder nicht. Zeitknappheit und vitale praktische Interessen werden dabei ausschlaggebend sein. Oft muß man sich schnell eine Meinung bilden, z.B. beim Autofahren in Gefahrensituationen. In Bruchteilen einer Sekunde muß ein Autofahrer sich entscheiden, ob er rechtzeitig vor dem vor ihm querstehenden Wagen bremsen kann, und wenn nicht, ob er eher rechts oder links an ihm vorbeikommt. Auch wenn viele der in dieser Gefahrensituation ablaufenden Reaktionen des Fahrers instinktiv oder habitualisiert sind, so scheint es mir doch (zumindest nach der funktionalistischen Deutung von Meinungen) nötig, dem Fahrer zur Erklärung seiner Handlung (z.B. rechts an dem anderen Wagen vorbeizusteuern) Meinun-

61 B. Pascal, *Pensées*, dt. *Über die Religion und einige andere Gegenstände*. S. 233.

gen über die Situation zuzuschreiben. Die Evidenzen, die der Fahrer in der kurzen Zeit wahrgenommen hat, haben, gemessen an sonstigen Verhältnissen, nicht hingereicht, seine in seinem Handeln implizit deutlich gewordenen Meinungen zu stützen. Es ist für den Fahrer prudentiell rational, etwas im Licht (sonst) nicht hinreichender Evidenzen zu glauben, weil sehr viel auf dem Spiel steht und die Zeit extrem knapp ist. Ihm zu empfehlen (das impliziert ja die Zuschreibung von Rationalität [s.o. Kapitel II.2.]), er hätte keine Meinung bilden sollen, wäre absurd, weil er dann dem sicheren Tod ausgesetzt wäre. Manchmal muß man eine Meinung aufgrund der verfügbaren Evidenzen bilden, egal, wie dünn und wenig aufschlußreich diese sind. In solchen Fällen ist es besser für die Person, überhaupt eine Meinung zu haben als keine, während es in anderen Situationen das rationalste wäre, die Meinungsbildung zu suspendieren und sich jeglicher Meinung zum relevanten Thema zu enthalten. Dies zeigt wieder, daß prudentielle Rationalität der umfassendere Gesichtspunkt ist, der auch normativ wirksam werden sollte.

Wenn es prudentiell rational ist, die Meinung zu bilden, wie kann man sich dann den Einfluß seiner (impliziten) prudentiellen Überlegungen auf die Meinungsbildung erklären? Der Fahrer hat in diesem Fall seine Meinungen nicht willentlich und direkt aufgrund anderer Ziele als Wahrheit gebildet, nur weil die Evidenzen nicht hinreichten (wie bei Pascals Wette). Andere praktische Ziele spielten direkt keine Rolle, nur indirekt, weil sie ihn »zwangen«, sich eine Meinung zu bilden. Ihm mußte weniger Evidenz als üblich für seine Meinungsbildung reichen. Er hat also die Anforderungen an evidentielle Bestätigung gesenkt. Da es für den Fahrer rational ist, die Meinung gebildet zu haben, kann es sich beim Senken der Anforderungen nicht um einen Fehler handeln. Dies weist auf einen wichtigen allgemeinen Punkt hin. Das, was rationalerweise als hinreichende Evidenz gewertet werden darf, hängt von der Situation des Entscheidenden und dessen praktischen Zielen ab. Praktische Ziele, also Nützlichkeitserwägungen, sind verantwortlich für die Höhe der Wahrscheinlichkeit, die eine Proposition haben muß, um geglaubt zu werden. Für die Höhe der Wahrscheinlichkeit wird also je nach Situation und praktischem Interesse eine Schwelle für das notwendige Maß an Evidenzen festgesetzt.[62] Dieses Schwellenkriterium wird wohl nicht in jedem Einzelfall neu festgesetzt, sondern wir verfügen über verschiedene Schwellenkriterien für verschiedene Situationstypen. Die Zuordnung von Schwelle und Situationstyp geschieht quasi-automatisch und nicht-bewußt. Da es sich dabei um eine Art Habitualisierung handelt, bedeutet das keinen Verlust an Rationalität. Die Zuordnung und die Höhe der Schwelle können bewußt gemacht und bewußt geändert werden.

Das Schwellenkriterium wird durch prudentielle Überlegungen bestimmt. Der wichtigste Parameter für dieses Kriterium sind die Folgen, besonders das Gewicht negativer Konsequenzen, die die Entscheidung, etwas zu glauben, haben kann. Ein bekanntes Beispiel dafür ist die absichtlich sehr hoch gesetzte Anforderung in Strafprozessen, daß der Angeklagte nur dann als der Tat überführt gilt, wenn der Überzeugungsgrad für die Wahrscheinlichkeit, daß er die Tat begangen hat, so hoch ist, daß vernünftige Zweifel ausgeschlossen sind. Andernfalls gilt: in dubio pro reo. Auch bei einem Satz wie »Dieser Pilz ist eßbar« legen wir vernünftigerweise ein höheres Schwellenkriterium an als bei »Dieser Pilz ist rot«. Selbst wenn sie beide wahr sind, ist der Nutzen beider Meinungen nicht sehr groß. Aber der Schaden, wenn sie falsch sind, ist unterschiedlich. Im ersten Fall kann das zu unnötigem Unglück führen. Deshalb muß man hier vorsichtiger bei der Meinungsbildung sein und die Schwelle für die Evidenzen höher ansetzen. Ein drittes Beispiel soll zeigen, wie die gleichen Evidenzen bei verschiedenen Menschen der unterschiedlichen Interessen wegen zu anderen Meinungen führen können. In einem Dschungel, in dem es von Schlangen wimmelt, mag das leiseste Rascheln der Blätter einen naiven Europäer zu der Meinung veranlassen, dort befinde sich eine Schlange. Die Meinung ist ggf. rational, weil dieser Mensch sich so in die Lage versetzt, falls notwendig, rechtzeitig zu fliehen oder sich zu verteidigen. Ein Herpetologe hingegen wird nicht jedes Rascheln für eine Schlange halten, nicht nur wegen seiner größeren Kenntnisse, sondern auch, weil er keine Angst zu haben braucht, denn er kann mit Schlangen umgehen. Außerdem will er keine unnötige Zeit auf der Suche nach Schlangen verlieren, indem er jedem Geräusch nachgeht. Die Schwellen für

62 Vgl. zu diesem Schwellenkriterium auch die Ausführungen in III.2.3.: Evidenzensuche.

die gleiche Art von Evidenzen können bei verschiedenen Personen also durchaus unterschiedlich sein.
Die Beeinflussung des Schwellenkriteriums für Evidenzen durch praktische Ziele generiert nicht deswegen irrationale Meinungen. Dieser Einfluß praktischer Interessen trotz Wahrheitsorientierung als oberstem Ziel der Meinungsbildung ist also nicht irrational, sondern für eine rationale Meinungsbildung durchaus nötig. Die Festlegung der Schwellenhöhe (für bestimmte Situationstypen) ist selbst wieder eine Entscheidung, die rational oder irrational sein kann, je nachdem, ob die Ziele und Konsequenzen vernünftig abgewogen worden sind. Bestimmte Änderungen der Schwellenhöhe sind irrational, so z. B. Gewißheit (zwingende Evidenzen) zu verlangen, um der Wahrheit nicht ins Auge sehen zu müssen. Irrational ist es auch, in gleichen Situationen unterschiedliche Kriterien zu verwenden, um so bestimmte gewünschte Meinungen bilden zu können. Diese Art Wunschdenken ist mit dem obersten Ziel Wahrheit nicht vereinbar. Ein rationales Schwellenkriterium bzw. seine Höhe muß primär mit Bezug auf Wahrheit gerechtfertigt sein. Eine bewußte Änderung des Kriteriums gegen das oberste Ziel ist auch nicht möglich. Nicht-bewußte direkte oder indirekte Änderungen mittels Selbsttäuschung und ähnlichem, die den Wahrheitsbezug der Meinungsbildung kappen, sind deshalb irrational. Sie verstoßen gegen das selbstgesetzte Ziel. Es gibt aber wohl eine Grauzone zwischen berechtigten und unberechtigten Änderungen des Kriteriums, so daß auch hier nochmals ein bestimmter Entscheidungsspielraum besteht.
Man kann diesen Abschnitt so zusammenfassen: Wenn Wahrheit das oberste Ziel der Meinungsbildung ist, dann haben Evidenzen, sofern vorhanden, immer einen gewissen Einfluß auf die Rechtfertigung einer Meinung. Gegen sein eigenes rationales Urteil – p zu glauben sei in dieser Situation (die Ziele und Evidenzen vorausgesetzt) das Beste – kann man keine Meinung bilden. Aber Evidenzen allein können eine Meinung noch nicht rechtfertigen. Ziel- und Situationsüberlegungen entscheiden, welches Gewicht der Evidenz zukommen oder welcher Maßstab an die Evidenz angelegt werden soll. Dies ist eine (vorhergehende) praktische Entscheidung. Das bedeutet: Praktische Werte bestimmen das zu verlangende Maß der Evidenz (bzw. sollten es rationalerweise bestimmen). Die Gewichtung der Evi-

denz hängt von praktischen Überlegungen ab. Mit Hilfe praktischer Ziele kann auch direkt und willentlich die Meinung p gewählt werden, wenn die Evidenzen indifferent bezüglich der Wahrheit von p sind. Insofern besteht eine, allerdings nur indirekte, Wahlmöglichkeit von Meinungen bei gegebenen Zielen.

4. Theoretische Irrationalität

Wie ist nun theoretische Irrationalität zu verstehen, nachdem bisher theoretische Rationalität entwickelt wurde als Prozeß der Meinungsbildung – geleitet durch Regeln der rationalen Wahl von Meinungen und abhängig von epistemischen und prudentiellen Zielen? Rationale Meinungen sind Überzeugungen, die durch die Verfahren korrekter Meinungsbildung erzeugt werden, d.h. die auf jeden Fall ohne meinungsirrelevante Faktoren gebildet werden. Theoretische Rationalität wird so durch Abgrenzung von ihren beiden Gegenteilen bestimmt: Arationalität und Irrationalität. Diese Erklärung der Rationalität von Meinungen durch deren korrekte Genese soll präzisiert werden, indem einige der Mechanismen (Wunschdenken und Selbsttäuschung als die kritischen Fälle von irrationalen Meinungen) diskutiert werden, die die Rationalität stören.

Zwei Probleme stehen hier im Vordergrund. Für die hier vertretene Auffassung der Rationalität von Meinungen besteht ein spezifisches Problem darin, Wunschdenken und Selbsttäuschung, die nach allgemeiner Auffassung als klassische Fälle theoretischer Irrationalität gelten, von der prudentiell rationalen Wahl von Meinungen zu unterscheiden. Die Auffassung von rationaler Meinungsbildung als rationaler Wahl ist dem Verdacht ausgesetzt, dem präskriptiven Charakter der umgangssprachlichen Termini »Wunschdenken« und »Selbsttäuschung« als Kritik und Vorwurf nicht gerecht werden zu können. Dieser Verdacht ist allerdings, wie ich zeigen möchte, unbegründet. Nach dieser Auffassung theoretischer Rationalität können Wunschdenken und Selbsttäuschung auch weiterhin als klassische Phänomene theoretischer Irrationalität beschrieben werden, nur mag sich die Klasse der Phänomene verkleinern.

Das zweite Problem theoretischer Irrationalität betrifft vor allem jene Konzeptionen, in denen theoretische Irrationalität immer auf einen Widerspruch zwischen Meinungen hinausläuft. Dann sieht es so aus, als könne es trotz gegenteiligem Anschein extreme Formen der Irrationalität nicht geben, weil die Beschreibung dieser Formen von Irrationalität ihre Unmöglichkeit ohne jedes weitere Argument zu zeigen scheint. Kurz vorweggenommen besteht die konzeptionelle Schwierigkeit darin, überhaupt zu verstehen, wie jemand irrationale Meinungen im engeren Sinn von Inkonsistenz haben kann. Denn es scheint unmöglich, daß jemand etwas in derselben Hinsicht zugleich glaubt und nicht glaubt.[63] Wie ist dann aber jener uns doch alltäglich vertraute Phänomenbereich theoretischer Irrationalität, den sich gängige Theorien durch widersprüchliche Meinungen erklären, überhaupt möglich? Das sogenannte Paradox der (theoretischen) Irrationalität stellt ein ernsthaftes Problem für klassische Theorien der Rationalität dar. Nach der hier vertretenen Auffassung von theoretischer Rationalität läßt sich dieses Paradox aber auflösen.

Bevor ich auf dieses Problem eingehe, möchte ich das Phänomen theoretischer Irrationalität näher eingrenzen. Aus dem Regelprinzip theoretischer Rationalität (RTR) ergibt sich im Umkehrschluß: Eine Meinung p ist irrational für S zu t, wenn bei ihrer Bildung oder Aufrechterhaltung die Regeln der Rationalität verletzt werden. Wenn wir eine Meinung irrational nennen, impliziert das einen Vorwurf oder eine Kritik dem Meinenden gegenüber. Die Person hätte bessere Methoden benutzen können und sollen, um zu ihrer Meinung zu kommen. Irrationalität bezeichnet also – und das ist mir hier wichtig – einen für die betreffende Person vermeidbaren Fehler. Die Person hätte eine begründetere Meinung ausbilden können, bzw. kann den gemachten Fehler prinzipiell einsehen.

Welche Arten von Fehlern lassen sich benennen? Theoretische Irrationalität ist ein sehr komplexes Phänomen. Zur Erklärung des Phänomens kommt es wesentlich darauf an, aus welchen Gründen oder Ursachen Personen irrational sind.[64] Das in die-

63 Einige Einschränkungen und Zweifel an dieser allgemeinen Annahme sind oben in 3.2. genannt worden.

64 Eine Aufklärung solcher Ursachen bzw. Gründe ist insofern auch praktisch lohnend, weil man auf diese Weise ein Verfahren zur Kritik irrationaler Meinungen an die Hand bekommt. Indem man dem Betreffenden

sem Fall sinnvollste Vorgehen scheint mir darin zu bestehen, eine gewisse Klassifikation von Formen der Irrationalität zu erstellen. Daher soll im folgenden kurz beschrieben werden, welche Formen theoretischer Irrationalität existieren und wie sie zu erklären sind. Häufig konzentrieren sich Philosophen bei der Beschäftigung mit Irrationalität hauptsächlich auf den Hauptproblemfall der Selbsttäuschung, ohne den weiten Bereich damit zusammenhängender Phänomene zu berücksichtigen. Statt dessen sollte man die verschiedenen Typen theoretischer Irrationalität unterscheiden, und zwar nach Art und Schwere des vorliegenden Fehlers. Dabei lassen sich diese Formen theoretischer Irrationalität auf einem Kontinuum zwischen vollständiger theoretischer Rationalität bis hin zur vollständigen theoretischen Irrationalität anordnen. Je mehr wir uns auf dem Kontinuum dem Ende vollständiger theoretischer Irrationalität nähern, desto mehr nimmt auch der Grad an konzeptioneller Schwierigkeit zu, d.h. desto schwieriger wird es, eine widerspruchsfreie Phänomenbeschreibung zu geben.

1. Nur scheinbare Irrationalität: Die Fehler, die bei irrationalen Meinungen vorliegen, sind zunächst zu unterscheiden von zwei anderen, die ihnen auf den ersten Blick ähneln. Da ist zum einen das Vorhandensein fehlerhafter oder falscher Information aufgrund inkorrekter Wahrnehmung. Jemand verliest sich bei einem Wort in der Zeitung und bildet sich auf diese Weise eine falsche Meinung über den Inhalt des Artikels. Er hat sich getäuscht, doch handelt es sich nicht um Selbsttäuschung. Eine falsche Wahrnehmung ist nicht irrational, wenn unmotiviert falsche Informationen erworben werden. Falschen Informationserwerb durch direkte Wahrnehmung nennen wir nicht irrational, weil die Information direkt durch das Objekt hervorgerufen wird. Hier liegt kein Begründungsverhältnis vor, denn Wahrnehmungsmeinungen lassen sich im eigentlichen Sinn nicht mehr begründen. In der Tradition der Empiristen hat man sie deshalb Basissätze genannt. Daher ist eine fehlerhafte direkte Wahrnehmung, wodurch auch immer hervorgerufen, sei es durch schlichtes Unvermögen, Unaufmerksamkeit oder einen sonstigen unmotivierten Fehler, kein Fall von theoretischer Irrationalität. Anders verhält es sich hingegen bei motivierten

seine verdeckten Ursachen bzw. Gründe bewußt macht, klärt man ihn auf und kann ihm so zu einer rationalen Meinungsbildung verhelfen.

Fehlern, die die Aufnahme von Evidenzen betreffen. Solche Fehler machen die Meinungsbildung irrational (s.u.). Der zweite Fehler, den man von theoretischer Irrationalität unterscheiden muß, ist der des Vergessens. Eine vergessene Meinung ist eine Meinung, die der betreffenden Person zum Zeitpunkt der Bildung der in Frage stehenden neuen Meinung nicht zur Verfügung steht, obwohl sie im Geist schon registriert worden ist. Aber um sie verarbeiten zu können, muß sie erst wiedergewonnen werden.

Nicht irrational, sondern arational sind Meinungen, die durch den manipulativen und unfreiwilligen Eingriff von außen, etwa durch Hypnose, verursacht wurden. Wichtig ist hier, daß das Individuum keine Chance hat, sich gegen die äußere Beeinflussung zu wehren. Werbung und Propaganda z.B. erlauben eine gewisse Gegenwehr, und ihnen nachzugeben bzw. ihren Botschaften über Gebühr Glauben zu schenken, kann deshalb irrational sein.

Nun zu den Fehlern, die bei der Bildung einer irrationalen Meinung vorliegen können. Man erhält eine erste Grobgliederung durch die Unterscheidung von Irrationalität, die durch das (verdeckte oder bewußte) Vorhandensein eines Wunsches motiviert ist, und Irrationalität, deren Fehlerquelle rein intellektueller, also nicht durch einen Wunsch motivierter Natur ist.

2. *Nicht-motivierte Irrationalität:* Wenn Irrationalität nicht durch einen Wunsch hervorgerufen wird, so sind nur zwei Arten von Fehlern denkbar. Entweder eine Form von Unfähigkeit oder Inkompetenz oder eine der sog. »Perversionen der Vernunft«.

Inkompetenz: Es gibt Fälle von Irrationalität, die uns ganz normal und unproblematisch scheinen, weil wir sie auf ein z.T. nur momentanes Unvermögen oder Versagen zurückführen. Fehlerhafte Deduktion oder Induktion wären solche Beispiele. Trotzdem fällt es schwer, den Fehler genau zu beschreiben. Es muß sich um eine spontane, einmalige, nicht-motivierte, rein kognitive Fehlleistung bei einer Verarbeitungsprozedur handeln, die der Betreffende sonst eigentlich beherrscht. Wichtig ist, daß diese Fehler nicht auf einer Unkenntnis beruhen dürfen, weil sie sonst keine Irrationalität darstellen. Wer z.B. gar keine induktiven Schlüsse ziehen kann, wie etwa Kinder, also zu dem Zeitpunkt in der Hinsicht prinzipiell inkompetent ist, dessen falsche Meinung nennen wir nicht irrational. Bei den hier ins Auge gefaßten Fällen handelt es sich eher um unbeabsichtigt unterlaufene Fehler aufgrund geringer Konzentration, momentaner Ignoranz u.ä.

›*Perversionen der Vernunft*‹: Dieser Ausdruck und die damit gemeinten Phänomene gehen auf empirische Untersuchungen in der kognitiven Psychologie zurück.[65] Man meint mit diesem Kunstausdruck kognitive Fehler, die auf einer Art Vorurteil beruhen, z.B. die Tendenz, ins Auge springender Evidenz überproportionales Gewicht zu geben.[66] Untersuchungen unserer Fähigkeit, intuitiv Wahrscheinlichkeiten einzuschätzen, scheinen zu zeigen, daß alle Untersuchten stets in der gleichen charakteristischen Weise die quantitativen Größen von Wahrscheinlichkeiten unkorrekt angeben. Deshalb nimmt man an, daß dieses beständige Vorurteil, Naheliegendem (in welcher Hinsicht auch immer) größeres Gewicht zu geben, nicht motiviert, sondern fest in den kognitiven Strukturen verankert ist. »Pervers« ist der Umstand, daß unsere typischen kognitiven Prozesse in diesen und anderen untersuchten Fällen zu unkorrekten Ergebnissen führen.

3. Motivierte Irrationalität: Bei motivierter Irrationalität haben wir es mit jenen Fällen von Irrationalität zu tun, in denen ein Wunsch, und zwar ein anderer als der nach epistemischen Zielen wie Wahrheit, Korrektheit, Relevanz etc., die Person dazu verleitet, Fehler bei der Verarbeitung von Informationen zu machen. Der Wunsch kann dabei bewußt oder unbewußt operieren. Beispiele lassen sich leicht denken, z.B. das des Ehemannes, der die allen anderen offensichtliche Untreue seiner Frau nicht glauben kann, weil seine Liebe zu ihr ihm dies unmöglich macht. In solchen Fällen hat ein Wunsch die Bildung einer falschen Meinung motiviert, obwohl aufgrund der ihm zugänglichen Information der Betreffende die richtige Meinung hätte bilden können. Dabei kann die motivierte Irrationalität unterschiedliche Grade annehmen. Auf dem Kontinuum motivierter

65 Vgl. R. Nisbett & L. Ross, *Human Inference: Strategies and Shortcomings of Social Judgement*, Kap. 10; A. Tversky & D. Kahneman, *Subjective Probability: A Judgement of Representativeness*; A. Tversky & D. Kahneman, *On the Psychology of Prediction*.

66 Vgl. D. Pears, *Motivated Irrationality*, S. 45f., J. Baron, *Rationality and Intelligence*, S. 29ff.

Irrationalität stellt sog. Wunschdenken den einfachsten Fall dar. Der mittelschwere wäre die sog. Selbsttäuschung und der schwerste so etwas wie Wahnvorstellungen.[67] Diese drei Stadien motivierter Irrationalität kann man wie folgt voneinander unterscheiden: Wunschdenker glauben, was sie wollen, d. h. wozu sie motiviert sind, aber sie geben ihre Meinung auf, wenn sie mit gegenteiligen Fakten konfrontiert werden, außer wenn diese gegenteiligen Fakten zweifelhaft sind. Wahnhafte glauben, was sie wollen, selbst wenn sie mit überzeugenden gegenteiligen Evidenzen konfrontiert werden, die sie allerhöchstens in irgendeinem unbewußten Sinn als ihrer Meinung widersprechend wahrnehmen können, niemals aber bewußt als Gegenevidenz. Selbsttäuscher nehmen eine Mittelposition ein, denn sie glauben, was sie wollen, selbst wenn sie mit überzeugenden gegenteiligen Evidenzen konfrontiert werden, die sie aber bewußt als solche wahrnehmen können.

Was unterscheidet Wunschdenken von prudentiell rationaler Meinungsbildung? Wenn – wie ich behaupte – jede Meinungsbildung eine zielorientierte Handlung ist und man auch andere als epistemische Ziele (wie Wahrheit) rationalerweise bei der Meinungsbildung verfolgen darf, ist dann nicht jede Meinungsbildung Wunschdenken und Wunschdenken damit gar nicht notwendig irrational? In der Tat ist bei jeder Meinungsbildung ein Wunsch operativ, das macht aber noch nicht jede Meinung zu dem, was man mit »Wunschdenken« meint. Man muß Wunschdenken unterscheiden von einer willentlichen Entscheidung, etwas zu glauben. Letztere ist eine bewußte, überlegte Wahl, kein reiner Kausalprozeß. Die Entscheidung, etwas zu

67 Ich bin mir nicht sicher, ob man diese drei Fälle ganz klar trennen kann. In meiner folgenden Beschreibung des Standardfalls von Selbsttäuschung besteht nur ein minimaler Unterschied zum Wunschdenken. Vgl. für diese Einteilung und Beschreibung G. Graham, *Russel's Deceptive Desires*, S. 223-229; B. Szabados, *Wishful Thinking and Self-Deception*, S. 201-205; ähnlich K. Bach, *An Analysis of Self-Deception*, S. 351. Eine andere Unterscheidung findet sich bei J. Elster, *Sour Grapes*, S. 150f. Danach glaubt man im Falle der Selbsttäuschung etwas gegen die wahrgenommenen Evidenzen (was diesen Fall damit paradox macht), während dies beim Wunschdenken nicht so zu sein braucht. Beim Wunschdenken ist es durchaus möglich, daß die Meinung wahr ist und mit den zur Verfügung stehenden Evidenzen übereinstimmt.

glauben, wird geformt durch einen bewußten Wunsch, der bei einer rationalen Meinungsbildung überlegt und gegen andere Wünsche abgewogen sein muß. Wunschdenken dagegen wird durch einen unbewußten Wunsch hervorgebracht, der »hinter dem Rücken« des Meinenden kausal wirksam ist. Das erklärt auch die Irrationalität von Wunschdenken: Die Person bildet die Meinung nicht aufgrund einer rationalen Überlegung, die Meinung ist also nicht subjektiv wohlbegründet, obwohl sie objektiv wahr sein und mit den Evidenzen übereinstimmen könnte. Zur rationalen Meinungsbildung gehört wesentlich, auch alle kausal relevanten Wünsche zu kennen und bewußt kontrollieren zu können. Die Kritik am Wunschdenken wird daher im wesentlichen die Form einer Aufklärung über das unbewußte Motiv annehmen. Diese kann im Einzelfall schwierig sein, weil sich Wunschdenker häufig hartnäckig dagegen sträuben, sich selbst zuzugestehen, motiviert irrational zu sein. Da epistemische Gesichtspunkte immer gewertet, gewichtet und abgewogen werden müssen, ergibt sich ein Interpretationsspielraum, den der Wunschdenker zur Rationalisierung nutzen wird, also zur Angabe von Scheingründen, die die Meinung rechtfertigen würden, wenn es die Gründe wären, aufgrund derer die Person die Meinung gebildet hätte. Noch schwieriger wird die Aufklärung von Wunschdenken, wenn wir die vorliegende Irrationalität zwar für motiviert halten, das Motiv uns aber verdeckt bleibt. Gelingt es, das verdeckte Motiv bewußt zu machen, wird es gegen andere Wünsche abgewogen werden müssen. Da der Wunsch in der Regel deshalb unbewußt ist, weil er bei einer bewußten Überlegung nicht kausal wirksam sein könnte, wird die Aufklärung des Motivs dazu führen, daß die entsprechende Meinung geändert oder anderer Gründe wegen geglaubt wird.

Verwandt damit ist ein Fehler, den man wahrscheinlich nicht im engeren Sinn zum Wunschdenken zählen kann. Trotz eines höherstufigen Wunsches wird der weniger hoch bewertete Wunsch in der Meinungsbildung hauptsächlich wirksam. Dieser Fehler kann als eine theoretische Willensschwäche bezeichnet werden.[68] Hier liegt ein Fehler in der theoretischen Überlegung vor.

68 Dieser Ausdruck ist ungewöhnlich, weil die meisten Theorien theoretischer Meinungsbildung jeglichen Einfluß von Wünschen mißachten oder ablehnen. Eine Auffassung theoretischer Willensschwäche findet sich bei

Die Person hat ihre Wünsche bezüglich der Meinungsbildung nicht so abgewogen, daß der am stärksten gewertete (evaluierte) Wunsch auch der motivational stärkste, also für die Meinungsbildung kausal verantwortliche Wunsch ist. Willensschwache Meinungsbildung zeigt eine mangelnde Selbstkontrolle im Prozeß der Meinungsbildung; die Person achtet nicht genügend darauf, daß sie den Regeln der rationalen Meinungsbildung folgt. Dieser Fehler unterläuft der Person unfreiwillig, aber bewußt. Hier wirkt auf eine Art ein Wunsch bewußt auf die Meinungsbildung ein, auf die er es nach dem Willen der Person nicht soll. Der Wunsch operiert als mentale Ursache für die propositionale Einstellung, deren Bildung so erklärt werden kann, ohne aber ein rechtfertigender Grund für die propositionale Einstellung zu sein. Bei theoretischer Willensschwäche weicht die Kausalität im Mentalen von den Normen der Rationalität ab. Wäre korrekt überlegt und gewichtet worden, wäre es nicht zu dem Fehler gekommen. Da bei einer willensschwachen Meinungsbildung der minder bewertete Wunsch bewußt wirksam ist, kann die so gebildete Meinung nur durch Selbsttäuschung aufrechterhalten werden.

Der Begriff der *Selbsttäuschung* ist irritierend, weil er auf ein Paradox verweist.[69] Wenn man den Ausdruck wörtlich versteht, bedeutet er, daß die Person glaubt, daß non-p, und sich dennoch mittels einer Art Täuschung zu der Überzeugung bringt, daß p, genauso als ob sie jemanden anderen darüber täuschen würde, daß p, mit dem Unterschied, daß es sich bei dem Täter und dem Opfer um ein und dieselbe Person handelt. Das hieße aber, daß die Person die Konjunktion von zwei sich widersprechenden Propositionen glaubt. Das ist unmöglich, und deshalb – so argumentieren viele – sei Selbsttäuschung unmöglich. Das wiederum ist angesichts des Phänomens, das uns allen aus dem Umgang miteinander bekannt ist, extrem unplausibel. Also kommt es auf die richtige Analyse des Phänomens an. Konzi-

A. Mele, *Irrationality*, Kap. 8. Zum Problem der Willensschwäche bei Handlungen vgl. Kap. V.2.5 dieser Arbeit.

69 Zum Problem der Selbsttäuschung vgl. A. Mele, *Recent Work on Self-Deception*; H. Fingarette, *Self-Deception*; B. P. McLaughlin & A. Oksenberg Rorty (Hg.), *Perspectives on Self-Deception*; M. W. Martin (Hg.), *Self-Deception and Self-Understanding*; M. Löw-Beer, *Selbsttäuschung*.

piert man das Phänomen der Selbsttäuschung nach dem Modell interpersoneller Täuschung, ergeben sich zwei Paradoxe: ein statisches: »Wie kann man simultan p und non-p glauben?« und ein dynamisches: »Wie kann man sich selbst dazu bringen, etwas zu glauben, von dem man meint, daß es falsch ist?«. Wie man das Problem vermeiden kann, soll im folgenden gezeigt werden.

Wer die Konzeption von Selbsttäuschung nach dem interpersonalen Modell vertritt, hat nur zwei Reaktionsmöglichkeiten. Entweder er bestreitet konsequent die Existenz des Phänomens, eine Option, die mir angesichts unserer täglichen Erfahrung mit diesem Phänomen extrem unplausibel erscheint, oder er muß das Paradox lösen, indem er mit einer Aufspaltung des Denkapparats bzw. der Person operiert.[70]

S. Freud und D. Davidson haben je eine solche Lösungsmöglichkeit aufgezeigt. Bekanntlich unterscheidet Freud zwischen einem Hauptsystem, dem sog. Bewußtsein, und einem Subsystem, dem sog. Unbewußten, in dem die produktive Ursache für die irrationale Meinung versteckt gehalten wird. Die Freudsche Erklärung von Irrationalität beruht auf der plausiblen Einsicht, daß, wenn eine Person bewußt glaubte, daß die Meinung, die sie gerade bildet, irrational sei, sie diese Meinung nicht in ihr Meinungssystem aufnehmen würde. Wäre diese Erkenntnis der Irrationalität allerdings unbewußt, gäbe es kein Problem mehr. Ein Problem für diese Erklärungsstrategie ergibt sich, wenn man den Fall von Selbsttäuschung so konstruiert, daß die gegenteilige Evidenz überwältigend ist. Dann scheint es unplausibel, der Person lediglich eine unbewußte Meinung bezüglich der Evidenz zuzuschreiben, da die durch Selbsttäuschung erworbene Meinung selbst natürlich bewußt sein muß: Denn dies ist die Meinung, die die Person auf Nachfrage äußert und von der man sich fragt, wie sie zustande kommen konnte, wenn die Gegenevidenzen überwiegen und der Person auch bekannt sind. Wenn aber weder die Evidenzen noch die gebildete Meinung unbewußt sind, hilft eine Unterscheidung von Bewußtsein und Unbewußtem nicht weiter.

70 Vgl. für einen Überblick über die verschiedenen Möglichkeiten, eine Person zu ›unterteilen‹: J. Elster, *Introduction*, in: ders. (Hg.), *The Multiple Self*.

Davidson[71] versucht eine Erklärung mit weniger psychologischen Annahmen. Seine Einteilung in ein Haupt- und ein Subsystem ist rein funktional. Wichtig ist nur, daß die widersprüchlichen Meinungen getrennt in verschiedenen Systemen gehalten werden. Diese beiden Lösungswege sind typisch für zwei Arten von »Spaltungen des Selbst«: zum einen eine Trennung mit psychologischem bzw. ontologischem Anspruch und zum anderen eine rein funktionalistisch eingeführte.

Interessant bei dieser Lösungsstrategie durch eine »Spaltung des Selbst« ist, daß sie die paradoxe Konsequenz hat, daß eine Erklärung von Irrationalität notwendig eine Form der Erklärung ist, die das zu Erklärende »rationalisiert«. Das liegt wohl daran, daß wir ohne das Element von Rationalität diese Erklärung als unbefriedigend für mentale Phänomene überhaupt ansehen würden, denn propositionale Einstellungen zuzuschreiben heißt für Davidson, der Person Rationalität zu unterstellen.[72]

Bei beiden Lösungen ergibt sich das Problem, daß – ganz abgesehen von der empirischen Ausweisbarkeit[73] – der Widerspruch nicht vollständig beseitigt wird. Bei Davidson weiß ein System über den Inhalt des anderen Bescheid, ohne daß dies bedeuten soll, daß es die Meinungen teilt, die im anderen System gespeichert sind und von denen es weiß. Bei Freud gibt es eine Instanz, die Meinungen ins Unbewußte abschiebt, wenn und solange sie stören, d. h. im Widerspruch zu etwas im Bewußtsein stehen. Es gibt also bei beiden Autoren eine Instanz, die um den Widerspruch weiß, den diese Instanz lindern soll. Verschiebt sich somit das Problem nicht nur: Kann oder darf diese Instanz widersprüchliche Meinungen haben bzw. von ihnen wissen?

Noch ein Einwand gegen eine derartige Lösungsstrategie drängt

71 Davidsons These, »that it is only by postulating a kind of compartmentalisation of the mind that we understand, and begin to explain, irrationality«, findet sich u. a. in: D. Davidson, *Incoherence and Irrationality*, S. 353; auch in: ders., *Paradoxes of Irrationality*; ders., *Deception and Devision*, passim.

72 Vgl. D. Davidson, *Incoherence and Irrationality*, S. 347.

73 Vgl. für eine kritische Diskussion E. Erwin, *Psychoanalysis and Self-Deception*, bes. S. 242 ff.; A. Grünbaum, *The Foundation of Psychoanalysis*.

sich auf: Wenn etwas Unbewußtes (im Freudschen Sinn des Wortes) hier operiert, dann scheint die ganze Sache außerhalb der Kontrolle der betreffenden Person zu sein; ihre Meinung ist nicht mehr wirklich frei. Das mag faktisch öfter der Fall sein, aber in solchen Fällen wäre eine falsche Meinung, über deren Falschheit und Ursachen man sich täuscht, nicht mehr irrational, sondern arational.[74] Denn dann steht es der Person nicht mehr zu Gebote, auf Einwände zu reagieren, ihren Fehler einzusehen, sich aufklären zu lassen. Normalerweise halten wir das aber in nicht zu schweren Fällen von Selbsttäuschung für möglich. Wir appellieren an die Selbsterkenntnis und Selbstkontrolle der betreffenden Person. Reflexion und Energie scheinen normalerweise auszureichen, Selbsttäuschung zu überwinden. Man benötigt nicht notwendig Psychotherapie und Psychoanalyse.

Im ganzen scheint mir deshalb die »Spaltung des Selbst« eine zu drastische Hypothese für das alltägliche Phänomen der Selbsttäuschung zu sein. Für eine vielversprechende Lösung halte ich die Einsicht, daß Selbsttäuschung nicht nach dem interpersonalen Modell konzipiert werden darf, sondern daß der intrapersonale Fall wesentlich vom interpersonalen Fall unterschieden ist.[75] Gewöhnliche Selbsttäuschung ist keine intentionale Täuschung, man täuscht sich nicht bewußt absichtlich.[76] Daher darf Selbsttäuschung nicht parallel zur Täuschung einer anderen Person konstruiert werden. Trotzdem ist die Selbsttäuschung

74 Vgl. die Def. von »arational« in Kap. I.

75 Vgl. A. Mele, *Irrationality*, Kap. 9.

76 Hier liegt der Einwand nahe, daß diese Behauptung schon begrifflich unmöglich ist. Es scheinen zwei verschiedene Methoden der philosophischen Untersuchung eines Problems wie Selbsttäuschung im Konflikt zu liegen. Entweder man orientiert sich an der Sprache, fragt, was »Täuschung« bedeutet, und fragt dann, was für ein Fall von Täuschung Selbsttäuschung ist. So begründet sich der Einwand hier. Oder man fragt, welche möglichst paradigmatischen Fälle mit dem Wort »Selbsttäuschung« bezeichnet werden, und hält sich im folgenden an diese empirischen Daten. Ich optiere für eine Vermittlungsstrategie, die in einer Art »reflective equilibrium« ein Gleichgewicht zwischen der in der Sprache eingebauten Theorie und den common sense-Fällen von Selbsttäuschung anstrebt. Im intrapersonalen Bereich liegt Täuschung vor, weil wir es mit dem Versuch zu tun haben, die Wahrheit zu verstecken. Deshalb ist der Terminus »Täuschung« hier auch angemessen.

nicht zufällig, sondern motiviert. Selbsttäuschung tritt auf, weil die Person etwas wünscht (entweder die Meinung zu haben oder daß etwas der Fall ist). Der Wunsch beeinflußt den Erwerb und die Bewertung von Daten. In jedem der beiden Schritte der Begründung kann dabei folgender Fehler unterlaufen:

(i) Der Input an Information wird kontrolliert. Man vermeidet es, evtl. nach Evidenzen zu suchen, die gegen die favorisierte Meinung sprechen könnten, oder man sucht nur dort, wo man bestätigende Evidenzen zu finden hofft.

(ii) Die Verarbeitung der bereits vorhandenen Informationen wird aufgrund eines Vorurteils manipuliert.

Aus dieser Beschreibung ergeben sich folgende notwendigen und hinreichenden Bedingungen für Selbsttäuschung: (a) Die Meinung ist durch die der Person zur Verfügung stehenden Evidenzen nicht hinreichend gerechtfertigt. (b) S's Wunsch, daß p, führt S dazu, Daten zu manipulieren mit Bezug auf die Wahrheit von p. (c) Die Manipulation ist die Ursache für S's Meinungsbildung, daß p. Der Vorteil einer solchen Definition liegt darin, daß man nicht sagen muß, S glaubt gleichzeitig p und non-p, statt dessen handelt es sich um eine Manipulation von Daten. Diese Manipulationen verhindern schon im Vorfeld die Bildung der wahren Meinung, so daß es zu keinem Widerspruch kommen kann. Auf diese Weise wird Selbsttäuschung möglich.

Daneben gibt es noch die Möglichkeit der indirekten Selbstmanipulation durch den Einsatz bewährter Techniken. Dies kann nur funktionieren, wenn das Resultat des Prozesses der Selbsttäuschung nicht vom Bewußtsein aller seiner Phasen begleitet ist. Solche Prozesse benötigen Strategien, die Erinnerungslükken produzieren können. Ein solcher Prozeß ist nur dann eine Selbsttäuschung, wenn er mentale Ursachen enthält, die keine Gründe sind. Sonst geht es darum, daß man sich willentlich zu einer Meinung bringt und dafür einen guten, prudentiellen Grund hat.

Das Paradox theoretischer Irrationalität bzw. der Selbsttäuschung kann mit Hilfe der in dieser Arbeit zuvor entwickelten Konzeption der rationalen Meinungsbildung vermieden werden. Meinungsbildung ist nach dieser Auffassung als eine Art mentales Handeln zu verstehen und nicht als ein quasi-automatischer Prozeß der Verarbeitung von Evidenzen. Begreift man

Meinungsbildung in dieser Weise, läßt sich Selbsttäuschung als (mehr oder weniger) bewußtes falsches mentales Handeln erläutern. Die Person verzichtet darauf, sich wichtige Punkte klarzumachen, sie manipuliert ihre Wahrnehmung und Auswahl von Evidenzen, sie macht sich für Gegengründe unzugänglich etc. Die Möglichkeit der bewußten Selbsttäuschung ergibt sich durch eine besondere Eigenschaft von mentalen Handlungen. Da wir nicht wissen können, zu welchen Ergebnissen unsere Meinungsbildung führen wird, bevor sie abgeschlossen ist, wir aber Erwartungen und Wünsche bezüglich des Ergebnisses haben, können wir gezielt vermeiden, eine bestimmte Meinung auszubilden.[77]

Warum wird hier Selbsttäuschung unter theoretischer Irrationalität gruppiert? Selbsttäuschung ist irrational, weil der Meinende gegen die von ihm ansonsten akzeptierten Regeln der rationalen Meinungsbildung verstößt. Der Selbsttäuscher mißachtet seine eigenen Maßstäbe rationaler Meinungsbildung. Vor allem werden alle Regeln verletzt, die sich darauf beziehen, daß eine Meinung gerechtfertigt sein muß mit Bezug auf die verfügbaren Evidenzen und abgewogenen Ziele der Person. Selbsttäuschung beruht also – entgegen gängiger Annahme – auf keinem logischen Widerspruch. Hier handelt es sich allenfalls um einen »Widerspruch« zwischen einer akzeptierten Regel – also letztlich einer Metapräferenz über die Bildung von Meinungen – und der aktuellen Bildung einer Meinung, die diesen Regeln nicht entspricht. Das bedeutet, Selbsttäuschung ist eine Art theoretischer Willensschwäche. Diese Verstöße gegen die Regeln haben ihre Ursache in motivationalen Einflüssen. Der Wunsch beeinflußt im Fall von Selbsttäuschung ungerechtfertigt den Prozeß der Meinungsbildung. Der Selbsttäuscher glaubt die Meinung nur auf der Basis von mentalen Ursachen, die keine rechtfertigenden Gründe sind. Dieser letzte Punkt darf der Person allerdings im Moment der Meinungsbildung nicht bewußt sein. Sie macht sich nicht genug klar, warum sie die Meinung auf diese Art bildet. Theoretische Willensschwäche kommt zustande, weil der Betreffende nicht genug Selbsterkenntnis besitzt und nicht genug Selbstkontrolle ausübt. Willensschwäche ist eine nicht intendierte kognitive Fehllei-

77 Vgl. M. Löw-Beer, *Selbsttäuschung*, Kap. III, bes. S. 59.

stung beim Beurteilen und Abwägen der Wunschstärke sowie Berücksichtigen der verfügbaren Evidenz. Man muß sich über seine erkenntnisleitenden Ziele im klaren sein und diese richtig abwägen. Wenn man die Regeln der rationalen Meinungsbildung bewußt und sorgsam befolgt, kann es nicht zu Wunschdenken, Selbsttäuschung oder anderen Arten theoretischer Willensschwäche kommen.

Eine Meinung ist nur dann rational, wenn sie ohne Störung durch meinungsirrelevante kausale Prozesse gebildet wurde, wie z.B. Wunschdenken oder Ideologien. Im Fall von Selbsttäuschung ist es bezeichnend, daß die Person sich in der Regel für vollkommen rational hält. Ihr wird nicht bewußt, daß sie sich selbst und anderen Scheingründe zu ihrer Verteidigung nennt, d.h. sog. Rationalisierungen. Wer sich systematisch (über sich) selbst täuscht, ist irrational. Zum Begriff der Rationalität gehört nun wesentlich auch der Prozeß der Aufklärung über Irrationalität, weil nur so wahre Gründe ihre Geltung erlangen. Dabei umfaßt Aufklärung nicht nur das Ausräumen von Irrtümern, sondern auch die Befreiung von Selbsttäuschung und Illusion. Der Person sollen die Ursachen und Gründe ihrer Meinung bewußt (gemacht) werden. Daher muß sich die Person, will sie vernünftig sein, reflexiv zu ihrer eigenen Meinungsbildung verhalten, um so die systematischen Beschränkungen psychologischer Art zu durchschauen, denen die eigenen kognitiven Prozesse eventuell unterworfen sind. Selbstreflexion ist daher eine Voraussetzung von Rationalität. Selbsterkenntnis und Selbstkontrolle sind Gegenbegriffe zur Selbsttäuschung. Sie betonen neben einem kognitiven Moment auch ein voluntatives.

***

Rational im theoretischen Bereich – so ergab die formale Charakterisierung von theoretischer Rationalität in Kapitel II – ist der regelgeleitete Prozeß der Meinungsbildung. In Kapitel III wird die Meinungsbildung als eine mentale Aktivität (d.h. etwas dem Handeln Vergleichbares) aufgefaßt, das auf das Erreichen eines Zieles gerichtet ist. Damit läßt sich theoretische Rationalität als Teil einer umfassenderen Konzeption von Rationalität erklären, bei der es generell um die Wahl der Ziele und ange-

messenen Mittel zum Erreichen dieser Ziele geht. Die rationale Meinungsbildung ist so als rationale Wahl zu verstehen. Mit Hilfe des Modells rationaler Wahl von Meinungen lassen sich auch die Regeln theoretischer Rationalität ermitteln, die eine inhaltliche Charakterisierung des Begriffs theoretischer Rationalität geben. Die wichtigste Regel (TR-7) besagt, daß die Hypothese mit der größten Nutzenerwartung zu wählen ist.
Die Idee der Optimierung – d.h. das Suchen und Streben nach der bestmöglichen Alternative unter den gegebenen Umständen – ist ein zentraler Bestandteil des Rationalitätsbegriffs insgesamt, sowohl der Rationalität im theoretischen als auch im praktischen Bereich.[78] Rationalität ist eine Weise der Optimierung: Durch Implementierung von guten Gründen das Beste zu tun, was wir können. Gute Gründe sind immer Gründe für die bestmögliche Alternative – je nachdem, ob es sich um eine Meinung, eine Handlung, einen Wunsch oder eine Norm handelt. Eine Meinung ist dann wohlbegründet, wenn sie unter den gegebenen Umständen diejenige ist, die die Erkenntnisinteressen am besten befriedigt und mit Hilfe eines Verfahrens der Meinungsbildung erworben wurde, das in der Regel das Ziel am besten erreichen hilft. Eine Handlung ist wohlbegründet – so wurde in Kapitel I vorläufig bestimmt, genaueres siehe Kapitel VI –, die die eigenen Ziele am besten befriedigt. Das Kriterium für Wohlbegründetheit, d.h. die wichtigste Regel der Rationalität, ist die optimale Erreichung der übergeordneten »Ziele« von Rationalität. Das sind bei epistemischer Rationalität die Maximierung wahrer relevanter Meinungen, bei prudentieller und praktischer Rationalität die maximale Befriedigung der Wünsche.
Die Konzeption von rationaler Meinungsbildung als zielgerichtete mentale Aktivität und von theoretischer Rationalität als Befolgung kognitiver Regeln impliziert die Möglichkeit, daß der Meinende seine kognitiven Ziele (zumindest in Maßen) selbst bestimmen kann. Eine direkte willentliche Kontrolle unserer Meinungsbildung und kognitiven Ziele scheint prima facie vielen unplausibel. Um die deontologische und entscheidungstheoretische Konzeption theoretischer Rationalität gegen Einwände dieser Art zu verteidigen, sollte in diesem Kapitel gezeigt

78 Vgl. N. Rescher, *Rationality*, Kap. 1.2 und diese Arbeit Kap. V, 1.2 u. 2.3.

werden, daß, entgegen dem ersten Anschein, theoretische Rationalität auf Ziele bezogen ist und sich die Ziele der Meinungsbildung wählen lassen, wenn auch in beschränktem Maß und zumeist nur durch indirekte Strategien. Die beiden Gruppen von Zielen, die im theoretischen Bereich in Frage kommen, sind einerseits das epistemische Ziel, zu glauben, was wahr ist, und zu vermeiden, was falsch ist, und andererseits das prudentielle Ziel, zu glauben, was insgesamt am nützlichsten ist. Die rationale Wahl der Ziele der Meinungsbildung hat als Kriterium wiederum die Maximierung des Nutzens. So erweist sich prudentielle Rationalität als ein der epistemischen Rationalität übergeordneter Gesichtspunkt. Die Wahrheitsorientierung muß sich, wenn sie rational sein soll, unter dem Nützlichkeitsaspekt rechtfertigen lassen können. Das gelingt in der Regel auch: Es ist im allgemeinen, der vielen unerwünschten Nebenfolgen nicht-wahrheitsorientierter Meinungsbildung wegen, prudentiell rational, epistemisch rational zu sein. Die Ziele der Meinungsbildung lassen sich also zumindest in Maßen bestimmen, und somit läßt sich auch indirekt eine Meinung wählen. Dieses Maß an willentlicher Kontrolle reicht für eine deontologische und entscheidungstheoretische Konzeption theoretischer Rationalität aus.

Mit Hilfe dieser Konzeption läßt sich theoretische Irrationalität gut als Verstoß gegen die von der Person im allgemeinen akzeptierten Regeln der rationalen Meinungsbildung erklären. Diese Erklärung vermeidet das sog. Paradox der Irrationalität, weil sie irrationale Meinungen nicht auf Widersprüche zwischen Meinungen, sondern zwischen einer mentalen Handlung und einer akzeptierten Regel zurückführt.

Die hier vertretene Auffassung von Rationalität im theoretischen Bereich ist ein Spezialfall einer generellen Konzeption von Rationalität, wobei das Spezifikum durch die Art der Ziele und die speziellen Regeln der theoretischen Rationalität bzw. Meinungsbildung bestimmt wird. Auch wenn der Inhalt der Ziele spezifisch theoretisch ist, so entspricht doch die Wahl und Funktion der Ziele dem entscheidungstheoretischen Modell. Ein weiteres Spezifikum liegt in der Rationalitätsregel, die die Berücksichtigung der verfügbaren Evidenzen betrifft. Theoretische Rationalität soll also nicht praktischer Rationalität gleich gemacht werden, sondern theoretische und praktische Rationalität können nach meiner Auffassung, für die ich in dieser Arbeit argumentiere, als Instanzen ein und derselben Struktur von Rationalität angesehen werden. Diese Theorie hat den Vorteil, eine einheitliche Erklärung, ein einheitliches Modell für epistemische und praktische Rationalität anzugeben.

B.
Absolute theoretische Rationalität

Kapitel IV
Begründung von Rationalitätsstandards

Sind die Regeln der (theoretischen) Rationalität allgemeingültig für alle rationalen Wesen, oder sind sie variabel und relativ? Bei dem in den vorhergegangenen Kapiteln II und III behandelten Begriff theoretischer Rationalität haben wir es nur mit einem schwachen, d.h. relativen Sinn von Rationalität bzw. Begründung zu tun. Was eine begründete Meinung für den einen ist, ist es nicht notwendig auch für den anderen. Gibt es neben diesem schwachen, d.h. relativen Rationalitätsbegriff auch einen starken, absoluten Rationalitätsbegriff im theoretischen Bereich?

Das Problem um Rationalität und Relativismus wurde am Ende des 19. Jahrhunderts virulent mit dem Einsetzen der Reflexion auf die Grundlagen der historischen Geisteswissenschaften.[1] Die weniger systematisch ausgerichtete als vielmehr aufgrund des Auftauchens unterschiedlicher relativistischer Positionen in verschiedenen wissenschaftlichen Kontexten jeweils neu entfachte Kontroverse wurde im wesentlichen unter zwei Aspekten geführt: Zum einen geht es immer wieder um die Frage nach der Objektivität des Verstehens, die sowohl in der philosophischen Hermeneutik (Schleiermacher, Dilthey, Gadamer) als auch in der Sprachanalyse (vor allem in der relativistischen Rezeption von Wittgenstein und Quine) negativ beantwortet wird.[2] Zum anderen ist vor allem die Frage nach der Einzigar-

1 Bei dem folgenden kurzen historischen Überblick stütze ich mich auf J. Habermas, *Theorie des kommunikativen Handelns*, Bd. I, S. 85f.

2 Wie hängt die Frage nach dem Verstehen fremder und/oder vergangener Kulturen oder Sprachen mit Rationalitätsstandards zusammen? Vereinfacht läßt sich das Problem so beschreiben: Wenn man jemand verstehen will, besteht die beste Methode dazu in einer rationalen Erklärung der Meinungen (sowie der Handlungen und Ziele) der betreffenden Person. Die beste Möglichkeit, Meinungen von Personen zu erklären, ist demnach,

tigkeit und Vergleichbarkeit von Zivilisationen und Weltanschauungen verhandelt worden. Diese beiden Problemaspekte, d.h. die Problematik des Sprach- und Handlungsverstehens einerseits und die Problematik der vergleichenden Beurteilung andererseits, lassen sich nie ganz voneinander abtrennen. Das Aufkommen der Ethnologie bzw. der Kulturanthropologie und deren Untersuchungen von Mythen, Riten, Zauberei, Hexenglauben usw. führten dann zu einer radikalen Frontstellung.[3] Mythen in archaischen Gesellschaften stehen innerhalb der uns zugänglichen kulturellen Überlieferung im schärfsten Kontrast zu dem okzidentalen Weltverständnis, das in modernen Gesellschaften herrscht. Im Spiegel des mythischen Denkens mußten deshalb die bisher nicht reflektierten Voraussetzungen des modernen Denkens sichtbar werden. Der Kontrast zwischen okzidentalem und mythischem Weltverständnis spitzte die bisherige Auseinandersetzung auf die eine fundamentale Frage zu: ob und in welcher Hinsicht die Rationalitätsstandards, von denen sich alle Sozialwissenschaftler zumindest intuitiv leiten lassen, universelle Gültigkeit beanspruchen dürfen. Um diese Frage

Gründe angeben zu können, warum sich die Person diese Meinung gebildet hat, indem man den mentalen Ausgangszustand klärt, von dem die Person in ihrem Kontext ausgeht. Damit diese dem funktionalistischen oder physikalischen Erklärungsmodell deutlich überlegene intentionale Erklärung erfolgreich ist, bedarf es der Unterstellung von Rationalität bzw. der Disposition, Meinungen (oder Handlungsintentionen) entsprechend den Regeln der Rationalität zu bilden. Die Unterstellung von Rationalität fungiert hier als methodisches Prinzip. Vorausgesetzt, die Person ist rational, aus welchen Gründen hat sie dann dieses und jenes gemacht oder geglaubt? Lassen sich Gründe benennen, glauben wir die Handlung oder Meinung verstanden zu haben. Deshalb nimmt das Rationalitätsprinzip in der Debatte um das Verstehen fremder Kulturen eine derart zentrale Rolle ein. Das Relativismusproblem entsteht durch das Auftauchen eines starken Zweifels an der Angemessenheit des Deutungsmusters »Rationalität«. Man fragt sich, ob die Unterstellung dessen, was *wir* unter »Rationalität« verstehen, bei Personen fremder Kulturen nicht entweder völlig ungerechtfertigt ist oder ob zumindest für die Rationalitätsstandards, von denen sich die Ethnologen bei ihrer Feldforschung (häufig nur) intuitiv leiten lassen, keine Universalität beansprucht werden kann.

3 J.G. Frazer, *The Golden Bough*; L. Lévy-Bruhl, *La mentalité primitive*; E.E. Evans-Pritchard, *Witchcraft, Oracles and Magic among the Azande*; C. Lévi-Strauss, *Strukturale Anthropologie*; ders., *Das wilde Denken*.

nach der Relativität der Rationalitätsstandards ist seit den sechziger Jahren zwischen Sozialwissenschaftlern und Philosophen erneut eine heftige Debatte entbrannt.[4] Ausgangspunkt der z. T. sogar nach ihm benannten Debatte und sicherlich der prominenteste Vertreter des Kulturrelativismus ist Peter Winch,[5] der unter Rückgriff auf Wittgensteins These von der Unhintergehbarkeit von Sprachspielen die Auffassung vertritt, daß als rational nur das gelten kann, was man im Kontext der jeweiligen Lebensform verstehen könne. Das Problem, daß unser okzidentales Weltbild und seine Rationalitätsstandards evtl. nur relativ sind, entwickelte sich allerdings nicht nur in Auseinandersetzung mit fremden Kulturen, sondern auch mit der eigenen Vergangenheit. Wissenschaftshistorische Untersuchungen von Thomas Kuhn legen die Vermutung nahe, daß der Gang der Naturwissenschaften, das Paradigma von rationalem Denken und Handeln in unserem okzidentalen Weltbild, selbst abhängig von sog. Paradigmen ist, deren Geltung und Wechsel ihrerseits keine rein rationale Grundlage zu haben scheinen.[6] Damit wird es fraglich, ob wir von einem rationalen Fortschritt der Wissenschaft oder von einer »höheren« Rationalität unserer Wissenschaft ausgehen dürfen.

Soweit der skizzenhafte Überblick über die Geschichte und Aktualität dieses Relativismusproblems. Er sollte deutlich machen, aus wieviel unterschiedlichen Quellen sich die Kontroverse speist. Letztlich geht es bei all diesen Debatten um die Frage, ob unsere Rationalitätsstandards universell gültig sind oder nicht. Sollten sie nicht universell gültig sein, ergäbe sich ein Relativismus, der auch die Bedeutung von »rational« erfassen kann. Dies ist problematisch, weil wir erstens »rational« zur Beurteilung von uns fremden Kontexten benutzen und – wenn

4 Vgl. die drei, zusammengenommen recht vollständigen Sammelbände zu dieser Kontroverse B.R. Wilson (ed), *Rationality*; M. Hollis & S. Lukes (ed.), *Rationality and Relativism*; H.G. Kippenberg & B. Luchesi (Hg.), *Magie: Die sozialwissenschaftliche Kontroverse über das Verstehen fremden Denkens*. Vgl. auch H.P. Duerr (Hg.), *Der Wissenschaftler und das Irrationale*.

5 P. Winch, *The Idea of a Social Science*, und ders., *Understanding a Primitive Society*. Wie aus den folgenden Ausführungen in diesem Kapitel deutlich wird, halte ich Winchs Position für nicht plausibel.

6 T. Kuhn, *The Structure of Scientific Revolutions*.

der Relativismus richtig ist – diese Beurteilung nach unseren eigenen Standards ungerechtfertigt und aufzugeben wäre. Außerdem wäre zweitens »rational« ein ubiquitäres Phänomen, weil prinzipiell »jeder« festlegen könnte, was »rational« für ihn bedeuten soll bzw. welche seine Standards der Rationalität sein sollen. Ich werde im folgenden diese Frage nach der Möglichkeit eines starken Rationalitätsbegriffs, d.h. der Rechtfertigung eines Rationalitätsstandards, nur systematisch verfolgen. Dazu soll zuerst das Problem durch die Unterscheidung von verschiedenen Arten von Relativismus mit Bezug auf theoretische Rationalität genauer formuliert werden.

In welchen Hinsichten ist der bisher ermittelte Sinn von »rational« relativ? Ob es rational ist, p zu glauben, ist abhängig von einem kognitiven Ausgangszustand, von dem aus entsprechend den Regeln der Rationalität die Meinung, daß p, gebildet wurde. Entscheidend für eine Begründung sind also einmal der kognitive Ausgangszustand und zum anderen die Regeln. Dadurch ergeben sich zwei Arten von Relativität der theoretischen Rationalität: zum einen eine Relativität mit Bezug auf kognitive Ausgangszustände, zum anderen eine Relativität mit Bezug auf die sog. Regeln bzw. Standards theoretischer Rationalität. Das wird in der Diskussion um die Relativität der Rationalitätsstandards nicht immer hinreichend bedacht; schon der Ausdruck »Standard« ist in dieser Hinsicht oft zweideutig zwischen Ausgangszustand und Regeln. Eine Begründung enthält immer beide Momente; man kann aber zumindest analytisch zwischen Begründung relativ zu Regeln und relativ zu Ausgangszuständen unterscheiden, diese auch einzeln, ohne Rekurs auf die jeweils andere, beschreiben und nur eines der beiden Momente der Begründung problematisieren, indem man das jeweils andere Moment als unproblematisch ausklammert. So versteht man die Praktiken des Regentanzes des afrikanischen Ureinwohner-Stammes der Zande durchaus,[7] wenn man ihnen die gleichen Rationalitätsregeln unterstellt und dann erfährt, daß sie einen anderen Ausgangszustand haben, und zwar insbesondere die Meinung, daß es Götter, Geister, Magier gibt, die den Regen beeinflussen können und sich durch rituelle Praktiken dazu be-

7 Vgl. die berühmten und häufig diskutierten Untersuchungen über den Hexenglauben des afrikanischen Zandestammes von E.E. Evans-Pritchard, *Witchcraft, Oracles and Magic among the Azande*.

wegen lassen. Wenn man hingegen fragt, wie die Zande diese Meinungen angesichts der gegenteiligen Evidenzen (nach unserer Sicht) aufrechterhalten können, dann werden die Regeln, hier der induktiven Bestätigung, thematisiert.

Kognitive Ausgangszustände und Regeln der Rationalität ergeben zusammen das, was häufig, und damit die Differenz verwischend, unter dem Titel »Standards der Rationalität« aufgefaßt wird. Die Differenzierung zwischen Regeln und Ausgangszustand ist aber notwendig, denn wie sich zeigen wird, sind die beiden Arten von Rationalitätsrelativität nicht in gleicher Weise problematisch. Eine Relativität vom ersten Typ ist zwar prinzipiell unvermeidlich, aber mit unserem Begriff und unserer Konzeption von Rationalität von Meinungen verträglich, weil dadurch der Begriff der theoretischen Rationalität selbst nicht beliebig wird (1). Der zweite Typ von Relativität in bezug auf Regeln dagegen hat schwerwiegendere Folgen, weil dadurch das, was theoretische Rationalität wesentlich definiert, nämlich die Regeln der Rationalität, arbiträr würden (2). Aber diese Konsequenz läßt sich abwenden, weil gewisse Formen der Relativität sich ausschließen oder im Rekurs auf gemeinsame Ziele prinzipiell überwinden lassen. Dennoch bleibt ein gewisser Regelrelativismus bestehen (3).

1. Zustandsrelativität

Nehmen wir einmal an, die Regeln der Rationalität seien universell gültig und allen gleichermaßen bekannt. Dann ist die Rationalität von Meinungen nur noch relativ zu dem jeweiligen kognitiven Ausgangszustand. Unter einem kognitiven Ausgangszustand fasse ich den Korpus der akzeptierten Meinungen, die zur Verfügung stehenden Evidenzen und die Ziele, die eine bestimmte Person zu einem bestimmten Zeitpunkt hat. »Rational« ist somit ein zustandsrelatives Prädikat (und nicht eigentlich personen-, zeit- oder situationsrelativ). Rationalität im schwachen Sinn verlangt von Personen in unterschiedlichen kognitiven Ausgangszuständen unterschiedliche Meinungen. Unter der Voraussetzung ihrer jeweiligen Hintergrundannahmen und der zur Verfügung stehenden Evidenzen waren Newtons Schlußfolgerungen genauso rational wie Einsteins. Es wäre abwegig, wenn wir im Lichte von Einsteins »Entdeckung« Newtons Theorie im nachhinein ihre damalige Rationalität absprechen wollten. Auch die sog. primitiven Stämme oder Naturvölker, die die Verkündigungen von Magiern, Zauberern und Hexen akzeptieren, brauchen nicht weniger rationale Meinungen zu haben als Menschen in modernen Zivilisationen, die die Prognosen von irgendwelchen Wissenschaftlern (z.B. Atomphysikern oder Meteorologen) glauben, die diese in den Medien verkünden. Wahrscheinlich machen beide gleich adäquaten Gebrauch von der ihnen jeweils zur Verfügung stehenden Evidenz. Da sie unterschiedliche Hintergrundannahmen und von daher unterschiedliche Evidenzen berücksichtigen, bilden beide – gleich rational, d.h. nach den gleichen Regeln der rationalen Meinungsbildung – unterschiedliche Meinungen aus. So können auch unterschiedliche Ziele verschiedene Meinungen gleichermaßen rational machen. Um ein triviales Beispiel zu geben: Wer in der Wüste etwas zu trinken sucht, eine feuchte Pfütze in einer Oase findet und die Flüssigkeit dann für Wasser hält, dürfte, seine Ziele und Evidenzen vorausgesetzt, eine rationale Meinung gebildet haben. Für einen Naturwissenschaftler vom hydrologischen Amt wäre dieselbe Meinung zu unspezifisch und deshalb nicht rational. Hier sind unterschiedliche Meinungen jeweils relativ zu den Erkenntniszielen bei gleicher evidentieller Ausgangslage rational. Relativ zu unterschiedlichen Evidenzen können bei gleichen Zielen auch verschiedene Meinungen rational sein. Eine rationale Meinungsbildung ist also zustandsrelativ, d.h. sie erfolgt relativ zu den zugrundeliegenden Evidenzen, Zielen und Hintergrundannahmen.

Dies ist in der Praxis des Verstehens fremden Verhaltens oft übersehen worden. Es hatte sich gezeigt, daß die ersten anthropologischen Feldforscher[8] versuchten, sich das Verhalten der Eingeborenen nach unseren Maßstäben verständlich zu machen, und als dieser Versuch gescheitert war, sie die Eingeborenen schlicht für irrational erklärten. Diese Deutungen sind daraufhin als Ausdruck eines europäischen Ethnozentrismus interpretiert worden. Kulturimperialistisch wurde das Handeln der Mitglieder »primitiver« Kulturen an einer spezifischen Lebensform gemessen, so wie sie hauptsächlich in den westlichen

8 Z.B. J.G. Frazer, *The Golden Bough*.

Zivilisationen der Ersten Welt zu finden ist. Die ersten Ethnologen hatten übersehen, daß die ihnen unverständlichen Praktiken der Religion, Magie und Zauberei nicht unbedingt als irrational einzustufen sind. Diese Praktiken sind insofern im schwachen Sinn rational, als sie den kognitiven Ausgangszuständen, also vor allem den sonstigen Meinungen der sog. Primitiven entsprechen. Fehlerhafte Meinungen sind keineswegs immer irrational, und zwar deshalb nicht, weil diese Meinungen denjenigen, die sie glauben und die danach handeln, nicht als irrtümlich erscheinen. Innerhalb des Gesamtbestands dessen, was sie als Werte annehmen, ihrer sozialen Regeln und empirischen Überzeugungen, sind diese mythischen Riten als rational im schwachen Sinn, also als rational relativ zu einem Ausgangszustand anzusehen. Nimmt man ihren kulturellen Lebenszusammenhang, d.h. ihr Weltbild, als gegeben an, können die einzelnen Elemente wie z.B. Verwandtschaftssystem, Religion, Kultur etc. in einen Zusammenhang integriert werden, der der einzelnen Handlung oder Meinung Sinn und Rationalität verleiht, da sie relativ zum Gesamtzusammenhang der von der Person akzeptierten Meinungen, Ziele und Regeln gerechtfertigt werden können. Zumindest scheint der Versuch der Herstellung eines Sinnzusammenhangs und damit der Entdeckung von bis dato »verborgener« Rationalität in einigen Fällen gelungen zu sein. Diese Korrektur der Ethno- oder allgemeiner der Soziomethodologie durch die Berücksichtigung relativer Rationalität war bzw. ist berechtigt und notwendig.

Epistemische Zustandsrelativität bedeutet also, daß die Rationalität von Meinungen relativ zu verschiedenen kognitiven Ausgangszuständen differiert. Eine solche Relativität ist unvermeidlich, weil wir »rational« in diesem schwachen, d.h. zustandsrelativen Sinn gebrauchen. Wenn »rational« im schwachen Sinn von relativer Begründung gebraucht wird, ist die Zustandsrelativität in dieser Bedeutung trivialerweise impliziert. Allerdings können Meinungen, die in diesem zustandsrelativen Sinn als rational gelten, umgangssprachlich dennoch als irrational kritisiert werden. Dies ist als Vorwurf in der Hinsicht zu verstehen, daß es für die Person irrational ist, diesen Ausgangszustand zu haben. Die Ausgangszustände werden also selbst noch einmal vom Standpunkt der Rationalität eingeschätzt. Impliziert die Verwendung von »rational«, bezogen auf

Ausgangszustände, daß eine absolute Begründung dieser Ausgangszustände möglich ist und daß es in diesem Bereich einen substantiellen Rationalitätsbegriff gibt? Ein solcher Schluß ist m. E. aus zwei Gründen nicht berechtigt:

(a) In Kapitel II wurden drei Grade der Relativität theoretischer Rationalität unterschieden: die radikal subjektive Version (RG-1), die radikal objektive Version (RG-2) und die reflektiert subjektive Version (RG-3). Bezogen auf Ausgangszustände lauten diese drei Relativitätsversionen:

(RG-1) Eine Meinung ist rational relativ zu den gegebenen Ausgangszuständen von S zu t.

(RG-2) Eine Meinung ist rational gemessen an den *objektiv* adäquaten Ausgangszuständen.

(RG-3) Eine Meinung ist rational relativ zu den Ausgangszuständen, die S nach reiflicher Überlegung gewählt hat.

Die radikal subjektive Version erwies sich als zu relativ, insofern wir Meinungen, die nach (RG-1) rational wären, umgangssprachlich irrational nennen, wenn es für S möglich gewesen wäre zu sehen, daß ihr Ausgangszustand selbst unbegründet ist. Die radikal objektive Version ist dagegen zu absolut; sie verlangt gesicherte, epistemisch gerechtfertigte Meinungen. Diese Version ist mit der internalistischen Konzeption von theoretischer Rationalität unverträglich, weil sie Gründe in einem externen Sinn auffassen muß. Die objektiv adäquaten Gründe brauchen der Person zwar nicht zugänglich zu sein, aber wenn sie nicht zugänglich sein sollten, kann sie diese Gründe rationalerweise nicht berücksichtigen, denn diese werden dem motivationalen und kausalen Aspekt rationaler Begründung nicht gerecht. Die Nachteile beider Versionen kann die reflektiert subjektive Version vermeiden, weil sie den motivationalen und kausalen Aspekt rationaler Begründung berücksichtigt und der Bestimmung Rechnung trägt, daß eine rationale Begründung subjektiv überzeugend sein muß. Dies ist m. E. gerade die Pointe des Rationalitätsbegriffs. Denn darin liegt der besondere motivationale Appell des Irrationalitätsvorwurfs, der sich besonders auf die Aufklärung von falschen Meinungen, Irrtümern etc. richtet. Rationale Gründe sind also subjektive Gründe, die dennoch kritisierbar sein müssen, jedoch intern, also vom Standpunkt der kritisierten Person aus. Die Kritik hat daher an den Meinungen, Zielen und den Rationalitätsregeln der Person anzuknüpfen und ihr zu zeigen, daß es bei reiflicher Überlegung für sie rational ist, ihren Ausgangszustand zu verändern und so ggf. zu einer anderen Meinung zu kommen. Hier wird besonders an Metapräferenzen und akzeptierten Regeln über die Art, wie man Meinungen bilden will, appelliert. Zur Rationalität im theoretischen Bereich gehört es nach dieser Version auch, Vorstellungen, Wünsche und Regeln in Beziehung darauf zu haben, daß man sich kritisch und reflexiv zu seinen Gründen verhält. Auf diese Metaebene muß Bezug genommen werden, wenn Ausgangszustände als irrational (im internalistischen Sinn) kritisiert werden.[9]

(b) Einen Vertreter der radikal objektiven Version wird diese Argumentation, die sich stark auf sprachliche (und andere) Intuitionen stützt, wahrscheinlich nicht überzeugen können. Aber auch er wird keine andere Art von Argumenten ins Feld führen können. Die Intuition, die er für sich in Anspruch nehmen kann, ist die, daß man gerade im epistemischen Bereich von epistemischer Rechtfertigung spricht, um zu sicherer Erkenntnis bzw. Wissen zu gelangen. Für dieses Ziel sei die reflektiert subjektive Version ein zu schwaches Instrumentarium. Hier scheint mir die Diskussion in eine gewisse Patt-Situation zu geraten. Jede Partei verwendet den Rationalitätsbegriff zu einem anderen Zweck. Deshalb ist es an dieser Stelle sinnvoller zu fragen, welche Möglichkeiten stärkerer Rechtfertigung für Ausgangszustände bestehen. Eine stärkere Rechtfertigung der Ausgangszustände verlangt, (i) daß die Ziele der Meinungsbildung gerechtfertigt sind, (ii) daß die Evidenzen richtig berücksichtigt werden und (iii) daß die Hintergrundüberzeugungen selber rational bzw. gerechtfertigt sind. Hier geht es um die Frage der Relativität oder Rationalität der kognitiven Ausgangszustände selbst, auf die wir uns beziehen, wenn wir eine Meinung rational nennen. Ich gehe nun die Begründungsmöglichkeiten für die drei Komponenten eines kognitiven Ausgangszustandes einzeln durch:

Zu (i): In Kapitel III wurde dafür argumentiert, daß die Ziele der Meinungsbildung mit Bezug auf die wohlverstandenen praktischen Eigeninteressen der Person begründet werden

9 Gleiches gilt übrigens auch – wie wir noch sehen werden – für die Rechtfertigung der Rationalitätsregeln.

können. Die Begründung von Zielen der Meinungsbildung ist also unabhängig von anderen Zielen der Person. Dabei erweist es sich als das Erfolgreichste, die generelle Strategie der Meinungsbildung zu wählen, die die Wahrheit als conditio sine qua non der Meinungsbildung verlangt. Diese Zielbestimmung ist (normalerweise) für alle rational, weil wahre Meinungen langfristig für die Erfüllung fast aller Interessen am günstigsten sind. Auch diese Begründung des erkenntisleitenden Ziels Wahrheit ist relativ zu anderen Zielen. Also verschiebt sich die Frage nach der Rechtfertigung erkenntnisleitender Ziele auf die Frage, ob es möglich ist, Ziele absolut, d.h. nicht zweckrational zu begründen. Auf dieses Problem gehe ich in Kapitel VII ein.
Zu (ii): Evidenzen zu begründen, kann nur heißen, ihren Erwerb, ihre Auswahl, ihre Relevanz, ihre Gewichtung zu begründen. Mit Blick auf die angestrebte Wahrheit der zu bildenden Meinung lassen sich bestimmte Rationalitätsbedingungen für die angemessene Berücksichtigung von Evidenzen benennen. Sie sind in Kapitel III in der Rationalitätsregel (TR-5) zusammengefaßt worden. Damit verschiebt sich das Begründungsproblem von Evidenzen auf die Begründung einer bestimmten Rationalitätsregel (s.u. 2.).
Zu (iii): Die Rationalität der Hintergrundüberzeugungen oder -annahmen hängt wiederum von den Regeln der Rationalität und dem kognitiven Ausgangszustand ab. Hier droht sich der Relativismus immer weiter fortzusetzen, denn die Rationalität einer Hintergrundannahme hängt selbst wieder von einem anderen früheren Ausgangszustand ab und dessen Rationalität wiederum von einem andern usw. Dieser Regreß findet bei Meinungen einen Halt, die sich selbst rechtfertigen (z.B. analytische Sätze), und bei Meinungen, die so evident sind, daß sich die Frage nach ihrer Rationalität umgangssprachlich nicht mehr stellt. Wie schon öfter betont, nennen wir empirische Beobachtungsurteile weder rational noch irrational. Wer ein grünes Blatt eines Baumes blau nennt, spricht entweder eine andere Sprache als wir oder ist seh- oder anderweitig gestört. Deshalb gibt es also zwei Gruppen von Meinungen: analytische einerseits und basale, empirische Beobachtungsurteile andererseits, auf die rationale Begründungen von Meinungen unproblematisch rekurrieren dürfen. Im Alltag ist es äußerst unwahrscheinlich, daß wir

nicht doch zumindest bezüglich der basalen, empirischen Beobachtungen, also vornehmlich der Wahrnehmungsmeinungen, eine Übereinstimmung feststellen. Mit Bezug auf diese beiden Gruppen von Meinungen gibt es keine weitere Relativierung. Wenn man diese Analyse von »rational« akzeptiert, dann können analytische und basale empirische Meinungen die Endpunkte von rationalen Begründungsketten darstellen. Dieses Verständnis von »rational« impliziert allerdings keinen epistemologischen Fundamentalismus. (Diese Bedeutungsanalyse wird dem radikalen Objektivisten wieder als question-begging erscheinen.) Daß eine Sinneswahrnehmung als unbegründbarer Ausgangspunkt einer rationalen Meinungsbildung gilt, schließt nicht den philosophischen Zweifel an der Wahrheit dieser basalen, empirischen Beobachtung aus. Im Gegenteil: Solange es keine überzeugenden Gründe dafür gibt, daß ein epistemisches Fundament existiert, das als epistemisch (im Unterschied zu rational) gerechtfertigte Ausgangsmeinung für alle weiteren theoretischen Überlegungen fungieren kann – und es sieht nicht so aus, als gäbe es zwingende Gründe für die Annahme eines solchen unbezweifelbaren Fundaments –, ist der epistemische Skeptizismus nicht widerlegt. Unsere umgangssprachliche Verwendung von »rational« impliziert keinen Anspruch auf Begründung, die auch den philosophischen oder erkenntnistheoretischen Zweifel auszuschließen vermag. Theoretische Rationalität darf nicht fälschlicherweise mit gesichertem Wissen oder Wahrheit gleichgesetzt werden.

Aber Beobachtungs- und analytische Urteile sind nur zwei Typen von Meinungen. Alle übrigen Meinungen lassen sich nicht dem Programm des »logischen Empirismus« entsprechend auf diese beiden Arten zurückführen bzw. aus diesen konstruieren. Hintergrundannahmen bestehen häufig aus Theorien, Weltanschauungen und Weltbildern; diese lassen sich nicht logisch auf Beobachtungsurteile reduzieren. Statt dessen gehen bei deren Konstruktion und Begründung bestimmte Methoden, Heuristiken, Gesetze und Verallgemeinerungen etc. ein. Wenn es um die Begründung von Hintergrundannahmen geht, die sich in Theorien, Gesetzen und Methoden ausdrücken lassen, geht es eigentlich um die Rechtfertigung bestimmter methodologischer Forderungen, die Art und Weise der Rechtfertigung bestimmter Typen von Meinungen betreffend. Solche Hintergrundannahmen lassen sich also nur im Rekurs auf bestimmte inhaltliche Regeln oder Standards der Rationalität rechtfertigen, verstanden als (die in einer Gesellschaft gebräuchlichen) Prüfmethoden bezüglich der Wahrheit von Propositionen. Und diese inhaltlichen Regeln können je nach Kulturkreis variieren. Offensichtlich besteht der Dissens hauptsächlich in methodischer Hinsicht zwischen der Auffassung der sog. westlichen Zivilisation einerseits und dem mythischen Denken oder dem unserer Vorfahren der vorgalileischen Jahrhunderte andererseits.

Zusammenfassend läßt sich also feststellen: Die kognitiven Ausgangszustände, die mit Bezug auf die Meinungen als rational, d.h. begründet gelten, lassen sich also nur relativ zur Geltung bestimmter Regeln, Methoden, Gesetze und Ziele rechtfertigen. Daher muß die Untersuchung nun zu der Frage nach der Relativität oder Begründung der Regeln der Rationalität übergehen.

2. Regelrelativität

Außer von dem jeweiligen Ausgangszustand der Person hängt die Rationalität einer Meinung von den jeweils akzeptierten Regeln der Rationalität ab. Die Regeln der Rationalität geben an, was als guter Grund zählt. Deshalb können bei gleichem kognitiven Ausgangszustand unterschiedliche Regeln der Begründung jeweils ganz andere Meinungen rechtfertigen bzw. rational machen. Hier lassen sich gemäß der Relativität der Rationalitätsregeln wiederum drei Grade theoretischer Rationalität unterscheiden. Ein bestimmter kognitiver Ausgangszustand vorausgesetzt, ist eine Meinung im radikal subjektiven Sinn rational relativ zu den *von ihr* akzeptierten Regeln der Rationalität. Hier ist schwache theoretische Rationalität außer zustandsrelativ auch regelrelativ. Im radikal objektiven Sinn rational wäre eine Meinung bei gegebenem kognitiven Ausgangszustand, wenn sie relativ zu allgemeingültigen Regeln der Rationalität begründet wäre. Eine Mittelposition besteht in der reflektiert subjektiven Version, wonach eine Meinung rational ist relativ zu den von der betreffenden Person nach reiflicher Überlegung akzeptierten Regeln. Insoweit scheint die Beschreibung der Regelrelativität ganz analog der der Zustandsrelativität. Aber die Regelrelativität wirft Probleme auf.

Der Relativismus ist vor allem deshalb ein Problem, weil durch ihn die Ausdrücke »rational«, »gerechtfertigt«, »begründet« ihren gewöhnlichen Sinn verlieren. Im Grunde ersetzt er sie durch Paraphrasen, die unseren Intuitionen widerstreiten. »Rational« kann gemäß relativistischer Auffasung nur noch »begründet für (eine Gruppe von) S« und nicht »wohlbegründet« bedeuten. In diesem »wohl- bzw. gutbegründet« steckt umgangssprachlich ein universalistischer Anspruch.[10] Der Relativist kann diesem Problem auch nicht dadurch entgehen, daß er Rationalität als Befolgung irgendwelcher Regeln definiert. Denn wenn der Begriff »rational« präskriptiv gebraucht wird, bleibt offen, warum theoretische Rationalität gerade durch die Befolgung *dieser* Standards und nicht irgendwelcher anderen definiert wird. Von daher stellt sich allgemein die Frage, ob bestimmte Standards anderen Standards mit Gründen vorzuziehen sind. Es geht darum, ob wir mit Recht für unsere Regeln der Rationalität Universalität beanspruchen oder ob für sie der Relativismus gilt.

Wenn sich zeigen sollte, daß die Regeln der Rationalität kultur- bzw. kontextabhängig sind und keine kontextunabhängige vergleichende Beurteilung möglich ist, ergibt sich ein Regelrelativismus. Die relativistische Herausforderung bestreitet, daß eine rationale Wahl zwischen verschiedenen Systemen von Rationalitätsregeln möglich ist. Ein Regelrelativist[11] bestreitet die Möglichkeit starker Rationalität im theoretischen Bereich. Er akzeptiert die Analyse relativer Rationalität, aber behauptet, die Standards seien arbiträr, d.h. nicht mit Gründen zu rechtfertigen. Theoretische Rationalität müsse demnach als Befolgung irgendwelcher Standards verstanden werden. Der Relativist vertritt also so etwas wie eine Kohärenztheorie der Rationalität:

10 In Kapitel II hatte ich behauptet, daß die Intuitionen, die gegen eine internalistische Interpretation von rationalen Gründen zu sprechen scheinen, auf diesen impliziten Allgemeingültigkeitsanspruch für die Geltung der Rationalitätsregeln zurückzuführen sind. Diesen Allgemeingültigkeitsanspruch möchte ich hier verteidigen und damit gleichzeitig zeigen, wie sich dieser starke Sinn von theoretischer Rationalität, wenn es ihn denn geben sollte, in eine internalistische Konzeption von Rationalität integrieren läßt.

11 Wie z.B. P. Winch, *The Idea of a Social Science*, und ders., *Understanding a Primitive Society*.

Eine notwendige Bedingung für die Rationalität einer Meinung ist die Kohärenz mit einer bestimmten Version der Rationalitätsregeln. Rationalität besteht in der Befolgung von Normen, aber die Befolgung eines jeden beliebigen Systems von Normen ist hinreichend für Rationalität.

Das Problem der Relativität der Rationalitätsstandards besteht in zwei Fragen: (a) ob und inwiefern es alternative Maßstäbe (Standards, Kriterien, Regeln) der (theoretischen) Rationalität gibt bzw. überhaupt geben kann und (b), wenn es alternative Regeln der Rationalität gibt, ob ein Standard den anderen mit Gründen vorgezogen werden kann.

Diese erste Frage betrifft das Problem, ob und inwiefern es eine Relativität von Rationalitätskriterien oder Regeln überhaupt geben kann. Denn es ist zum einen fraglich, ob jede anscheinend alternative Regel sich nicht aus einem anderen Ausgangszustand ergibt. So verortete Lévy-Bruhl das »wilde« Denken noch auf einer »prälogischen« Stufe des Erkennens und Handelns, während später Evans-Pritchards Untersuchungen über den Hexenglauben des Stammes der Zande zeigten, daß die Unterschiede nicht auf der Ebene logischer Operationen liegen.[12] Statt dessen scheint der Unterschied eher in den verschiedenen Grundbegriffen und Weltbildern zu liegen, die das Hintergrundwissen sozialer Gruppen spiegeln. Die Relativität theoretischer Rationalität bezieht sich in solchen Fällen nur wieder auf die Relativität des kognitiven Ausgangszustands. Aufgrund der Beobachtung, daß das, was als ein guter Grund zählt, sich offensichtlich im Laufe unserer eigenen Geschichte geändert hat und von Kultur zu Kultur differiert, zogen mehrere Ethnologen und Soziologen den Schluß, daß die Maßstäbe, Kriterien, Standards oder Regeln der Rationalität relativ sind. Dabei wurde oft nicht genau genug zwischen Zustands- und Regelrelativismus unterschieden.

Zum anderen ist ein Zweifel an der Möglichkeit eines totalen Relativismus von Rationalitätsregeln angebracht. Ein totaler Regelrelativismus ist unhaltbar, weil ihm ein performativer oder logischer Widerspruch nachgewiesen werden kann: Wer behauptet, es sei (kontext- und subjekt*un*abhängig) der Fall, daß Wahrheiten subjekt- und kontextabhängig sind, widerspricht

12 Vgl. L. Lévy-Bruhl, *La mentalité primitive*; E. E. Evans-Pritchard, *Witchcraft, Oracles and Magic among the Azande*.

sich selbst. Der totale Relativismus muß, wenn er ernst meint, was er behauptet, auch sich selbst relativieren. Aber dann beginnt unser Verständnis dessen, was diese Position überhaupt bedeuten soll, zu wanken.[13] Ein radikaler Relativismus ist also inkonsistent. Er widerlegt sich selbst. Die Möglichkeit, die Gültigkeit der Regeln der Logik zu bestreiten oder zu relativieren, besteht für ihn nicht.[14] Denn dann verwickelt er sich in einen performativen Widerspruch. Er muß die Regeln der Logik für die Sätze benutzen, mit denen er ihre Geltung bestreiten will. Als eine wichtige Teilmenge der Regeln der Rationalität gelten die Regeln der Logik universell und objektiv. Die Regel, daß Aussagen untereinander in keinem inkonsistenten Verhältnis stehen dürfen, ist so fundamental, daß sie jeder Kultur zugrunde liegt. Diese Regel gründet darauf, daß der Satz vom Widerspruch die Bedingung der Möglichkeit von sinnvollem und verständlichem Sprechen und (in Sprache gefaßtem) Denken ist. Diese universellen Regeln sind allerdings rein formal.

Neben der Logik müssen wir auch stärkere inhaltliche Gemeinsamkeiten unterstellen, z.B. die gleichen basalen, empirischen Wahrnehmungen, gleiche Begriffe von Entitäten, die die gleiche Art von Referenz haben, gleiche Interpretationen von Situationen und die gleichen basalen Ziele (wie Wahrheit von Meinungen, prognostische Kraft von Behauptungen etc.).[15] Diese Unterstellung von gemeinsamen Meinungen, Begriffen und Zielen ist einerseits notwendig für ein Verständnis, andererseits aber müssen Unterstellungen einzeln jeweils prinzipiell korrigierbar sein, wenn man die Möglichkeit nicht a priori leugnen

13 Dies ist ein Gemeinplatz der Philosophie. Vgl. schon Platon, *Theaitetos*, 161 d-162 a, und jüngst H. Putnam, *Reason, Truth, and History*, S. 119ff., dt. S. 163f.

14 So dehnt P. Winch den Relativismus auch auf die Logik aus. Vgl. *Die Idee der Sozialwissenschaft* S. 129.

15 Zum Status dieser Gemeinsamkeitsunterstellung vgl. M. Hollis, *The Limits of Irrationality*, S. 214ff., ders., *Reason and Ritual*, bes. S. 228, 230f. und S. Lukes, *Some Problems about Rationality*, bes. S. 209. Diese Unterstellung könnte man von relativistischer Seite mit Hinblick auf Quines These von der »indeterminancy of translation« problematisieren. (Vgl. W.V.O. Quine, *Word and Object*, Kap. 2.) Eine genaue Prüfung der Argumente würde wegen der semantischen Details den Rahmen dieser Arbeit sprengen und ist in diesem Zusammenhang auch nicht notwendig.

will, daß sich unsere nicht-analytischen Sätze und Theorien als falsch herausstellen können.[16]

Ein Relativist wird gegen die Tendenz opponieren, allzu große Gemeinsamkeiten zu unterstellen. Dagegen behauptet er, verschiedene Kulturen, Weltbilder, Lebensformen o.ä. seien nur

16 Eine solche Auffassung findet sich bei D. Davidson, *On the Very Idea of a Conceptual Scheme*, und ders., *Coherence Theory of Truth and Knowledge*. Mit seiner Auslegung des »principle of charity« verbindet er die These, daß die Unterstellungen nicht nur notwendig, sondern auch größtenteils wahr sind: Davidson glaubt also, über die Analyse der Bedingungen des Verstehens a priori zeigen zu können, daß die meisten unserer Meinungen wahr und unsere Rationalitätsstandards objektiv gültig sind. Davidsons Argument für diese starke Behauptung beruht auf der Annahme eines allwissenden Interpreten, der uns, die fehlbaren Menschen, auch nur mittels der Methode der radikalen Interpretation und des Prinzips des Wohlwollens verstehen kann. Der allwissende Interpret findet mit Hilfe dieser Methoden, die wir auch verwenden müssen, heraus, daß unsere Meinungen und Äußerungen im großen und ganzen konsistent sind – gemessen an seinen Maßstäben, die ex hypothesi aufgrund seiner Allwissenheit wahr und objektiv gültig sind. Also haben wir größtenteils tatsächlich wahre Meinungen. – Das wäre schön. Vier Einwände gegen die These liegen auf der Hand: 1. In Davidsons Argumentation leuchtet nicht ein, warum ein allwissender Interpret das »principle of charity« anwenden muß. Entweder er ist allwissend, dann weiß er auch, was wir meinen und äußern, und damit auch, wieviele unserer Überzeugungen falsch sind, oder er muß wohlwollende Unterstellungen machen, weil er sonst nicht weiß, was wir mit unseren Äußerungen meinen. 2. Wenn der (allwissende) Interpret das »principle of charity« benutzt, kann er sich über unsere Meinungen und Bedeutungen von Sätzen irren, denn seine wahren Meinungen, die er uns unterstellt, sind nicht unsere Meinungen. Entweder der allwissende Interpret glaubt uns zu verstehen, mißversteht uns aber in Wahrheit, oder aber er kann uns gar nicht verstehen. 3. Man kann Davidsons Interpretation des »principle of charity« kritisieren, nämlich die, daß die Wahrheitsstandards des Interpreten in die Struktur der vom Sprecher für wahr gehaltenen Sätze hineingelesen werden sollen. Man braucht – so die Gegenthese – nur eine gut begründete Hypothese über die Meinungen des anderen. Diese Meinungen müssen nicht mit den eigenen übereinstimmen. 4. Selbst wenn – wie Davidson behauptet – unsere Überzeugungen wahr wären, muß es sich noch lange nicht um das adäquate Bild der Wirklichkeit handeln. Woher wissen wir – mit Davidsons Argument –, ob unsere wahren Meinungen nicht nur einen bestimmten Ausschnitt der Wirklichkeit treffen? Unsere Meinungen wären dann zwar wahr, lieferten uns aber nicht die relevante, umfassende Erkenntnis.

verständlich relativ zu ihrem Begriffsschema oder universe of discourse. Den Sinn von Meinungen und den der damit zusammenhängenden Handlungen wie z.B. Hexenglauben, Orakel, magische Riten etc. könne man sich nur im Rahmen der entsprechenden Weltbilder verständlich machen, die das kulturelle Wissen speichern, mit dessen Hilfe eine Sprachgemeinschaft jeweils die Welt interpretiere. Schon die Bedeutung der Wörter und Begriffe sei kontext- und kulturabhängig. Wörter können nur innerhalb der Sprachspiele verstanden werden, die ihre Verwendungsweise regeln und ihnen erst die Bedeutung geben. Daraus soll dann folgen, daß das Begriffsschema der jeweiligen Lebensform o.ä. sowie die darin geformten Meinungen und Rationalitätsregeln nicht vergleichend beurteilt werden können, indem sie auf eine nicht-kulturrelative Menge von Rationalitätsstandards Bezug nehmen. Sprachspiele und Weltbilder als Maßstäbe relativer Rationalität seien deshalb inkompatibel. Diese Argumentation läuft also auf einen Begriffsrelativismus und die These der Inkommensurabilität von Begriffsschemata heraus. In einer starken Version der These von der Inkommensurabilität bedeutet sie, daß es unmöglich ist, fremde Sprachen zu übersetzen oder Lebensformen zu verstehen. Diese Implikation scheint stark kontraintuitiv, da sie unseren empirischen Evidenzen widerspricht, es sei denn, man wolle sagen, daß wir andere Kulturen eigentlich nicht verstehen oder es noch nie mit wirklich anderen Kulturen zu tun gehabt haben. Wenn diese sehr unplausible Meinung vertreten würde, läge die Beweislast sicher beim Relativisten. Außerdem steht die Inkommensurabilitätsthese im Widerspruch zu der Relativitätsbehauptung, es gebe unterschiedliche Rationalitätsstandards, die relativ zu einem Begriffsschema seien. Denn wenn man Begriffsschemata nicht vergleichen kann, kann man auch nicht beurteilen, ob die in ihnen enthaltenen Rationalitätsstandards verschieden sind.

Bei einem überlappenden Bereich von Gemeinsamkeiten, die das Verständnis und die Vergleichbarkeit sichern, betrifft die Debatte um die Relativität der Rationalitätsregeln denn auch im wesentlichen Rationalitätsregeln im Sinn von methodologischen Forderungen, die die Art und Weise der Rechtfertigung bestimmter Typen von Meinungen betreffen. Die strittigen Standards epistemischer Rationalität sind genauer die, die in einer Gesellschaft als Prüfmethoden bezüglich der Wahrheit von Propositionen gebräuchlich sind. In methodischer Hinsicht besteht ganz offensichtlich ein Dissens zwischen der Auffassung der sog. westlichen Zivilisation und dem mythischen Denken oder dem Denken unserer Vorfahren der vorgalileischen Jahrhunderte.

3. Begründung von Regeln

So stellt sich jetzt die Frage: Wie lassen sich – ein gewisses gegenseitiges Verständnis vorausgesetzt – bestimmte Rationalitätsregeln anderen mit Gründen vorziehen? De facto nehmen wir kulturübergreifende Rationalitätsbeurteilungen vor. Wie läßt sich überhaupt ein Rationalitätsstandard, wenn möglich noch unserer, rational begründen? Ein wissenschaftlicher Standard läßt sich m. E. (unter Rückgriff auf die Rationalitätsanalyse in den Kapiteln II und III) ein Stück weit im Rekurs auf Ziele rechtfertigen.

Jeder Mensch hat Ziele. Das ist eine anthropologische Konstante. Bei dem Versuch, seine Ziele in dieser Welt möglichst gut zu verwirklichen, wird der Mensch unvermeidlich mit gewissen Problemen konfrontiert. Diese Probleme sind einerseits praktischer Natur (z. B.: »Wie erreiche ich mein Ziel?«) oder theoretischer Natur (z. B.: »Wie kann man das Phänomen erklären?«). Die basalen praktischen Probleme des Lebens werden dabei in der Regel theorieunabhängig sein. Probleme zeigen uns, daß unser Verständnis der Welt unvollständig, defizient ist. Wer ein Problem hat, will es lösen. Es ist die Rolle eines strukturierten Systems von Meinungen, genauer von Theorien, Probleme zu lösen, indem sie unser Verständnis der Welt verbessern. Wenn es wesentlich zum Sinn von Theorien gehört, Probleme zu lösen, kann als Test der Angemessenheit einer Theorie gelten, ob sie unsere Probleme löst oder nicht. Nur eine Theorie, die ein gestelltes Problem beseitigen kann, ist es wert, akzeptiert zu werden. So ergibt sich die These, Erfolg bei Problemlösungen als einen nicht theorierelativen Standard der Rationalität anzusehen.[17] Was als Erfolg zählt, wird durch die Art und Beschreibung des Problems vorgegeben. Die Kriterien

17 Vgl. J. Kekes, *Rationality and Problem-Solving*, S. 268, und Ch. Taylor, *Rationality*, S. 101, 103.

für Erfolg sind relativ zur Problemformulierung. Bestimmte anthropologische Annahmen über die Universalität bestimmter Ziele vorausgesetzt, sind Erfolge bzw. die Kriterien des Erfolgs bei der Lösung dieser Probleme nicht gänzlich kulturrelativ. Erfolg ist ein immanentes Kriterium einer jeden Theorie, jedes Weltbilds etc., weil jede Theorie das Ziel hat, Probleme zu lösen. An diesem Ziel kann man sie messen. Das Problem bzw. die Problemformulierung sichert die Vergleichbarkeit verschiedener Theorien bzw. Methoden. Sind die Theorien erst auf diese Weise vergleichbar, kann der Erfolg als Beurteilungskriterium fungieren. Dabei stellt Erfolg ein graduelles Kriterium dar; einige Problemlösungen sind erfolgreicher als andere, d.h. sie lösen das Problem schneller, besser, einfacher, eleganter etc. Deshalb kann man rationalerweise glauben – solange einem keine besseren Verfahren bekannt sind –, die eigenen Verfahren der Theoriebildung seien erfolgreich. Lernt man erfolgreichere Verfahren kennen, liegt ein Grund im internalistischen Sinn eines Motivs vor, diese Verfahren zu übernehmen. Das oberste Ziel, an das eine rationale Begründung appellieren kann, ist das aufgeklärte Eigeninteresse der Betroffenen. Denn eine rationale Begründung muß nach der These der internalistischen Rationalitätskonzeption ein Motiv enthalten. Dieses Motivs, d.h. des Erfolgs wegen hat man nach der reflektiert subjektiven Version von Rationalität einen Grund, seine Standards zu verbessern.

Damit erhält man entgegen der relativistischen These doch ein kontextunabhängiges Beurteilungskriterium für den Vergleich verschiedener Regeln der Rationalität, die in Theorien oder Weltbildern eingebaut sind. Dieses Kriterium besagt, daß diejenigen Standards rational sind, die Probleme erfolgreicher lösen als konkurrierende Standards. Dieses Kriterium sollte jedem einleuchten, weil es im Interesse eines jeden ist, möglichst erfolgreiche Verfahren der Problemlösung zu besitzen.

Lassen sich mit diesem Kriterium tatsächlich die wissenschaftlichen Rationalitätsstandards anderen, z.B. denen sog. Primitiver, mit Gründen vorziehen? Unsere Rationalitätsstandards sind an dem orientiert, was wir Wissenschaft nennen. Wir stellen bestimmte methodologische Forderungen, denen nach unserer Auffassung empirische Erkenntnisse über (und technische Eingriffe in) Naturvorgänge gehorchen sollen. Kognitive Aussagen (im einfachsten Fall sind das Tatsachenmeinungen und Vorhersagen) müssen diesen Anforderungen genügen, d.h. sie müssen einen angemessenen Wirklichkeitsbezug haben. Dieser wird unserer Auffassung nach durch theoretische Erkenntnisse gewährleistet.[18] Theoretisches Verständnis ist sowohl dort gegeben, wo die Unterscheidung vorgenommen wird zwischen einer objektiven Perspektive und unserer normalen subjektiven Haltung, die unmittelbar auf unsere Ziele, Wünsche und Aktivitäten gerichtet ist, als auch dort, wo die objektive Haltung als höherwertige und bessere Sicht der Realität angesehen wird. Diese objektive Einstellung ergibt sich aus einer Anwendung des pragmatischen Kriteriums (wie in Kapitel III schon vorgeführt worden ist): Was immer die praktischen Probleme und Interessen einer Person sein mögen, es ist im theoretischen Bereich fast immer rational, sich zur Maxime zu machen, Wahrheit als eine conditio sine qua non der Meinungsbildung zu verlangen. Obwohl eine durch Selbsttäuschung falsche Meinung kurzfristig Interessen befriedigen kann, ist es langfristig (von einigen Ausnahmen abgesehen) rational, im hohen Maße wahre Meinungen zu haben. Im hohen Maße wahre Meinungen dienen der Gesamtheit aller subjektiven Interessen am besten. Das pragmatische Kriterium der Rationalität – erfolgreiche Problemlösung – begründet also im theoretischen Bereich die Rationalitätsregel, die Wahrheitsorientierung und eine objektive Perspektive als (in der Regel) unverzichtbare Ziele jeder Meinungsbildung zu wählen.[19] Streben nach Wahrheit und Objektivität ist die Grundbedingung der empirischen Wissenschaft. Die Regeln der Rationalität bzw. die durch die Regeln der Rationalität sanktionierten Verfahren der Meinungsbildung können danach beurteilt werden, wie erfolgreich sie das gesetzte Ziel, also relevante Wahrheit, erreichen. Die Verfahren müssen mehr oder weniger zuverlässig wahre Meinungen erzeugen. Aus

18 Vgl. Ch. Taylor, *Rationality*, S. 89f.; C.G. Hempel, *Scientific Rationality*; L. Krüger, *Über das Verhältnis von Wissenschaftlichkeit und Rationalität*.

19 Wahrheit kann selbst – wie schon öfter betont – kein Kriterium für theoretische Rationalität sein, weil falsche Meinungen rational und wahre irrational sein können, wenn sie nur begründet sind. Außerdem ist Wahrheit bzw. das, was wir für wahr halten, außer in Fällen von basalen Beobachtungsurteilen theorieabhängig.

der Zielbestimmung für theoretische Rationalität – relevante Wahrheit – ergibt sich somit ein weiteres Kriterium für die Regeln der Rationalität. Dieses Kriterium theoretischer Rationalität bezieht sich auf den Anteil der wahren Meinungen an der Gesamtmenge der Meinungen, die durch die zu beurteilenden Verfahren gebildet werden. Die Verfahren der Meinungsbildung können also nach dem Kriterium ihrer Verläßlichkeit beurteilt werden, mit der sie einen mehr oder weniger hohen Anteil wahrer Meinungen erzeugen. Dieses Kriterium ist komparativ, d. h. es ist ein Maximierungskriterium. Es besagt, daß die Verfahren der Meinungsbildung nur dann rational sind, wenn sie den Anteil wahrer Meinungen maximieren, d. h. vor allem wenn sie besser sind als alternative Verfahren. Als Verfahren rationaler Meinungsbildung können nur die gelten, die verläßlicher als andere sicherstellen, daß der Anteil der wahren Meinungen im Verhältnis zur Gesamtmenge besonders hoch ist. Das oberste Ziel der Meinungsbildung – Problemlösung – begründet seinerseits die Ausrichtung auf Wahrheit, und die Ausrichtung auf Wahrheit begründet das Kriterium der Verläßlichkeit. Dieses wiederum rechtfertigt die verschiedenen konkreten Rationalitätsregeln, besonders diejenigen, die die Berücksichtigung der Evidenz und nicht-inferentielle Verfahren wie empirische Wahrnehmung, Erinnerung etc. betreffen. Mit ihnen verbunden sind die weiteren Bedingungen wie Vorhersagbarkeit, Möglichkeit intersubjektiver Überprüfung, ständige Wiederholbarkeit unter gleichen Bedingungen etc.
Die Begründungskette läuft also wie folgt: Die Rationalitätsregeln sind die besten Mittel zum Erreichen von Wahrheit; und Wahrheitsorientierung bei Meinungsbildung ist das beste Mittel zur Lösung von Problemen. Der Vorteil einer theoretischen Einstellung besteht zudem in der Tatsache, prinzipiell für Widerlegungen offen zu sein.[20] So sind z. B. Ad-hoc-Erklärungen, d. h. Erklärungen, die nur zum Schutz vor Widerlegungen vorgebracht werden, unzulässig. Eine rationale Einstellung einzunehmen, umfaßt in unserer Gesellschaft das Bemühen, sich dort, wo es möglich ist, um ein theoretisches Verständnis zu

20 Vgl. R. Horton, *African Thought and Western Science*, der als Maßstab der Beurteilung von Rationalitätsstandards besonders auf die Dimension eingeht, in welchem Maß sie Lernprozesse behindern oder fördern.

bemühen. Rationalität und theoretisches Verständnis hängen für uns zusammen. Wir sind daher geneigt, jede andere untheoretische Kultur als weniger rational einzustufen.
Ein Relativist wie Winch wird einen Vergleich dieser Haltung mit anderen Standards für unberechtigt halten, weil es ein Fehler sei, eine nicht-theoretische Kultur nach den Maßstäben einer theoretischen zu beurteilen. Bei den Praktiken der Magie, des Hexenglaubens u. ä. gehe es den Betreffenden nicht um ein theoretisches Verständnis der Welt.[21] Die Anwendung des Erfolgs-Kriteriums zum interkulturellen Vergleich von Rationalitätsstandards setzt allerdings in der Tat voraus, daß es möglich ist, sich auf eine gemeinsame Problemformulierung zu einigen. Der Relativist wird die Auffassung vertreten, daß das Problem und die Problemformulierung weltbildabhängig ist. Das ist sicher oft der Fall; daher ist dieses Kriterium nur bedingt anwendbar. Die magischen und religiösen Glaubenssätze und Praktiken »primitiver« Kulturen müssen nicht unbedingt als Aussagen über die Wirklichkeit verstanden werden. Sie können auch expressiven und sinnstiftenden Charakter haben. Es kommt darauf an, zu welchem Zweck diese Aussagen und Meinungen eingesetzt werden und daß es uns gelingt zu verstehen, welche Ziele jeweils mit dem Einsatz bestimmter Praktiken und Methoden erreicht werden sollen. Aber, und das kann kein Relativist leugnen: Alle Kulturen müssen auch ein Interesse an einem theoretischen Verständnis dieser Welt haben, wenn sie ihre Probleme erfolgreich lösen wollen.
Die Regensätze der Zande können religiöse Riten sein, aber wenn sie mit diesen auch praktische Ziele erreichen wollen, z. B. daß es regnet, damit das Korn wächst, dann lassen sich Vergleiche zwischen dem methodischen Vorgehen und den kognitiven Aussagen anstellen. Diesen Vergleich können wir nun nicht direkt mit einem Kriterium wie kognitiver Angemessenheit des Weltbilds oder Verläßlichkeit der Regeln vornehmen. Denn wenn jemand eine Tatsachenbehauptung oder Prognose mit einem Wahrheitsanspruch äußert und diese sich als falsch erweist, so wird der Betreffende das zugeben müssen. Ein Mitglied einer anderen, mythischen Kultur wird nur anders als wir mythische Erklärungen dafür geben, warum das Behauptete nicht eintraf

21 Vgl. P. Winch, *Understanding a Primitive Society*, S. 93.

oder die Vorhersage nicht eingetroffen ist. Wenn unsere Vorhersagen sehr viel häufiger zutreffen (und unsere Handlungen erfolgreicher im Bewirken von Zwecken sind), so müssen sie das ebenfalls zugestehen. Kann man ihnen dadurch zeigen, daß unsere Standards besser sind? Ja und nein. Sie müssen nur die Richtigkeit unserer Aussagen zugeben; die Methoden, die diese Erfolge hervorbringen, können sie ebenso wie ihre Mißerfolge mythisch erklären. In dieser Situation kann man versuchen zu zeigen, daß der Erfolg der empirischen und wissenschaftlichen Standards mit der theoretischen Einstellung zusammenhängt. Das kann allerdings nur gelingen, wenn die Zande bereit sind, sich darauf einzulassen; sie können sich ebensogut weigern. Es ist nicht theoretisch zwingend, daß sie die Kriterien übernehmen, da es nicht durch eine ausschließlich theoretische Argumentation gelingen kann, ihnen ihren Eindruck zu zerstören, ihr mythisches Erklärungsmodell sei völlig angemessen. Der Zweifel, daß etwas anders sein könnte, als in ihrer Theorie behauptet, braucht innerhalb des mythischen Denkens nicht aufzutauchen. Jedes System besitzt im theoretischen Bereich ausreichend Möglichkeiten der Immunisierung. Daß Ad-hoc-Erklärungen und Immunisierungsstrategien nach den wissenschaftlichen Standards unzulässig sind, wird andere nicht überzeugen.

Mit Bezug auf das praktische Kriterium des Erfolgs kann man anderen jedoch ein Motiv für die Übernahme unserer Standards bieten, das sie ansprechen wird. Dazu muß man unterstellen, daß die Menschen, die in mythischen Kulturen leben, ebenso wie wir bestimmte basale Interessen und Bedürfnisse haben, die sie zu befriedigen trachten, und deshalb an der Ausdehnung ihrer praktischen Möglichkeiten interessiert sind. Es ist gerade für sie, die sie unter Naturgewalten leiden, die ihnen unwägbar und bedrohlich erscheinen, sehr vorteilhaft, bessere technische Verfahren zu übernehmen. Nehmen wir also für den Moment einmal an, es gelänge, gemeinsame Interessen und Probleme zu finden, dann ist es wahrscheinlich, daß sie von unseren Technologien Gebrauch machen werden, wenn sie ihnen angeboten werden. Machen sie sich unsere Technologie – und sei es erst einmal ein Stück weit – zunutze, so ist nicht zu sehen, wie sie auf Dauer auf die Methoden verzichten können, die die Technik begründen. Haben sie sich erst einmal auf das wissenschaftliche

Denken eingelassen, so sollte es möglich sein, eine aus der Teilnehmerperspektive einsichtig nachvollziehbare Folge von Lernschritten zu konstruieren und sie so von der Angemessenheit der wissenschaftlichen Standards zu überzeugen. Es liegt dann nahe, daß sie die wissenschaftlichen Regeln der Meinungsbildung übernehmen werden, wenn sie erst einmal so darauf aufmerksam geworden sind.

Dieses pragmatische Argument ist keine strenge Form von Rechtfertigung. Es gibt keine Rationalitätsstandards, die sich damit von vornherein als unbezweifelbar feststellen lassen, von allen akzeptiert werden müssen und an denen alle gemessen werden können. Man kann aber mit dem Kriterium Erfolg einige Rationalitätsstandards anderen mit Gründen vorziehen, indem man die Problemlösungskapazität der wissenschaftlichen und technologischen Methoden vergleicht. Wenn man unterstellen kann, daß zumindest prinzipiell eine solche Begründung von Regeln und Theorien mit Bezug auf das praktische Interesse aller Menschen am Erfolg gelingen kann, so sind transkulturelle Beurteilungen gerechtfertigt. Das Weltverständnis der modernen Wissenschaft erweist sich dann gegenüber den mythischen Weltbildern als kognitiv überlegen. Diese pragmatische Begründung ist allerdings abhängig von gemeinsamen Zielen. Sie bleibt damit relativ. Es kann schwierig sein, ein gemeinsames kulturübergreifendes Problem als Maßstab des Vergleichs zu ermitteln. Außerdem ist es möglich, daß jemand sich trotz gemeinsamer Problemausgangslage weigert, sich auf bestimmte Methoden einzulassen, wenn ihn die Erfolge und Vorteile der Anwendung der konkurrierenden Theorie nach Abwägung seiner Interessen nicht locken, z. B. weil sie zu viele unerwünschte Nebenwirkungen hat. Angesichts der durchaus auch negativen Erfahrungen mit dem westlichen Zivilisationsfortschritt ist dieser Aspekt bedenkenswert.

Als Ergebnis bleibt also ein schwacher Relativismus festzuhalten. Er ist schwach, insofern es einerseits einen Kernbestand von Rationalitätsregeln gibt, die als Regeln der Logik universell gültig sind, und andererseits ein transkulturelles pragmatisches Beurteilungskriterium für Rationalität in Form von erfolgreicher Problemlösung vorhanden ist. Er bleibt ein Relativismus, weil die logischen Regeln nur eine kleine Teilmenge der Rationalitätsregeln ausmachen und die methodischen Rationalitätsregeln der Meinungsbildung nur pragmatisch gerechtfertigt werden können. Rationalitätsstandards lassen sich nur relativ zu Wünschen bzw. Interessen begründen. Das Relativismusproblem verschiebt sich so auf die Frage, ob Zwecke, Ziele und Wünsche rational begründbar sind.

Teil III
Rationalität im praktischen Bereich

A.
Relative praktische Rationalität

Was wir umgangssprachlich im praktischen Bereich in erster Linie »rational« nennen, sind Handlungen. In zweiter Linie werden auch »Präferenzen«, »Wünsche«, »Ziele«, »Interessen«, »Werturteile«, »Entscheidungen«, »Verhaltensmuster«, »Gewohnheiten« etc. als »rational« bezeichnet. Ich beginne mit einer Analyse der Rationalität von Handlungen. Dabei werden die anderen Faktoren, die im praktischen Bereich rational sein können, mit eingeführt und thematisiert.

Unter welchen Bedingungen ist eine Handlung rational? Eine Handlung wird rational genannt, wenn sie wohlbegründet ist, d.h. wenn es Gründe gibt, die gut genug sind, die Handlung gegenüber alternativen Handlungsmöglichkeiten auszuzeichnen. Wir fragen danach, warum jemand so handelt, wie er gerade handelt, und warum er nicht etwas anderes tut. Kann der Handelnde begründen, warum er sich entschieden hat, das zu tun, was er tut, so nennen wir seine Handlung rational. In diesem Sinn reden wir umgangssprachlich von Begründungen bei Handlungen ebenso wie bei Aussagen. Die Bedeutung »wohlbegründet« umfaßt alle Anwendungssituationen des Rationalitätsbegriffs. Es gibt diese eine einheitliche Bedeutung von Rationalität sowohl im theoretischen wie im praktischen Bereich. Aber geht diese Einheit auch weiter? Oder ergibt sich aufgrund der Unterschiede im Objektbereich – im theoretischen Bereich handelt es sich um Meinungen, im praktischen Bereich hingegen um Handlungen – eine Differenzierung im Rationalitätsbegriff selbst? In der Philosophie wurde und wird häufig von »praktischer Vernunft« geredet. Was könnte auf der Grundlage des bisher entwickelten Rationalitätskonzepts damit gemeint sein? Gibt es so etwas wie einen spezifisch praktischen Sinn von Rationalität?

Nun ist schon festgestellt worden, daß »rational« allgemein, d.h. in allen Situationen, in denen es Verwendung findet, »wohlbegründet« heißt. Wenn dem so ist, dann hängt die Beantwortung der Frage, welche verschiedenen, gegebenenfalls spezifisch praktischen Verwendungsweisen des Rationalitätsbegriffs existieren, davon ab, welche verschiedenen Begründungsweisen es gibt. Die Möglichkeit praktischer Rationalität hängt einzig davon ab, ob es spezifisch praktische Begründungen gibt, also eine Begründungsweise, die in der Form im theoretischen Bereich nicht vorkommt.

Zwei Stufen von Begründungen können im praktischen Bereich unterschieden werden: relative und absolute Begründungen. Wir begründen zum einen Handlungen relativ zu etwas, bezüglich dessen zum anderen die Begründungsfrage selbst gestellt werden kann. Relative Begründungen sind im schwachen Sinn oder formal rational, absolute Begründungen im starken Sinn oder substantiell rational. Ich beginne in diesem Teil III. A. mit der Analyse relativer Handlungsbegründung. Inwieweit sind relative Handlungsbegründungen spezifisch praktisch? Danach wäre im weiteren zu suchen. Da nicht ausgemacht ist, was spezifisch praktische Rationalität bzw. Begründung sein soll, verstehe ich diese Frage, ob es eine spezifisch praktische Vernunft gibt, als die Frage nach einem möglichen, relevanten Unterschied zwischen theoretischer und praktischer Rationalität. Aus diesem Grund werde ich parallel zur Untersuchung theoretischer Rationalität vorgehen. Zur Klärung des Begriffs der Handlungsrationalität kommt es zuerst darauf an zu ermitteln, was es heißt, daß etwas ein Grund für eine Handlung ist, und was es heißt, daß dieser Grund ein guter Grund ist, gut genug, um die Handlung rational zu nennen. Mit der Ermittlung der einzelnen notwendigen und zusammen hinreichenden Bedingungen rationalen Handelns soll zuerst eine formale Charakterisierung der Rationalität von Handlungen geliefert werden (V.1.).[1] Anschließend gehe ich auf die wichtigsten inhaltlichen

1 Damit wird nichts darüber gesagt, welche Handlungen rational sind, sondern etwas darüber, was Rationalität ist. Die meisten modernen Darstellungen rationaler Handlungen dagegen, wie z. B. die klassische Entscheidungstheorie, konzentrieren sich auf die Diskussion verschiedener Arten von Handlungen, die unter den Begriff »rational« fallen, ohne zu klären, was der Terminus aussagt.

Da in Teil II die Struktur theoretischer Rationalität als prudentielle Rationalität erläutert wurde, sind wesentliche Charakteristika praktischer Rationalität vorweggenommen, so daß jetzt die Grundbestimmungen der Handlungsrationalität teilweise Wiederholungen sind. Diese kommen zustande, weil jeder der beiden Teile eine vollständige und in sich möglichst

Kriterien der Rationalität von Handlungen und die Art, wie sie bestimmt werden, ein (V.2.). Sowohl die formalen wie die inhaltlichen Kriterien sollen mit den Charakteristika theoretischer Rationalität verglichen werden, um so Unterschiede und Parallelitäten feststellen zu können. In diesem Kapitel möchte ich zeigen, daß die strukturellen Parallelitäten die Unterschiede bei weitem überwiegen, so daß man aufgrund dieses Ergebnisses nicht berechtigt ist, von einer spezifisch praktischen formalen Rationalität zu sprechen. Eine spezifisch praktische Komponente könnte dann allerdings noch mit der Möglichkeit einer absoluten Begründung von Normen oder Werten gegeben sein, die in Teil III. B. (Kapitel VI und VII) untersucht wird.

verständliche Analyse theoretischer oder praktischer Rationalität darstellen soll.
Der Einfluß der Arbeiten von D. Davidson in *Essays on Actions and Events* auf die im folgenden vorgenommene Analyse rationaler Gründe für Handlungen sollte deutlich sein, auch dort, wo ich von ihm abweiche, und obwohl Davidson selbst meines Wissens in keiner seiner Arbeiten eine Bestimmung von oder einen Kriterienkatalog für Rationalität vorlegt.

Kapitel V
Rationales Handeln

1. Bedingungen rationalen Handelns

1.1. Art der Gründe

Zwei Bedingungen für das Vorliegen einer Handlung, die überhaupt als rational oder irrational eingestuft werden kann, sind schon in Kapitel I bei einer ersten vorläufigen Klärung des Begriffs der Handlungsrationalität genannt worden, die ich deshalb hier nur kurz rekapitulieren muß.[2] Eine notwendige Voraussetzung ist:

(1) Die Handlung muß freiwillig ausgeführt werden.

Freiwilligkeit im Gegensatz zu Zwanghaftigkeit einer Handlung oder eines Verhaltens muß vorausgesetzt sein, damit die Handlung überhaupt rational oder $irrational_1$ genannt werden kann. Zwanghaftes Verhalten ist zwar nicht arational, d.h. prinzipiell oder überhaupt nicht für Gründe zugänglich, aber $irrational_2$, d.h. wegen psychischer Beschränkungen momentan nicht für Gründe zugänglich. Die Person besitzt keine Kontrolle über ihr Tun und ist deshalb auch für ihr Verhalten nicht (evtl. nur nicht voll) verantwortlich. Zwanghafte Handlungen sind nicht prinzipiell unveränderbar; sie können durch wie immer verursachte Beeinflussung der Persönlichkeitsstruktur (Gegenkonditionierung, Psychotherapie u.ä.) in den Bereich der Rationalität hineingeholt werden. Solange sie das nicht sind, erfüllt das Verhalten eine wichtige Bedingung für die Rationalität von Handlungen nicht. Diese Bedingung besteht darin, aktuell für Gründe zugänglich, also durch deren Nennung und Bewußtwerdung beeinflußbar zu sein.

Die Bedingung der Freiwilligkeit ist noch zu weit, läßt sie doch noch Verhalten zu, das weder rational noch $irrational_1$ genannt werden kann, wie z.B. Reflexe oder auch spontanes Verhalten, sei es körperlich bedingt (z.B. Schluckauf), sei es emotional bedingt (z.B. Angst, Freude, Haß). Zweitens gilt daher die Bedingung:

(2) Die Handlung muß absichtlich (intentional) ausgeführt werden.

2 Vgl. Kap. I.2.

Diese Bedingung gilt nach einer bestimmten Definition von »Handlung« analytisch, wenn man unter einer Handlung »absichtliches Verhalten« versteht. »Verhalten« wird demgegenüber als neutraler Terminus benutzt, der sich auf jegliche Art von Ereignissen bezieht, die auf menschlichen Körperbewegungen basieren. Der Begriff des Verhaltens ist gegenüber dem der Handlung weiter, weil er sowohl körperliche Bewegungen umfaßt, mit denen eine Person eine (intentionale) Handlung ausführt – etwa wenn sie mit dem Kopf nickt, um ein Signal zu geben –, als auch Körperbewegungen, die keine (intentionale) Handlung darstellen und deshalb »bloßes Verhalten« genannt werden können – wenn das Nicken des Kopfes etwa darauf zurückzuführen ist, daß die Person eingeschlafen ist.

Eine Handlung ist absichtlich, wenn sie zielgerichtet ist.[3] Intentional handeln heißt, irgend etwas (ein beliebiges Ziel) mit der Handlung erreichen zu wollen. Bei intentionalem Handeln schwebt der handelnden Person etwas vor, was sie fördern oder erreichen will. Wer absichtlich handelt, handelt aus einem Grund. Dieser Grund besteht in einer positiven oder Pro-Einstellung, d. h. irgendeiner Art von Wollen, Wunsch, Ziel, Nutzen, Motiv, Akzeptanz von Geboten oder Normen etc.[4] Wenn ein Verhalten nicht absichtlich ist, hat es keinen inneren Zusammenhang mit Gründen. Bei nicht-intentionalem Verhalten, z. B.

3 Es gibt einen Unterschied zwischen absichtlichem (intentionalem) Handeln und einer Absicht zum Handeln. Bei intentionalem Handeln muß eine Absicht nicht explizit vorliegen. Bei einer Absicht zum Handeln muß dagegen keine Handlung folgen. Bei einer prominenten Art der Erklärung intentionaler Handlungen (wie sie im folgenden auch impliziert ist) wird nicht auf Absichten als spezifische Zustände, spezifische Einstellungen oder Dispositionen Bezug genommen. Dann scheint aber die Unterscheidung zwischen »eine Absicht bilden« und einer absichtlichen Handlung problematisch, weil es unplausibel ist, daß der Zustand oder diese Einstellung beim intentionalen Handeln keine Rolle spielen soll. Diesem Problem entgeht man, wenn man eine reine Absicht ohne nachfolgende Handlung analysiert als uneingeschränktes Urteil, daß eine bestimmte Handlung unter den Umständen auszuführen, das Beste ist. Vgl. dazu D. Davidson, *Intending*, dagegen G. Harmann, *Change in View*, Kap. 8, der Absichten für eine spezielle Art von psychologischem Zustand hält, der der primäre Gegenstand praktischen Überlegens ist. Zu den Schwierigkeiten der Bestimmung von Intentionalität von Handlungen s. u. 1.3.

4 Als Ziel etc. eines Handelns kann all das fungieren, was im Interesse des

Gammeln, bei dem die Person nicht einmal angeben kann, warum sie das tut, was sie gerade tut, kann das Verhalten nicht als rational eingestuft werden. Hier scheint schlicht jeglicher Grund für das Verhalten zu fehlen. Um rational sein zu können, muß das Verhalten mit einer Absicht vollzogen worden sein, d.h. es muß zielgerichtet sein. Nur wo etwas mit einer Handlung bezweckt wird, kann die Handlung nach Rationalitätskriterien beurteilt werden. Nicht-intentionales Verhalten kann entweder arational sein, wenn es außerhalb der Reichweite der Einwirkung durch die Vernunft liegt, z. B. die Verdauung. Oder es kann irrational sein, wenn es in den Kontext von Wünschen bzw. Zielen der Person eingebettet ist. So kann auch nicht-intentionales Verhalten irrational sein, wenn es gegen die Ziele der betreffenden Person verstößt und die Person das wissen und etwas dagegen unternehmen könnte. Schon hier wird deutlich, daß, um eine Handlung rational (oder irrational) nennen zu können, im Gegensatz zu arational, der Ausführung der Handlung zumindest implizit eine praktische Überlegung vorausgegangen sein muß (s. u. [RPR]). Nicht-intentionales Verhalten ist irrational, wenn die Person Gründe hat, ihr Verhalten absichtlich zu ändern. Insofern ist Absichtlichkeit in jedem Fall eine notwendige Bedingung für Rationalität von Handlungen (bzw. Verhalten, um diesen Satz nicht tautologisch zu machen).

Welcher Art sind die möglichen Gründe für eine Handlung? Zwei Arten von Handlungsgründen müssen zusammen vorliegen, um eine Handlung rational machen zu können. Der eine Typ von Handlungsgründen ergibt sich unmittelbar aus Bedingung (2), wenn man annimmt, daß allein Wünsche die Ziele von Handlungen festlegen können. Wenn Handlungen, um rational zu sein, absichtlich, d.h. zielgerichtet sein müssen, dann gilt:

(3) Eine (rationale) Handlung ist begründet zum einen mit Bezug auf Wünsche (bzw. Interessen).

Das Ziel (die Absicht) der Handlung wird durch die Wünsche

Handelnden liegt. Das braucht nicht nur das egoistische Einzelinteresse zu sein, sondern kann sehr wohl auch das Glück eines oder aller anderen sein. Vgl. die genauere Bestimmung des Zweckbegriffs in Kap. VII. Das, worauf eine Absicht gerichtet ist, der Zweck etc., kann und muß bei der Bestimmung von formaler Handlungsrationalität ganz offen bleiben. Der Zweckbegriff wird im folgenden daher inhaltlich ganz neutral verwendet.

bzw. Interessen bestimmt. Eine Handlung ist nur dann für eine Person rational, wenn sie auch einen motivierenden Grund für die Handlung hat. Nur Interessen – so die These – motivieren den Handelnden zur Ausführung der Handlung. Deshalb kann man diesen Typ von Gründen auch *motivierenden* Grund oder schlicht das *Motiv* nennen.

Von einem Grund zum Handeln sprechen wir oft in diesem Sinn. Dies ist wahrscheinlich die Interpretation, die man für einen Satz der Form »S hat einen Grund, so und so zu handeln« geben wird. Dies steht im Kontrast zu einer Verwendung von »Grund« in Ausdrücken wie »Es gibt für S einen Grund, so und so zu handeln«, der auch verwendet werden kann, obwohl S z.Zt. kein Motiv hat, so zu handeln. Diese beiden Verwendungsweisen markieren den Unterschied zwischen internen und externen Gründen bzw. zwischen einer internalistischen und einer externalistischen Interpretation von Gründen.[5] Bedingung (3) impliziert die internalistische Auffassung von Handlungsgründen, nach der sich ein Grund auf die subjektiv motivationale Verfassung der betreffenden Person beziehen muß. Diese in (3) enthaltene These wird von den Verfechtern einer externalistischen Interpretation bestritten. Sie bezweifeln, daß nur Wünsche die Ziele einer rationalen Handlung festlegen können. Damit ist Bedingung (3) nicht so trivial, wie sie vielleicht zuerst klingen mag. Anstatt hier sofort auf diese Kontroverse zwischen Internalismus und Externalismus einzugehen, möchte ich die Diskussion noch verschieben (auf 1.4.), um zunächst einige weitere Bedingungen für Handlungsrationalität einzuführen. Nach einer ersten, vorläufigen Charakterisierung von Handlungsrationalität wird sich der Internalismus angemessen darstellen und verteidigen lassen.

Erwähnt werden muß hier noch unbedingt, daß die Wünsche, die als rationale Handlungsgründe fungieren, mehr oder weniger bewußt sein müssen; sie dürfen auf jeden Fall nicht im psychoanalytischen Sinn unbewußt sein. Wünsche, die der Person durch

5 Diese gleiche Unterscheidung von Internalismus und Externalismus ist schon in Kap. II, Anm. 10 mit Bezug auf Gründe, etwas zu meinen, eingeführt worden. Dort ist darauf verwiesen worden, daß »Internalismus« und »Externalismus« in der Erkenntnistheorie auch in einem anderen Sinn gebraucht werden. Zur Verwendung dieser Terminologie im praktischen Bereich vgl. auch weiter unten Anm. 17 in diesem Kapitel.

eigene Reflexion nicht bewußt sind bzw. gemacht werden können, können keinen rationalen Grund abgeben. Sonst wären impulsive und unbewußt motivierte Handlungen rational. Sie sind aber nach allgemeinem Sprachgebrauch entweder arational, wenn sie Reflexion und bewußter Steuerung nicht zugänglich sind, oder irrational, wenn sie durch Gründe hätten beeinflußt werden können, aber nicht beeinflußt wurden. Die Wünsche, die einen rationalen Grund abgeben, brauchen der Person allerdings nicht stets voll bewußt zu sein, in dem Sinn, daß sie stets verspürte, diesen oder jenen Wunsch zu haben. (s.u. 1.4.).

Im Gegensatz zu absichtlichen Handlungen muß bei rationalen Handlungen noch eine andere Art von Gründen vorliegen. Das Vorliegen eines motivierenden Grundes allein macht die Handlung noch nicht rational. Denn in der Regel ist das Handlungsziel allgemeiner Art. Um es zu erreichen, sind verschiedene Möglichkeiten denkbar. Welche die Person ergreift, d.h. warum sie so handelt, wie sie es tut, hängt außer von dem Ziel auch von den bestehenden Überzeugungen ab, z.B. über die zur Verfügung stehenden Möglichkeiten, deren Vorteile und Nachteile usw. Für die Rationalität von Handlungen gilt deshalb auch folgende Bedingung:

(4) Eine (rationale) Handlung ist begründet zum anderen mit Bezug auf Meinungen.

Außer der Bezugnahme auf einen Wunsch oder ein Ziel bedarf es also noch der Bezugnahme auf Überzeugungen bzw. Meinungen zur genaueren Angabe der Absicht des Handelnden. Der Handelnde muß zumindest der Überzeugung sein, daß die Handlung eine gewünschte Eigenschaft verkörpert oder bewirkt. Eine Handlung wird zum einen mit Bezug auf Ziele, zum anderen mit Bezug auf Meinungen begründet. Häufig ist es müßig, beide Arten von Gründen zu nennen, wenn man eine Handlung erklärt. Wenn jemand sagt, er benutze einen Dosenöffner, weil er meine, damit die Konservendose am besten öffnen zu können, dann braucht er nicht auch noch mitzuteilen, daß er die Dose öffnen wolle. Und umgekehrt, wenn jemand verkündet, er drücke aufs Gaspedal, um zu beschleunigen, dann muß er nicht hinzufügen, daß er den Wagen beschleunigen wolle. Der Ausdruck »Grund für eine Handlung« kann in beiden Hinsichten jeweils elliptisch verwendet werden. Dennoch ist es wesentlich, sich für die Rekonstruktion einer rationalen Begründung von Handlungen klarzumachen, daß letztlich immer beide Arten von Gründen zusammen vorliegen müssen: Wünsche (Ziele) und Meinungen (Überzeugungen).

So trivial Bedingung (4) klingen mag, weil sie zur orthodoxen Sicht gehört, so ist sie doch nicht unumstritten. Die Bedingung (4) könnte für einen Typ von Handlungen als nicht notwendig erscheinen, wenn man zwei Arten von intentionalem Handeln unterscheidet: (i) etwas tun, z. B. spazierengehen, weil man es spontan will, d. h. weil man momentan Lust dazu verspürt; und (ii) etwas bewirken, zustande bringen, so daß ein kausaler Prozeß in der Welt in Gang gesetzt wird. Dies entspricht einer schon von Aristoteles durchgeführten bekannten Differenzierung bei den Handlungszielen. Im einen Fall (i) realisiert sich das Ziel im Tun selbst (Spazierengehen, Klavierspielen etc.), im anderen Fall (ii) sind die Werke oder Produkte jenseits des Tuns. Nun könnte es den Anschein haben, von rationalen Handlungen ließe sich nur im Fall (ii) reden, weil nur dort Mittel-Zweck-Überlegungen eine Rolle spielten. Da nur im Fall (ii) die Bedingung (4) erfüllt wäre, wäre nur (ii) ein Fall rationalen Handelns. Man kann natürlich auch umgekehrt einen Vorwurf gegen (4) daraus machen. Wenn auch Fälle des Typs (i) rational genannt werden (sollen), dann kann Bedingung (4) nicht korrekt sein, da ja bei diesem Handlungstyp keine Mittel-Zweck-Meinungen vorzukommen scheinen. Beides scheint mir unplausibel. Das Prädikat »rational« oder »irrational« kann sowohl auf den Fall (i) als auch auf (ii) angewendet werden. Es ist fraglich, ob in Fällen des Typs (i) nicht auch notwendig theoretische Meinungen, meistens über Mittel-Zweck-Zusammenhänge, eine Rolle spielen müssen. Das hängt wahrscheinlich davon ab, wie klein oder groß man die Handlungseinheit beschreibt. Wenn z. B. Klavierspielen aus verschiedenen Handlungen besteht wie: ein Klavier suchen, seinen Deckel aufklappen, die Noten hinstellen, sich davor setzen, die Noten lesen, eine bestimmte Taste anschlagen, noch eine Taste in einem bestimmten Tempo und Druck anschlagen etc., die wiederum aus bestimmten Basis-Handlungen bestehen, dann sind theoretische Überzeugungen vom Zusammenhang der untergeordneten zu den übergeordneten Handlungen notwendig, auch wenn uns das normalerweise so trivial erscheint, daß wir daran gar nicht bewußt denken.

Daneben gibt es noch ein Argument, das zeigt, Fälle vom Typ (i) können rational oder irrational sein. Dieses Argument trägt allerdings nichts zur Verteidigung von (4) bei. Ich will es dennoch hier schon einmal erwähnen: Selbst wenn keine Mittel-Zweck-Überlegungen vonnöten sein sollten (was ich ja bezweifle), dann kann eine unmittelbare Befriedigung von Wünschen irrational sein, wenn dieser Wunsch von einem anderen (höherstufigen, langfristigeren oder einfach einem stärkeren) Wunsch der Person überwogen wird oder wenn der Wunsch, dem nachgegeben wurde, Nebenfolgen hat, die andere, wichtigere oder stärkere Wünsche verletzen. Die Irrationalität der Handlung liegt dann darin, spontan einem Wunsch nachgegeben zu haben, ohne sich zu überlegen, ob diese Handlung tatsächlich in der Situation die beste ist. Der Fehler liegt im wesentlichen also darin, überhaupt nicht nachgedacht zu haben. Hier zeigt sich erneut (wie bei der Bestimmung der Absichtlichkeit), daß einer rationalen Handlung zumindest implizit eine praktische Überlegung vorausgegangen sein muß. (s. u. [RPR])

1.2. Bedingungen für rechtfertigende Gründe

Inwiefern ist eine Handlung im Lichte gegebener Meinungen und Wünsche rational, d. h. inwiefern begründen eine Meinung und ein Wunsch eine Handlung? Inwiefern sind sie also rationale Gründe für die Handlung? Eine erste Antwort darauf lautet:

(5) Die Gründe (Wünsche und Meinungen) müssen die Handlung rechtfertigen.

Wie rechtfertigen Gründe eine Handlung? Mit Hilfe von (3) und (4) läßt sich die Art der Begründungsbeziehung genauer charakterisieren. Konkret gilt für den einfachsten Fall folgendes Rationalitätskriterium (das für komplexe Voraussetzungen erweitert werden kann):

(6) R ist ein rationaler Grund zum Zeitpunkt t für eine Person S zu einer bestimmten Handlung H, wenn es ein Ereignis oder einen Zustand Z der Art gibt, daß R zu t aus S's Wunsch nach Z besteht sowie S's Meinung, daß man Z erreicht, indem man H ausführt.

Oder als materielle Bedingung bzw. *Regel der praktischen Rationalität* (PR):

(PR-1) Gibt es ein bestimmtes Ziel Z der Person S, und glaubt S, Z könne nur durch den Einsatz des Mittels M realisiert werden, dann ist die einzig rationale Handlung für S (mit Blick auf Z) diejenige, die M anwendet.

(6) expliziert die Grundstruktur rein instrumenteller Rationalität. Diesen Aspekt von Handlungsrationalität, der nur den Mittel-Zweck-Zusammenhang betrifft, nenne ich *instrumentelle Rationalität* der Mittel. Im Gegensatz zu instrumenteller Rationalität umfaßt *Zweckrationalität* auch ein Abwägen der Ziele. Zweckrationalität ist der umfassendere Ausdruck für *formale Rationalität von Handlungen*; instrumentelle Rationalität ist nur ein Teil von ihr.[6] Die instrumentelle Rationalität einer Handlung hängt davon ab, ob die Mittelwahl der Person begründet ist. Dies ist der Gesichtspunkt der Mittelrichtigkeit bzw. Mittelangemessenheit, unter dem solche Handlungen rational geplant, ausgeführt und von anderen Personen beurteilt werden können. Die instrumentelle Begründung kann bei Handlungen unterschiedliche Formen annehmen. Entweder handelt es sich um eine einfache Kausalüberlegung oder um die Herstellung logischer Konsistenz oder um eine Teil-Ganzes-Überlegung. Das sind alles Begründungsweisen, die so auch im theoretischen Bereich Verwendung finden. S's Mittelwahl liegt (häufig nur implizit) mindestens eine theoretische Meinung über die Beschaffenheit der Welt zugrunde. So muß z.B. S's Glaube, daß Z nur durch dieses bestimmte M realisiert werden kann, auf einer theoretischen Kausalmeinung beruhen. S muß der Meinung sein, daß unter den gegebenen Bedingungen in dieser Welt gilt: wenn M, dann Z. Die Rationalität der Handlung hängt in diesem Fall von der Rationalität der zugrunde liegenden, theoretischen Meinung ab.

Kann Z durch verschiedene Mittel erreicht werden, so gilt:

(PR-2) Wird ein angestrebter Zweck durch alle in Betracht gezogenen (verfügbaren) Mittel erreicht und gilt ferner, daß die Mittel in anderer Hinsicht neutral sind, so ist es

6 So ist der Terminus der Zweckrationalität von Max Weber eingeführt worden; vgl. Max Weber, *Wirtschaft und Gesellschaft*, S. 13. Auf die zusätzlichen Bedingungen für Zweckrationalität komme ich erst weiter unten zu sprechen.

vernünftig, dasjenige Mittel zu wählen, das den Zweck am besten erreicht. Das bedeutet genauer: Diejenige Handlung, die mit dem geringsten Mittelaufwand jeglicher Art das Ziel im größtmöglichen Umfang erreicht, ist die rationalste.

(PR-2) macht deutlich: Wünsche und Meinungen begründen eine Handlung nur, wenn die fragliche Handlung entsprechend den gegebenen Meinungen die beste Weise ist, den gegebenen Wunsch zu erfüllen. Eine in (6) noch mögliche schwächere Deutung ist damit ausgeschlossen, wonach die Gründe schon dann rationale Gründe für die Handlung sind, wenn die Handlung entsprechend den gegebenen Meinungen *eine* Weise ist, den Wunsch zu realisieren. Dieser Unterschied betrifft die Frage, was genau das Kriterium der rationalen Wahl zwischen Handlungsalternativen ist: optimale Erfüllung des Wunsches (d.h. Maximierung des Nutzens) oder seine bloße Befriedigung. Wenn man sich wieder an der Verwendung des Wortes »rational« orientiert, so ergibt sich klar: Um als rational zu gelten, muß die Handlung (vor dem Hintergrund der Meinungen und Wünsche der Person S) das beste Mittel zur Realisierung der Wünsche von S sein. Zwar nennen wir eine bloß befriedigende Erfüllung eines Wunsches nicht in dem Maß irrational wie eine Handlung, die das Ziel gar nicht erreicht, aber eine optimale Erreichung des Ziels ist einer nicht-optimalen rationalerweise vorzuziehen. Nun mag es verschiedene Handlungsalternativen geben, die gleichermaßen gut das Ziel erreichen. Dann sind diese Handlungen gleich optimal und damit gleich rational. Optimalität als Kriterium impliziert nicht, daß es nur eine einzige beste Lösung gibt; der Rationalitätsbegriff deckt auch die Möglichkeit ab, daß es mehrere gleich gute gibt, wobei die Wahl zwischen ihnen – ceteris paribus – beliebig ist. Das Kriterium zur Beurteilung einer Handlung als rational betrifft also die Art und Weise, wie die Handlung ihr Ziel erreicht: Es genügt nicht eine beliebige Erfüllung des Wunsches, vielmehr ist die bestmögliche erforderlich.

(7) Diejenige Handlung ist rational, die auf der Grundlage von S's Meinungen eine optimale Aussicht auf die Erlangung ihrer Ziele bietet.[7]

7 Das genaue Kriterium und die Details der instrumentellen Rationalität

Zentral für instrumentelle Rationalität ist die auf die Realisierung eines Ziels gerichtete rationale Entscheidung zwischen Handlungsalternativen unter dem Gesichtspunkt des optimalen Mitteleinsatzes zur Maximierung des Nutzens. Gründe sind also rationale Gründe für die betreffende Handlung, wenn sie entsprechend den gegebenen Meinungen die beste Weise ist, den gegebenen Wunsch zu erfüllen. Die Begründungsstruktur besteht dabei wiederum in einem Mittel-Zweck-Zusammenhang. Daß M das optimale Mittel ist, z. B. weil es am schnellsten zu verwirklichen ist oder die geringsten Mühen und Kosten verursacht, beruht ebenfalls auf theoretischen Überzeugungen, von deren Rationalität die Rationalität der Handlung wesentlich abhängt.

Man beachte, wie dünn diese Rationalitätsbedingung ist. Wenn ein Handelnder einen zwingenden Wunsch hat, eine bestimmte Person zu töten, und glaubt, der beste Weg, das zu erreichen, sei, einen Pflock durch eine Puppe zu treiben, die den zu Tötenden repräsentiere, dann handelt er rational, wenn er den Pflock durch die Puppe stößt.[8] Obwohl das Kriterium für Rationalität Optimalität ist, bedeutet eine rationale Handlung nicht »das beste, was man machen kann«. Letzteres ist eine objektive Stellungnahme. Die kritische Beurteilung des Handelns als rational oder irrational ist dagegen relativ zum Handelnden, genauer zu seinen Meinungen und besonders zu seinen Zielen. »Rational« ist ein relatives Prädikat. Eine Handlung wird relativ zu den Gründen (Meinungen und Wünschen) als rational bezeichnet, die die Person zur Zeit der Handlung hat. Die Handlung muß im Licht der gegebenen Meinungen und Wünsche subjektiv rational sein. Die Mittel-Zweck-Beziehung muß nur nach Meinung des Handelnden bestehen. Hier kann er irren. Instrumentelle Rationalität bezieht sich auf *subjektive* Gründe im Gegensatz zu *objektiven* Gründen. Um rational genannt werden zu können, müssen die Gründe auch Gründe der betreffenden Per-

braucht uns hier noch nicht zu kümmern, weil vor den materiellen zuerst die formalen Bedingungen von Handlungsrationalität bestimmt werden sollen. Was es heißt, das beste Mittel zu wählen, wird von der Entscheidungstheorie bzw. den Theorien rationaler Wahl expliziert. Auf die dort ermittelten, genaueren Kriterien instrumenteller Rationalität komme ich erst später zu sprechen; s. u. 2.3.

8 Vgl. J. Elster, *Sour Grapes*, S. 3.

son sein.[9] Darum sind z. B. (im psychoanalytischen Sinn) unbewußte Motive ausgeschlossen. Auch wenn ein Verhalten einen unbewußten Wunsch optimal befriedigt, handelt es sich um keine rationale Handlung, weil dieser Grund der Person nicht wirklich zur Verfügung steht. Damit sind auch externe Gründe ausgeschlossen, also solche, die sich nicht auf die subjektiv motivationale Verfassung des Handelnden beziehen. Beide Fälle verletzen Bedingung (3). Entsprechend erfüllen auch unbewußte Meinungen und externe Evidenzen nicht Bedingung (4). Die Grundintuition dieser Analyse von Rationalität ist, daß Rationalität auf Gründen beruht, die die Person hat bzw. die ihr zur Verfügung stehen. Nur so kann die Person für die Rationalität oder Irrationalität ihrer Handlung verantwortlich gemacht werden. Außerdem erklärt sich nur so der besondere Appellcharakter des Irrationalitätsvorwurfs. Wenn wir eine Handlung einer Person als rational oder irrational beurteilen, können wir damit eine Empfehlung oder Kritik aussprechen, und zwar vom Standpunkt der betreffenden Person aus, d. h. unter dem Gesichtspunkt *ihrer* Ziele und der ihr verfügbaren Informationen. Deshalb hat eine Beurteilung als rational oder irrational eine besondere, motivationale Kraft. Es handelt sich um eine Art immanenter Kritik oder positiver Verstärkung. Denn rational zu handeln, bedeutet für den Handelnden, daß er die beste Strategie benutzen soll, aus seinen Informationen (Meinungen) das Bestmögliche zu machen, um seine Ziele so effektiv wie möglich zu erreichen.

Wenn wir in dieser Weise (im Sinne instrumenteller Rationalität) von Meinungen und Wünschen als Gründen einer Person für eine Handlung reden, können wir nicht verlangen, daß sie wahr oder richtig sind. »Wahr« und »richtig« sind objektive Prädikate, »rational« ist dagegen ein subjektives. Die Zuschreibung hängt von den Meinungen und Zielen des Handelnden ab. Die Falschheit der Meinungen oder die Verfehltheit der Wertsetzungen oder Wünsche hindern die Meinung oder den Wunsch nicht,

9 So unterscheidet Max Weber, *Gesammelte Aufsätze zur Wissenschaftslehre*, S. 432, zwischen »subjektiver Zweckrationalität« und »objektiver Richtigkeitsrationalität«. Eine gegenteilige Auffassung von Rationalität von Handlungen, nämlich nach dem Kriterium der rationalen Wahl aus objektiven Gründen, vertritt z. B. D. E. Mellor, *Objective Decision Making*.

der Person einen formal-rationalen Handlungsgrund zu liefern. Rationalität hat immer damit zu tun, was der Handelnde für eine Handlung wählen sollte – sowohl seine beschränkte Menge an Informationen vorausgesetzt als auch seine beschränkte Imagination und Zeit, die verschiedenen Alternativen zu bedenken und ihre verschiedenen möglichen Konsequenzen zu überlegen.

Müssen die Überzeugungen und Wünsche, die als Gründe der Person für ihre Handlung fungieren, rational, d.h. wohl-begründet sein? Diesbezüglich variieren die Intuitionen verschiedener Menschen stark. Man unterscheidet hier am besten zwei Fälle: Handlungen sollen *formal-rational* heißen, wenn eine Handlung relativ zu den Meinungen und Zielen des Handelnden zu t begründet ist. Eine Handlung ist dagegen *substantiell-rational*, wenn die Meinungen, vor allem aber die Wünsche, die die Handlung begründen, selbst begründet sind.[10] Bei der hier ins Auge gefaßten formalen Handlungsrationalität ist es also per definitionem nicht erforderlich, daß die Meinungen und Wünsche wohlbegründet sind. Formale Handlungsrationalität könnte demnach als eine Forderung bzw. Beurteilung erscheinen, die nur relativ zu den Wünschen und Meinungen, die S zu t hat, vorgenommen werden kann. Dies ist die *radikal-subjektivistische* Interpretation. In dieser Weise wird »rational« umgangssprachlich auch verwendet. Diese Variante umfaßt allerdings nicht alle Fälle formaler Handlungsrationalität, man sollte sie deshalb besser als einen ersten Rationalitätsgrad (RG-1) verstehen. Handlungen, die nach dieser radikal-subjektivistischen Interpretation rational sein müßten, können auch als irrational beurteilt werden. Dies kann zum einen mit Rekurs auf objektiv adäquate Meinungen und Ziele geschehen. Diese *radikal objektive* Version bzw. dieser Rationalitätsgrad (RG-2) ist nach dem oben Gesagten mit der hier vertretenen Konzeption von Rationalität nicht vereinbar. Sie wird dem deontologischen Aspekt von »rational« nicht gerecht: Die Person muß für die Rationalität oder Irrationalität ihrer Handlung verantwortlich und in der Lage sein, dem für die Verwendung von »rational«/»irrational« wesentlichen Aspekt des Lobs und Tadels nachzukom-

10 Auf die Frage, ob sich Wünsche letztbegründen lassen, und damit auf die Möglichkeit substantieller Handlungsrationalität gehe ich in Kap. VII ein.

men. Außerdem muß eine rationale Begründung subjektiv überzeugend sein. Deshalb erweist sich (wie bei theoretischer Rationalität[11]) folgende *reflektiert subjektive* Konzeption (RG-3) als angemessen, die die Nachteile des radikalen Subjektivismus und des radikalen Objektivismus vermeiden kann: Eine Handlung ist rational relativ zu den Meinungen und Wünschen, die die Person nach reiflicher Überlegung gewählt hat. Wenn wir eine Handlung als irrational bezeichnen, bedeutet das, daß die Person hätte besser überlegen müssen. Die Rationalität einer Handlung bedeutet, den besten Gebrauch von seinen Ressourcen und seinen Fähigkeiten zu machen, Informationen zu sammeln und gute Alternativen zu eröffnen. Es handelt sich nicht darum, aus einer großen, offen vor einem liegenden Menge von Handlungsalternativen schlicht eine Option zu wählen.[12] Was das genau bedeutet, soll im Laufe dieses Kapitels weiter untersucht werden. Hier soll nur bereits soviel vorweg gesagt werden: Die Überlegung betrifft vor allem auch die Berücksichtigung der Meinungen bzw. Evidenzen, die der Person zur Verfügung stehen (s.o. Kapitel II), und das Abwägen ihrer verschiedenen Ziele (s.u. 2.2.). Dabei müssen die Meinungen und Ziele besonders eine auch bei formaler Handlungsrationalität gestellte Bedingung erfüllen, wenn in einer praktischen Überlegung mehrere Meinungen oder Ziele eine Rolle spielen:

(8) Die Menge der relevanten Meinungen sollte möglichst rational, mindestens aber intern konsistent sein.

(9) Die Menge der relevanten Ziele sollte intern konsistent gemacht werden.

Meinungen und Wünsche können kaum rationale Gründe für Handlungen sein, wenn sie nicht untereinander konsistent sind. Sie dürfen keine logischen, begrifflichen oder pragmatischen Widersprüche enthalten. Auf die Rationalitätsbedingungen (8) für Meinungen brauche ich hier nicht noch einmal einzugehen (vgl. dazu Kapitel II). Auf die Konsistenzbedingung (9) für Wünsche komme ich weiter unten bei der praktischen Überlegung (s.u. 2.1.-2.3.) ausführlich zu sprechen.

11 Vgl. dort die ausführlichere Diskussion von Rationalitätsgraden, hier bes. von (RG-3), am Ende von Kap. II.1.

12 Vgl. D. Føllesdal, *The Status of the Rationality Assumption in Interpretation and in the Explanation of Action*, S. 307.

1.3. Rationalität versus Intentionalität

Die bis jetzt ermittelten Bedingungen (die noch nicht hinreichend sind) sind zusammengenommen spezifisch für Rationalität. Dies ist zu betonen, weil besonders die Bedingungen (1)-(7) oft auch zur Bestimmung des Begriffs der Absichtlichkeit oder Intentionalität von Handlungen herangezogen werden. Es liegt nahe, intentionale Handlungen – so wie oben geschehen – als zweckgerichtete, also durch einen Wunsch hervorgebrachte Handlungen aufzufassen. Dabei stellt sich die Frage, ob für das Hervorbringen einer Handlung durch einen Wunsch nicht auch Meinungen über den Mittel-Zweck-Zusammenhang vonnöten sind. Der Begriff der absichtlichen Handlung kann dann auf den Begriff der Hervorbringung durch Wünsche und Meinungen zurückgeführt werden. Man kann dann von jemandem sagen, er führe X in der Absicht herbei, Y herbeizuführen, wenn die folgenden drei Bedingungen erfüllt sind: (i) Er wünscht Y, (ii) er glaubt, daß er Y zustande bringt, indem er X zustande bringt, (iii) diese Überzeugung und dieser Wunsch zusammengenommen veranlassen ihn dazu, X herbeizuführen.[13] Nach dieser nun zu diskutierenden Definition ist bei jeder intentionalen Handlung ein Begründungszusammenhang (d.h. ein Wunsch und eine Mittel-Zweck-Meinung) gegeben. Dann sieht es so aus, als ob jede absichtliche Handlung zumindest minimale Rationalität verkörpert, weil sie als Mittel zum Zweck gewählt wird. Deshalb findet man auch häufiger, daß die teleologische Erklärung einer intentionalen Handlung

13 Die klassische Darlegung dieses Standpunktes findet sich bei C.J. Ducasse, *Explanation, Mechanism, and Teleology*; sehr einflußreich auch bei A.I. Goldman, *A Theory of Human Action*, Kap. 3, und D. Davidson, *Essays on Actions and Events* (dt. *Handlung und Ereignis*). Diese Theorie definiert den Begriff der Absichtlichkeit durch die Verursachung durch Wünsche und Meinungen. Auf den Aspekt der Verursachung gehe ich erst weiter unten ein, s. Bed. (11).
Die am meisten diskutierten Einwände gegen diese Auffassung von Absichtlichkeit, z.B. die von R. Taylor, *Action and Purpose*, und R. Chisholm, *Freedom and Action*, wenden gegen diese Definition ein, sie sei zu weit. – Das Problem bei der Reduzierung von Absichtlichkeit auf die Verursachung durch Wünsche und Meinungen liegt aus der Sicht der Rationalitätsproblematik dagegen darin, daß diese Definition von Intentionalität zu eng ist.

mit ihrer rationalen Erklärung gleichgesetzt wird. Das scheint mir eine unplausible Konsequenz dieses Ansatzes. Der Begriff der rationalen Handlung wird umgangssprachlich enger verwendet als der der intentionalen Handlung. Man darf nicht rationales Handeln mit Handeln aus Gründen verwechseln. Nicht jede Handlung aus Gründen ist eine wohlbegründete Handlung. Deshalb sind die Anhänger dieser Charakterisierung von Absichtlichkeit genötigt, Rationalität plausibel von Intentionalität der Handlungen zu unterscheiden. Wenn das Kriterium für intentionale Handlungen »das geeignete oder beste Mittel zum Zweck« sein soll, was ist dann im Unterschied dazu das Kriterium für Rationalität? Das für Rationalität Spezifische können dann nur noch zusätzliche Bedingungen sein, die sich auf die Meinungen und Zwecke beziehen, die den Mittel-Zweck-Zusammenhang bestimmen. Als rationalitätsspezifische Bedingungen müssen dann also für formale Handlungsrationalität Konsistenz der Meinungen und Ziele (s.o. Bedingung (8) und (9))[14] und für substantielle Handlungsrationalität Wohlbegründetheit der Meinungen und Wünsche gefordert werden. Dies sind sicher Bedingungen für Rationalität von Handlungen, aber nicht sie machen allein das Spezifische von Rationalität im Unterschied zur Absichtlichkeit von Handlungen aus. Trotz dieser sicher richtigen zusätzlichen Bedingung für Rationalität bleibt die Schwierigkeit, daß nach einer solchen Rationalitätsdefinition zu viele irrationale Handlungen auch keine absichtlichen Handlungen sind. Ein Beispiel mag das verdeutlichen: Im Fall von sog. Willensschwäche wird im Blick auf die Gesamtmenge der Wünsche nicht das beste Mittel gewählt, das hieße dann, daß eine Bedingung für die wie oben definierte Absichtlichkeit nicht erfüllt wäre. Ein willensschwaches Verhalten wäre demnach nicht nur irrational, sondern keine intentionale Handlung. Das scheint mir kontraintuitiv. Es wird häufig übersehen, daß die Intentionalität von Handlungen keine Rationalität voraussetzt. Irrationale Handlungen scheinen manchmal unverständlich, weil man ihre Absicht nicht verstehen kann. Aber das bedeutet nicht, daß zumindest in einigen dieser Fälle von irrationalen Handlungen nicht doch Absichten (im Sinne von

14 So geht z.B. J. Elster, *The Nature and Scope of Rational-Choice Explanation*, als ein Vertreter der hier kritisierten Theorie der Intentionalität vor.

handlungsanleitenden Zielen) vorhanden sind, in deren Licht die Handlung beschrieben und verstanden werden kann. Dieses Verständnis wird in solchen Fällen nicht vollständig sei, weil es z. B. keine Vorhersagen ermöglicht; deshalb müssen die intentionalen Voraussetzungen der Handlung in diesen Fällen noch durch zusätzliche kausale Voraussetzungen ergänzt werden. Mit deren Hilfe läßt sich eine irrationale Handlung dennoch als intentionale Handlung auffassen.

Ein weiterer Einwand gegen diese Definition intentionalen Handelns besteht darin, daß für die Zuschreibung von Absichtlichkeit nicht notwendig – wie in (4) gefordert – eine Meinung über die eine oder die beste Möglichkeit, das Ziel zu realisieren, impliziert sein muß, sondern daß intentionales Handeln in bestimmten Fällen von Irrationalität allein durch einen motivierenden Wunsch erklärt werden kann. Man denke dabei an Fälle von spontanem und rein emotionalem Verhalten, z. B. aus Ärger die Haare raufen, gegen die Tür treten, ein Photo zerreißen, vor Freude jubeln, in die Luft springen, aus Scham die Hände vor das Gesicht nehmen etc., obwohl man in all diesen Fällen allein ist.[15] Diese Fälle scheinen zumindest oft intentionale Handlungen ohne inneren Zwang zu sein, aber ohne eine entsprechende Meinung, daß diese Handlung geeignet sei, um das und das zu erreichen. Daß eine solche Meinung auch nicht implizit vorhanden sein muß, zeigt folgendes Beispiel:[16] Jane kratzt aus Haß Joan auf einem Photo mit den Fingernägeln die Augen aus. Um dies als teleologische Handlung mit einem Wunsch und einer entsprechenden Meinung, wie das Ziel zu realisieren ist, zu beschreiben, müßte man, um eine entsprechende Mittel-Zweck-Beziehung konstruieren zu können, Jane den Wunsch zuschreiben, Joan zu verletzen, und die Meinung, das Photo zu kratzen bewirke kausal, daß Joan verletzt wird. Diese Meinung ist zu absurd, um mit einigem Wohlwollen (»Principle of Charity«) und ohne weitere Belege für das Vorliegen dieser Meinung der Person zugeschrieben werden zu können. Eine plausiblere Ansicht wäre die, daß mit der Handlung die Emotion (in geeigneter Weise) ausgedrückt wird. Dann muß die entsprechende Zielbestimmung allerdings anders lauten: Jane will ihrer Emotion

15 Diesen Einwand formuliert anhand dieser Beispiele R. Hursthouse, *Arational Action*.

16 Vgl. R. Hursthouse, *Arational Action*, S. 59f.

Ausdruck verleihen. Die Zuschreibung dieses Wunsches als Ergänzung oder schlicht Ersatz desjenigen, Joan zu verletzen, bedarf einer Rechtfertigung. Denn was wir in Situationen des Hasses normalerweise wollen, scheint sich nicht darin zu erschöpfen, daß wir unseren Gefühlen Ausdruck verleihen. Mit diesem Wunsch allein ist Haß unterbestimmt. Wenn sich kein plausibles Paar von Wünschen und Meinungen für solche Fälle finden läßt, dann muß man nach der hier diskutierten Auffassung von intentionalen Handlungen sagen, daß es in diesen Fällen um keine absichtlichen Handlungen geht, was zumindest bei komplexerem Verhalten wie dem Zerkratzen des Photos merkwürdig klingt. Oder aber man zieht die Schlußfolgerung, die mir plausibler scheint, daß die Bestimmung von intentionalen Handlungen sich in solchen Fällen als falsch erweist. Es gibt zwischen bloßem Verhalten und Mittel-Zweck-Handlungen noch Fälle, denen man nicht gut jegliche Absichtlichkeit absprechen kann. Vielleicht kommt Absichtlichkeit in Graden vor und ist keine Sache von Alles oder Nichts.

Wie auch immer, für die Bedingungen von Handlungsrationalität ändert sich nichts, wenn einige auch Bedingungen für Absichtlichkeit sind, solange sich umgangssprachliche Unterschiede zwischen Absichtlichkeit und Rationalität in unterschiedlichen Bedingungen widerspiegeln. Und das ist bei dem hier aufgestellten Katalog an Bedingungen für Handlungsrationalität der Fall. Damit eine Handlung absichtlich vollzogen wird, muß überhaupt ein Grund (ein Ziel, Motiv etc. und evtl. eine Meinung) vorliegen, aber keine guten Gründe. Für die Rationalität einer Handlung wird dagegen die Befolgung der besten zur Verfügung stehenden Gründe verlangt. Eine intentionale Handlung ist eine Handlung aus Gründen, aber keine wohlbegründete. Handeln aus Gründen ist nicht zu verwechseln mit rationalem Handeln.

1.4. Internalismus versus Externalismus

Mit den Bedingungen (6) und (7) ergibt sich eine erste, vorläufige Charakterisierung von Handlungsrationalität. Ihr liegt eine von Hume abstammende Theorie der Motivation zugrunde, wonach die Quelle der Motivation in einem relevanten Wunsch und einer Mittel-Zweck-Meinung besteht. Dieser Theorie entsprechend muß ein rationaler Grund u. a. zumindest aus einem Wunsch (Bedingung (3)) und einer Mittel-Zweck-Meinung (Bedingung (4)) bestehen. Dies ist die internalistische Interpretation rationaler Handlungsgründe, wonach sich ein Grund auf die subjektiv motivationale Verfassung der betreffenden Person beziehen muß. Dieser Auffassung widerspricht die externalistische Interpretation von Handlungsgründen, wonach ein Grund zu handeln kein Motiv implizieren muß. Der Externalismus wird definiert durch die Auffassung, daß es vernünftige Faktoren gibt, die im Zusammenhang mit Meinungen zum rationalen Handeln führen, die keine Wünsche sind. Damit komme ich nun – wie bei der Erläuterung von Bedingung (3) angekündigt – zur Kontroverse zwischen Internalismus und Externalismus.[17] Im folgenden möchte ich den Internalismus und die ihm zugrundeliegende Auffassung von Rationalität als »auf einem Wunsch basierend« plausibilisieren, indem ich einige gängige Einwände abzuweisen versuche.

17 Die terminologische Unterscheidung zwischen Gründen, die die Existenz eines Motivs implizieren, und jenen, die es nicht tun, bezog sich in der Literatur ursprünglich nur auf moralische Handlungsgründe. W. K. Frankena, *Obligation and Motivation in Recent Moral Philosophy*, und T. Nagel, *The Possibility of Altruism*, Part I, u. a. unterscheiden zwischen zwei Arten von Moraltheorien, die sie »internalistisch« und »externalistisch« nennen. Die internalistische Theorie besagt, daß das Wissen (die Wahrheit oder die Akzeptanz) eines moralischen Urteils die Existenz eines (nicht notwendig dominanten) Motivs impliziert, dem Urteil entsprechend zu handeln. Nach der externalistischen Theorie kann man dagegen sehr wohl ein moralisches Urteil für richtig halten, ohne im geringsten zu der erforderlichen Handlung motiviert zu sein. Moralische »Erkenntnis« und Motivation stellen sich hier als zwei verschiedene Dinge dar. Im moralischen Bereich scheint diese Unterscheidung prima facie am einleuchtendsten. Dennoch ist es nicht leicht, unbezweifelbare Beispiele für eine externalistische Moraltheorie zu finden. T. Nagel (S. 8f.) hält J. S. Mill für das beste Beispiel, weil er scharf unterscheidet zwischen den Gründen, aus denen das Prinzip des Utilitarismus wahr oder moralisch richtig ist, und den Motiven, die man hat, diesem Prinzip entsprechend zu handeln (die nach Mill nur aus der Erziehung und Sozialisation stammen). Frankena sieht Kant als Paradigma eines Externalisten, weil nach ihm moralische Urteile kategorisch, d. h. unabhängig von unseren Interessen, Wünschen und Motiven, gültig sind. C. Korsgaard widerspricht in *Skepticism about Practical Reason*, VII, dieser Interpretation Kants als Exter-

Der Externalismus beruft sich als Argument für seine Position auf die Intuition, daß wir nicht nur mit gegebenen Wünschen zweckrational umgehen können, sondern daß die Vernunft selbst motivierende Kraft hat, also zum Handeln bewegen kann. Durch die Bedingungen (6) oder (7) in Kombination mit (3) wird anscheinend die Rolle der Vernunft im praktischen Bereich stark limitiert, insofern danach die Vernunft nicht selbst und direkt eine Handlung hervorbringen kann, sondern auf die Wünsche der Person angewiesen ist. Die stärkste Unterstützung für den Externalismus ergibt sich m. E. aus diesem Unbehagen an einer Reduzierung von praktischer Vernunft auf rein instrumentelle Rationalität, also auf das bloße Suchen nach Mitteln zu gegebenen Zwecken. Instrumentelle Rationalität besagt nach (7) nur, wie wir unsere Wünsche befriedigen können, aber nicht, ob die Wünsche selbst wohlbegründet sind. Dies erscheint als eine unzulässige Verkürzung der Rolle der Vernunft – zu Recht. Einer solchen Intuition kann der Internalismus allerdings Rechnung tragen, indem er zugibt, daß sich – die Möglichkeit substantieller Rationalität im praktischen Bereich vorausgesetzt – praktische Rationalität nicht nur im Austarieren gegebener Wünsche erschöpft. Soviel ist richtig an der Intuition. Das impliziert aber nicht die These des Externalisten, daß Vernunft

nalist im wesentlichen mit dem Hinweis, daß Kant im 3. Abschnitt der *Grundlegung zur Metaphysik der Sitten* versuche, dafür zu argumentieren, daß wir durch den Kategorischen Imperativ, dieses Gesetz der Vernunft, motiviert werden können, d. h. daß wir einen autonomen Willen haben.

Diese Überlegungen über die motivationale Kraft moralischer Urteile wurden von B. Williams, *Internal and External Reasons*, auf Handlungsgründe allgemein übertragen. Als Klassiker einer internen Theorie von Handlungsgründen allgemein gilt (natürlich) D. Hume, *Treatise of Human Nature*, bes. Bk. II, pt. III, sec. III. Damit wird die Debatte auch eine zwischen Hume-Anhängern und Hume-Gegnern. Unter den zahlreichen modernen Verteidigern Humes und des Internalismus sind besonders hervorzuheben: B. Williams, *Internal and External Reasons*, M. Smith, *The Humean Theory of Motivation*, J. L. Mackie, *Ethics*. Vertreter der Gegenposition sind u. a.: T. Nagel, *The Possibility of Altruism*; H. Price, *Defending Desire-as-Belief*; G. R. Grice, *Motive and Reason*; E. J. Bond, *Reason and Value*; M. Hollis, *The Cunning of Reason*, Kap. 6; P. Foot, *Reason for Action and Desires*; S. Nathanson, *The Ideal of Rationality*, Kap. 8.

unabhängig von Wünschen motiviert. Denn solche Fälle nichtreduzierter Rationalität können immer auch so beschrieben werden – so die Argumentation des Internalisten –, daß mittels der rationalen Überlegung Wünsche hervorgebracht werden. Die These des schwachen Internalismus, die ich hier vertreten will, behauptet lediglich: Wenn Vernunft motivationale Kraft hat, Handlungen hervorzubringen, dann ist dies nur dadurch möglich, daß sie Wünsche hervorbringt oder sich auf gegebene Wünsche stützt.[18] Ein schwacher Internalismus ist damit gegenüber der Frage nach substantieller Rationalität im praktischen Bereich neutral.[19] Ein solcher Internalismus wäre nämlich nicht widerlegt, wenn man zeigen könnte, daß eine absolute Begründung von Wünschen möglich ist, d.h. wenn die Vernunft bestimmte Wünsche selbst setzen könnte, ohne erneut auf Wünsche der Person zu rekurrieren.[20]

18 Mehr als ein schwacher Internalismus wird in (3), (6) und (7) nicht gefordert. Die Möglichkeit einer absoluten und externen Begründung von Zielen spricht also nicht gegen (7), und umgekehrt schließt (7) substantielle Rationalität von Zielen nicht aus. Der schwache Internalismus verpflichtet deshalb auch nicht zu einer engen Auffassung rein instrumenteller Rationalität.

19 C. Korsgaard argumentiert in *Skepticism about Practical Reason* für die These, daß Überlegungen über die formale Rolle der Vernunft als Motiv allein keinen Skeptizismus bezüglich der Möglichkeit spezifisch praktischer Vernunft überhaupt rechtfertigen, sondern daß dieser sich allenfalls aus Ansichten darüber ergeben kann, was die Vernunft bei praktischen Entscheidungen inhaltlich vermag.

20 Der schwache Internalismus wird daher auch nicht widerlegt durch die Argumentation T. Nagels zu Beginn von *The Possibility of Altruism*. Nagel wendet etwas gegen den Internalismus ein, was diesen nicht widerlegen, aber deflationieren soll, so daß noch Platz ist für seine Hume entgegengesetzte Theorie. Die Idee ist, daß Wünsche bei einer intentionalen Handlung vorhanden sein müssen, es aber motivierte und nichtmotivierte Wünsche gibt (S. 29). Letztere werden selbst durch etwas hervorgebracht, das nicht selbst ein Wunsch ist.

Ein starker Internalismus bestreitet darüber hinaus noch die Möglichkeit, Normen und Werte ohne Rekurs auf höherstufige Wünsche der Person begründen zu können. Dieser Frage, ob und wieweit es eine so substantielle Rationalität im praktischen Bereich gibt, kann erst in Kap. VI & VII nachgegangen werden. Als Ergebnis der Untersuchung dort wird sich zeigen, daß jede Möglichkeit externer Begründung von Normen und Wünschen zurückgewiesen werden muß. So vertrete ich am Ende auch

Auch wenn ein schwacher Internalismus damit für die Intution aufkommen kann, die der Externalismus gerne als Argument für seine Position in Anspruch nimmt, ist die Kontroverse im wesentlichen Sachpunkt noch unentschieden. Der Externalist wird bezweifeln, ob ein entsprechender Wunsch vorliegt bzw. vorliegen muß, wenn rational gehandelt wird. Er vertritt die Gegenthese, daß praktische Vernunft direkt motivierend ist, d.h. daß man nach externen Gründen handeln kann, unabhängig davon, ob man einen entsprechenden Wunsch hat oder nicht. Diese These muß der Externalist verteidigen, wenn er externe Gründe als rationale Gründe zum Handeln verstehen will, d.h. als Gründe, nach denen wir rationalerweise direkt handeln sollen. Die Wahrheit des Externalismus impliziert die Falschheit des Internalismus. Welche Position ist die richtige? Da »sollen« »können« impliziert, muß der Externalist zeigen, daß und wie es möglich ist, daß externe Gründe direkt motivieren können. Damit liegt die Beweislast beim Externalismus (auch wenn das kein starkes Argument ist), denn an der Möglichkeit, nach externen Gründen ohne entsprechende Wünsche handeln zu können, herrscht Zweifel, was im umgekehrten Fall für den Internalismus nicht gilt. Diese Möglichkeit versuchen Externalisten meistens an zwei Arten von Handlungen zu demonstrieren: zum einen an Handlungen aufgrund von Meinungen (daß etwas wünschenswert oder geboten sei), zum anderen an Handlungen aufgrund von zukünftigen Wünschen. Anhand dieser beiden Fälle will der Externalist zeigen, daß wir ohne entsprechenden Wunsch handeln (können).

Zum ersten Handlungstyp: Es gebe doch Fälle – so argumentiert der Externalist –, in denen wir handeln, weil wir der *Meinung* sind, etwas sei wünschenswert oder wertvoll, auch wenn wir es jetzt nicht wünschen. Ein Beispiel für eine solche Redeweise ist folgender Fall: Eine Arbeitgeberin muß einen neuen Mitarbeiter einstellen. Nur zwei Kandidatinnen kommen in die engere Wahl. Bewerberin A ist eine alte Freundin, kooperativ, sensibel, fair, gemäßigt, kollegial, u.ä., Bewerberin B ist genau das Gegenteil. Aber es ist klar, daß B die etwas besseren Leistungen vorzuweisen hat. Die Arbeitgeberin entschei-

eine starke Version des Internalismus. Die starke Version möchte ich aber in diesem Kapitel noch nicht verteidigen, sondern ausdrücklich nur die schwache.

det sich mit knirschenden Zähnen gegen ihre Wünsche für B, weil sie glaubt, daß es in dieser Situation (alle Überlegungen miteinbezogen) gut ist, daß B statt A die Stelle bekommt. In Fällen wie diesem liegt nach Meinung der Externalisten kein Wunsch vor, der die Handlung anleitet, sondern nur eine Meinung, daß eine bestimmte Handlung gut, wünschenswert oder wertvoll sei. Entsprechend gibt es für den Externalismus auch Fälle, in denen wir handeln, weil wir der *Meinung* sind, die Handlung tun zu müssen oder zu sollen. Dieser Handlungstyp könne auch so beschrieben werden, daß die Vernunft qua Normen, Imperativen, Maximen oder Prinzipien eine Handlung anleitet. Normengeleitetes Handeln ist demnach ein völlig anderer Typ von Handlung, bei dem sich der Handelnde nicht am möglichen Erfolg seiner Handlung und an der dadurch erreichten Wunschbefriedigung orientiert, sondern an der sozialen Geltung von Normen oder Regeln. Hier werde die Handlung ausgeführt, weil es so geboten sei, nicht weil es so gewollt werde.[21]

Ähnlich verhält es sich bei dem zweiten Handlungstyp, den die Externalisten für ihre Auffassung als Beleg anführen. Dabei verweisen sie auf Fälle, in denen eine Person eine Handlung ausführt, z. B. zahlt sie monatlich in ihre Altersversicherung ein, weil sie glaubt, sie werde sich im Alter wünschen, eine Rente zu beziehen. Zukünftige Wünsche könnten also – so der Externalismus – einen Handlungsgrund darstellen. Dies sei kein Fall für den Internalismus, weil dieser verlange, daß ein Handlungsgrund in einem gegenwärtigen Wunsch besteht. Im Gegenteil zeige dieser Fall, wie unplausibel die internalistische Interpretation für rationale Handlungsgründe sei. Wenn S z. Zt. nicht wünscht, mit 65 Jahren pensioniert zu werden, aber vorhersieht, daß sie im Alter von 65 einen sehr starken Wunsch nach einer solchen Pension haben wird, dann ist es nach allgemeinem Verständnis von Rationalität klarerweise irrational, jetzt nicht für die Zukunft vorzusorgen. Aber nach der internalistischen Interpretation hat S z. Zt. keinen Wunsch und damit auch keinen rationalen Grund, in eine Altersversicherung einzuzahlen.[22] Deshalb sei diese Interpretation unplausibel.

21 Vgl. dazu auch 2.4. Soziales Handeln.

22 So die Argumentation z. B. von T. Nagel, *The Possibility of Altruism*, Kap. 6 und von M. Hollis, *The Cunning of Reason*, Kap. 6.

In beiden Fällen wird, nach Auffassung des Externalismus, gehandelt ohne einen entsprechenden gegenwärtigen Wunsch des Handelnden. Der Internalismus könne für Handlungen dieser Art nicht aufkommen. Die Antwort des Internalismus auf diesen Einwand läßt sich leicht vorhersehen. Der Internalist vertritt die Auffassung, daß wir in solchen Fällen Wünsche allgemeinerer Art haben, zu tun, was wir tun sollen oder was wünschenswert (oder gut, wertvoll u. ä.) ist oder wovon wir glauben, daß wir es in der Zukunft wollen. Der Externalist bestreitet das und wird dem Internalisten vorwerfen, solche Wünsche könne man stets einfach postulieren. Aber solange man das Vorliegen derartiger Wünsche nicht nachweisen könne, sei der Externalismus nicht widerlegt.
An diesem Punkt der Debatte geht es damit um die adäquate Epistemologie von Wünschen, also um die Frage, wie man einen Wunsch bzw. das Vorhandensein eines Wunsches erkennt. Ein Internalist kann auf den Unterschied zwischen »heißen« und »kalten«, »heftigen« und »ruhigen«, kurzfristigen und langfristigen Wünschen hinweisen. Nicht alle Arten von Wünschen spüren wir, wir nehmen nicht jeden Wunsch unmittelbar (introspektiv) wahr. Das ist nur bei einigen Arten von Wünschen der Fall, vor allem wohl bei den »heißen«, »heftigen« und kurzfristigen. Nur auf sie trifft eine phänomenologische Konzeption von Wunsch zu, wonach Wünsche, ähnlich Gefühlen, einfach und im wesentlichen Zustände sind, die einen bestimmten phänomenologischen Inhalt haben. Diese rein phänomenologische Konzeption von Wunsch ist aus verschiedenen Gründen abzulehnen.[23] (i) Nach dieser Auffassung hat eine Person nur einen Wunsch, wenn sie auch glaubt, sie habe diesen Wunsch. Damit gilt die Zuschreibung von Wünschen in der ersten Person als unbezweifelbar. Diese Bedingung ist viel zu stark. Es lassen sich leicht Fälle denken, in denen eine Person sich über ihre Wünsche geirrt hat. So z. B. ein Student, der glaubt, Mediziner werden zu wollen, weil er meint, dies entspreche seinen Vorstellungen über die befriedigende Arbeit, die angemessene Stellung und Reputation in der Gesellschaft etc. In Wirklichkeit aber studiert er Medizin, weil seine Eltern sich das immer für ihr einziges Kind sehnlichst gewünscht und ihr Kind entsprechend

23 Vgl. für die folgenden Argumente M. Smith, *The Humean Theory of Motivation*, S. 45 ff.

erzogen haben. Nach dem unerwarteten Tod der Eltern stellt der Medizinstudent plötzlich – zu seiner eigenen Überraschung – fest, daß ihm Medizin doch nicht liegt, und er kommt nach einer Weile zu dem Schluß, daß er eigentlich nicht Mediziner werden will. In solchen Fällen scheint es plausibel zu sagen, die Person habe sich bezüglich ihres Wunsches geirrt.[24] Meinungen über Wünsche (auch in der Ich-Perspektive der ersten Person Singular) sind prinzipiell korrigierbar. (ii) Die rein phänomenologische Konzeption kann nicht für den propositionalen Gehalt eines Wunsches aufkommen. Ein Wunsch ist immer ein Wunsch, daß p. Worin »p« besteht, gibt die rein phänomenologische Konzeption nicht an. Sie kann somit Wünsche nicht von Gefühlen unterscheiden und muß daher notwendig ergänzt werden, um adäquat zu sein. In dieser Form trägt sie nicht zu einem Verständnis bei, was es heißt, einen Wunsch zu haben. (iii) Wir schreiben uns gewöhnlich Wünsche zu, auch wenn wir sie nicht oder wenigstens nicht immer spüren bzw. introspektiv wahrnehmen, so z. B. den Wunsch zu überleben, den Wunsch der Eltern, daß sich ihre Kinder gut entwickeln mögen, etc. Diese Wünsche nehmen wir zwar von Zeit zu Zeit als solche wahr, meistens, wenn ihre Erfüllung gefährdet ist. Aber über lange Zeit nehmen wir sie nicht wahr. Aus diesen Gründen muß ein Wunsch anders charakterisiert werden als durch die rein phänomenologische Konzeption. Plausibler ist statt dessen eine dispositionale Konzeption von Wünschen. Wünsche sind danach als mentale Zustände zu verstehen, die eine bestimmte funktionale Rolle haben. D. h. der Wunsch nach Z ist der mentale Zustand von S, der allen entsprechenden Dispositionen von S zugrunde liegt, wie z. B. in bestimmten Situationen, H zu tun. Wie kann man Wunsch und Meinung voneinander unterscheiden, wenn man für beide eine dispositionelle Konzeption vertritt? Der spezifische Aspekt eines Wunsches im Gegensatz zu einer Meinung liegt in der »direction of fit«:[25] Meinungen zielen auf Wahrheit; wenn sie wahr sind, passen sie zur Welt; wenn sie falsch sind, müssen sie geändert werden, um zu passen. Wünsche dagegen zielen auf ihre Erfüllung bzw. Befriedigung. Wenn ein Wunsch erfüllt ist, paßt die Welt zu ihm; ist er nicht erfüllt,

24 Eine ausführlichere Diskussion findet sich in Kap. VII.

25 Vgl. G.E.M. Anscombe, *Intention*.

muß (grob gesprochen) die Welt geändert werden, damit sie zum Wunsch paßt, d.h. ihn erfüllt.

Mit Hilfe dieser Konzeption von Wünschen kann der Internalist recht erfolgreich dafür argumentieren, daß in den Fällen, mit denen der Externalist ihn konfrontiert hat, die Person einen handlungsanleitenden Wunsch hat, obwohl in der Beschreibung der Fälle keiner erwähnt wurde, weil die betreffenden Personen einen solchen nicht phänomenologisch wahrgenommen haben.

Mit dieser Analyse läßt sich wie folgt gegen den Externalisten argumentieren:[26] Akzeptiert man Bedingung (2), daß nur absichtliches Handeln rational sein kann, so bedeutet das, daß einen rationalen Grund zum Handeln zu haben, inter alia heißt, ein Ziel zu haben. (Die Einschränkung »inter alia« bezieht sich darauf, daß mindestens noch eine Mittel-Zweck-Meinung vorliegen muß.) Strittig bei den beiden Interpretationen von »rationaler Grund« ist, ob nur Wünsche das Ziel angeben können oder auch Überzeugungen darüber, was wünschenswert ist oder was getan werden soll. Ein Ziel zu haben ist nun ein Zustand – so das Argument –, zu dem die Welt passen muß, statt andersherum. Also ist ein Ziel ein Zustand mit der »direction of fit« eines Wunsches. Da ein Wunsch hauptsächlich dadurch charakterisiert ist, diese »direction of fit« zu haben, folgt, daß »ein Ziel haben« bedeutet, einen Wunsch zu haben. Und daraus folgt dann, daß »einen rationalen Handlungsgrund haben« inter alia bedeutet, einen Wunsch zu haben. Womit der Internalismus gerechtfertigt wäre, sofern der Externalist angesichts dieses Arguments noch Bedingung (2) zu akzeptieren bereit ist und keine Einwände gegen das Argument der »direction of fit« vorzubringen hat.[27]

Ein weiteres Argument für den Internalismus ergibt sich aus der im nächsten Abschnitt aufgestellten Bedingung, die nur von Zielen als Wünschen erfüllt werden kann. Ich gehe damit über zu einer weiteren Rationalitätsbedingung.

26 Vgl. M. Smith, *The Humean Theory of Motivation*, S. 54f.

27 Auf mögliche Einwände gegen das Argument der »direction of fit« kann ich hier nicht eingehen. Vgl. zu dieser Diskussion – dafür: M. Smith, *The Humean Theory of Motivation*, S. 55-58, und dagegen: H. Price, *Defending Desire-as-Belief*, S. 119-121.

1.5. Bedingungen für erklärende Gründe

Bis jetzt haben wir uns nur mit der Rechtfertigungsbeziehung zwischen rationalen Gründen und der Handlung beschäftigt. Das Vorhandensein der begründenden Überzeugungen und Wünsche genügt allerdings nicht, um zu gewährleisten, daß die Handlung wegen der Absicht ausgeführt wurde. Als Bedingung für Rationalität ist es nicht hinreichend, daß die Handlung durch Wünsche und Meinungen gerechtfertigt ist (s. Bedingung (5)). Beispielsweise geht ein Angestellter in sein Büro mit einem Regenschirm und ist der Meinung, daß es mit hoher Wahrscheinlichkeit regnen wird. Die Handlung (das Mitnehmen des Regenschirms) ist nur dann rational, wenn der Angestellte den Schirm mitnahm, *weil* er glaubte, es werde wahrscheinlich regnen und er könne so verhindern, naß zu werden. Statt dessen aber nahm der Angestellte den Schirm geistesabwesend, aus Gewohnheit mit seinen übrigen Utensilien zum Büro mit, oder er hatte ihn zusammengefaltet in seiner Aktentasche mit sich und fand ihn dort später zu seiner Überraschung. Um diesen Fall auszuschließen, muß eine rationale Handlung der Gründe wegen getan worden sein. Selbst wenn es in einem bestimmten Kontext Gründe gibt, die zeigen, daß zu handeln für S der rationale Typ von Handlung wäre, und selbst wenn S die Gründe (d.h. die relevanten Meinungen und Wünsche) auch hat, solange die Gründe nicht für die Handlung verantwortlich sind, machen sie die Handlung auch nicht rational. Also gilt als weitere Bedingung:

(10) Rationale Gründe müssen die Handlung erklären.

Dazu müssen die rationalen Gründe eine entscheidende Rolle beim Hervorbringen der Handlung spielen.

Eine bekannte Analyse dessen, was es heißt, aus Gründen zu handeln, bezieht sich auf eine recht abstrakte Darstellung des sog. praktischen Schließens. Dabei wird die Handlung als Konklusion eines sogenannten *praktischen Syllogismus* dargestellt.[28]

28 Die Unterscheidung von Schlüssen (Syllogismen) in theoretische und praktische stammt von Aristoteles, *Nikomachische Ethik*, 1146a 6ff. »Praktisches Schließen«, »praktische Inferenz«, »praktischer Syllogismus« werden heute als philosophische Kunstausdrücke gebraucht, mit denen man sich auf eine bestimmte Struktur praktischer Überlegung (practical reasoning) beziehen will. Die Ausdrücke werden von jedem

Man kann einen retrospektiven und einen prospektiven Gebrauch des praktischen Syllogismus unterscheiden. Mit Hilfe des retrospektiven Gebrauchs soll eine Handlung teleologisch erklärt werden. Dazu wird die Handlung einer Person in Form eines praktischen Syllogismus so dargestellt, daß sie aus den Wünschen und Meinungen logisch geschlossen werden kann. Die Handlung soll als rational gelten, wenn sie logisch aus dem Wunsch und der Meinung des Handelnden folgt. Dieser erklärt seine Handlung, indem er sie durch Angabe seiner Gründe (Meinungen und Wünsche) rechtfertigt. Im prospektiven Sinn wird in der Ich-Perspektive aus den Meinungen und Wünschen eine Intention, etwas Bestimmtes zu tun, d.h. eine Art Selbstverpflichtung abgeleitet. Aus der Perspektive der dritten Person ergibt sich prospektiv eine Vorhersage der Handlung. Dazu soll in allen Fällen der Prozeß des Überlegens oder praktischen Schließens so rekonstruiert werden, daß im Grunde eine Art »logischer« Beziehung zwischen Beschreibung von Überzeugungen und Wünschen und der Beschreibung der Handlung besteht. An dieser Stelle braucht nur der retrospektive Sinn zu interessieren, weil es darum geht zu verstehen, wie rationale Gründe eine Handlung erklären (können). Die Gründe, also die Wünsche und Meinungen, sollen dabei die Prämissen eines Arguments liefern. Die obere Prämisse des Syllogismus ist ein propositionaler Ausdruck eines Ziels oder Wunsches des Handelnden, etwa – um ein sehr triviales Beispiel zu nehmen – »S will (alles in allem) wissen, wie spät es ist«.[29] Da ich auf das Abwägen der Ziele noch nicht eingegangen bin, können wir hier

Autor in anderer Weise definiert je nachdem, was er/sie als die zentrale Struktur praktischer Überlegungen oder Handlungserklärungen ansieht. Man kann im wesentlichen mindestens sechs verschiedene Schemata unterscheiden. Für einen Überblick vgl. dazu R. Audi, *A Theory of Practical Reasoning*, I, S. 25ff. Prominenteste Vertreter der Theorie vom praktischen Syllogismus sind G.E.M. Anscombe, *Intention*; G.H. v. Wright, *Explanation and Understanding*; ders., *Practical Inference*; ders., *On So Called Practical Inference*.

29 Häufig wird für den propositionalen Ausdruck die Form eines Werturteils favorisiert, weil ein solches Urteil die Form einer allgemeinen Regel annehmen kann, z.B. »Es ist wünschenswert (oder gut) für mich zu wissen, wie spät es ist«. Alternativ ist hier auch eine imperativische Form möglich oder ein optativischer Satz (»Laß es den Fall sein, daß ich weiß, wie spät es ist.«).

annehmen, dieser Wunsch sei stärker als jeder andere Wunsch des Subjekts. Die untere Prämisse soll in einem propositionalen Ausdruck die Überzeugung des Handelnden fassen, z. B. »Auf seine Armbanduhr schauen ist das beste Mittel, um herauszufinden, wie spät es ist«. Da das Rationalitätskriterium (6) Optimalität verlangt, muß die untere Prämisse die notwendigen und hinreichenden Bedingungen nennen.[30] Die Konklusion schließlich stellt bei einem retrospektiv genutzten praktischen Syllogismus die zu erklärende Handlung dar, z. B. »S hat auf die Armbanduhr geschaut«. Daß die Konklusion eine Handlung sein muß, ergibt sich hier aus der Tatsache, daß eine Handlung erklärt werden soll. Das einfachste Schema ist dafür:

1. Prämisse (Z_1): Zu wissen, wie spät es ist, ist z. Zt. für S am wünschenswertesten.
2. Prämisse (M_1): Das beste Mittel zur Erreichung von Z ist es, auf die Armbanduhr zu schauen.

Konklusion (K_1): S schaut auf ihre Armbanduhr.

Die beiden Prämissen (Z_1) und (M_1) dienen nach diesem Erklärungsschema dazu, (K_1) nach einem aus dem theoretischen Bereich bekannten logisch-deduktiven Schlußschema zu rechtfertigen.[31] Indem man eine praktische Inferenz macht, behauptet man, daß (K_1) akzeptabel ist wegen (Z_1) und (M_1). Hier bezeichnet »wegen« eine Art logischer Beziehung. Die Konklusion ist »logisch« mit den Prämissen in dem Sinn verbunden, daß das Akzeptieren von (Z_1) und (M_1) einen guten Grund darstellt, (K_1) zu akzeptieren.

Soweit die einfachste Version einer teleologischen Erklärung mit Hilfe eines praktischen Syllogismus. Diese Theorie scheint

30 Viele Vorschläge für die Form des praktischen Syllogismus enthalten hier schwächere Angaben (hinreichende Bedingungen oder hinreichende Gründe, d.h. weder hinreichend noch notwendig), weil sie dies Schema für intentionale Handlungen allgemein entwerfen wollen.

31 Die Rechtfertigungsbeziehung ist abhängig von der Beschreibung. Wenn ich z.B. beim Auf-die-Uhr-Schauen mit derselben Armbewegung mein Weinglas verschütte, ist das Weinglasverschütten weder absichtlich, noch gerechtfertigt. D.h. ein und dieselbe Armbewegung ist unter einer Beschreibung intentional und gerechtfertigt und unter einer anderen Beschreibung nicht. Auf diesen intentionalen oder opaken Charakter der Handlungsbeschreibung bei der Bestimmung von Absichtlichkeit (und damit auch Rechtfertigung) hat zuerst G.E.M. Anscombe, *Intention*, S. 11ff. hingewiesen.

mir aus mehreren Gründen unakzeptabel. Der wichtigste ist, daß mit einem »logischen« praktischen Syllogismus nicht erklärt werden kann, was zu erklären ist, nämlich die Handlung. Aristoteles behauptet, unter normalen Umständen folge aus einem praktischen Syllogismus unmittelbar die Handlung, was so aufgefaßt wird, daß die Konklusion des praktischen Syllogismus eine Handlung ist. Aber dann läßt sich der praktische Syllogismus nicht als logisches Argument oder Schluß konstruieren. Die Relata eines Arguments sind Propositionen, also Träger von Wahrheitswerten. Ein Schluß bzw. Syllogismus ist logisch korrekt, wenn sich aus der Wahrheit der Prämissen die Wahrheit der Konklusion ergibt. Logische Schlüsse haben damit einen anderen Gegenstandsbereich als die Rationalität von Handlungen. Die Notwendigkeit, mit der die Konklusion aus den Prämissen folgt, kann daher keine logische sein, sondern eine ›praktische‹.[32]

Das kann man sich auch noch einmal anders klarmachen, wenn man sich den praktischen Syllogismus in seiner prospektiven Form ansieht, so wie er von jemandem in einer praktischen Überlegung in der ersten Person ausgeführt werden könnte.

Zu wissen, wie spät es ist, ist z. Zt. für mich am wünschenswertesten.

2. Prämisse (M_2): Wenn ich auf meine Armbanduhr schaue, werde ich am besten ermitteln können, wie spät es ist.

Konklusion (K_2): Es ist unter diesen Umständen für mich das beste, jetzt auf meine Armbanduhr zu schauen.

Aus den Prämissen kann keine Handlung logisch folgen. Die

32 Nun könnte man sagen, die Handlung ergebe sich nicht im engeren Sinn aus den Prinzipien deduktiver Logik wie modus ponens, sondern begrifflich. Die Vertreter dieser Position nehmen an, daß es eine analytische/begriffliche Wahrheit über Wünsche ist, daß sie eine Tendenz haben, Handlungen zu verursachen. Wenn die Prämissen den stärksten Wunsch und das notwendige Mittel angeben und S handelt nicht, dann liegt ein Widerspruch vor, weil man dann sagen kann, S will das Ziel offenbar gar nicht ernsthaft verfolgen. Hier muß die Handlung aufgrund einer begrifflichen Beziehung folgen, die sich aus der Bedeutung des Terminus »Wunsch« und einigen Zusatzannahmen ergibt wie z. B., daß es der stärkste Wunsch nach einer Abwägung ist, daß der Handelnde frei ist etc.

Konklusion kann in diesem Fall nur eine unmittelbar handlungsanleitende Absicht darstellen.[33] Eine Absicht ist ein uneingeschränktes Urteil darüber, daß eine bestimmte Handlung unter den Umständen zu tun das beste ist. In dem zugegeben trivialen Beispiel lautet die Schlußfolgerung dann: »Es ist unter diesen Umständen für mich das beste, jetzt auf meine Armbanduhr zu schauen«.[34] Und dies ist letztlich nur eine andere Formulierung für: »Es ist für mich in dieser Situation rational, jetzt auf meine Armbanduhr zu schauen.« Nun mag es stimmen, daß wir in normalen Situationen unsere unmittelbaren Handlungsabsichten ausführen. Aber man möchte doch gerade dafür – wenn möglich – eine etwas nähere Erklärung, wie es dazu kommt.

Es kann der Fall eintreten, daß jemand auf die Frage, warum er eine bestimmte Handlung ausgeführt habe, sich rechtfertigt, indem er rechtfertigende Gründe für einen solchen Typ von Handlung nennt, diese Gründe aber für seine spezifische Handlung gar nicht kausal verantwortlich gewesen sind. Dann handelt es sich um eine sog. Rationalisierung. In der ersten Person ist das der Versuch, durch Angabe von Gründen, die den fraglichen Typ von Handlung rechtfertigen können, die spezifische Handlung als rational darzustellen. Aber dazu müßten die Gründe das Ausführen dieser speziellen Handlung auch erklären können. Weil sie diese nicht erklären, handelt es sich in gewisser Weise um Scheingründe. So ergibt sich der pejorative Sinn von »Rationalisierung«. Die Angabe von rechtfertigenden Gründen muß allerdings nicht ausschließen, daß genau diese Gründe auch die Handlung erklären können. Dann meint »Rationalisierung« oder »rationalisieren« nur einen Aspekt von Rationalität, nämlich daß bestimmte Wünsche und Meinungen der Person ihre Handlung rechtfertigen. Dieser nicht-pejorative Sinn wird meist als philosophischer terminus technicus in der Dritte-Person-Perspektive gebraucht. Wichtig ist, daß eine Rationalisierung Rationalität nicht impliziert (aber auch nicht

33 Bei vielen Autoren findet sich statt dessen als Konklusion ein Imperativ oder eine Vorhersage der Handlung. Diese Deutungen sind mit der Interpretation der Konklusion als Absicht bzw. Intention zum Handeln zu vereinbaren.

34 Dies ist der Begriff einer Absicht zum Handeln, wie er oben in Anm. 3 von absichtlichem Handeln unterschieden wird.

ausschließt).[35] Eine teleologische Handlungserklärung mittels eines praktischen Syllogismus kann für die Unterscheidung zwischen Scheingründen, die den Handlungstyp rechtfertigen, d.h. rationalisieren, und Gründen, die die spezielle Handlung rechtfertigen und tatsächlich auch ihr Zustandekommen erklären, nicht aufkommen.

Die rationalen Gründe müssen also eine entscheidende Rolle beim Hervorbringen der Handlung spielen. Nur so können die rechtfertigenden Gründe die Handlung auch erklären. Das kann nur heißen, daß die Gründe die Handlung *verursachen* müssen.[36] Denn nur so kann man den Unterschied verstehen zwi-

35 Vgl. R. Audi, *Rationalization and Rationality*; ders., *Rationality and Valuation*, bes. S. 426.

36 Um diesen Punkt wird die anhaltende Kontroverse um die Differenz von »Erklären« und »Verstehen« geführt. Strittig ist dabei, ob menschliches Handeln entweder naturwissenschaftlich-kausal durch Aufzeigen von Ursachen erklärt oder, wie in den Geisteswissenschaften üblich, nur durch Benennung der Gründe verstanden werden kann, die den Handelnden leiten. Diese Frage, ob sich intentionale Handlungserklärungen ihrer Struktur nach grundsätzlich von naturwissenschaftlich-kausalen Erklärungen unterscheiden, wird in der analytischen Philosophie, besonders in der analytischen Handlungstheorie, entsprechend als Diskussion um die strukturelle Differenz von Gründen und Ursachen geführt. Die These, daß intentionale Erklärungen ihrer Struktur nach kausale Erklärungen sind, vertreten besonders z.B. P.M. Churchland, *The Logical Character of Action Explanation*; D. Davidson, *Essays on Actions and Events*; W.D. Gean, *Reasons and Causes*; A.I. Goldman, *A Theory of Human Action*. Diese Positionen wenden sich zu Recht gegen eine rein normativ-intentionalistische Erklärung, wie sie z.B. von G. Anscombe, *Intention*; A. Kenny, *Action, Emotion and Will*; A.I. Melden, *Free Action*; G.H. v. Wright, *Explanation and Understanding*, vertreten wird. Nach dieser nicht-kausalen Theorie, die vom späten Wittgenstein geprägt ist, sind intentionale Handlungen nicht, oder evtl. stärker: können intentionale Handlungen (logisch) nicht von mentalen Gründen verursacht sein. Statt dessen ist es essentiell für intentionale Handlungen, daß der Handelnde mit ihnen etwas intendiert, bezweckt, beabsichtigt oder/und daß die Handlung (entsprechend) im Kontext von ›Bedeutung‹, Regeln, Normen, sozialer Praxis aufzufassen ist. Einen Überblick über die neuere Diskussion geben A. Beckerman (Hg.), *Analytische Handlungstheorie*; R. Macklin, *Explanation and Action*; R. Tuomela, *Explanation of Action*. Seit den siebziger Jahren kann die kausale Handlungstheorie als die dominante Auffassung gelten.

schen (i) dem Fall, in dem S Grund hat zu handeln und auch handelt, aber *nicht weil* sie Grund hat zu handeln, und (ii) dem Fall, in dem S handelt, *weil* sie Grund dazu hat. Die einzige einleuchtende Antwort ist, daß dieses »weil« kausal verstanden werden muß.[37] Die Wünsche und die Überzeugungen müssen wirksam dazu beigetragen haben, daß die Handlung ausgeführt wurde. Diese Wirksamkeit der Gründe muß man als Kausalität auffassen.

Für ein und dieselbe Handlung kann man zwei verschiedene praktische Syllogismen konstruieren, beide mit wahren Prämissen und der gleichen wahren Handlungsbeschreibung. Aber nur ein Syllogismus ist erklärend. Von Überdetermination einmal abgesehen, liegt die Differenz zwischen beiden Fällen in der Tatsache, daß im erklärenden Fall ein wahrer kontrafaktischer Satz der Form gilt: »Hätte der Handelnde nicht Z beabsichtigt und M für das geeignete Mittel gehalten, dann hätte er, ceteris paribus, nicht die Handlung ausgeführt.« Die Wahrheit des kontrafaktischen Satzes kann als Evidenz angesehen werden für das Vorliegen einer kausalen Beziehung zwischen den mentalen Zuständen, die die Prämissen erfüllen, und der Handlung, die der Konklusion entspricht.[38] So kann man also für rationale Handlungsgründe als weitere Bedingung fordern:

(11) Die Gründe (d.h. die relevanten Wünsche und Meinungen) müssen die Handlung verursachen.

Diese Bedingung ist ein weiterer starker Grund für den Internalismus.[39] Denn nur wenn Gründe Motive sind, kann die Bedingung (11) erfüllt werden. Zumindest haben wir keine Vorstellung davon, wie absichtliche Handlungen hervorgerufen werden, außer durch etwas, das den Handelnden zu einem solchen Handeln motiviert. Da externe Gründe nicht die Existenz eines Motives implizieren (darin liegt ihre ganze Pointe), können sie durch sich selbst nicht zur Erklärung von Handlungen dienen. Selbst wenn es zuträfe, daß S einen externen Grund hat, H zu tun, so erklärte diese Tatsache durch sich selbst niemals etwas von dem, was S täte. Es fehlt zur Erklärung einer Hand-

37 Dies ist das wichtigste und prominenteste Argument für eine kausale Theorie von Handlungsgründen, vgl. D. Davidson, *Action, Reasons, and Causes*, bes. S. 8-11.

38 Vgl. W.D. Gean, *Reasons and Causes*.

39 So auch B. Williams, *Internal and External Reasons*, S. 22.

lung ein psychisches Bindeglied. Der Externalist wird als ein solches Glied die Tatsache verstehen, daß S glaubt, sie habe einen externen Grund zu handeln. Führt aber ein solcher Glaube, daß etwas ein Grund dafür sei, auf eine bestimmte Weise zu handeln, zu dieser Handlung, dann muß man aus der Verbindung zwischen dem Meinen und der Disposition zum Handeln schließen, daß S einen Wunsch zu handeln hat(te). Die Meinung, daß man so und so handeln sollte oder daß es wünschenswert ist, so und so zu handeln, liefert eine Handlungsmotivation oder stellt gar eine solche dar. Nach der dispositionalen Konzeption von Wünschen ist S jemand mit einer angemessenen Motivation bzw. einem Wunsch, H zu tun. Solange Gründe keine Motive implizieren, können sie keine Handlungen hervorbringen oder erklären und die Handlungen können solange nicht praktisch rational genannt werden. Der Externalismus ist somit eine unangemessene Interpretation rationaler Handlungsgründe, weil externe Gründe die Bedingungen (10) und (11) nicht erfüllen können.

Wenn wir eine Handlung erklären wollen, brauchen wir als erstes ein Motiv des Handelnden und zweitens müssen wir verstehen, wie es zur Handlung führte. Denn nicht jede beliebige Kausalkette ist geeignet. Die Verursachung muß auf die richtige Weise geschehen. Nehmen wir Davidsons bekanntes Beispiel: »Es könnte sein, daß sich ein Bergsteiger von der Last und der Gefahr eines anderen, der an seinem Seil hängt, befreien will, und er wüßte, daß er sich durch Lösen seiner Seilhalterung von der Last und der Gefahr befreien könnte. Durch diesen Gedanken und diesen Wunsch wird er womöglich so nervös, daß er dazu veranlaßt wird, die Halterung zu lösen, und dennoch könnte es sein, daß er sich niemals entschieden hat, die Halterung zu lösen, noch daß er es absichtlich getan hat.«[40] Hier verursachen die Gründe die Handlung, die sie rechtfertigen, aber auf die falsche Weise. Der springende Punkt ist, daß nicht jeder beliebige kausale Zusammenhang zwischen rechtfertigenden Meinungen und Wünschen einerseits und der gewollten

40 D. Davidson, *Freedom to Act*, S. 79, dt. *Handlungsfreiheit*, S. 121 f. Diese Beispiele, in denen kausale Elemente jenseits der Kontrolle der Person das Verhalten nicht absichtlich und arational machen, sind oft diskutiert worden, vgl. A. I. Goldman, *A Theory of Human Action*; R. Tuomela, *Human Action and its Explanation*.

Wirkung andererseits genügt, um zu gewährleisten, daß die Herbeiführung der gewünschten Wirkung absichtlich und rational war. Die Kausalkette muß auch in der richtigen Weise verlaufen.[41] Nur dann wird die Handlung vollständig oder nur der Gründe wegen getan. Die Verursachung muß ausschließlich qua Gründen geschehen. Die Handlung muß von S absichtlich verursacht werden. Etwas ist nur dann ein rationaler Grund zu handeln, wenn eine Rechtfertigungsbeziehung besteht und S die der Handlung zugrundeliegende Körperbewegung verursacht mit der Absicht, dadurch ihr Ziel zu erreichen.[42]

(12) Die Gründe (d.h. die relevanten Wünsche und Meinungen) müssen die Handlung *auf die richtige Weise* verursachen.

Es gibt zwei Vorstellungen, die in den Begriff des Handelns aus einem rationalen Grund eingebaut sind: die Vorstellung einer Ursache und die Vorstellung einer Rechtfertigung. Ein rationaler Grund zum Handeln ist eine rechtfertigende Ursache. Spezifisch für die Rationalität einer Handlung ist zweierlei. Zum einen: die Gründe rechtfertigen die Handlung; zum anderen: die Gründe wirken auf eine ganz bestimmte Art und Weise, um die Handlung zu verursachen. Hier stellt sich daher die Frage: Wie bewirken denn Wünsche und Meinungen eine Handlung, so daß sie die Handlung auf die richtige Weise verursachen und rechtfertigen? Der zweite Gesichtspunkt, die Verursachung auf die richtige Weise, zeigt, daß es auf bestimmte mentale Mechanismen oder Prozesse ankommt, die zu der Handlung führen. Wünsche und Überzeugungen müssen die Handlung mittels einer Kette oder eines Prozesses von Überlegungen verursachen, die bestimmten Rationalitätsmaßstäben genügen. Der

41 D. Davidson, *Freedom to Act*, dt. *Handlungsfreiheit*, S. 120.

42 Vgl. D. Bennett, *Action, Reason, and Purpose*, der mit dieser Auffassung eine Alternative zu der These vertritt, daß intentionale und rationale Handlungen relativ zu Beschreibungen sind (s.o. Anm. 31). Diese These scheint D. Bennett kontraintuitiv, weil sie die Möglichkeit intentionaler oder rationaler Handlungen an die Existenz von Sprache bindet. Seine Auffassung einer Handlung sei dagegen nicht abhängig von der Beschreibung. Wenn S eine Zigarette mit der Absicht, sie zu rauchen, anzündet, bedeutet das: Wenn das, was S für eine Zigarette hält, eine Zigaretten-Bombe ist, dann folgt nicht, daß S die Zigarettenbombe anzündet mit der Absicht, sie zu rauchen.

Faktor, der relevant ist für die Rationalität einer Handlung, ist die Art der Entstehung der Handlung.

Diese kann man einerseits naturalistisch verstehen.[43] Dann liegt die Tatsache, daß die Person die optimale Handlung wählt, an einem internen Programm, das naturgemäß verläßlich zu optimalen Ergebnissen führt. Dieses Programm wird durch Gesetze der Motivation gesteuert, wie sie die kognitive Psychologie ermittelt. Die Standards der Rationalität dienen dabei nur der äußeren Beurteilung der Handlung und ihrer Entstehung. Oder man versteht diese Prozesse andererseits als mehr oder weniger bewußt regelgeleitet. Die Person bringt die Handlung mittels der Anwendung bestimmter Regeln der Rationalität durch Gründe in der richtigen Weise hervor. Die Standards der Handlungsrationalität geben die subjektiv akzeptierten Regeln der Beurteilung und Hervorbringung an, und zwar sowohl der Rechtfertigungsbeziehung als auch der Verursachungsmechanismen. Die zweite Alternative ist – so meine These – unserem Rationalitätsverständnis angemessener. Man muß m. E. formale Rationalität von Handlungen daran festmachen, daß die Person bestimmte Meinungen und Wünsche als rechtfertigende Gründe für die Handlung (an)erkennt. Oder – anders gesagt – die Wahl der Handlung ist an die Akzeptanz bestimmter Regeln der Handlungsrationalität gebunden (wie sie z. B. in (PR-1) und (PR-2) als den elementarsten Regeln ausgedrückt werden).

Um eine Handlung auf die richtige Weise rational zu verursachen, muß der Handlung eine bestimmte Art von mentalem Prozeß vorausgehen. Dieser Prozeß – nach der hier vertretenen Konzeption – soll als sog. *praktische Überlegung* der handeln-

43 M. E. vertritt R. Brandt, *A Theory of the Good and the Right*, eine naturalistische Auffassung der formalen Handlungsrationalität, auch wenn er das nicht so nennt. »First, I shall call a person's action ›rational‹ in the sense of being rational to a first approximation, if and only if it is what he would have done if all the mechanisms determining action except for his desires and aversions (which are taken as they are) – that is, the cognitive inputs influencing decision/action – had been optimal as far as possible. (We shall see later that this condition is met if and only if every item of relevant available information is present to awareness, vividly, at the focus of attention, or with an equal share of attention.)« (S. 11) Die Mechanismen lassen sich also nach Brandt nur durch die Art und Weise der Präsentation von Information verändern. Vgl. *A Theory of the Good and the Right*, Kap. 2 u. 3.

den Person aufgefaßt werden. Diese praktische Überlegung ist im wesentlichen dadurch zu charakterisieren, daß es sich um eine zielgerichtete Überlegung zur Lösung eines praktischen Problems handelt, die bestimmte Standards oder Maßstäbe der Korrektheit erfüllen soll. Diese Standards müssen Maßstäbe der Person sein, nach denen diese ihre Überlegung und ihr Handeln richtet. Sonst wäre die Handlung nicht subjektiv rational, sondern nur objektiv gerechtfertigt. Eine praktische Überlegung, die bestimmten subjektiven Maßstäben entspricht, läßt sich deshalb als ein innerer Prozeß beschreiben, der nach den Regeln (den Regeln der Rationalität) verläuft, weil nur so die Person für ihre Handlung verantwortlich ist. Andernfalls wäre der Prozeß rein zufällig in seinem Ablauf oder rein kausal. Weder ein als rein zufällig noch ein als rein kausal (z. B. naturalistisch) aufgefaßter mentaler Prozeß des rationalen Handelns wird dem präskriptiven und nicht-kognitivistischen Aspekt der Bedeutung von »rational« gerecht.

In welchem Sinn muß eine rationale Handlung immer auf einem Prozeß praktischer Überlegung basieren? Eine schwächere Alternative wäre, daß die Handlung nur auf (rationalen) Wünschen und Meinungen basieren muß und dieser Zusammenhang in Form eines Arguments oder Syllogismus rekonstruiert werden kann. Hier wird nur verlangt, daß einer rationalen Handlung ein rechtfertigendes Argument korrespondieren muß.[44] Diese Forderung ist aber, wie oben schon gezeigt, zu schwach. Denn sie erfüllt die Kausalitätsbedingung (11) nicht, und außerdem könnten dann unbewußte Meinungen und Wünsche eine Handlung rechtfertigen. Die schwächere Bedingung berücksichtigt so nicht den für unser Rationalitätsverständnis zentralen Gedanken, daß die Person für das Zustandekommen ihrer Handlung der Gründe wegen verantwortlich sein muß. Damit wir eine Handlung rational nennen können, muß ein mentaler Prozeß stattgefunden haben. Es reicht nicht, nachträglich Gründe nennen zu können, und es reicht auch keine neurophysiologische Episode ohne Bewußtsein. Statt dessen muß eine rationale Handlung auf einer regelgeleiteten praktischen

44 Für die schwächere Bedingung, daß keine tatsächliche praktische Überlegung vorgelegen haben muß, argumentiert, allerdings für intentionale Handlungen, ausführlich R. Audi, *Practical Reasoning*, und ders., *A Theory of Practical Reasoning*, IV.

Überlegung basieren. Eine stärkere Alternative wäre, daß jeder rationalen Handlung aktual und bewußt eine praktische Überlegung vorhergegangen sein muß. Dagegen spricht habitualisiertes und quasi-automatisches Handeln, so z. B. viele Tätigkeiten beim Autofahren, wie z. B. bei einem Unfall quasiautomatisch auf die Bremse zu treten und dem Hindernis auszuweichen. So gefaßt, ist diese Bedingung also zu stark. Aber sie kann entsprechend modifiziert werden, um korrekt zu sein. Wenn wir solche Handlungen rational nennen, dann deshalb, weil wir unterstellen, daß der Handelnde sich vorher (irgendwann) überlegt hat, wie zu handeln ist, und sich als Folge dieser bewußten Entscheidung ein bestimmtes Handeln angewöhnt, antrainiert, ankonditioniert hat. Habitualisiertes Handeln ist rational, wenn sich die Person die Gewohnheit bewußt und qua praktischer Entscheidung rational angewöhnt hat oder im Falle von Erziehung und Sozialisation die Habitualisierung nachträglich qua praktischer Entscheidung als das für sie Beste bewertet. Andere Gewohnheiten, über die man nicht nachgedacht hat oder die man aus Faulheit nicht ändert, sind irrational (zumindest sofern sie den Zielen des Handelnden widersprechen[45]). Man kann also die gesuchte Bedingung so formulieren: Der rationalen Handlung muß entweder eine aktuale bewußte praktische Überlegung vorausgegangen sein, oder die Handlung muß auf einer Gewohnheit beruhen, die in einer vorhergegangenen bewußten praktischen Entscheidung von der Person gebildet oder gebilligt wurde. Diese Bedingung könnte noch zu stark scheinen, weil wir selten bei üblichen Handlungen eine praktische Überlegung bewußt wahrnehmen. Aber das müssen wir auch nicht. Die praktische Überlegung braucht nicht introspektiv wahrnehmbar oder zitierbar zu sein, um vorzuliegen. Auch hier ist eine rein phänomenologische Konzeption praktischer Überlegung unplausibel. Die praktische Überlegung kann in sehr vielen Fällen implizit verlaufen. Damit dies keine wesentliche Einschränkung der Bedingung darstellt, müssen die

45 Diese Einschränkung muß hier gemacht werden, weil zur formalen Handlungsrationalität auch gehört, daß die ›Kosten und Mühen‹, die eine praktische Überlegung ggf. macht, gegen ihren vorhersehbaren Nutzen abgewogen werden müssen. Die praktische Überlegung muß also als eine Art mentaler Handlung selbst instrumentell rational sein, s. u. (PR-13).

impliziten praktischen Überlegungen durch Reflexion stets bewußt gemacht werden können, so daß die Person bewußt beurteilen und ändern kann. Andernfalls stehen sie nicht unter der für Rationalität erforderlichen Kontrolle. Einer rationalen Handlung muß also eine (vielleicht nur implizite oder einer Habitualisierung vorhergegangene) praktische Überlegung zugrunde liegen, die nach den Regeln der Rationalität vollzogen wurde. Diese Bedingung ist spezifisch für Rationalität; eine intentionale Handlung dagegen braucht nur auf einem Wunsch zu basieren.[46] Eine intentionale Handlung ist u.a. dann irrational, wenn die handelnde Person vorher nicht überlegt hat. Sie gibt damit z.B. einem kurzfristigeren Wunsch nach und handelt so gegen das für sie in der Situation Beste, wie sie es in einer praktischen Überlegung ermittelt hätte, wenn sie überlegt hätte.

Die Rationalität von Handlungen beruht – so zuammenfassend die hier vertretene Auffassung – auf einer spezifischen Genese dieses Handelns aus einem von der Person vollzogenen Prozeß der praktischen Überlegung, was zu tun in der Situation das beste ist, bei dem die Regeln der praktischen Rationalität intern angewandt worden sein müssen. Damit läßt sich die Rationalität von Handlungen operational oder prozedural definieren durch folgendes *Regelprinzip praktischer Rationalität*:

(RPR) Eine Handlung ist für S zu t rational genau dann, wenn die Handlung bewirkt wird durch eine *praktische Überlegung* von S vor t darüber, was in dieser Situation, in der sich die betreffende Person befindet, zu tun das beste ist, und diese Überlegung nach den Regeln der praktischen Rationalität vollzogen wurde.

Die Rationalität einer Handlung beruht nach dieser Konzeption auf einer Eigenschaft der praktischen Überlegung, die zum Handeln führt, insbesondere auf einer Eigenschaft der sie leitenden Regeln.[47]

46 A.I. Goldman, *A Theory of Action*, und D. Davidson, *Essays on Actions and Events*, scheinen die Bedingung der praktischen Überlegung auch für intentionale Handlungen für notwendig zu erachten.

47 Die praktische Überlegung betrifft zum einen die Wahl des Mittels abhängig von einer konsistenten Menge von Meinungen und zum anderen die Wahl des Ziels abhängig von einer konsistenten und geordneten Menge von Wünschen. Auf die genauere Bestimmung der Regeln der praktischen Überlegung gehe ich später ein.

Hierin zeigt sich eine ganz wesentliche strukturelle Parallelität von theoretischer und praktischer Rationalität. In beiden Fällen läßt sich Rationalität als interne Produktionsregeln (einmal von Meinungen, das andere Mal von Handlungen) auffassen, deren Befolgung das Resultat rechtfertigt. Dieses Ergebnis mag an dieser Stelle nicht mehr überraschen, weil in Kapitel II die Rationalität von Meinungen – eher unüblich, dennoch korrekt, wie ich meine – als rationale Meinungsbildung und damit als Rationalität einer mentalen Aktivität aufgefaßt wird. Auch die Rationalität einer Handlung ist nach meiner Konzeption als rationales Handeln und damit als Rationalität einer mentalen und körperlichen Aktivität zu verstehen.

2. *Die praktische Überlegung als rationale Wahl*

2.1. Das Modell rationaler Wahl

In den vorhergehenden Abschnitten sind weitgehend formale Bedingungen rationaler Handlungen ermittelt worden. Als ein wesentliches Resultat ergab sich dabei das Regelprinzip praktischer Rationalität (RPR): Eine Handlung muß, um als rational gelten zu können, auf einer praktischen Überlegung basieren, die nach Regeln der praktischen Rationalität abläuft, welche von der Person akzeptiert und angewandt werden. Wie sieht diese praktische Überlegung nun genauer aus? Die formale Charakterisierung sagt uns noch nicht viel darüber, welchen Inhalt die Regeln der Handlungsrationalität haben. Eine inhaltliche Regel (PR) haben wir allerdings schon kennengelernt (wenn sie nicht jedem sowieso schon bekannt war); die formale Analyse ließ sich nicht bewerkstelligen, ohne das wichtigste inhaltliche Kriterium für praktische Rationalität schon einzuführen: Die Handlung muß nach Meinung der Person in der Situation die beste Aussicht bieten, ihre persönlichen Ziele zu erreichen.[48]

Als ein weiterer Schritt der Analyse von Handlungsrationalität sollen nun die Regeln, die die praktische Überlegung leiten, inhaltlich bestimmt werden. Die praktische Überlegung wird zu

48 S.o. die Bedingungen (6) und (7) sowie die Regeln (PR-1) und (PR-2).

diesem Zweck als rationale Wahl verstanden. Diese entscheidungstheoretische Konzeption praktischer Überlegung ist eine philosophische Idealisierung. Unsere täglichen, durchaus rationalen praktischen Überlegungen laufen nicht immer so ab. Die praktische Überlegung als rationale Wahl bzw. (was das gleiche ist) Entscheidung zu rekonstruieren, ist dennoch nicht unangemessen, wenn man sie nach dem präskriptiven Modell faßt. Dieses idealtypische Modell bietet verschiedene Vorteile: Erstens entspricht es trotz seiner Vereinfachung und Idealisierung am besten dem Wissen, das wir darüber haben, wie Menschen praktische Überlegungen durchführen können. Zweitens hat dieses Modell den großen Vorteil, praktische Rationalität nicht auf instrumentelle Rationalität zu verkürzen, sondern es kann auch dem zentralen Aspekt der vernünftigen Abwägung von Zielen gerecht werden. Drittens ist es möglich, mit Hilfe dieses Modells Handlungsrationalität inhaltlich als Regeln der rationalen Wahl zu analysieren.

Diese Regeln lassen sich ermitteln, wenn man die praktische Überlegung als einen dreistufigen Entscheidungsprozeß rekonstruiert, in dem erstens die Handlungsoptionen bestimmt werden, zweitens deren Nutzen evaluiert wird und drittens die Handlung mit dem größten zu erwartenden Nutzen gewählt wird.

In der ersten Phase muß die Person S sich überlegen, welche Handlungsoptionen ihr in der Situation offenstehen. Hier muß S rationale Meinungen darüber erwerben, wie die Situation beschaffen ist, welche Möglichkeiten zu handeln die Situation objektiv bietet, welche Optionen S überhaupt gemäß ihren Fähigkeiten ergreifen kann, zu welchen Resultaten die einzelnen Handlungsmöglichkeiten in diesen Umständen führen werden etc. Die Regeln, die diese Phase der praktischen Überlegung anleiten sollten, sind die der Rationalität einer Meinungsbildung. Auf die Regeln dieser ersten Phase brauche ich nicht weiter einzugehen, weil alles Relevante dazu schon in Kapitel III gesagt worden ist.

In der zweiten Phase muß S die (in Phase 1 ermittelten) Handlungsoptionen bewerten bzw. deren Resultaten subjektive Werte des Gewünschtseins zuordnen. Mit anderen Worten: S muß bestimmen, welchen subjektiven Nutzen die einzelnen Handlungsmöglichkeiten haben. Dabei kommt es vor allem darauf an, daß S ihre verschiedenen Ziele und Wünsche gegeneinander abwägt. Auf die hier einschlägigen Regeln gehe ich in 2.2. ein.

Wenn den Handlungsoptionen subjektive Werte zugeordnet sind, muß S in der dritten Phase diejenige Handlung wählen, deren Konsequenzen für S den größten Nutzen bedeuten. Das Kriterium der rationalen Wahl ist dabei also – wie schon erwähnt – das optimale Erreichen der Ziele. Dieses Kriterium bedarf der Ergänzung durch andere Kriterien für die Fälle, in denen entweder der Nutzen nicht feststeht oder die Kenntnisse der Situation nicht ausreichen. Auf diese Aspekte, die die sog. Entscheidungs- und Spieltheorie besonders thematisiert, gehe ich in 2.3. ein. Die Ausdifferenzierung der Rationalitätskriterien für Handlungen geschieht in diesem Abschnitt nicht mit der Absicht systematischer Vollständigkeit. Mit ihnen sollen vielmehr die Hauptkandidaten rationaler Wahl vorgestellt werden, von denen sich vermuten ließe, bei ihnen könnte ein spezifisch praktischer Rationalitätsaspekt gefunden werden. – Eine Vermutung, deren Falschheit ich erweisen möchte, um statt dessen zu zeigen, daß auch beim Inhalt der Regeln weitgehende Übereinstimmung zwischen dem theoretischen und praktischen Bereich vorliegt.[49]

Dazu soll anschließend in 2.4. zumindest kurz angedeutet werden, daß das entscheidungstheoretische Modell in der Lage ist, alle Handlungstypen, u.a. auch den des sozialen Handelns, zu erfassen. Daher läßt sich zeigen: Selbst wenn man die Beschreibung einer relativen Handlungsbegründung nicht grob vereinfacht, sondern ein realistisches, obgleich immer noch idealtypisches Handlungsmodell zugrunde legt, so ergibt sich doch nur der gleiche, einheitliche Sinn von Rationalität.

Diese Analyse führt die Rationalität der Handlung auf die der praktischen Überlegung, verstanden als rationale Wahl, zurück. Fehlt dann nicht noch ein weiterer Schritt, bei dem Rationalität evtl. auch eine entscheidende Rolle zu spielen vermag, damit es tatsächlich zur rationalen Handlung kommen kann? Dieser

49 Das ist an dieser Stelle keine überraschende Einsicht, weil die entscheidungstheoretische Konzeption die gängige Analyse von Handlungsrationalität ist. Überraschender ist vielleicht eher, daß auch die Rationalität von Meinungen entscheidungstheoretisch aufgefaßt werden kann (s. Kap. III).

Frage werde ich im letzten Teil des Kapitels 2.5. nachgehen. Ich werde dabei die These vertreten, daß die rationale Handlung notwendig aus der korrekten praktischen Überlegung folgen muß. Für das Praktischwerden ist die Überlegung verantwortlich. Das darin liegende praktische Element der Rationalität gilt auch für theoretische Rationalität.

2.2. Abwägen der Ziele

Die Rationalität einer Handlung ist im wesentlichen abhängig von der rationalen Wahl der Ziele. Dies gilt auch schon für die erste Phase der praktischen Überlegung. In dieser Phase ermittelt der Überlegende die Handlungsoptionen, die ihm – seinen Fähigkeiten und Möglichkeiten gemäß – zur Verfügung stehen. Diese Phase betrifft die Rationalität von Meinungen: Die Meinungen über die verfügbaren Handlungsmöglichkeiten in der Situation müssen von den verfügbaren relevanten Evidenzen in der richtigen Weise verursacht werden. Daraus ergibt sich die stets betonte Rationalitätsforderung, daß die vorhandenen relevanten Evidenzen angemessen berücksichtigt werden müssen. Darüber hinaus – und das wird häufig nicht beachtet – stellt die Bildung der Meinungen selbst wieder eine rationale Wahl dar, die von den epistemischen und prudentiellen Zielen der Person abhängig ist. Die Zielgerichtetheit zeigt sich darin, daß wir rationalerweise nicht alle möglichen Handlungsalternativen untersuchen. Unsere Suche ist vielmehr limitiert, sei es durch unsere Einbildungskraft und die verfügbare Zeit, sei es durch unsere Einschätzung, wie wichtig die verschiedenen Alternativen für unsere Ziele sind. Rationalerweise sollte man dazu tendieren, sich auf die Handlungsoptionen zu konzentrieren, die für uns besonders wichtig zu erreichen oder zu vermeiden sind, d.h. auf die Alternativen mit dem größten Nutzen oder Nachteil. So zeigt sich: Schon in der ersten Phase macht die Bestimmung der Ziele einen ganz wesentlichen Aspekt der Rationalität aus. Deshalb sollten rationalerweise nicht nur die Meinungen untereinander konsistent sein und mit den zur Verfügung stehenden relevanten Evidenzen übereinstimmen, sondern die Ziele der Meinungsbildung dürfen mit den Handlungszielen, wie sie in der zweiten Phase festgelegt werden, nicht kollidieren. Ein Beispiel dafür wäre der Fall des Studenten, der sich auf seine Prüfung vorbereitet und den Erfolg seiner Vorbereitung nicht dadurch gefährden will, daß er sich realistisch klarmacht, wie schlecht seine Kenntnisse wirklich sind, sondern sich lieber darüber im unklaren lassen will. Die Rationalität der Meinungsbildung ist hier abhängig von den prudentiell-rationalen Zielen des Studenten (vgl. dazu Kapitel III). Diese Ziele im Konfliktfall in ein kohärentes Verhältnis zu bringen, ist Aufgabe der zweiten Phase.

In der zweiten Phase der praktischen Überlegung sollen die Handlungsziele rational gewählt werden. Nach der instrumentellen Auffassung von Handlungsrationalität ist die Handlungsalternative mit dem größten Nutzen zu wählen, wobei sich der Nutzen der Handlung aus den Zielen der Person ergibt, die nach instrumenteller Auffassung als gegeben betrachtet werden. Die Konzeption von Handlungsrationalität als rein instrumentell ist unzulänglich, weil in Überlegungen des Alltags die Ziele und Meinungen des Handelnden nicht wirklich vorgegeben sind, die praktische Überlegung also eigentlich noch in etwas anderem, d. h. mehr als einem praktischen Schließen aus gegebenen Zielen und Meinungen besteht bzw. bestehen müßte. Gegen die in der Konzeption instrumenteller Rationalität enthaltene These, Handlungsrationalität lasse sich im wesentlichen auf die Rationalität von Meinungen über den kausalen Mittel-Zweck-Zusammenhang reduzieren, muß geltend gemacht werden, daß die ihr zugrundeliegende Konstruktion des Modells praktischer Überlegung zu simpel ist. So ergibt sich eine unzulässige Verkürzung des formalen Rationalitätsbegriffs. Gegen diesen Vorwurf könnte sich der Instrumentalist wehren, indem er die Möglichkeit einer Wahl von Zielen zugibt – das würde ja keiner bestreiten –, allerdings mit dem Hinweis darauf, daß dieser Aspekt nach Meinung des Instrumentalisten nicht zur formalen Handlungsrationalität gehört, sondern zur Problematik der absoluten Begründung von Zielen. Anhänger einer instrumentalistischen Auffassung von Rationalität sind zudem meistens der Meinung, Ziele ließen sich nicht begründen und seien deshalb auch nicht rational oder irrational. Statt dessen handele es sich bei der Entscheidung für ein Ziel um eine Dezision. Die Rationalitätsbeurteilung einer Handlung könne deshalb nur den Mittel-Zweck-Zusammenhang betreffen.

Doch diese Argumentation ist fehlerhaft. Der Aspekt einer Wahl des Handlungsziels (ob begründbar oder nicht) kann nicht strukturell vollkommen von der Bestimmung der Handlungsrationalität abgetrennt werden, wie es die instrumentelle Auffassung nahelegt. Denn schon im einfachsten Fall der Mittel-Zweck-Rationalität müssen Ziele gegeneinander abgewogen werden: Selbst wenn man annimmt, das Ziel sei gegeben, so besteht die nötige Überlegung doch gerade darin, das geeignete Mittel zu wählen.[50] Welche Mittel überhaupt zur Verfügung stehen, welche Eigenschaften sie besitzen und welche Folgen sie bewirken, weiß man zwar durch seine entsprechenden theoretischen Meinungen; diese Seite betrifft den theoretischen Sinn von Rationalität. Aber wenn verschiedene Mittel zur Verfügung stehen, wie entscheidet man, welches das geeignetste ist?

(PR-2) Wird ein angestrebter Zweck durch alle in Betracht gezogenen (verfügbaren) Mittel erreicht und gilt ferner, daß die Mittel in anderer Hinsicht neutral sind, so ist es vernünftig, dasjenige Mittel zu wählen, das den Zweck am besten erreicht. Das bedeutet genauer: Diejenige Handlung, die mit dem geringsten Mittelaufwand jeglicher Art das Ziel im größtmöglichen Umfang erreicht, ist die rationalste.[51]

Nach (PR-2) ist dasjenige vernünftigerweise zu wählen, das sein Ziel im größtmöglichen Umfang mit den geringsten Kosten erreicht. Durch den Gesichtspunkt der zu berücksichtigenden Kosten geht in die Mittelwahl ein zusätzliches Moment mit ein. Die Entscheidung muß dann anhand von Kriterien getroffen werden, die sich nicht allein unmittelbar aus dem Ziel ergeben. Das wird besonders deutlich in dem Fall, in dem nur ein einziges Mittel zum Erreichen des Ziels existiert. Selbst dann ergibt sich nicht automatisch, daß man das Mittel zu ergreifen hat. Man kann und muß sich die Frage stellen, ob man das Mittel anwenden will. Denn evtl. ergibt die Realisierung des Mittels nichtintendierte Folgen, die so unangenehm sind, daß man lieber auf das Erreichen des Ziels verzichtet, als dieses Mittel einzusetzen.

50 Vgl. den Vorwurf gegen Aristoteles von J. Hintikka, *Practical vs. Theoretical Reason*, S. 97f.

51 Diese Regel der praktischen Rationalität (PR) ist schon in 1.2. eingeführt worden und wird hier nur noch einmal zur Verdeutlichung wiederholt.

Es geht also immer ein Abwägen zwischen Mittel und Ziel in die Handlungsbegründung mit ein. Das Abwägen zwischen Mittel und Zweck in der praktischen Überlegung ist dabei letztlich immer ein Abwägen zwischen verschiedenen Zielen. Denn anhand von welchen Kriterien entscheidet man, welches Mittel das geeignetste ist?

Ein Kriterium der Art: »Wer den Zweck will, muß auch dasjenige Mittel wollen, das den vorgegebenen Zweck erreicht«, gilt nur, wenn der Zweck tatsächlich die Mittel »heiligt«. Und wann »heiligt« der Zweck die Mittel? Dann wenn der positive Nutzen, den das Erreichen des Ziels bedeutet, die Nachteile und unangenehmen Folgen, die der Mitteleinsatz bedeutet, überwiegt. Dieses Abwägen zwischen Mittel und Zweck ist letztlich immer ein Abwägen verschiedener Ziele untereinander. Denn daß man ein Mittel als unangenehm empfindet, heißt ja doch, daß es einen anderen Wunsch verletzt, und sei es nur den allgemeinen, es möglichst angenehm zu haben. Man muß das Mittel im Hinblick auf alle Folgen beurteilen, die sich aus seinem Einsatz ergeben, und zwar sowohl die beabsichtigten als auch die unbeabsichtigten Nebenfolgen.

(PR-3) Sind die nicht-intendierten Folgen einer Handlung so unangenehm, daß sie den Nutzen beim Erreichen des Zwecks der Handlung aufwiegen, so ist es rational, die Handlung zu unterlassen.

Bei der Einschätzung der Nebenfolgen muß man sich überlegen, welchem Ziel man den Vorrang gibt. Ob ein Mann, der gerne trinkt, aber den darauffolgenden Kater nicht schätzt, irrational handelt, wenn er trinkt, hängt davon ab, ob er den Wunsch, den Kater zu vermeiden, für wichtiger erachtet als sein Bedürfnis zu trinken. Selbst wenn man die Frage nach der Begründung oder Kritik von Wünschen verschiebt (auf Kapitel VII), so ist dennoch zu betonen, daß die praktische Überlegung nicht deshalb nötig ist, weil man aus einer Vielzahl von Mitteln eines mit Bezug auf ein gegebenes Ziel wählen muß, sondern vielmehr hauptsächlich deshalb, weil das beabsichtigte Ziel mit einer Vielzahl von anderen Zielen, die durch das anvisierte Mittel zum Zweck affiziert werden, abgewogen werden muß.

Nehmen wir zunächst einmal an, eine Zielabwägung habe schon stattgefunden. Dann liegt als Ergebnis dieses Prozesses eine Präferenzliste von Zielen und Wünschen vor. Man hat daraufhin (nur) noch zu prüfen, ob der Einsatz von M die Erfüllung eines in der Präferenzliste höherstehenden Wunsches vereitelt, sich neutral zu ihm verhält oder ihn sogar befördert.

(PR-4) Von allen in Betracht kommenden Mitteln zum Erreichen eines Zwecks ist dasjenige zu wählen, das am wenigsten (nach Quantität und Qualität) andere, vor allem höhere Ziele verletzt und am meisten andere Ziele fördert oder miterfüllt.

Bei der Beurteilung der Mittel aufgrund ihrer Nebenfolgen wird auf entsprechende Kausalmeinungen zurückgegriffen. Die Prüfung, ob diese Nebenfolgen gegen die höheren vorgegebenen Ziele verstoßen, wird mit Hilfe logischer Konsistenzüberlegungen oder Überlegungen zu Teil-Ganzes-Beziehungen durchgeführt. Solange die Ziele hierarchisch geordnet sind, handelt es sich bei der praktischen Überlegung in der Tat, wie der Instrumentalismus nahelegt, eher um eine theoretische Prüfung der Mittel-Zweck-Beziehung.

Bis jetzt wurde dem Instrumentalisten zugestanden, daß die Rangordnung der Ziele vorher klar festgelegt ist. Das Zugeständnis muß jetzt widerrufen werden. Denn es ist zu fragen, in welcher Weise uns Ziele oder Wünsche gegeben sind. Sicher haben Menschen faktisch immer Wünsche; in dem Sinn sind sie gegeben. Aber erstens befinden sie sich nicht automatisch oder von Natur aus in einer Präferenzordnung oder Hierarchie. Die Notwendigkeit, seine Ziele zu klassifizieren und zu ordnen, ergibt sich in der Regel nämlich erst aufgrund praktischer Einzelentscheidungen, weil sich bei solchen Mittel-Zweck-Überlegungen leicht Zielkonflikte ergeben können. Zweitens setzen wir uns gewöhnlich nicht ein Ziel und suchen nach dem angemessenen Mittel. Oft verspüren wir Wünsche erst, wenn wir entsprechende Gelegenheiten, Angebote, Stimuli, Verführungen etc. wahrnehmen. Häufig bringt also das »Mittel« erst den Wunsch hervor. Unser aktuelles konkretes Wünschen ist oft abhängig von Gelegenheiten und suggestiven Einflüssen. Unsere Ziele sind in dem Sinn nicht einfach gegeben. Sie können unerwartet entstehen oder sich bemerkbar machen. In den meisten Situationen, in denen uns Handlungsmöglichkeiten offenstehen, sind wir konfrontiert mit sich wechselseitig bedingenden und gegenseitig ausschließenden Wünschen. Dieses Netz von Wünschen droht uns gewissermaßen gefangenzuhalten und hin- und herzureißen. Hier ist man rationalerweise gezwungen, sich zu entscheiden, weil sonst oft gleich mehrere der konfligierenden Wünsche frustriert werden. So ergibt sich aus der anfänglichen Wahl eines Mittels die eigentliche Aufgabe der praktischen Überlegung: das Abwägen und Ordnen der Ziele.[52] In einer normalen praktischen Überlegung fragt sich der Mensch nicht, was er bei gegebenen Zielen zu maximieren habe, sondern er fragt sich: »Was soll ich tun?« als Reaktion auf ein von ihm empfundenes Problem und eine von ihm so wahrgenommene Situation.

Wie sieht nun die rationale Wahl der Ziele aus? Wie hat man sich bei konfligierenden Wünschen rationalerweise zu verhalten? Beginnen wir mit dem einfachsten Fall, in dem kein klares Entweder-Oder verlangt wird. Angenommen, man hat mehrere, evtl. unterschiedlich starke Wünsche, die sich nicht direkt widersprechen, aber nicht alle zur selben Zeit gleich gut erfüllbar sind, dann gilt als rational:

(PR-5) Wenn jemand mehrere nicht-kompatible Ziele hat, soll er diejenigen Mittel anwenden, die ihn am besten dazu befähigen, die größte Zahl seiner Ziele entsprechend ihrer Wünschbarkeit zu erreichen.

Die Lösung besteht also nicht darin, sich nur für einen von zwei (oder mehreren) Wünschen zu entscheiden, sondern nach einer Möglichkeit zu suchen, die es erlaubt, doch noch beide (oder mehrere) Wünsche zu befriedigen. Die Lösung eines solchen Problems besteht im Aufstellen eines Plans. Man handelt in solchen Fällen vernünftig, wenn man seine Wünsche zeitlich ordnet und sie nach und nach zu befriedigen vermag. Für eine solche Entscheidung muß man erkennen können, daß eine zeitliche Planung das Problem lösen wird. Man muß in der Lage sein, einen geeigneten Plan zu entwerfen, und man muß ihn befolgen können, d. h. man darf nicht spontan dem im Moment stärkeren Wunsch nachgeben. Dies sind alles intelligente Fähig-

52 Vgl. A. Kolnai, *Deliberation is of Ends*, der damit gegen Aristoteles' berühmte Doktrin argumentiert, die praktische Entscheidung bezöge sich nicht auf Ziele, sondern nur auf Mittel. Vgl. Aristoteles, *Nikomachische Ethik*, III, 1112b. Vgl. als Gegenposition auch D. Wiggins, *Deliberation and Practical Reason*.

keiten, die wesentlich für praktische Rationalität sind.[53] Zur praktischen Rationalität gehört aber auch die Einsicht, daß man es mit dem Mittel des rationalen Planes nicht übertreiben solle. Dies ist der einfachere Fall, weil Planen hier nur soviel heißt wie Einteilen. Eingeteilt werden dabei die beiden Grundfaktoren Zeit und Energie. Die Wünsche selbst bleiben unberührt. Wesentlich schwieriger wird es, wenn konfligierende Wünsche sich nicht einfach nacheinander befriedigen lassen, d.h. wenn der Konflikt zwischen Wünschen sich nicht durch das Aufschieben einer Wunscherfüllung lösen läßt. Wünsche konfligieren wirklich, wenn sie in der Situation, auf die sie sich beziehen, nicht beide gleichzeitig realisierbar sind. In solchen Fällen sagt man auch, die Wünsche widersprechen sich, weil sie nicht beide gleichzeitig erfüllt sein können (analog zu zwei Meinungen, die nicht gleichzeitig wahr sein können). Nun ist dies nicht im strengen Sinn ein Widerspruch, weil die Person S nicht in derselben Hinsicht p und non-p wünscht. Es ist vielmehr fraglich, ob ein formaler Widerspruch dieser Art bei Wünschen überhaupt psychisch auftreten kann. Formal widersprüchliche Wünsche scheinen nur möglich, wenn sie in zwei voneinander getrennten Bereichen des Mentalen vorkommen und die Person von der Existenz beider sich widersprechender Wünsche keine bewußte Kenntnis hat. Konfligierende Wünsche widersprechen sich nicht in diesem formalen Sinn, vielmehr handelt es sich um S's Wunsch nach p und ihrem Wunsch nach q, wobei S der Meinung ist, daß p und q in dieser Situation nicht beide zugleich realisierbar sind. Ein solcher Konflikt zwischen Wünschen ist logisch und psychisch ohne weiteres möglich. Das bloße Vorhandensein solcher Wünsche ist auch durchaus nicht irrational, denn unsere Wünsche brauchen nicht in dem Sinn konsistent zu sein, daß sie sich alle zusammen realisieren lassen, solange sie nicht handlungsbestimmend werden. Es liegt z.B. nichts Irrationales darin, gleichzeitig eine beruflich erfolgreiche Frau und eine fürsorgende Mutter sein zu wollen. Unter den heutigen

53 J.D. Mabbott, *Reason and Desire*, S. 320-331, bes. S. 321. J. Rawls, *A Theory of Justice*, §63, bes. S. 410f., dt. S. 448f., übernimmt den Gesichtspunkt des vernünftigen Planes von Mabbott. – Auf den häufig in der Handlungstheorie übersehenen Zusammenhang einer rationalen Handlungsabsicht mit Plänen verweist M.E. Bratman, *Intention, Plans and Practical Reason*, und ders., *Taking Plans Seriously*.

Bedingungen scheint das aber immer noch für viele Berufe unmöglich, deshalb sind beide Wünsche oft nicht zusammen zu verwirklichen. Trotzdem ist es nicht notwendig irrational, sich beide als Wünsche im Sinn von Wunschvorstellungen zu erhalten, z. B. als gesellschaftliche Ideale, die eine Veränderung unserer sozialen und gesellschaftlichen Wirklichkeit bewirken sollen. In mindestens zwei Fällen ist es allerdings irrational, ungefähr gleichstarke oder -wichtige konfligierende Wünsche zu haben. (i) Es ist irrational, konfligierende Wünsche zu haben, wenn dieser Konflikt zu unerträglichen psychischen Spannungen führt. Dann muß der Konflikt in irgendeiner Weise gelöst oder doch gemildert werden, weil ein höherer Wunsch nach psychischem Wohlbefinden verletzt wird. (ii) Versuchte die Frau, beide Ziele gleichzeitig zu realisieren, obwohl sie der Meinung ist, das sei in der gegebenen Situation für sie unmöglich, handelte sie irrational, denn auf diese Weise erreichte sie – sofern ihre Meinungen wahr sind – keines ihrer Ziele. Was die konkrete Entscheidungssituation betrifft, wird die Frau also zwischen den konfligierenden Wünschen wählen müssen; nur einer von beiden darf rationalerweise handlungsanleitend sein.

Wenn Wünsche konfligieren, muß man mit Bezug auf die alternativen Handlungsmöglichkeiten zwischen den Wünschen wählen, sofern man nicht die rationale Erwartung hat, in Zukunft werde sich der Konflikt von selbst auflösen und die Realisierung lasse sich problemlos auf diese Zukunft verschieben. In Fällen konfligierender handlungsbestimmender Wünsche sind die Ziele rationalerweise gegeneinander abzuwägen und ist so eine homogene Präferenzordnung aufzustellen:

(PR-6) Die Ziele sollen so hierarchisiert werden, daß diese vollständig und konsistent geordnet sind.

Das bedeutet: (i) Für jedes ihrer Ziele X und Y sollte die Person S ein Ziel dem anderen vorziehen oder sie gleichbewerten, aber sie darf nicht beiden gegenüber indifferent sein, also keine Bewertung haben. (ii) Diese Präferenzen sollen untereinander konsistent sein, d. h. vor allem, die Präferenzordnung soll transitiv sein. Damit ist gemeint: Wenn S X lieber als Y realisieren möchte und Y lieber als Z, dann muß S auch X lieber wollen als Z. Es ist rational, diese Bedingung zu erfüllen. Denn mittels Handlungen aufgrund intransitiver Präferenzen wird man nie optimal seine Ziele erreichen können, weil das über dem er-

reichten Ziel je nächsthöher gelegene Ziel selbst unerreichbar bleibt. Dies ist ein ernsthafter pragmatischer Grund, intransitive Ziele zu meiden.
Dennoch scheint diese Rationalitätsforderung (PR-6) sehr stark zu sein. Wie kann man diese Bedingung überhaupt erfüllen? Um eine homogene Präferenzordnung aufzustellen, benötigt man Kenntnisse der gegenwärtigen und zukünftigen Bedürfnisse und Ziele, jedenfalls in ihren allgemeinen Zügen und in ihrer verhältnismäßigen Stärke. Aber diese Kenntnisse sind uns im Fall konfligierender Wünsche gerade nicht ohne weiteres gegeben. Wie kann man hier vorgehen?
Wir müssen die Wünsche, von denen wir Kenntnis haben, abwägen, also ihr Gewicht »messen«. Dazu bedarf es eines allen Wünschen gemeinsamen Maßes, um die Vergleichbarkeit der Ziele zu sichern. Üblicherweise sieht man Nutzen als einen solchen Maßstab an und meint damit so etwas wie die subjektive psychische Befriedigung bei Erreichen des Ziels bzw. bei Erfüllung des Wunsches. Um Wünsche nach ihrem Nutzen zu gewichten, muß man sich also die zu erwartende Befriedigung beim Erreichen des Ziels vorstellen können. Hier liegt neben der Aufstellung eines Plans die wesentliche Aufgabe der rationalen praktischen Überlegung darin, sich eine angemessene Vorstellung zu machen und so seine Ziele und Wünsche in ihrer jeweiligen Stärke richtig abzuwägen. Das Gewichten von Präferenzen darf man sich nicht quasi-mechanisch vorstellen, so als ob wir Wünsche auf die Waagschale legten und zusähen, welches Gewicht sich ergibt. Statt dessen bedarf es auch der Imagination, Vorstellungskraft oder Phantasie, um sich Situationen der Wunscherfüllung realistisch vorstellen zu können. Mögliche Fehlerquellen sind dabei der Mangel an diesen Fähigkeiten wie auch die Gefahr, daß durch den Einfluß des Wunsches Evidenzen außer acht gelassen werden, die in der einen oder anderen Weise dafür sprechen, daß die Befriedigung bei Realisation des Ziels nicht der Stärke des Wunsches entspricht. Hier ist dann die mit dem Wunsch verbundene Erwartung, seine Realisierung werde große Befriedigung bringen, irrational, weil sie nicht durch die zur Verfügung stehenden relevanten Evidenzen gerechtfertigt wird. Eine weitere Fehlerquelle liegt darin, sich in einer Entscheidungssituation zwischen zwei konfligierenden Wünschen beide Alternativen nicht mit dem gleichen

Maß an Lebhaftigkeit und Deutlichkeit vorzustellen. So erscheint der eine Wunsch blasser als der andere und wird fälschlicherweise als schwächerer Wunsch bewertet, obwohl ein Vergleich der Wünsche bei gleich lebhafter und deutlicher Vergegenwärtigung ein anderes Ergebnis ergeben hätte. Durch die in diesem Absatz beschriebenen Prozeduren praktischer Überlegung sind wir also in der Lage, rational eine bestimmte Wunschstärke zu erzeugen oder zu verändern und verschiedene Wünsche gegeneinander abzuwägen und zu hierarchisieren.[54]

Beim Ordnen und Hierarchisieren der Ziele müssen auch die Abhängigkeiten der Ziele untereinander berücksichtigt werden. Viele Ziele verfolgen wir nicht um ihrer selbst willen, sondern um einen höheren Wunsch damit erfüllen zu können. So lassen sich konfligierende Ziele auch im Lichte höherer Ziele vergleichen, die sie fördern und verhindern. Dies scheint eine Mittel-Zweck-Relation zu sein, die auf Wünsche übertragen wird. Aber auch hier gilt, daß das instrumentalistische Abwägen der Mittel sich auf die Ziele überträgt, so daß ein Regreß entsteht, der auch erst beim Nutzen oder ähnlich abstrakten Zielen stehenbleibt. Hier ist es viel bedeutsamer zu sehen, daß wir erst durch die Wahl bestimmter Ziele die entsprechend höheren Ziele spezifizieren. Die obersten von ihnen, sofern sie nicht formaler oder abstrakter Art sind wie Glück, Wohlergehen, Zufriedenheit, Nutzen etc., bestimmen wir häufig erst dadurch, daß wir uns bestimmte Ziele zu eigen machen und sie in eine bestimmte Ordnung bringen. Solange die höheren Ziele nicht spezifiziert sind, gibt es keine Möglichkeit, nach geeigneten niedrigen Wünschen als Mittel zu suchen.

Indem wir über wichtigere Wünsche in unserem Leben entscheiden, ordnen wir sie in einen Zusammenhang ein, den man – Rawls folgend – einen Lebensplan nennen kann.[55] Der Lebensplan bestimmt dann, welche Wünsche rational sind. Unter einem vernünftigen Lebensplan versteht man dabei nicht eine genaue Handlungsanweisung für das ganze Leben; denn mit Bezug auf zukünftige Ziele lassen wir uns immer einen gewissen

54 Zu diesem Aspekt der praktischen Überlegung vgl. auch die Ausführungen in 2.5.

55 Zum vernünftigen Lebensplan vgl. J. Rawls, *A Theory of Justice*, §63.

Entscheidungsspielraum offen. Es scheint daher angemessener, einen vernünftigen Lebensplan als eine Hierarchie von Plänen zu begreifen, in die die mehr ins einzelne gehenden Teilpläne zu gegebener Zeit eingefügt werden. Ein Lebensplan berücksichtigt die Hierarchie der Wünsche, die vom Allgemeinen zum Besonderen übergeht: Erst muß er die Erfüllung der beständigen und allgemeinen Ziele zu sichern versuchen, z. B. Essen und Trinken, ohne deren Befriedigung die anderen Wünsche sinnlos wären. Dabei muß die genaue Art der Befriedigung noch nicht angegeben werden. Was wir z. B. essen wollen, entscheiden wir erst zu gegebener Zeit. Lebenspläne sind daher immer unvollständig, weil sie nicht detailliert, sondern abstrakt sind und in konkreten Situationen der Spezifikation bedürfen. Bei der Spezifikation bedarf es neuer Überlegungen. Bei diesen Überlegungen fungiert der Lebensplan als eine Art Filter für die Auswahl und Entscheidung zwischen konfligierenden Wünschen. Darin liegt ein wesentlicher Vorteil, denn wir müssen uns dann nicht bei jeder Entscheidung zwischen weitreichenderen Wünschen fragen, was wir überhaupt und insgesamt im Leben wollen. Sofern diese Frage durch einen Lebensplan eine vorläufige Antwort erfahren hat, lassen sich konkrete Entscheidungen zwischen Wünschen wesentlich leichter fällen.

Einen (Lebens-)Plan aufzustellen heißt, die Vielzahl der Ziele in einer bestimmten Zeit so zu organisieren, daß möglichst viele von ihnen erfüllt werden. Die einzelnen Ziele sollen vernünftig, d. h. konfliktfrei und möglichst optimal zu einem Ganzen zusammengestellt werden. Welcher von mehreren Plänen der optimale ist, entscheidet sich nach Rationalitätskriterien, die denen bei einfachen Handlungen entsprechen:

(PR-7) Derjenige Plan ist venünftigerweise zu wählen, der mit dem geringeren Mittelaufwand die höheren Ziele oder die gleichen in größerem Umfang erreicht.

(PR-8) Ein (kurzfristiger) Plan ist einem anderen vorzuziehen, wenn seine Ausführung alle Ziele des anderen und dazu mindestens ein weiteres Ziel verwirklicht.

Beim Aufstellen und Wählen eines Lebensplanes ergibt sich das Problem der Berücksichtigung zukünftiger Wünsche: Zukünftige Ziele dürfen – nach der Standardauffassung rationalen Planens – kein geringeres Gewicht haben, bloß weil sie in der Zukunft liegen. Man muß einen bestimmten momentanen

Wunsch zurückweisen können, um einen zukünftigen, größeren zu befriedigen, d.h., man muß in der Lage sein abzuwarten. Nur so lassen sich indirekte Strategien anwenden. Man geht absichtlich einen Schritt zurück, um später dafür drei Schritte vorwärts gehen zu können, so z.B. beim Investieren, Säen etc.

Aber warum sollte man sich rationalerweise für seine eigene Zukunft interessieren? Daß eine Person ein Interesse daran haben soll, was sie zukünftig wünscht oder was ihr geschehen wird, setzt voraus, daß sie jetzt einige generelle Wünsche oder langfristige Ziele hat, die sich sowohl auf das beziehen, was in der Zukunft passiert, als auch auf ihre zukünftigen Ziele und Pläne. Zukünftige Wünsche und Zustände sind nur insofern Gründe im Prozeß der praktischen Überlegungen, als wir gegenwärtige Wünsche haben, die sich auf sie beziehen. Dies ergibt sich aus der internalistischen Konzeption von Gründen, wonach rationale Gründe sich immer u.a. auf die gegenwärtige subjektiv motivationale Verfassung der betreffenden Person beziehen müssen (s.o. 1.4.). Ein solches allgemeines latentes Interesse an unserer Zukunft ist bei uns Menschen immer vorhanden. Wir sind Wesen, die sich auf ihre Zukunft beziehen können und sich um ihr zukünftiges Wohlergehen sorgen. Diese Sorge entspringt meist Erfahrungen (unseren eigenen oder denen anderer, die wir miterlebt haben), wie es ist, wenn man nicht vorgesorgt hat.[56] Deshalb ist das Problem nicht so sehr, daß Menschen ihre Zukunft beim Planen gar nicht berücksichtigen, sondern daß sie sie unangemessen (meistens zu wenig) berücksichtigen. Nach der üblichen Sichtweise ist die Bevorzugung einer Zeitspanne vor einer anderen, d.h. jede Art von sog. Zeitpräferenz, irrational.[57] Weil wir rationale Wesen sind und von dem Problem absehen, zu wissen, daß, aber nicht wann wir

56 Der mögliche Einwand, im folgenden werde unter der Hand doch eine stärkere Konzeption von Rationalität (als die eingestandene) vorgeschlagen, täuscht. Zwar unterstelle ich den Menschen ein grundsätzliches Interesse an ihrer Zukunft. Sollte diese Annahme zu stark erscheinen, so beträfe die Kritik daran nur eine hier als relativ allgemeingültig unterstellte, formale »Konzeption des guten Lebens«, aber nicht die Konzeption der Rationalität.

57 Im folgenden stütze ich mich auf J. Elster, *Ulysses and the Sirens*, Kap. II.5., bes. S. 66. Vgl. auch Th. Nagel, *The Possibility of Altruism*.

sterben, wollen wir unsere Wohlfahrt gleichmäßig über die Zeit verteilen. Es gibt dann keine rationale Begründung, die Gegenwart der Zukunft nur deswegen vorzuziehen, weil sie gegenwärtig ist, oder umgekehrt und viel seltener, die Zukunft der Gegenwart vorzuziehen, wie es z. B. bei einem Geizhals der Fall ist. Eine unangemessene Berücksichtigung der Zukunft ist irrational, weil sie mit unserem sehr großen Interesse am Wohlergehen zu jeder Zeit in unserem Leben in Konflikt steht. Ein Mensch, der der Gegenwart absolute Priorität über die Zukunft einräumt, ist nicht nur kurzsichtig, sondern er ist dies auf eine widersprüchliche Art, die es ihm niemals erlaubt, an früheren Entscheidungen festzuhalten. Wenn er der Gegenwart die größte Priorität einräumt, wird er seine Entscheidung immer bedauern, wenn eine neue Gegenwart, d. h. die vergangene Zukunft, eintritt und er für diese neue Gegenwart über mehr Ressourcen verfügen möchte, als ihm nach seiner alten Planung noch verbleiben. Dies müßte dazu führen, daß er die frühere Entscheidung nicht nur bedauert, sondern auch rationalerweise revidiert, daraus die Lehre zieht und für die verbleibende Zukunft anders plant. Wer an seinen Zeitpräferenzen festhält, der wird seinen alten Plan nur insofern ändern, als er die jetzige Gegenwart wieder bevorzugt usf. Sein Plan lautet dann, die jeweilige Gegenwart vorzuziehen. Man stelle sich eine Person vor, die ein Vermögen erbt und beschließt, die eine Hälfte der Erbschaft im ersten Jahr zu genießen und die andere Hälfte gleichmäßig über die restlichen Jahre des Lebens zu verteilen. Am Ende des ersten Jahres widerruft die Person ihre Entscheidung aufgrund ihrer unveränderten Präferenz für die Gegenwart. Sie gedenkt nun, die Hälfte des verbliebenen Vermögens im zweiten Jahre zu verbrauchen und die restliche Hälfte (ein Viertel des ursprünglichen Vermögens) gleichmäßig auf die übrigen Jahre zu verteilen. Dieser Plan aber ist inkonsistent,[58] er kann nicht als ein einheitlicher Plan beschrieben werden. Wer so verfährt, kann also überhaupt nicht konsistent planen, sondern muß laufend seine Pläne ändern.

Ist damit das Prinzip begründet, daß es immer und für jeden irrational ist, Wünsche nur aufgrund ihrer Zeitstelle auszuzeichnen? Nicht notwendig, einige Einschränkungen sind an-

58 Vgl. R. H. Strotz, *Myopia and Inconsistency in Dynamic Utility Maximation.*

gebracht: (i) Die gleichmäßige Berücksichtigung aller Zeitspannen wurde oben begründet mit Rekurs auf ein zugrundeliegendes Interesse, wobei angenommen wird, daß jeder Mensch nach reiflicher Reflexion dieses Ziel haben oder ausbilden wird. Aber es ist zumindest vorstellbar, daß jemand zu dem reflektierten ernsthaften Urteil kommt, daß einige Lebensabschnitte aus sich heraus für ihn wertvoller sind als andere. Es ist allerdings fraglich, ob dieses Urteil für eine Person jemals rational sein, also mit ihren sonstigen Wünschen und Erfahrungen übereinstimmen kann. Das Urteil darf sich dabei nicht nur – wie das meistens bei Zeitpräferenzen der Fall ist – aus einem allmählichen Blasserwerden der Zukunft und der Vorstellungen von ihr psychologisch erklären lassen. (ii) Es gibt – und hierin liegt eine weitere Einschränkung – verschiedene Möglichkeiten einer sinnvollen und rationalen Einstellung zur Zukunft. So braucht man z. B. nicht sein Wohlergehen ganz gleichmäßig über die Zeit verteilen wollen. (iii) Außerdem bestehen zur näheren Zukunft stärkere Verknüpfungen, was sich meistens darin ausdrückt, daß unsere Pläne für die nähere Zukunft viel konkreter sind. Wegen dieser engeren Verbindung ist es durchaus rational, der näheren Zukunft in Maßen ein stärkeres Gewicht zukommen zu lassen als der ferneren Zukunft.[59] (iv) Bei der ferneren Zukunft besteht zudem ein wesentlich größeres Maß an epistemischer Unsicherheit, welche Wünsche wir dann konkret haben werden. Deshalb kann man für sie auch nur recht allgemeine Vorsorge treffen (durch Vorsorge für Ressourcen wie Gesundheit, Geld, Zeit etc.). (v) Zwar ist es rational geboten, meine zukünftigen Wünsche angemessen mitzuberücksichtigen, aber die korrekte Perspektive auf mein Leben geht von heute aus. Denn nicht nur, daß ich nicht weiß, welche Wünsche ich konkret in der Zukunft ausbilden werde, sondern ich bestimme heute auch, wer und was ich sein werde, durch die Auswahl bestimmter für mich und mein Leben entscheidender Wünsche. Indem ich heute entscheide, wer ich sein will, schaffe ich erst meine Zukunft. Bestimmte meiner Wünsche konstituieren meinen Lebensplan oder mein Projekt und damit zum guten Teil meinen Charakter,

59 Vgl. die ausführliche Diskussion des Problems von Zeitpräferenzen für Theorien der Rationalität im Sinne der Maximierung des Eigeninteresses in D. Parfit, *Reasons and Persons*, Part II: Rationality and Time, Kap. 6-8.

meine Person. Welche Wünsche hier in Betracht kommen, zeigt sich daran, daß sie den Grund für mich darstellen, überhaupt (weiter-)leben zu wollen.[60] Diese Wünsche sind es, die, über eine langfristige hedonistische Wunschdisposition für Wohlergehen hinausgehend, mein eminentes Interesse an *meiner* speziellen Zukunft hervorbringen.[61] Die für mein Selbstverständnis konstitutiven Wünsche legen damit den Rahmen für viele meiner zukünftigen zentralen Ziele fest. Insofern lege ich heute in gewissen Maßen fest, welche Interessen in Zukunft zählen. Ich verhalte mich also nicht neutral gegenüber allen Zeitspannen.

Der letzte Punkt weist auf eine andere wesentliche Bedeutung eines Lebensplans neben der Lösung von Wunschkonflikten hin. Als rationale Wesen haben wir die Fähigkeit, uns zu uns selbst zu verhalten, und das bedeutet, sich überlegend auf unsere Wünsche, Wertungen etc. und auf unser Leben im ganzen zu

60 Vgl. B. Williams, *Persons, Character, and Morality*. Williams nennt solche Wünsche »kategorisch«, weil sie nicht von der Bedingung meiner Existenz hypothetisch abhängen (ebd. S. 207). Ein »ground project«, das eng mit der Existenz der Person verbunden ist, darf nach Williams nicht mit Rawls' Begriff des Lebensplans gleichgesetzt werden, weil es sich nach Williams dabei nicht um einen festgelegten Plan handelt, der nur noch optimal erfüllt werden muß, vielmehr hängt die Fortsetzung und Art des Projekts von der betreffenden Person ab (S. 209). Gleichwohl scheint mir der Unterschied zu Rawls nicht allzu groß zu sein, da Rawls durchaus zugestehen kann, daß ein Lebensplan einen offenen, revidierbaren Charakter hat. Strittiger ist dagegen eher der Punkt, ob man – wie Rawls meint – zwischen Lebensplänen noch einmal entscheidungstheoretisch wählen kann. Wird dazu nicht gerade das »ground project« als Kriterium benötigt?

61 Deshalb habe ich zu meinem zukünftigen Selbst eine andere, engere Beziehung als zu anderen Personen. Dagegen vgl. D. Parfit, *Reasons and Persons*, Part III, der die Auffassung vertritt, Personen seien nichts anderes als mehr oder weniger lose verbundene Sequenzen von mentalen und körperlichen Zuständen. Je loser die Verbindung, um so ähnlicher wird unsere Beziehung zu »unseren« zukünftigen Zuständen (»Selbsten«) der Beziehung zu den Zuständen anderer Personen. Wegen dieser lockeren Verbindung zu unseren zukünftigen Selbsten ist es nach Parfit äußerst schwer, temporale Neutralität nur aufgrund von Rationalität zu verteidigen. (Sie kann allerdings nach Parfit aus moralischen Gründen verteidigt werden.)

beziehen.[62] Indem wir einen Lebensplan oder ein Projekt aufstellen, verschaffen wir uns eine Perspektive auf unser Leben, die es uns als eines und unseres vorstellt. Nur so können wir so etwas wie eine Gesamtsicht auf unser Leben gewinnen, mit deren Hilfe wir unsere Wünsche insgesamt hierarchisieren und ordnen können. Denn ein anderer, externer Beurteilungsstandpunkt auf unser Leben als ganzes kann uns nie zur Verfügung stehen, weil die Perspektive anderer nicht unserem Beurteilungsmaßstab entspricht und wir unsere Leben zeitlich nie als Ganzes vor uns haben. Die Einheit ist also immer nur als Entwurf vorzustellen. Dieser Gesichtspunkt der Einheit ist nicht normativ, nicht von außen vorgegeben, nicht zwingend, sondern entspringt in der Regel unserem Bedürfnis, einen gewissen Sinn in unserem Leben durch einen einheitlichen Lebensplan oder ein Projekt zu schaffen.

Natürlich sollte ein vernünftiger Lebensplan offen für zukünftige Veränderungen in unseren Interessen sein. Außerdem ist es nicht nur möglich, sondern rational geboten, den Lebensplan oder das Projekt von Zeit zu Zeit zu überprüfen und ggf. zu revidieren. Einheitlichkeit unseres Lebens und damit unserer Wünsche ist selbst ein Ziel unter anderen, das gegen die anderen Ziele abzuwägen ist. Einheit ist auch keine notwendige Bedingung für ein glückliches Leben, wie das in der klassischen Eudaimonia-Vorstellung noch gedacht ist. Auch braucht die Einheit nicht in einem Lebensplan zu bestehen, sie kann in einem bestimmten Selbstverständnis, einem Ich-Ideal, einer Konzeption des guten Lebens bestehen.[63] Die Fragen: »Wie will ich leben?«, »Wer will ich sein?« gehören zur Verfaßtheit unseres Lebens, und unabhängig davon, welche konkrete Antwort Menschen jeweils auf diese Fragen geben, ist ihnen in der Regel eine gewisse grobe inhaltliche Kontinuität der Werte wichtig, die ihren Charakter konstituieren.

Es bleibt – trotz aller bisher aufgezeigten Möglichkeiten praktischer Überlegung – die Möglichkeit, daß man zwischen zwei oder mehreren Wünschen hin- und hergerissen ist und keine der Strategien der praktischen Überlegung zu einer Lösung führt. Hier wird, sofern man die Entscheidung nicht aufschieben

62 Vgl. zur Bestimmung des praktischen Selbstverhältnisses: E. Tugendhat, *Selbstbewußtsein und Selbstbestimmung*.

63 Vgl. U. Wolf, *Was heißt es, sein Leben zu leben?*

kann, eine Entscheidung im emphatischen Sinn verlangt. »Entscheiden« hat die Doppelbedeutung von einerseits herausfinden, was man am meisten will, und andererseits sich mehr oder weniger dezisionistisch festlegen. Eine praktische Entscheidung im ersten Sinn kann rational (bzw. irrational) sein. Dies liegt darin begründet, daß die praktische Entscheidung nach bestimmten Regeln verläuft, die in diesem Abschnitt nur angedeutet werden konnten und von denen z. B. im Fall von Imagination etc. auch nicht klar ist, ob sie sich präzise fassen lassen. In diesem regelgeleiteten Prozeß der praktischen Überlegung liegt der Aspekt der Vernunfttätigkeit bzw. Rationalität. Die Möglichkeiten der Vernunft in den praktischen Überlegungen beziehen sich auf das Nachdenken darüber, wie die Erfüllung von verschiedenen Elementen in der subjektiv motivationalen Verfassung vereinigt werden kann, z. B. durch zeitliches Abstimmen, Hierarchisieren und Planen, dadurch daß man dort, wo es einen unlösbaren Widerstreit zwischen verschiedenen Zielen gibt, abwägt, welchem man das größte Gewicht beimißt, oder andere gestaltende Löungen findet. Eine praktische Entscheidung im dezisionistischen Sinn ist arational, weil – sofern die Person vorher alle vernünftigen Mittel der praktischen Überlegung erfolglos angewandt hat und die Person unter Entscheidungszwang steht – es keine Gründe für oder gegen die Entscheidung mehr gibt. Sich zwischen zwei Wünschen nicht rational entscheiden zu können, ist selbst nicht unbedingt irrational. Irrational ist es allerdings, sich zu keiner, auch keiner dezisionistischen Entscheidung durchringen zu können und so beide Ziele zu frustrieren, wie Buridans Esel, der, zwischen zwei Heuhaufen stehend, von Entscheidungsschwäche gelähmt, an Hunger zu sterben droht. Eine Entscheidung kann im Einzelfall, wenn einem die beiden konkurrierenden Ziele sehr wichtig sind, sehr schwierig und schmerzhaft sein, aber hier hilft nur, sich klarzumachen, wie schlecht es wäre, gar nicht zu entscheiden. Ansonsten muß man zu indirekten Strategien der Selbstbindung greifen, indem man z. B. den Entscheidungsdruck durch weitere Sanktionen erhöht.[64]

64 Vgl. dazu 2.5.

2.3. Rationale Wahl der besten Handlung

In der dritten und letzten Phase der praktischen Überlegung handelt es sich um die rationale Wahl der auszuführenden Handlung. Bei dieser Wahl bezieht man sich auf die vorher gewählten Wünsche und Meinungen. Wie, d.h. nach welchen Kriterien in dieser Phase zu wählen ist und welche Probleme sich dabei ergeben können, kann am besten beantwortet werden durch Rekurs auf die bekannten Analysen der Wahl von Handlungen in den sog. *Theorien rationaler Wahl* (bzw. Entscheidung).[65] Man unterscheidet dabei drei Bereiche: Erstens, die

65 Die rationale Entscheidungstheorie ist eine Forschungsrichtung, die sich in den letzten vierzig Jahren aus mathematischen (Wahrscheinlichkeitstheorie und Statistik) und ethisch-ökonomischen (Utilitarismus und Wohlfahrtsökonomie) Gedanken entwickelt hat. Entscheidungstheorien treten in zweifacher Weise auf. Während die deskriptiven Theorien tatsächliches Entscheidungsverhalten beschreiben und erklären, entwickeln die normativen Theorien Kriterien: Regeln und Strategien, Techniken, Programme und Kalküle richtigen Entscheidens. Sie untersuchen Rationalitätskriterien und sind daher im Zusammenhang dieser Arbeit von Interesse.

Eine wichtige Einschränkung ist zu machen: Um beurteilen zu können, in welchen Fällen eine Wahl rational ist oder nicht, stehen dem normativen Entscheidungstheoretiker nicht mehr Verfahren und Hilfsmittel zur Verfügung als dieser Untersuchung. Auch ihm bleibt nur der Rekurs auf unseren alltäglichen Sprachgebrauch und unsere Intuition. Was die Entscheidungstheorie hauptsächlich von einer philosophischen Disziplin unterscheidet, ist ihre Zwecksetzung. Mit Hilfe der von ihr entwickelten Formalisierung des Entscheidungsverhaltens soll das Handeln rationaler Personen oder Personengruppen eingeschätzt werden können, um es für Dritte prognostizierbar und kalkulierbar zu machen. Entsprechend weit ist das Anwendungsfeld der Entscheidungtheorien. Es reicht von Problemen des Glücksspiels über Betriebswissenschaft, Verkehrs- und Bildungsplanung, auch des militärischen Bereichs (der in den USA die Entwicklung dieser Theorie besonders beförderte), bis in den Bereich der Wissenschaften, der Politik, neuerdings selbst der Ethik und der Rechtsphilosophie. Vgl. R.B. Braithwaite, *Theory of Games as a Tool for the Moral Philosopher*; O. Höffe, *Rationalität, Dezision oder praktische Vernunft*; R.D. Luce & H. Raiffa, *Games and Decisions*; J. v. Neumann & O. Morgenstern, *Theory of Games and Economic Behaviour*; H. Raiffa, *Einführung in die Entscheidungstheorie*; P. Suppes, *The Philosophical Relevance of Decision Theory*; R.C. Jeffrey, *The Logic of Decision*; P.K. Moser

Entscheidungstheorie im engeren Sinn (decision theory) untersucht rationale Entscheidungen, sofern sie je für sich von einem potentiell einsamen Aktor ohne Beeinflussung durch andere gefällt werden. Zweitens, die Spieltheorie (game theory) analysiert dagegen in erster Linie Entscheidungen, die sich in Macht- und Konkurrenzkonstellationen abspielen. Drittens, die Theorie der Sozialen Wahl (social choice theory) befaßt sich mit Entscheidungen in Gruppen, deren Mitglieder trotz anfänglich konkurrierender individueller Nutzenvorstellungen eine gemeinsame Entscheidung anstreben.

Die Theorien rationaler Wahl gehen von folgender allgemeiner Charakterisitik der Entscheidungssituation aus: Der Person S steht ihrer Meinung nach eine endliche Reihe von unterschiedlichen Handlungsmöglichkeiten offen. Diese Handlungen führen – S's Meinung nach – zu bestimmten Konsequenzen, denen subjektive Werte zugeordnet werden. So erhält man eine subjektive Rangfolge der Handlungsalternativen. Die rationale Handlung zu wählen heißt dann, die am höchsten bewertete Handlung unter der Menge der Möglichkeiten zu wählen. Dies entspricht der schon in 1.2. genannten Bedingung (7): Diejenige Handlung ist rational, die auf der Grundlage von S's Meinungen eine optimale Aussicht auf die Erlangung ihrer Ziele bietet. Ein typisches Beispiel dafür ist ein Konsument, der zu entscheiden hat, welche Ware er rationalerweise kaufen soll. Die ihm seiner Meinung nach offenstehenden Handlungs- bzw. Kaufmöglichkeiten werden durch seine Information über das Angebot, seine Preisvorstellungen, die Verfügbarkeit der Ware etc. festgelegt. Er hat außerdem Meinungen darüber, welchen Effekt der Kauf und die Konsumtion der verschiedenen Waren für ihn haben wird. Diese Resultate bewertet er anhand eines vorher festgelegten Wertesystems und kann so die verschiedenen Kaufmöglichkeiten in eine Rangfolge bringen.

Je nachdem, wieviel S über die äußeren Faktoren weiß, kann man differenzieren: (a) S ist sich der äußeren Umstände und der Folgen ihrer Handlung völlig gewiß. Sie fällt dann eine Entscheidung unter Sicherheit. (b) S ist sich dessen zwar nicht sicher, mißt den möglichen Umständen und Folgen jedoch ge-

(Hg.), *Rationality in Action*, Part I, II; J. Elster, *Introduction*, in: ders. (Hg.). *Rational Choice*; E.F. McClennen, *Rationality and Dynamic Choice.*

wisse subjektive Wahrscheinlichkeiten bei. Sie fällt dann eine Entscheidung unter Risiko. (c) S weiß über die Umstände und Folgen derart wenig, daß sie nicht einmal Wahrscheinlichkeiten ansetzen kann. Sie fällt dann eine Entscheidung unter Unsicherheit. Bisher sind nur Entscheidungen unter Sicherheit berücksichtigt worden. Wie sehen die Rationalitätskriterien in den anderen beiden Fällen aus?

Ob eine Entscheidung unter Risiko rational ist oder nicht, hängt davon ab, welche Wahrscheinlichkeit S den jeweiligen möglichen Umständen zuschreibt und wie sie die möglichen Folgen der Handlungsalternativen bewertet. Ein Landwirt hat z.B. für die Aussaat zwischen zwei Kornsorten zu wählen, deren Ertrag im nächsten Jahr vom Wetter abhängt, das bekanntlich nicht mit Sicherheit vorauszusagen ist. Praktisch alle aktuellen Entscheidungssituationen sind von diesem Typ, da wir selten sichere Informationen haben. Das einschlägige Rationalitätskriterium für eine solche Entscheidung unter Risiko lautet:

(PR-9) Die Entscheidung für diejenige Handlung ist rational, für die der »zu erwartende Wert« maximal ist. (Bayes' Prinzip[66])

Unter dem zu »erwartenden Wert« versteht man dabei das Produkt, das gebildet wird aus der jeweiligen Wahrscheinlichkeit, die S für die relevanten Umstände annimmt, multipliziert mit den subjektiven Bewertungen der möglichen Handlungsfolgen. Hält man eine der beiden Determinanten konstant, so gilt:

(PR-10) Von zwei Plänen (oder Handlungsalternativen) mit ungefähr den gleichen oder im gleichen Maße gewünschten Zielen soll man rationalerweise denjenigen wählen, der mit höherer Wahrscheinlichkeit das Ziel erreicht.

(PR-11) Haben zwei Pläne (oder Handlungsalternativen) die gleiche Wahrscheinlichkeit, dann sollte man vernünftigerweise den Plan wählen, der das Resultat erreicht, das höher geschätzt wird.

S's Bewertung der möglichen Folgen bzw. Ziele vorausgesetzt, hängt die Begründung solcher Entscheidungen unter Risiko einzig von der Rationalität von S's Wahrscheinlichkeitseinschätzung ab. Der »maximale Erwartungswert der Wünschbarkeit«

66 T. Bayes, *An Essay towards Solving a Problem in the Doctrine of Chances.*

kann durch ein rein rechnerisches Verfahren ermittelt werden.[67]

Bei Entscheidungssituationen, in denen der subjektive Wissensstand so minimal ist, daß Wahrscheinlichkeiten kaum noch oder gar nicht mehr angesetzt werden können, sollte man vernünftigerweise – wenn möglich – die Entscheidung aussetzen und sich um zusätzliche Information bemühen.

(PR-12) Wenn man unsicher ist über seine Ziele, über die Implikationen oder die Art und Weise, sie zu erreichen, dann ist es gewöhnlich rational, jetzt so zu planen und zu handeln, daß alle Möglichkeiten offengehalten werden.

Nun kann aber zu Recht eingewendet werden, daß es uns sehr häufig unmöglich ist, die Entscheidung zu verschieben. Sowohl Zeit wie Energie sind für uns beschränkt. Daher gilt:

(PR-13) Es ist rational, nur so lange zu überlegen, bis der wahrscheinliche Nutzen aus der Verbesserung unserer Information und Überlegung gerade noch die Zeit und Mühe des Überlegens wert ist.

67 An diesem Entscheidungskriterium der Optimalität wird öfter Kritik geübt. Für eine normativ verstandene Entscheidungstheorie könnte Optimalität als Kriterium nur in zwei Fällen fälschlicherweise als problematisch erscheinen: Zum einen, wenn es, die Meinungen und Wünsche des Wählenden vorausgesetzt, kein Optimum gibt. Das ist der Fall, wenn die Person indifferent zwischen zwei Alternativen ist. In solchen Fällen sind beide Alternativen gleich und gleich maximal gut. Die Entscheidungstheorie sagt uns nicht, welche wir wählen sollen, hier kann man sich nur noch grundlos, d.h. dezisionistisch entscheiden. Darin liegt kein Fehler der Entscheidungstheorie. Zum anderen scheint es oft rational, nicht das Optimum, sondern die erstbeste befriedigende Lösung des Problems zu suchen, weil die für die Suche beanspruchte Zeit und Mühe die weitere Suche nach einer besseren Lösung irrational machen. Deshalb hat H.A. Simon, *Models of Man*; ders., *Alternative Visions of Rationality*, und ders., *From Substantive to Procedural Rationality*, als Alternative zu Optimierung bzw. Maximierung das Kriterium »satisfying« oder »bounded rationality« vorgeschlagen. Nach diesem Kriterium ist es nicht unbedingt rational, nach dem Optimum zu suchen, sondern sich mit befriedigenden Lösungen zufriedenzugeben. Dazu gehört auch, nicht in jeder Situation nach dem Optimum zu suchen, sondern nach gewissen Regeln und Gewohnheiten zu verfahren, um die Entscheidungen zu vereinfachen. Die Antwort der klassischen Entscheidungstheorie darauf ist, daß sie für die-

Aus diesem Kriterium folgt unter anderem auch: Es ist nichts Unvernünftiges an der Abneigung gegen das Überlegen selbst, falls man bereit ist, die Folgen hinzunehmen. Ob man dazu bereit ist, ist von Person zu Person verschieden und hängt wesentlich von der Art der Handlungsfolgen ab, also davon, wieviel Unlust sie bereiten. Irrational ist jemand erst dann, wenn ihm seine Weigerung, über die für ihn beste Möglichkeit nachzudenken, Mißhelligkeiten einträgt, von denen es ihm bei dann einsetzender Überlegung lieber wäre, wenn er sie durch vorhergehende Überlegung vermieden hätte.

Wer nicht bereit ist, durch das Aufschieben der Entscheidung negative Folgen zu erdulden, versucht, sie durch Vernunftgebrauch zu vermeiden, selbst in Situationen, in denen die ver-

sen berechtigten Gesichtspunkt ganz leicht aufkommen kann, weil es sich bei der Reduzierung von Komplexität, Kosten, Mühen und nicht zuletzt Zeit auch wieder um ein Optimierungsproblem handelt (s.u. (PR-13)). Beide Probleme stellen also m.E. keinen Einwand gegen ein normatives Optimalitätskriterium dar.

Schwieriger wird der Fall, wenn man die entscheidungstheoretischen Kriterien für rationale Handlungserklärungen benutzt. Hier läßt sich beim Vorliegen mehrerer Optima schon ohne Zusatzannahmen keine Vorhersage machen. Probleme entstehen dagegen für eine deskriptive Entscheidungstheorie, wenn die Menschen sich nicht so verhalten können, wie die Entscheidungstheorie es ihnen vorschreibt, z.B. wenn ihre Präferenzordnung inkonsistent ist, wenn sie keine rationalen Meinungen bilden können, weil die Informationen zu dürftig sind, und wenn sie nicht entscheiden können, ob sie die optimale Menge an verfügbarer relevanter Evidenz berücksichtigt haben. Vgl. J. Elster, *Solomonic Judgements*, Kap. I., When Rationality Fails. Die Grenzen der Entscheidungstheorie, als ein normativer Vorschlag, zeigen sich in einer Art Dezisionismus: Wenn man aufgrund von Entscheidungsdruck sowie Zeit-, Energie- und Informationsmangel zwischen verschiedenen gleich guten Lösungsmöglichkeiten nicht die beste ermitteln kann. Als Vorschlag für die Erklärung von menschlichem Verhalten muß die Entscheidungstheorie durch eine kausale Theorie ergänzt werden, die die Mechanismen angibt, mit denen Personen zusätzlich zum Kriterium der Optimalität Handlungen wählen. Diese zusätzliche Theorie ist allemal erforderlich in Fällen, in denen irrationale Handlungen erklärt werden müssen. Und solche Fälle treten ja wohl nicht allzu selten auf. Wie kann sich dann eine Theorie der Handlungserklärung nur auf rationale Fälle konzentrieren? Als einzige Erklärung dafür bleibt nur, daß die alternativen Erklärungsmodelle noch schlechter sind.

fügbaren Informationen sehr dürftig sind. Bei solchen Entscheidungen unter Unsicherheit entfällt die Möglichkeit, begründete Wahrscheinlichkeitsannahmen zu machen. Die Begründung hängt dann von der persönlichen Gewichtung einer Reihe von unterschiedlichen Faktoren ab. Besonders wichtig werden in einer solchen Situation die Risikobereitschaft des Betreffenden und sein Optimismus oder Pessimismus in der Einschätzung des möglichen Handlungsablaufs. Ein Beispiel: Ein Gefangener ist eines Verbrechens angeklagt. Die Ermittlungen haben noch keine sicheren Beweise für seine Schuld erbracht. Der Gefangene steht vor folgender Alternative: Gesteht er sein Verbrechen und zeigt Reue (oder täuscht sie glaubhaft vor), so wird er milde bestraft. Gesteht er nicht und folgt der Richter der unsicheren Beweisführung der Staatsanwaltschaft, so wird er hart bestraft. Gesteht er nicht und entscheidet der Richter angesichts unsicherer Indizien in dubio pro reo, so kommt er frei.

Es gibt wohl keine eindeutig rationale Lösung dieses Problems. Für Entscheidungen unter Unsicherheit können nur im beschränkten Maß rationale Entscheidungskriterien angegeben werden. Man kann in einer solchen Entscheidung rational nur die besten und schlechtesten Konsequenzen berücksichtigen. Damit werden einige Möglichkeiten ausgeschaltet, oft bleiben aber die wirklich harten Entscheidungsfragen offen. In solchen Situationen wollen viele Menschen auf Nummer Sicher gehen – worin sich ihre pessimistische Einstellung ausdrückt – und verfahren nach dem Maximin-Prinzip:

(PR-14) Wähle die Handlung, deren geringster Resultatwert maximal ist. Mit anderen Worten: Wähle diejenige Handlungsalternative, deren schlechteste Konsequenzen mindestens ebenso vorteilhaft sind wie die schlechtesten Konsequenzen jeder anderen Handlungsalternative.

Wer eher eine optimistische Einstellung hat, verfährt dagegen nach dem Maximax-Prinzip:

(PR-15) Wähle die Handlung, deren höchster Resultatwert maximal ist.

Nach (PR-14) wäre es für den Gefangenen rational zu gestehen. Dann nämlich muß er als schlechtestes Resultat mit einer milden Strafe rechnen; bei der anderen Alternative droht die Gefahr einer härteren Strafe. Ein Optimist sieht hingegen im Nicht-

Gestehen die Chance, völlig straffrei zu bleiben, und entscheidet sich daher für diese Alternative. Pessimismus und Optimismus beruhen auf subjektiven Einstellungen statt auf begründeten Wahrscheinlichkeiten. Sie ergeben sich aus persönlichen Erfahrungen, wie z. B. häufig erlebtem Erfolg oder Mißerfolg eigener Handlungen. Es handelt sich nicht um eine objektiv gerechtfertigte Verallgemeinerung, da von einer kontingenten Auswahl subjektiver Erlebnisse auf alle Handlungen geschlossen wird. Aus solchen Verallgemeinerungen oder auch völlig unbegründet entstehen generelle Einstellungen, die dann z. B. im Risikoverhalten ihren Ausdruck finden. Da es den Pessimisten definiert, notorisch mit dem Schlimmsten zu rechnen, ist es für ihn in der Tat vernünftig, den im ungünstigsten Fall sich ergebenden Nutzen zu maximieren. Für den Optimisten hingegen, der per definitionem immer mit dem Günstigsten rechnet, ist so eine Strategie der Rückversicherung keineswegs rational. Die Kriterien für Entscheidungen unter Unsicherheit sind daher nur relativ zu einem bestimmten psychischen Dispositionsmuster rational.[68]

Die Risikofreudigkeit einer Person hängt nicht allein von der pessimistischen oder optimistischen Einstellung ab, sondern auch von der Höhe des Risikos. Da es keine begründete Annahme darüber gibt, wie groß die Chance eines Erfolgs oder die Gefahr eines Mißerfolgs ist, sinkt in der Regel die Risikobereitschaft, je mehr auf dem Spiel steht. Wie hoch das Risiko ist, hängt von der subjektiven Wertschätzung des größtmöglichen Verlustes ab. Hingegen kann die Chance – und sei sie auch noch so klein – auf einen bedeutenden Gewinn (z. B. die Möglichkeit, seine Freiheit oder gar sein Leben zu retten) es gerechtfertigt erscheinen lassen, auch ein hohes Risiko einzugehen.

Enthält eine Entscheidung in Situationen der Unsicherheit und des Entscheidungsdrucks damit einen spezifisch praktischen Faktor, insofern die Begründung nicht allein von der subjektiven Werteinschätzung der Folgen und von theoretischen Meinungen abhängt? Der zusätzliche Faktor, die generelle pessimistische oder optimistische Einstellung, ist praktisch, da er eine

68 Dieser Punkt ist als Einwand gegen Rawls' Konzeption rationaler Wahl im Urzustand geltend gemacht worden, die ausschließlich das Maximin-Prinzip als rational zuläßt. Vgl. R. Hare, *Rawls' Theory of Justice*, S. 104ff.

Handlungsdisposition darstellt. Aber dieser Faktor ist für die Rationalität der Entscheidung insofern nicht zentral, weil dieser Faktor selbst nicht mehr rational begründet werden kann. Der Faktor muß in der Begründung schlicht als gegeben vorausgesetzt werden. Die Begründung ist dann die gleiche wie unter Risiko. Daß eine Disposition an die Stelle einer rationalen Wahrscheinlichkeitsannahme tritt, ergibt sich dabei aus einem Mangel an rationalen Bestimmungsgründen.
Bei Entscheidungen unter Sicherheit, Unsicherheit und Risiko erfordert die Rationalität, daß die Entscheidung immer so gut wie möglich begründet ist. Die Begründungsmöglichkeiten variieren in den drei verschiedenen Situationen; deshalb wird für die Rationalität je nach Situation Verschiedenes verlangt. Die Form der Begründung ist aber in allen drei Fällen insofern gleich, als sich nur der Typ der implizierten Tatsachenmeinung ändert, der als Grund unter anderen mit in die Überlegung eingeht. Einmal handelt es sich um eine begründete Meinung, das andere Mal um begründete Wahrscheinlichkeit und im letzten Fall um eine Disposition. Die Art der *Begründung* ist in allen drei Fällen die gleiche.

2.4. Soziales Handeln

Die bisherige Analyse von Entscheidungen zum Handeln ist noch unzureichend. Es sind nur solche Fälle sog. *parametrischer* Entscheidungen berücksichtigt worden, in denen die natürliche und soziale Umwelt des Handelnden sich passiv verhält, also in einem bestimmten Sinn vorgegeben ist. Bei *strategischen*, im Gegensatz zu parametrischen Entscheidungen ist das nicht der Fall. Wie man sich in einer bestimmten Situation rationalerweise zu verhalten hat, kann unter anderem auch davon abhängen, wie sich in derselben Situation die anderen Personen verhalten. Strategische Entscheidungen sind wesentlich durch die Abhängigkeit von Entscheidungen anderer charakterisiert.[69] Im Gegensatz zu parametrischen Entscheidungen ergibt sich in diesen Situationen strategischer Entscheidung eine Form *sozialen* Handelns. Soziales Handeln liegt vor, wenn in die Entscheidung

69 Strategische Entscheidungen sind das Thema der sog. Spieltheorie. »Spiele« werden Situationen mit mindestens zwei Aktoren genannt.

des Handelnden die Erwartung von Entscheidungen mindestens einer weiteren zielgerichtet handelnden Person eingeht. Die Beteiligten sind darauf angewiesen, die Nutzenkalkulation der anderen Personen als Mittel und Bedingung der eigenen Nutzenkalkulation zu berücksichtigen. Verglichen mit der Rationalität einfacher Entscheidungsprozesse wird dieser Fall dadurch komplizierter, daß die eigene Ertragsmaximierung und Verlustminimierung mit der entsprechenden Maximierung des Nutzens für die anderen Personen in Konflikt geraten kann. Genauer: Die Kontrolle des Handelnden über das Ergebnis seines Tuns ist nicht nur durch den Mangel an Information über die relevante Umwelt beschränkt, sondern darüber hinaus auch durch das konkurrierende Eigeninteresse anderer Entscheidungsträger. Der eigene Handlungserfolg ist dann von den zu erwartenden Aktionen anderer abhängig, die das eigene Erfolgsstreben bestenfalls teilweise unterstützen, es jedoch häufiger zumindest teilweise durchkreuzen werden. Dementsprechend lassen sich die eigenen Interessen teilweise nur durch Unterstützung und teilweise nur durch Vereitelung der Pläne anderer erfüllen.

Zwei Fälle lassen sich dabei unterscheiden, je nachdem, ob sich die relevanten Personen in der betreffenden Situation zueinander *kooperativ* oder *nicht-kooperativ* verhalten. Im Fall von nicht-kooperativen Situationen gibt es nur die Möglichkeit, die Entscheidung und das Handeln der anderen als zusätzlichen Faktor in seine Überlegung mit einzubeziehen. Dazu muß den anderen Rationalität unterstellt werden. Weiß man dann noch zusätzlich, was die Interessen der anderen Person in der betreffenden Situation sind, so kann gewöhnlich vorhergesagt werden, was sie tun werden, falls sie rational handeln. Diese Prognose geht als zusätzliche und notwendige Information in die eigene Entscheidung mit ein. Bei dem zusätzlichen Faktor handelt es sich also um eine weitere Meinung über die Umwelt, in diesem Fall die soziale. Die Form von Rationalität, die in solchen als *strategisch* zu bezeichnenden Entscheidungen eine Rolle spielt, unterscheidet sich nicht von der Rationalität instrumentellen Handelns. Die in Betracht gezogenen Meinungen haben nur einen anderen Gehalt und einen anderen Grad der Zuverlässigkeit.

Nicht-kooperative strategische Entscheidungen, in denen jeder versucht, seine eigenen Ziele möglichst optimal zu befriedigen, können zu Ergebnissen führen, die schlechter für alle Beteiligten sind als die Ergebnisse anderer Entscheidungsstrategien (sog. Gefangenen-Dilemma). Eine solche andere Strategie ist die des kooperativen strategischen Vorgehens, das als koordiniertes, erfolgsorientiertes soziales Handeln beschrieben werden kann. Hier versucht jeder Handelnde in der Situation mit den anderen Beteiligten zu kooperieren, und zwar, weil er ein Interesse an dem für alle besseren Ergebnis der Zusammenarbeit hat. In einfachen Fällen gleicht die Entscheidungsform der nicht-kooperativer Spiele. Als zusätzlich zu berücksichtigendes Moment spielt auch hier das zu erwartende Vorgehen der anderen eine Rolle. In diesen Fällen weiß man aufgrund der Kooperation sehr genau, wie sich die anderen verhalten werden. Das gilt allerdings nur, wenn die Interessen der einzelnen schon in irgendeiner Weise miteinander koordiniert sind. Besonders einfach ist das, wenn Interessen der Handelnden in der durchaus beschränkten Handlungssituation nahezu identisch sind, so z. B. bei Teamarbeit. Wesentlich komplizierter wird die Angelegenheit, wenn die Handelnden divergierende Interessen im Hinblick auf eine bestimmte Handlungssituation haben. Die Kooperation läßt sich hier durch Absprachen und Verträge regeln. Damit ein Vertrag realisierbar ist, müssen die Vertragspartner letztlich über ein gemeinsames Oberinteresse verfügen. Das kann entweder ein allgemeines Kooperationsinteresse (z. B. zusammen zu tanzen ist schöner, als allein zu tanzen) oder ein spezielles Erfolgsinteresse sein (z. B. wenn wir zusammenarbeiten, erhält jeder einen höheren Gewinn, als wenn jeder allein arbeitet). Vorausgesetzt werden muß für kooperatives Handeln kein gleiches Interesse im Sinne eines gleichen Zieles, sondern nur ein Grund zur Kooperation, der bei den einzelnen Beteiligten ganz unterschiedlich sein kann. Kommunikation und Konsensbildung finden nur unter der Bedingung statt, daß sich die Beteiligten des strategischen ›Spiels‹ einen Vorteil von ihr versprechen. Aufgrund von Interessen- und Machtkonstellationen mag eine einvernehmliche Lösung für alle vorteilhafter erscheinen als der ›Kampf aller gegen alle‹. Um Kooperation zu ermöglichen, müssen kollidierende Einzelinteressen geopfert oder in Einklang gebracht werden.

Die Untersuchung der Rationalität kooperativer »Spiele« geht über zu der Analyse der Entscheidungs- und Einigungsprozesse. Die Form von Rationalität bei Entscheidungen von Gruppen wird oftmals als *kollektive* Rationalität im Unterschied zur *individuellen* Rationalität bezeichnet. Die interessante Frage ist dann natürlich, ob – und wenn ja, worin – ein Unterschied zwischen diesen beiden Formen von Rationalität besteht. Ohne das in dieser Arbeit im Detail zeigen zu können, vertrete ich die Auffassung, daß kein Unterschied besteht. Kollektive Rationalität läßt sich m. E. auseinanderdividieren in rationale Entscheidungen prinzipiell einsamer Aktoren, die ihre Handlungen und Interessen nur ihren eigenen Zielen gemäß mit den Interessenslagen und Handlungen anderer zu koordinieren bereit sind. Es liegt nur eine komplexere, weil soziale Form erfolgreicher Handlungen vor. Der wesentliche Grund für die Ablehnung spezifisch kollektiver im Unterschied zu individueller Rationalität liegt im Prinzip des methodologischen Individualismus begründet: Sozialen Einheiten, die über ein Individuum hinausgehen, wie z. B. Haushalten, Firmen, Organisationen, Parteien etc., können keine kollektiven Meinungen und Wünsche zugeschrieben werden. Eine Gruppe mag entscheiden, wie sie ihr Geld ausgeben will, aber diese Entscheidung basiert nicht auf »ihren« Zielen und Meinungen, sondern auf den Zielen und Meinungen ihrer Mitglieder. Ein Begriff von kollektiven Zielen und Meinungen hätte nur Sinn, wenn Verfahren bekannt wären, wie sie nicht-diktatorisch ermittelt werden können – und solche Verfahren sind nicht bekannt.[70] Selbst bei diktatorisch geführten Gruppen gibt es nicht nur einen Willen. Außerdem kann nicht eine Gruppe als solche handeln, sondern wieder nur mehrere Einzelpersonen. Da eine Entscheidung relativ zu den Meinungen und Wünschen des entscheidenden Individuums rational ist, kann dieser Rationalitätsbegriff also auf kollektive Entitäten nur so angewendet werden, daß die kollektive Handlung als Resultat einer Koordinierung individueller Präferenzen, Überzeugungen und Entscheidungen analysiert wird. Eine Alternative im methodischen Vorgehen besteht darin, die soziale Wirklichkeit so zu beschreiben, als sei deren kleinste Einheit ein

70 Im Gegenteil, Arrows Unmöglichkeitstheorem der sozialen Wahl scheint zu zeigen, daß die Entscheidungen von Gruppen nicht immer konsistent sein können. Für einen Überblick vgl. K. Arrow, *Social Choice and Individual Values*, und A. Sen, *Collective Choice and Social Welfare*.

System, das die Tendenz hat, sich selbst zu erhalten. Diese und andere funktionalistische Zusammenhänge des Systems, die eine optimale Adaptation an die Umwelt implizieren, werden dann im übertragenen Sinn systemrational genannt. Diese Bedeutung unterscheidet sich von der der Rationalität von Handlungen darin, daß die Handlung absichtlich ist, die Adaptation des Systems dagegen nicht. Deshalb kann »Systemrationalität« auch nur einen deskriptiven, nicht aber einen präskriptiven oder normativen Sinn haben. Diese Alternative läuft also darauf hinaus, einen anders definierten Rationalitätsbegriff zu verwenden, der von dem gewöhnlichen in wesentlichen Punkten divergiert.

Gegen die *strategische* Konzeption möchte Habermas einen anderen Typ sozialen Handelns geltend machen.[71] Soziale Handlungen müssen seines Erachtens danach unterschieden werden, ob die Beteiligten entweder eine erfolgs- oder eine verständigungsorientierte Einstellung einnehmen. Unter erfolgsorientiertem Handeln versteht Habermas die bisher besprochenen teleologischen Handlungen sozialer und nicht-sozialer Art. Erfolgsorientiertes Vorgehen versucht, den Kriterien der Zweckrationalität zu entsprechen, und besteht demnach in einer egozentrischen Erfolgskalkulation, wobei andere Beteiligte (soweit vorhanden) immer prinzipiell als Opponenten gesehen werden, mit denen nur kooperiert wird, wenn es einem nützt. Der von Habermas geprägte Begriff des »*kommunikativen* Handelns« soll dagegen einen wesentlich anderen Typ sozialen Handelns bezeichnen, der verständigungsorientiert ist. Er soll sich auf Interaktionen beziehen, in denen die Handlungspläne der beteiligten Personen nicht über egozentrische Erfolgskalküle, sondern über Akte der Verständigung im Sinne eines kooperativen Deutungsprozesses koordiniert sein sollen. Was ist damit gemeint?

Zunächst scheint es so, als ob mit erfolgs- und verständigungs-

71 Vgl. J. Habermas, *Aspects of the Rationality of Actions*, S. 185-212, bes. S. 194ff.; ders., *Theorie des kommunikativen Handelns*, Kap. I.3 u. III.; ders., *Erläuterungen zum Begriff des kommunikativen Handelns*; ders., *Zwecktätigkeit und Verständigung. Ein pragmatischer Begriff der Rationalität*. – Zur Kritik an Habermas' Begriff des kommunikativen Handelns vgl. E. Tugendhat, *Habermas on Communicative Action*.

orientierem Handeln zwei Arten von Zielen oder Einstellungen unterschieden werden. Aber es ist nur sinnvoll, zwischen der Orientierung am eigenen Zweck und an Verständigung zu unterscheiden, wenn die individuellen Nutzenkalküle den Willen zur Verständigung nicht mehr einschließen, es sich also um eine vollständige Dichotomie handelt. Ist Verständigung auf diese Weise aus dem Interesse der einzelnen gestrichen, folgt die These, daß kommunikatives Handeln nicht teleologisch strukturiert ist. Diese Abtrennung erscheint aber nicht einsichtig. Verständigung ist immer Verständigung über etwas, und das sind im Fall von kooperativen Handlungen die jeweiligen Ziele der einzelnen Personen. Wenn die Handelnden sich miteinander verständigen, um ihr Vorgehen zu koordinieren, verfolgen sie jeweils bestimmte Handlungsziele. Kommunikation ist immer etwas, was wir um eines anderen Ziels willen tun können. »Insofern ist die teleologische Struktur für alle Handlungsbegriffe fundamental.« – gesteht Habermas durchaus zu.[72] Dennoch behauptet er:

Der Begriff des kommunikativen Handelns ist so angesetzt, daß die Akte der Verständigung, die die teleologisch strukturierten Handlungspläne verschiedener Teilnehmer verknüpfen und damit Einzelhandlungen zu einem Interaktionszusammenhang erst zusammenfügen, nicht ihrerseits auf teleologisches Handeln reduziert werden können.[73]

An dieser Stelle scheint die Behauptung zu sein, daß der primäre und eigentliche Gebrauch der Sprache zum Zweck der Kommunikation und Verständigung stattfindet und alle anderen Benutzungen der Sprache, zum Zweck der Befriedigung anderer Interessen, sich dazu »parasitär« verhalten.[74] Aber selbst wenn seine Behauptung stimmt, daß Sprache in ihrem »Originalmodus« nicht teleologisch konzipiert werden kann, so fungiert Sprache doch stets als Mittel der Verständigung. Sprache ist als »verständigungsorientiertes Handeln« zielgerichtet und stellt somit einen teleologischen Handlungstyp dar.

Eine andere Deutung dessen, was Habermas eigentlich im Auge hat, ergibt sich aus der Charakterisierung kommunikativen

72 J. Habermas, *Theorie des kommunikativen Handelns*, I, S. 150f.
73 Ebda. I, S. 388.
74 Ebda.

Handelns als durch Akte der Verständigung koordiniert.[75] Kommunikative Handlungen sind demnach solche, bei denen die Beteiligten ihre Handlungspläne auf der Basis einer Verständigung ausführen. Das Ziel liegt dann nicht in der Kommunikation, sondern darin, einen Konsens durch Kommunikation zu erzielen. Bei kommunikativem Handeln ist die Person bereit, ihre übrigen Ziele dem des konsensuellen Einverständnisses mit den anderen unterzuordnen.[76]

Wenn dies die richtige Charakterisierung ist, stellt sich die Frage, warum dieses bestimmte Ziel nach Habermas ausgezeichnet ist. Welchen Grund hat man, sich den Konsens zum obersten Ziel zu machen? Habermas' Antwort darauf wird in seiner Grundthese zu suchen zu sein, daß Verständigung der menschlichen Sprache bzw. Rationalität als Telos innewohnt.[77] Sprache enthält für Habermas im wesentlichen verschiedene kritisierbare Geltungsansprüche, deren Gültigkeitskriterium letztlich für ihn (trotz Modifikationen) der Konsens der unterstellten idealen Kommunikationsgemeinschaft ist. Damit liegt m. E. der These von einer spezifisch kommunikativen Handlung und damit verbunden einer spezifisch kommunikativen Rationalität eine Konsensustheorie der Einlösung von Geltungsansprüchen zugrunde.

> Dieser Begriff kommunikativer Rationalität führt Konnotationen mit sich, die letztlich zurückgehen auf die zentrale Erfahrung der zwanglos einigenden konsensstiftenden Kraft argumentativer Rede, in der verschiedene Teilnehmer ihre zunächst nur subjektiven Auffassungen überwinden und sich dank der Gemeinsamkeit vernünftig motivierter Überzeugungen gleichzeitig der objektiven Welt und der Intersubjektivität ihres Zusammenlebens vergewissern.[78]

Habermas' kommunikativer Rationalitätsbegriff wird ein prozeduraler Sinn zugeschrieben, dem gemäß sich dieser Begriff nur durch formale Prozeduren oder Verfahren und durch prozedural erzielbare Ergebnisse erläutern läßt. Kommunikative Rationalität ist eng gebunden an das argumentationstheoretische Konzept der Begründung. Das Resultat einer gelungenen

75 Ebda. S. 385, 397f.
76 Vgl. E. Tugendhat, *Habermas on Communicative Action*, S. 181.
77 J. Habermas, *Theorie des kommunikativen Handelns*, I S. 387, S. 30.
78 Ebda. S. 28.

Einlösungsprozedur der Geltungsansprüche besteht in dem rationalen, auf Gründe gestützten Konsens aller möglichen Argumentationsteilnehmer. Die geregelte Prozedur ist der Diskurs, der zum begründeten Konsens und damit zum rational motivierten Einverständnis führt. Daß Sprache auf Verständigung zielt, bedeutet dann, daß jeder Sprachgebrauch Geltungsansprüche erhebt, die man wiederum nur verstehen kann vor dem Hintergrund ihrer (potentiellen) Einlösungsprozeduren. Sprechhandlungen, die den Gebrauch der Sprache im Originalmodus exemplifizieren, sind für Habermas intern so strukturiert, daß sie auf Verständigung im engeren Sinn, nämlich auf ein rational motiviertes Einverständnis der Beteiligten über die Gültigkeit der Geltungsansprüche hin orientiert sind.[79] Damit muß eine Auseinandersetzung mit Habermas' Begriff des kommunikativen Handelns und dem ihm zugrundeliegenden Rationalitätsbegriff als Einlösung von Geltungsansprüchen in eine Kritik an der Konsenstheorie der Wahrheit und der Diskurstheorie münden. Dieser Aufgabe widme ich mich in Kapitel VI.

1.3.

Bevor ich diesen Abschnitt schließe, möchte ich noch mal darauf hinweisen, daß *normengeleitetes* Handeln kein prima facie völlig anderer Typ von Handlungen ist.[80] Solche Handlungen werden mit Bezug auf geltende Regeln oder Normen begründet. Normenreguliertes Handeln liegt vor, wenn die Person sich nicht am möglichen Erfolg ihrer Handlung und der dadurch erreichten Wunschbefriedigung orientiert, sondern an der sozialen Geltung von Normen bzw. von Regeln. Der Handelnde befolgt eine Norm bzw. Regel (oder verstößt gegen sie), sobald in einer gegebenen Situation die Bedingungen vorliegen, auf die die Norm Anwendung findet. Auch die Begründung relativ zu Normen (bzw. Regeln) ist eine Begründung im schwachen Sinn. Es wird vorausgesetzt, daß die Norm (bzw. Regel) gilt und das Individuum bereit ist, sich ihr zu unterwerfen. Ein Handelnder

79 Vgl. W. Becker, *Der prozedurale Rationalitätsbegriff und die Konsensustheorie der Wahrheit*.

80 Dieser Punkt wird hier nicht im Detail behandelt, da normengerechtes Handeln – wie ich in Kap. VI zeigen möchte – als ein Spezialfall des teleologischen Handlungsmodells aufgefaßt werden kann. An dieser Stelle möchte ich nur auf das Spezifikum bei der Begründung relativ zu geltender Normen eingehen.

folgt rational einer Norm nur, wenn er einen Grund dazu hat. Dieser Grund muß nach der internalistischen Auffassung in seinem Wunsch bestehen, der Norm folgen zu wollen. Es muß außerdem noch begründet werden, daß diese spezielle Handlung oder allgemein der Handlungstyp, den man beabsichtigt auszuführen, unter die Norm (bzw. Regel) fällt. Das Begründungsverfahren entspricht dem der Subsumption eines Einzelfalls unter eine Regel, das so auch in theoretischen Kontexten Anwendung findet. Traditionen, Normen, Konventionen, Regeln etc. ersetzen also nicht die rationale Wahl relativ zu Meinungen und Zielen, können sie aber vereinfachen: So muß man nicht bei jedem Einzelfall entscheiden, ob es rational ist, im Sinne der Norm zu handeln, wenn man sich einmal mit guten Gründen entschieden hat, daß man ihr immer – ceteris paribus – folgen will.

2.5. Ausführen der Handlung

Die Analyse von Handlungsrationalität im Sinne von (RPR) scheint noch nicht hinreichend. Nach dieser Konzeption beruht die Rationalität einer Handlung auf einer regelgeleiteten praktischen Überlegung der handelnden Person (s.o. V.1.5.). Die praktische Überlegung ist dadurch charakterisiert, daß es sich um eine zielgerichtete Überlegung in der ersten Person zur Lösung eines praktischen Problems handelt. Sie betrifft dabei im wesentlichen die rationale Wahl der Mittel und das Abwägen der Ziele für eine Handlung (s.o. V.2.2.). Gegen diese Konzeption kann eingewendet werden, sie setze eine rationale Handlung mit dem Ergebnis einer rationalen Überlegung gleich. Daher seien die Regeln der Rationalität natürlich auch nur – wie im theoretischen Bereich – Regeln der vernünftigen Überlegung, d.h. Regeln der rationalen Wahl der Ziele und der Mittel. Was also macht die rationale Überlegung zu einer praktischen Überlegung? Wie kommt es von der regelgeleiteten Überlegung zur Handlung? Solange das nicht geklärt ist, ist auch Handlungsrationalität nicht erklärt.

Wir erleben häufig Fälle, in denen eine Person zwar rational zu überlegen scheint, zumindest zu einer vernünftigen Beurteilung der Handlungsmöglichkeiten kommt, aber dann nicht ihrer

Überlegung entsprechend handelt. Dies sind Fälle sogenannter *Willensschwäche*. Unter Willensschwäche verstehen wir umgangssprachlich, daß jemand diejenige Handlung, die er für die am besten begründete hält, gleichwohl nicht ausführt. Darunter fallen solche Phänomene wie: das Aufschieben unangenehmer Handlungen, rückfällig werden, Unentschlossenheit, überredet werden gegen das eigene bessere Urteil, zu leicht entmutigt sein, die Unfähigkeit zur Anwendung notwendiger Mittel, Labilität gegenüber Neigungen etc.[81] Was ist in solchen Fällen schief gelaufen? Was hat gefehlt, damit die Person statt einer willensschwachen eine rationale Handlung ausgeführt hätte?
Um zu einer rationalen Handlung zu gelangen, reicht es sicher nicht, quasi abstrakt darüber nachzudenken, was in einer Situation wie dieser für eine Person (z.B. den jetzt gerade darüber Nachdenkenden) das beste zu tun wäre. So gelangt man nur zu einer ggf. rationalen Beurteilung von Handlungsoptionen. Aus dieser Beurteilung folgt nicht notwendig eine entsprechende Handlung, wenn der Überlegende sich in der betreffenden Situation mit den entsprechenden Möglichkeiten und Fähigkeiten befindet. Warum nicht? Müssen nach der internalistischen Konzeption nicht rationale Gründe (d.h. Wünsche in Zusammenhang mit Meinungen) motivierend sein? In der Tat; das bedeutet aber nicht, daß alle Gründe immer zur Handlung motivieren, und schon gar nicht, daß die in einer solchen abstrakten Überlegung ermittelten *besten* Gründe für eine Handlungsmöglichkeit sozusagen von allein zur Handlung führen. Die Gründe

81 Damit habe ich den Begriff »Willensschwäche« absichtlich weit und phänomenologisch eingeführt. Vgl. G. Matthews, *Weakness of Will*, S. 162ff. Von diesem Begriff der Willensschwäche muß ein engerer philosophischer Begriff unterschieden werden, den man zur Abgrenzung »Akrasia« nennen kann. Während Willensschwäche möglich ist oder möglich sein muß, weil es die so beschriebenen Phänomene gibt, ist Akrasia nicht möglich. Näheres s.u. Einen allgemeinen Überblick über die Willensschwäche-Problematik geben neben der weiter unten genannten Literatur G. Mortimore (Hg.), *Weakness of Will*; W. Charlton, *Weakness of Will*; A.F. Walker, *The Problem of Weakness of Will. Critical Survey*.
Vgl. auch meine Deutung von Selbsttäuschung als einen Fall theoretischer Willensschwäche in III.4. Um praktische Willensschwäche vollständig analysieren zu können, sind hier gewisse Wiederholungen notwendig.

einer Person, d.h. ihre Wünsche in Zusammenhang mit ihren Meinungen, haben ihrer Wunschkomponente wegen immer so etwas wie eine motivationale Kraft. Aber die motivationale Kraft selbst des Grundes, der in einer abstrakten, quasi theoretischen Überlegung als der beste eingeschätzt wird, reicht nicht von sich aus schon dazu aus, zur Handlung zu führen. Es gibt eine verbreitete Tendenz, es für eine notwendige Wahrheit zu halten, daß eine Person, wenn sie eine Handlungsmöglichkeit für optimal hält, diese auch ergreifen wird, wenn sie die Gelegenheit dazu hat. Doch das ist ein Irrtum. Wahrscheinlich handelt man immer nach der z.Zt. stärksten Ursache (und das ist in der Regel ein Wunsch). Aber daraus folgt natürlich nicht, daß man auch nach seinem besten Grund handelt. Wünsche in Zusammenhang mit Meinungen führen also zur Handlung, aber nicht immer der besten.

Motiviert zu sein durch die Überlegung, daß eine Handlung in dieser Situation nach eigener Einschätzung das beste Mittel zum Zweck ist, bedeutet mehr, als nur eine rein kognitive Überlegung über eine geeignete Handlungsmöglichkeit anzustellen. Die motivationale Kraft, die sich aus dem Wunsch ergibt, muß übertragen werden auf das Mittel, damit die praktische Überlegung den menschlichen Körper in Bewegung setzt, was wiederum zu der beabsichtigten Handlung führt. Nur wenn die praktische Überlegung den Körper zu bewegen vermag, können wir sagen, daß die Vernunft Einfluß auf die Handlung hat. Eine Person bzw. ihre Handlung ist erst dann praktisch-rational, wenn sie nicht nur in der Lage ist, bestimmte mentale Operationen (über die beste Handlungsmöglichkeit) rational auszuführen, sondern auch in der Lage ist, die motivationale Kraft sozusagen entlang den Bahnen zu übertragen, die diese mentalen Operationen der praktischen Überlegung vorgeben. Gründe haben also zwei wichtige unterschiedliche Dimensionen: ihre Evaluation durch den Handelnden und ihre motivationale Kraft. Diese beiden Dimensionen sind nicht vollständig unabhängig voneinander – im Gegenteil: sie beeinflussen sich häufig gegenseitig. Doch in einigen Fällen zumindest stimmt die Bewertung der Gründe durch den Handelnden und ihre motivationale Kraft nicht überein.[82] Dadurch ergibt sich die Möglichkeit willensschwacher Hand-

82 Vgl. A. Mele, *Irrationality*, S. 95.

lungen. Sie müssen als irrational gelten, weil sie nicht den besten Gründen des Handelnden entsprechen. Um solche Fälle auszuschließen, muß zusätzlich folgende Bedingung für die Rationalität von Handlungen gelten, die man den *Grundsatz (bzw. Regel) der Selbstbeherrschung* nennen kann:

(13) Diejenige Handlungsmöglichkeit, die auf der Basis aller für S verfügbaren relevanten Gründe von S als die beste beurteilt wird, muß von S realisiert werden.[83]

Wie können wir dieser Bedingung gerecht werden? Duch die richtige Art der praktischen Überlegung. Rationalität verlangt von uns, daß wir unsere Meinungen und Wünsche in einem Prozeß der praktischen Überlegung in einen solchen Zusammenhang bringen, daß sie unsere guten handlungsanleitenden Gründe werden. Gute Gründe motivieren nicht als solche, sondern nur qua rationaler praktischer Überlegung. In Fällen, in denen die Person nicht den besten ihr verfügbaren Gründen entsprechend handelt, ist dafür die falsche, nämlich zu theoretische und abstrake Art der Überlegung und – damit unmittelbar zusammenhängend – die falsche Art der Berücksichtigung von Gründen verantwortlich. Der Fehler liegt dabei also im Ermangeln einer praktischen Überlegung oder in einer inkorrekten praktischen Überlegung.

In einer korrekten praktischen Überlegung müssen – zum einen – alle der Person verfügbaren besten Gründe berücksichtigt werden. Nach der reflektiert subjektiven Konzeption von Rationalität (s. o.) sind die rationalen Gründe einer Person diejenigen, die diese nach reiflicher Reflexion und Berücksichtigung aller relevanten ihr zugänglichen Informationen in einer praktischen Überlegung als solche anerkennt. Einem bestmöglichen Handlungsgrund kann man zuwiderhandeln, wenn man nicht reiflich überlegt und nicht alle Faktoren berücksichtigt hat. Die Handlung entspricht dann nicht dem Urteil, daß unter Berücksichtigung aller relevanten verfügbaren Gründe eine bestimmte Handlung in der Situation die beste ist. In der praktischen Überlegung müssen nicht nur alle verfügbaren und durch reifliche Reflexion ermittelbaren Wünsche und Meinungen berücksichtigt werden, sondern – zum anderen – müssen die Wünsche und Meinungen auch adäquat berücksichtigt werden. Es ist ein Feh-

83 Vgl. D. Davidsons »principle of continence« in *How is Weakness of the Will Possible?* S. 41, dt. S. 71.

ler zu meinen, die motivationale Kraft bzw. Stärke von Wünschen sei schlicht gegeben, so daß das Abwägen von Wünschen quasi-mechanisch, ähnlich einem Wiegen vorgenommen werden könne. Abgesehen davon, daß man sich bei der Einschätzung der Stärken der Wünsche bzw. der Wichtigkeit der Ziele auch »verwiegen« kann, besteht ein wichtiger Aspekt der praktischen Überlegung darin, sich mit Hilfe von Phantasie und Vorstellungskraft die Folgen einer Wunschbefriedigung oder Wunschfrustration besonders deutlich und lebendig vor Augen zu führen. Durch dieses Verfahren kann man in der praktischen Überlegung die wahrgenommene, phänomenale Stärke und Schwäche von Wünschen verändern. Langfristige Ziele erscheinen uns heute gegenüber kurzfristigen oft schwächer. Die kausale Effizienz der von der Person erwogenen Gründe hängt von der Evaluation ab, in der sie festlegt, welcher Grund das rational größte Gewicht haben soll. Dabei findet kein quasimechanisches Abwägen statt, sondern man muß sich die Umstände der Wunscherfüllung und Wunschfrustration realistisch vorstellen können, z. B. durch lebhaftes Imaginieren der Folgen, um so richtig einschätzen zu können, was einem diese Ziele bedeuten.

Die Evaluation und die praktische Überlegung kulminieren in dem Werturteil, daß H zu tun in dieser Situation unter der Berücksichtigung aller verfügbaren relevanten Wünsche und Meinungen für mich das beste ist. Wenn eine praktische Überlegung mit dem so beschriebenen ernsthaften, um das eigene Wohl besorgen Engagement durchgeführt wird, ergibt sich aus dem Resultat der praktischen Überlegung, dem Werturteil, daß es für mich in dieser Situation unter Berücksichtigung aller relevanten zur Verfügung stehenden Gründe das beste ist, H zu tun, eine Handlungsabsicht bzw. ein Handlungsvorsatz. Das aus einer korrekten praktischen Überlegung sich ergebende Werturteil drückt einen unmittelbar handlungsanleitenden Wunsch aus. Im Durchlaufen des Prozesses der praktischen Überlegung und durch die sorgsame Erfüllung aller diesen Prozeß leitenden Regeln der Rationalität bekommt die sich aus den rationalen Gründen ergebende Handlungsabsicht die motivationale Kraft, die größer ist als die aller anderen relevanten Motive. (Wenn nicht, hat S nicht richtig abgewogen.) Für das Resultat der praktischen Überlegung gilt also: Wenn der Handelnde unter Berücksichtigung aller verfügbaren relevanten Gründe H als die in dieser Situation beste Handlung beurteilt, dann wünscht er auch H mehr als alternative Handlungsmöglichkeiten.[84] Aus einem Handlungsvorsatz, wie er sich aus der so definierten praktischen Überlegung ergibt, folgt die Handlung dann notwendig. Andernfalls kann man den entsprechenden Handlungsvorsatz nicht haben. Wenn jemand wirklich und ernsthaft glaubt, er habe die besten Gründe, in dieser Situation H zu tun, dann muß sich diese Überzeugung bzw. dieses Urteil in seiner Handlung ausdrücken. Hier gilt also das Prinzip: Wenn eine Person H zu tun für das beste hält und sie frei ist, H zu tun, dann wird sie H intentional tun. Daraus folgt, daß man nicht frei und absichtlich gegen sein in der korrekten praktischen Überlegung gefälltes Urteil, H zu tun, sei in dieser Situation für einen das beste, handeln kann.[85] Wenn man korrekt praktisch überlegt, folgt die Handlung notwendig. Damit ist erklärt, daß und wie Vernunft praktisch, d.h. handlungsanleitend wird.

84 Dieses Prinzip ist kontrovers. Dagegen wird eingewendet, daß es zwar einen (analytischen) Zusammenhang zwischen der Evaluation und Motivation in der praktischen Überlegung geben müsse, dieser aber nicht notwendig handlungsanleitende spezifische Wünsche betreffen müsse, sondern auch rationale Präferenzen oder das Eigeninteresse insgesamt betreffen könne. Dieses Prinzip konstruiere den Zusammenhang zwischen Evaluation und Motivation zu eng. Vgl. dafür D. Pears, *Motivated Irrationality* (1984), Kap. 9, 10; R. Audi, *Weakness of Will and Practical Judgement*, S. 194f.; E. Rapaport, *Explaining Moral Weakness*, S. 180f.

85 Dies ist das bekannte Argument gegen die Möglichkeit von Akrasia. Akrasia wird dabei wie folgt definiert: Eine Person S ist in der Situation U akratisch genau dann, wenn (1.) S in U frei ist, also keinem psychischen oder physischen Zwang unterliegt, (2.) S in U aufgrund einer rationalen praktischen Überlegung zu der Meinung gekommen ist, daß H zu tun für sie das beste ist, und (3.) S in U unterläßt, H zu tun, bzw. statt dessen eine alternative Handlung realisiert. In der philosophischen Tradition spätestens seit Aristoteles wird von vielen Philosophen bestritten, daß Akrasia (so definiert) logisch möglich ist, weil die Bedingungen (1.)-(3.) der Definition zusammen inkonsistent sind. Der Widerspruch ergibt sich (a) aus einer Explikation von (2): Die in der praktischen Überlegung relevante Meinung bezieht sich auf das in der Situation Beste und hat daher den Charakter eines Handlungsvorsatzes. (2) ist also genau dann wahr, wenn S in U den Vorsatz faßt, H zu tun. Aus dieser Explikation kann dann (b)

Willensschwach ist eine Handlung, in der kausal stärkere Ursachen (Wünsche) kausal schwächere Gründe daran hindern, handlungswirksam zu sein.[86] Die Gründe wären kausal stärker, wenn alle zur Verfügung stehenden Meinungen und Wünsche

analytisch gefolgert werden: Wenn S den Vorsatz faßt, H zu tun, und S in U frei ist, tut S H. Es ist offensichtlich, daß (1), (2), (3), (a), (b) zusammen inkonsistent sind. Also kann es Akrasia – so definiert – nicht geben. Diese Auffassung hat schon Sokrates in Platon, *Protagoras*, 354e-358d, vertreten und damit eine bis heute anhaltende heftige Diskussion entfacht. Aristoteles, *Nikomachische Ethik*, VII 5, unterscheidet (ähnlich wie hier) verschiedene Versionen von Willensschwäche und bestätigt für die stärkste Version Sokrates' Diagnose. Heutzutage wird dieses Argument besonders explizit von D. Davidson in *How ist Weakness of the Will Possible?* und U. Wolf in *Zum Problem der Willensschwäche* vertreten. Beide halten die beiden Ableitungen (a) und (b) entweder für selbstevident (Davidson) oder für analytisch (Wolf). Die Verteidiger der Möglichkeit von Akrasia bestreiten hingegen (a) und/oder (b).

Eine Erklärung der Möglichkeit von Akrasia vertritt D. Pears, *Motivated Irrationality* (1982), S. 167, und *Motivated Irrationality* (1984), S. 195, 197, 211-213. Nach seiner Auffassung ist der Wunsch nicht voll integriert, und in einem typischen Fall von Akrasia übernimmt ein unbeherrschter Wunsch die Kontrolle über die intentionale Handlung und konstituiert den handlungsanleitenden Wunsch. Die Usurpation, die, nachdem der Wunsch in der praktischen Überlegung unterlegen war, auftaucht, braucht nicht lange zu dauern, weil die Handlung sofort ausgeführt wird. Die Irrationalität der Akrasia liegt darin, daß die Handlung überhaupt nicht der Vernunft gehorcht. Sie kann daher nicht in der Weise als fehlerhaft beurteilt werden wie eine theoretische Überlegung oder eine inkonsistente Menge von Meinungen. – Manchem scheint diese Theorie die Akrasia besser zu charakterisieren, auch wenn sie schwerer als die oben skizzierte Widerspruchstheorie zu verstehen ist. Die Schwierigkeit mit dieser Theorie liegt darin, daß sie Mühe hat, sich gegen den Verdacht zu wehren, sie erkläre Akrasia als unfreie Handlung, hervorgerufen durch einen unbeeinflußbaren Wunsch, was per definitionem nicht sein kann.

Wenn Akrasia, wie hier behauptet, unmöglich ist, bedarf es für das Common-sense-Phänomen also einer anderen Beschreibung, wenn man die Phänomene nicht leugnen will. Von einer näheren Untersuchung des Phänomens der Willensschwäche kann ich mich hier dispensieren, weil die wesentlichen Bedingungen praktischer Rationalität schon genannt wurden.

86 Das ist die Deutung von Willensschwäche, die D. Davidson in *How is Weakness of the Will Possible?* gibt. Mit dieser Deutung hat Davidson

berücksichtigt und in einer praktischen Überlegung verarbeitet worden wären. Die Gründe wären also stark genug gewesen, um handlungsanleitend zu sein, wenn die Person richtig praktisch überlegt hätte. Darin liegt ihr Fehler, der die willensschwache Handlung irrational macht. Der Fehler kann nach dieser Sichtweise ein intellektueller sein (Dummheit, Mangel an Phantasie und Vorstellungskraft, die nötig wäre, einen Wunsch in Ansehung der möglichen Folgen stark oder schwach zu machen, o.ä.) oder auf Selbsttäuschung über relevante Gründe beruhen und/oder durch einen Wunsch (überwältigendes Begehren) verursacht sein. Es scheint viele Dinge zu geben, die bei dem motivationalen Einfluß einer rationalen Überlegung intervenieren können, wie z.B. Leidenschaften, Wut, Trauer, Depressionen, Faulheit. Diese Phänomene können uns dazu

Schwierigkeiten wegen der auch von ihm vertretenen und von mir bezweifelten Theorie intentionaler Handlungen als derjenigen Handlungen, die auf einer Mittel-Zweck-Überlegung kausal basieren (s.o. 1.3.). Denn wenn eine willensschwache Handlung intentional ist (was alle annehmen), dann muß die Handlung aus einem Grund und nicht nur aus einer Ursache geschehen sein. Damit ergibt sich aber ein Problem. Denn der Handlungsgrund ist nach Meinung des Handelnden kein guter Grund zum Handeln. Warum handelte die Person dennoch aufgrund des schlechteren Grundes, obwohl sie das weiß? Willensschwäche konstituiert ein Problem für die Theorie, die jede Handlung durch gute Gründe verursacht sieht, weil es – wie Davidson zugibt – natürlich ist anzunehmen, daß die stärkste Ursache der stärkste Grund ist. D. Davidson glaubt in *Paradoxes of Irrationality*, dieses Problem nur lösen zu können durch eine Unterteilung des menschlichen Geistes in mindestens zwei Subsysteme. Innerhalb des einen Subsystems kann die Handlung durch Angabe der (willensschwachen) Gründe erklärt werden, die in diesem Subsystem nicht durch bessere überwogen werden. Hier ist der beste Grund die stärkste Ursache. Dies kann keine vollständige Erklärung sein, weil die Person die Schwäche ihrer Gründe kennt. Deshalb muß in einem anderen, davon funktional getrennten Subsystem die praktische Überlegung unter Berücksichtigung aller relevanten Gründe ablaufen. Diese wie andere »Spaltung des Selbst«-Hypothesen (vgl. J. Elster, *Introduction* in *The Multiple Self*) sind unbefriedigend, weil sie zum einen sehr starke unausgewiesene Annahmen machen und zum anderen Gefahr laufen, Willensschwäche zu einer Art zwanghaftem Handeln zu machen, weil der Handelnde über die Spaltung seines Geistes und die Einteilung der Überlegungen in verschiedene Subsysteme keine Kontrolle mehr hat. Somit wird dann nicht das Phänomen erklärt, das es zu erklären gilt.

bringen, irrational zu handeln. Wir werden von den uns zur Verfügung stehenden Wünschen und Meinungen nicht notwendig motiviert. Eine Person ist nicht nur irrational, wenn sie falsch abwägt, Folgen mißachtet oder Mittel-Zweck-Beziehungen übersieht und so das falsche Mittel wählt, sondern auch, wenn sie sich mehr oder weniger »absichtlich« bemüht, bestimmte Gründe nicht wahrnehmen zu müssen, oder wenn sie Gründen gegenüber indifferent ist, welche ihr deutlich gemacht werden, oder wenn sie überhaupt nicht bereit ist, praktische Überlegungen anzustellen. Ursachen dafür lassen sich leicht finden; man denke an solche Phänomene wie Selbsttäuschung und Rationalisierung. Eine Handlung ist also irrational, wenn im Hervorbringen der Handlung der rational gewichtigste Grund nicht kausal wirksam ist, d.h. wenn die Person nicht wegen desjenigen Grundes handelt, der sich in einer korrekten praktischen Überlegung als der beste erweist. Die Irrationalität einer willensschwachen Handlung beruht also auf dem Nichtbefolgen einer von der Person akzeptierten Regel der Rationalität. Eine rationale Person akzeptiert den Grundsatz der Selbstbeherrschung, ihre Handlungen stets nur wegen der für sie bestmöglichen Gründe auszuführen, so daß diesem Prinzip zu folgen ein Wunsch zweiter Stufe ist – deshalb, weil es ein Wunsch ist, der zum Gegenstand hat, wie Wünsche erster Stufe für die Person handlungsanleitend werden sollen. Bei einer willensschwachen Handlung liegt ein Widerspruch zwischen dem willensschwachen Wunsch erster Stufe und dem Wunsch zweiter Stufe vor, nur aufgrund praktischer Überlegung, nach den besten Gründen zu handeln.[87] Hier liegen – bildlich gesprochen[88] – zwei Kontrahenten im Widerstreit. Die eine Seite mag »Leidenschaft«, die andere »Vernunft« heißen. Sie kämpfen miteinander, und die »falsche« Seite, d.h. die »Leidenschaft«, gewinnt. Die Regel der Selbstbeherrschung impliziert keine zu-

87 Diese Theorie der Willensschwäche erklärt gut, was die Irrationalität von Willensschwäche ausmacht, nämlich die Nicht-Erfüllung des höherstufigen Wunsches, ohne zu »Spaltung des Selbst«-Hypothesen greifen zu müssen, weil es im Gegensatz zu Meinungen ohne Selbsttäuschung u.ä. möglich ist, widersprüchliche Wünsche zu haben.

88 Das Bild stammt von D. Davidson, *How is Weakness of the Will Possible?* S. 35f., dt. S. 63; Davidson möchte damit für etwas anderes, wenn nicht Gegenteiliges argumentieren.

sätzliche psychische Entität namens »DER WILLE«, die als zusätzlicher Richter nötig wäre, um der Vernunft die Siegespalme zu reichen und so den besten Grund handlungswirksam werden zu lassen. Ein solcher Wille wäre ein »Gespenst in der Maschine«,[89] d.h. die Vorstellung eines solchen Willens entspringt aus einer falschen Auffassung von der Bedeutung und Funktionsweise des mentalistischen Ausdrucks »Wille« bzw. »Willensstärke«. Die Strategien der Selbstbeherrschung oder Selbstkontrolle sind statt dessen indirekter(er) Art:

(i) Wir haben durch Verfahren der praktischen Überlegung mehr Kontrolle über die motivationale Kraft unserer Wünsche, als oft zugestanden wird. Eine Person sollte sich im Zug einer praktischen Überlegung einer wichtigen Sache daran erinnern, daß sie genauestens die praktischen Implikationen der berücksichtigten Evidenzen bedenkt, sich Mühe gibt, nicht durch bestimmte Wünsche zu fahrlässigem Überlegen, einer vorurteilsbeladenen Interpretation ihrer Situation, zum Sammeln einseitiger Evidenzen, zu Unaufmerksamkeit auf signifikante Aspekte der gegenwärtigen Situation oder Ignoranz gegenüber wichtigen Daten verleitet zu werden. Man kann sich klarmachen, wie ihre höchstbewerteten Ziele von der jetzt geplanten, unbeherrschten Handlung affiziert werden, und so die Motivation der Evaluation anpassen. Und man kann versuchen zu verhindern, aufgrund bestimmter Emotionen (z.B. Wut) impulsiv zu handeln. Diese Möglichkeiten stehen uns prinzipiell zur Verfügung, aber wir sind gewöhnlich nicht so perfekt rational, diesen Regeln stets direkt gegen unsere unbeherrschten Wünsche folgen zu können. Auch wenn wir nicht so rigoros sind, macht uns das noch nicht gänzlich zu irrationalen Wesen, weil wir um unsere Schwäche wissen und durch indirekte Mittel Abhilfe schaffen können. Es bedarf deshalb Strategien ›unvollständiger‹ oder ›nicht perfekter‹ Rationalität.

(ii) Um unserem besten Urteil entsprechend zu handeln, können wir Strategien der Selbstbindung einsetzen. Unter einer Selbstbindung versteht man die Strategie, seine äußere oder soziale Umwelt absichtlich so zu verändern, daß man in dem

89 Dieser Ausdruck stammt bekanntlich von G. Ryle, *The Concept of Mind*, Kap. I, und wird von ihm zur polemischen Zuspitzung seiner Kritik an Descartes' Dualismus verwendet.

Moment, wo man handeln muß, gar nicht anders kann, als in der vorher beabsichtigten rationalen Weise zu handeln. Ein berühmtes, häufig diskutiertes Beispiel dafür ist Odysseus, der sich an den Mast seines Schiffs binden ließ, um dem Gesang der Sirenen nicht nachgeben zu müssen.[90] Andere Möglichkeiten wären, die Zigaretten zu zerstören, den Alkohol zu verschließen oder hoch zu besteuern oder sich öffentlich zu einer Handlung zu verpflichten, so daß man in dem Fall, in dem man nicht entsprechend handelt, sozial sanktioniert wird, durch Verlust an Ansehen etwa.

(iii) Schließlich besteht die wesentliche Möglichkeit der Selbstbeherrschung und Selbstkontrolle in der Ausbildung einer Gewohnheit und Disposition, in der richtigen Weise praktisch zu überlegen. Die Regel der Selbstbeherrschung zu akzeptieren, bedeutet meist für eine Person, sich die Charaktereigenschaft oder Disposition der Selbstbeherrschung anzutrainieren. Diese Gewohnheit kann sie ausbilden, indem sie die Fähigkeit erlernt,

90 Vgl. J. Elster, *Ulysses and the Sirens*, Kap. II, der in diesem Kapitel für die These argumentiert, daß Selbstbindung ein vorrangiger Weg ist, das Problem der Willensschwäche zu lösen, d.h. die entscheidende Technik, Rationalität durch indirekte Mittel zu erlangen. – Th. W. Adorno, M. Horkheimer, *Die Dialektik der Aufklärung*, S. 46f., 75ff., versuchen an demselben mythischen Beispiel zu zeigen, daß die Selbstverpflichtung des Odysseus typisch für moderne, bürgerliche Selbstkontrolle ist, die sie vernunftkritisch deuten. Odysseus stelle sich nicht der Versuchung, sondern domestiziere sie – gezähmtes Sichgehenlassen, Genuß innerhalb der Grenzen der Vernunft. Anstatt zu zeigen, was daran nun falsch ist, versuchen sie, irgendeine nicht näher erläuterte psychologische, historische oder soziologische Beziehung zu der Domestikation der Kunst und der bürgerlichen Klassenherrschaft nachzuweisen. Durch diese Beziehung, für die kein Argument zu sehen ist, soll offensichtlich auch die Selbstbindungsstrategie diskreditiert werden. – T.C. Schelling, *Choice and Consequence*, Kap. 3, 4, 6, untersucht Techniken des »Selbst-Managements«, wobei er intrapersonale wie interpersonelle Konflikte verschiedener gegeneinander gerichteter »Selbste« auffaßt. So verstanden können selbst paternalistische Optionen gegenüber einem »seiner« »Selbste« leicht zu einem normalen, der Autonomie widersprechenden Paternalismus verkommen. – Selbstbindung ist auch keine sinnvolle rationale Strategie, wenn man die physische Person als im Laufe der Zeit sich nacheinander abwechselnder »Selbste« auffaßt, wie D. Parfit, *Reasons and Persons*, das tut.

die Regeln der praktischen Rationalität, welche die praktische Überlegung anleiten sollen, zu befolgen, und die gelernte Fähigkeit dann internalisiert, so daß sich die Befolgung der Regeln quasi-automatisch einstellt. Selbstkontrolle als Charakterzug zu haben, heißt eine selbstbeherrschte Person zu sein, und das bedeutet, entsprechend motiviert zu sein, gemäß seinen besten Gründen zu handeln. Eine solche Charaktereigenschaft zu besitzen, die besten Gründe qua korrekter praktischer Überlegung handlungswirksam werden zu lassen, ist daher bei der Entstehung der Handlung ein zusätzlicher kausaler Faktor. Dieser Faktor besteht aber nicht in einer natürlichen Eigenschaft wie Willensstärke o. ä., sondern in der Disposition, dazu motiviert zu sein, im allgemeinen in diesen Fällen den Regeln der Rationalität entsprechend zu überlegen und zu handeln. Rationale Gründe motivieren uns nur immer zum Handeln, insofern wir rational sind, d. h. insofern wir rationale Personen mit der Disposition sind, den Regeln der Rationalität entsprechend eine praktische Überlegung vorzunehmen. Die Bedingung (13) wird also von Menschen mit einer bestimmten Disposition oder Charaktereigenschaft erfüllt.

Der so eingeführte Gesichtspunkt, nur durch die besten Gründe zum Handeln disponiert zu sein, läßt sich verallgemeinern. Die Rationalität eines Handelnden im deskriptiven Sinn besteht aus einem komplexen Bündel von Dispositionen höherer Stufe, von denen jede eine Tendenz ist, sich in bestimmten Arten von Situationen auf eine charakteristische Weise zu verhalten. Die rationale Charaktereigenschaft bzw. Disposition ist eine komplexe normative Einstellung und Motivation, besonders umfaßt sie die Eigenschaft, für Gründe zugänglich zu sein, auf zur Verfügung stehende Gründe in der angemessenen, also rationalen Weise zu reagieren, aber auch solche Aktivitäten wie Lernfähigkeit und Berücksichtigung von Kritik. Dazu muß die motivationale Struktur so ausgebildet worden sein, daß sie empfänglich für rationale Gründe ist, so daß diese ihrer rationalen Gewichtung entsprechend motivieren. Nur wenn eine Person diese Dispositionen hat, kann sie durch Nennung von guten Gründen dazu gebracht werden, ihr Handeln daran auszurichten. Rationalität in diesem Sinn ist eine Tugend, die ausgebildet werden muß. Der Ausbildung der Charaktereigenschaft durch Erziehung und Sozialisation sowie der durch eigene, bewußte Charakterplanung initiierten Habitualisierung und Konditionierung kommt dabei größte Bedeutung zu. Deshalb gehört es häufig zur Idee praktischer Vernunft, bestimmte Dispositionen zu erwerben bzw. Charaktereigenschaften auszubilden.

Die Dispositionen zum rationalen Handeln werden auch benötigt für eine sog. *rationale Erklärung*. Man kann nicht einer Handlung Rationalität zuschreiben, ohne dem Handelnden ein Bemühen, eine Fähigkeit und eine Disposition zuzuweisen, wegen rechtfertigender Gründe zu handeln. Nach der rein normativ-intentionalistischen Theorie besteht eine rationale Erklärung darin, das, was getan wurde, als das darzustellen, was rationalerweise zu tun war, die subjektiven Gründe vorausgesetzt, d.h. die Ziele und Meinungen des Handelnden. Nun haben wir schon oben (V.1.5.) bei der Diskussion der Unzulänglichkeit des praktischen Syllogismus gesehen, daß dies für eine Erklärung nicht hinreichend ist, weil aus diesen Prämissen auch in der Dritte-Person-Perspektive noch keine Handlung folgt. Denn die Information, daß S in einer Situation vom Typ U war und daß in einer derartigen Situation H die rationale Handlung ist, liefert zwar Gründe für die Überzeugung, daß es für S rational gewesen wäre, H zu tun, aber keine Gründe für die Überzeugung, daß S tatsächlich H getan hat. Solange wir die genauen kausalen psycho-physischen Gesetze (noch) nicht kennen, die Wünsche und Meinungen mit Handlungen verbinden – weil wir die tatsächlichen Vorgänge im mentalen Verursachungsmechanismus nicht beobachten und beschreiben können –, so lange droht eine teleologische Erklärung menschlichen Handelns zu scheitern, da aus der Zuschreibung bestimmter Wünsche und Meinungen nicht notwendig eine bestimmte Handlung folgt. Um die Überzeugung zu rechtfertigen, daß die zu erklärende Handlung rational verursacht wurde, braucht man eine weitere erklärende Annahme, nämlich daß S zu t eine rational handelnde Person war, d.h. daß S die Disposition hatte, alles zu tun, was unter den gegebenen Umständen rational war. Fügt man diese Annahme dem Erklärungsschema des praktischen Syllogismus als weitere Prämisse hinzu, folgt zum einen die Konklusion, und zum anderen erhält man die in den Naturwissenschaften übliche »covering-law«-Form der Erklärung. Damit ist die rationale Handlungserklärung eine deduktiv-nomologische Erklärung. Dies ist die kausal-nomologische Position.[91] Die Annahme, der Handelnde sei rational, soll eine empirische Prämisse darstellen, die wahr sein muß, damit die Erklärung korrekt ist, die aber auch feststellbar falsch sein können muß – womit die Erklärung ungültig wird.[92]

Damit ist die Untersuchung zu guter Letzt da angelangt, wo sie schließlich hinführen sollte, nämlich zu der Ausführung der Handlung, die als rational beurteilt werden kann. Als letzte entscheidende Bedingung, damit es zum Handeln kommt, ergab sich der Grundsatz oder die Regel der Selbstbeherrschung, die nötig ist, um willensschwache Handlungen auszuschließen. Ist die Person selbstbeherrscht, so ist sie dazu motiviert und in der Lage, alle Regeln zu erfüllen. Werden die Regeln der Rationalität korrekt befolgt, führt die praktische Überlegung notwendig zur rationalen Handlung.

91 Prominentester Vertreter ist C. G. Hempel, *Rational Action*, erweitert als Schlußkapitel in *Aspects of Scientific Explanation* unter dem Titel *The Concept of Rationality and the Logic of Explanation by Reason*. Für eine ähnliche Position argumentiert mit mehr Präzision und Detail W. Stegmüller, *Probleme und Resultate der Wissenschaftstheorie und analytischen Philosophie*, Bd. IV, 1. P.M. Churchland, *The Logical Character of Action Explanation*, unterbreitet einen anderen Vorschlag für die Formulierung eines Handlungsgesetzes. Ein solches Gesetz läßt sich nach Churchland wie folgt auffinden: Man gehe die Typen von Einwänden durch, die gegen eine Handlungserklärung der Form »S führt H aus, weil sie Z wollte« erhoben werden können, und erkläre die im Einwand als fehlend monierten Bedingungen zu notwendigen. Wenn man diesen Vorschlag Churchlands mit Hempels verbindet, dann ist zu sagen, daß mit diesem Verfahren die Bedingungen angegeben werden können, die festlegen, was es heißt, ein rational Handelnder zu sein, d.h. eine Disposition zum rationalen Handeln zu haben.

92 Als dritte Position neben der normativ-intentionalistischen und der kausal-nomologischen Theorie kann D. Davidsons Theorie gelten. (Vgl. D. Davidson, *Essays on Actions and Events*) Er bestreitet den nomologischen Charakter von Churchlands Gesetz und Hempels Rationalitätsdisposition. Es gebe keine unabhängigen empirischen Tests für das Vorliegen der in dem Vorderglied des Gesetzes genannten Bedingungen für rationale Handlungen und auch nicht für das Vorliegen einer Disposition zum rationalen Handeln. Die Rationalitätsunterstellung sei nicht empirisch, sondern schon notwendig für die Zuschreibung von Wünschen und Meinungen. »...the satisfaction of conditions of consistency and rational coherence may be viewed as constitutive of the range of application of

Auch in dieser Hinsicht gibt es keinen Unterschied zwischen praktischer und theoretischer Rationalität. Bei dem Übergang von der praktischen Überlegung zum Handeln benötigt man keine zusätzliche Komponente außer der korrekt regelgeleiteten praktischen Überlegung. Die Fehler irrationaler Handlungen liegen immer im Prozeß der praktischen Überlegung. Der Übergang vom korrekten Ergebnis einer praktischen Überlegung zur Handlung geschieht – sofern die praktische Überlegung korrekt ausgeführt wurde – notwendig. Dieser Übergang selbst ist damit in keiner Weise ein durch die Vernunft direkt steuerbarer Prozeß. Hier liegt kein zusätzliches, spezifisch praktisches Moment von Rationalität. Rational oder irrational ist in erster Linie der vorgeschaltete Prozeß der regelgeleiteten praktischen Überlegung. Darin liegt eine wichtige Parallele zum theoretischen Bereich. Auch hier wird die Rationalität und Irrationalität der Meinung (also des Resultats) durch die vorgeschaltete theoretische Überlegung bestimmt. Auch bei theoretischer Rationalität muß die rationale Überlegung die Meinung wirklich hervorbringen. Es gibt im theoretischen Bereich etwas Vergleichbares für Willensschwäche, nämlich motivierte doxastische Fehler, wie sie oft in Fällen von Selbsttäuschung vorkommen.[93] Man kann die besten Gründe in der Situation haben, p zu glauben, und dennoch nicht von p überzeugt sein. Deshalb bedarf es auch bei theoretischen Überlegungen mehr als der Fähigkeit zu deduktivem und induktivem Schließen (das kann man auch gut als bloßes Spiel betreiben). Mit der Bildung rationaler Meinungen sind – so wurde in Kapitel III behauptet –

such concepts as those of belief, desire, intention and action. [...] if we are intelligibly to attribute attitudes and beliefs, or usefully to describe motions as behavior, then we are committed to finding, in the pattern of behavior, belief and desire, a large degree of rationality and consistency.« (*Psychology as Philosophy*, S. 237) Außerdem ist nach Davidson die Erklärung nicht nomologisch, d.h. zur Erklärung muß kein Gesetz oder Rationalitätsprinzip angeführt werden. Statt dessen sind für Davidson propositionale Einstellungen ihrer Natur nach erklärend. Dies sei der Fall, weil es Teil unseres Begriffs von Meinungen und von Wünschen sei, daß sie rationale Wirkungen aufeinander haben. Dies schließe eine kausale Erklärung nicht aus, weil die Begriffe der Meinung und des Wunsches so definiert seien, daß zu ihrer Bedeutung auch ihre typischen Ursachen und Wirkungen gehören.

93 Vgl. Kap. III.4.

auch Ziele verbunden, und deshalb müssen im Prozeß der theoretischen Überlegung die Meinungen, Evidenzen und Ziele in einen solchen Zusammenhang gebracht werden, der zur Folge hat, daß man die gebildete Meinung auch wirklich glaubt. Wird die theoretische Überlegung korrekt ausgeführt, folgt die Meinung notwendig. Da dieser notwendige Zusammenhang bei Meinungen so einleuchtend ist, halten viele unsere Meinungsbildung für außerhalb unserer willentlichen, zumindest direkten Kontrolle. Hier wird die Einflußmöglichkeit unserer vernünftigen Steuerung unterschätzt. Bei Handlungen hingegen vermuten viele noch den Einfluß eines Willens jenseits der praktischen Überlegung. Hier werden unsere Steuerungsmöglichkeiten überschätzt. So kommt es zu einem Bild, das die Diskrepanzen zwischen theoretischer und praktischer (formaler) Rationalität überzeichnet. Sowohl die theoretische wie die praktische Überlegung sind jeweils für das Zustandekommen ihres Resultates verantwortlich, und zwar allein verantwortlich. Natürlich besteht ein Unterschied zwischen Meinungen und Handlungen, aber die Prozesse der theoretischen wie praktischen Überlegungen mit den Regeln der Vernunft, die sie jeweils leiten, sind strukturell gleich.

B.
Absolute praktische Rationalität

Im vorangegangenen Kapitel wurde die Rationalität von Handlungen als Begründung relativ zu einem Eigeninteresse bzw. Wunsch beschrieben. Wenn Normen oder Ziele als vorgegeben akzeptiert sind, gilt die Handlungsbegründung nur relativ. Es ist aber unangemessen, die praktische Überlegung einfach nach solchen Modellen zu beschreiben, als ob sie nur Mittel zu vorgegebenen Zielen sucht, die Vereinbarkeit von Zielen betrifft oder komplizierte Kosten-Nutzen-Kalküle mit Bezug auf eine Menge gegebener Ziele aufstellt. Statt dessen besteht in den jeweiligen Situationen praktischer Entscheidungen eine wesentliche Offenheit in bezug auf unsere zukünftigen Ziele. Wir fragen uns als vernünftige Wesen immer wieder, welche Regeln wir befolgen und welche Ziele wir anstreben wollen. Wir richten uns nicht unser Leben lang nach einem Lebensplan, den wir irgendwann gemacht haben, sondern revidieren ihn laufend. Durch die jede Handlungsbegründung begleitende Überlegung, an welchen Plan wir uns halten wollen, bestimmen wir letztlich immer wieder von neuem die Art und Weise, wie wir sein wollen.

Die praktische Überlegung enthält also immer beides: Begründung relativ zu Interessen und Entscheidung zwischen Zielen. Obwohl de facto beides nie rein vorkommt, kann man die beiden Aspekte begrifflich trennen. So ergab sich die verwendete Einteilung von Handlungsbegründung in einen formalen, schwachen bzw. relativen und einen substantiellen, starken bzw. absoluten Rationalitätsbegriff. Einen substantiellen Rationalitätsbegriff im praktischen Bereich erhält man dann, wenn eine Begründung von Normen oder von Werten oder von beiden möglich sein sollte.

Daß es eine absolute Begründung entweder von Normen oder Werten geben könne, wird häufig bestritten. Besonders einflußreich hat M. Weber diese Position vertreten.[1] Im Zuge der

1 Es geht mir im folgenden um die Charakterisierung einer Position, nicht so sehr um philologische Genauigkeit. Vgl. Max Weber, *Methodologische Schriften*, S. 229ff.

abendländischen Rationalität und des damit einhergehenden Begründungsanspruchs erhält die empirische Erkenntnis nach Darstellung Webers einen ausgezeichneten Stellenwert. Sie bewirkt eine methodisch strenge Trennung von Tatsachen- und Werturteilen. Objektive Erkenntnis ist auf die Erfahrungswissenschaft beschränkt. Wertungen können daher durch keine Wissenschaft begründet werden. Es ist allerdings möglich, die letzten Wertsetzungen mit den Mitteln wissenschaftlicher Rationalität, d.h. empirisch-analytisch zu klären. Man kann die den Einzelwertungen zugrundeliegenden letzten Wertaxiome aufsuchen, und aus den Wertaxiomen die faktischen Folgen ihrer Anerkennung deduzieren. Aber begründen und rechtfertigen lassen sich die Wertaxiome für Weber nicht. Der Wahrheitsanspruch einer Weltanschauung läßt sich nicht wissenschaftlich-rational einlösen. Man hat sich daher mit einem »Polytheismus« der Werte abzufinden. Die Ethik, die Politik und überhaupt jede Weltanschauung haben letztlich keinen kognitiven, sondern einen bewertenden Charakter; die Geltung solcher Werte zu beurteilen ist Sache des Glaubens. Wegen der Unmöglichkeit rationaler Begründung von Werten erscheint Zweckrationalität bei Weber vielfach als der Typus von Rationalität überhaupt. Aufgrund der normativen Begründungslücke im praktischen Bereich muß dann die Idee einer spezifisch praktischen Vernunft aufgegeben werden.

Habermas hat eine Rationalität, die einzig im Dienst vorgegebener Zwecke steht, als eine positivistisch halbierte Rationalität bezeichnet.[2] Er moniert m. E. völlig zu Recht eine für weite Teile unserer Lebenspraxis charakteristische Verlagerung der Ziele auf die Ebene der Mittel. Geleitet von der Absicht, mit den Mitteln der Wissenschaft und Technik durch optimale Güterproduktion Wertkonflikte zu beseitigen, die von zeitgenössischen Technokraten nur als Ausdruck unbefriedigter Bedürfnisse aufgrund von Güterknappheit gedeutet werden, erfolgt eine außerordentlich starke Betonung der instrumentellen oder Zweckrationalität unter Hintansetzung von Fragen der Wert-

2 Siehe seine Kritik in: J. Habermas, *Dogmatismus, Vernunft und Entscheidung*; ders., *Praktische Folgen des wissenschaftlich-technischen Fortschritts*; ders., *Analytische Wissenschaftstheorie und Dialektik*, S. 170ff.; ders., *Gegen einen positivistisch halbierten Rationalismus*, S. 235f.

rationalität.[3] Fragen nach der Rationalität des Handlungsresultats werden ideologisch umgedeutet in Fragen nach der Rationalität des Handlungsprozesses, indem fälschlicherweise unterstellt wird, daß alle doch das gleiche wollen und es daher nur darum geht, dies so optimal wie möglich zu verwirklichen. Die Frage nach den wahren Wünschen der einzelnen wird verdrängt. Die Dominanz von Zweckrationalität in Verbindung mit dem Postulat der Wertfreiheit hat eine radikale Konsequenz: An die Stelle rationaler Ethik tritt die arationale Wahl von Wertesystemen. Praktische Fragen sind der rationalen Erörterung entzogen und müssen in letzter Instanz grundlos entschieden werden (Dezisionismus). Entscheidungen ohne jede Einflußnahme der Vernunft – das hätte weitreichende Folgen für die Praxis. Aber stimmt es denn, daß Vernunft bei unseren Überlegungen, welche Ziele wir uns setzen und nach welchen Regeln wir uns richten wollen, keine Rolle spielt? Gibt es nicht doch ein absolutes Begründungsverfahren? Erst mit der Möglichkeit starker Handlungsbegründung würden wir eine spezifisch praktische Bedeutung von Rationalität erhalten. Der gesuchte starke Rationalitätsbegriff muß darin bestehen, daß jemand sich mit einer Prinzipienmenge identifiziert, nicht nur deshalb, weil er es will, und auch nicht deshalb, weil es die faktischen Normen sind, sondern weil sie in seinem wirklichen Interesse sind – was immer das heißen mag.[4]

3 Vgl. K. Acham, *Über einige Rationalitätskonzeptionen in den Sozialwissenschaften*, S. 58. Im Englischen wird dieser Unterschied manchmal durch die Termini »rational« vs. »reasonable« ausgedrückt. Dabei soll sich »reasonable« auf die Einschätzung der Ziele im Lichte der Moralität beziehen. Vgl. D. Richards, *A Theory of Reasons for Actions*, Kap. 6.1.: Rationality versus Reasonableness; und W.H. Sibley, *The Rational vs. the Reasonable*.

4 Vgl. M. Hollis, *Rational Man and Social Science*, S. 13.

Kapitel VI
Begründung von Normen

Sind Normen letztbegründbar? Auf diese Frage werde ich in diesem Kapitel eine negative Antwort geben. Mein Zweifel an der Letztbegründungsfähigkeit von Normen ergibt sich aus folgenden Überlegungen:
Die einzige sich anbietende Möglichkeit, die Gültigkeit von Normen ohne Rekurs auf die Interessen der betroffenen Individuen, sondern durch Zuhilfenahme eines transzendentalen Arguments zu begründen, scheitert. Normen müssen sich daher in jedem Fall gegenüber den Betroffenen als zustimmungsfähig erweisen lassen. Letzte Begründungsinstanz sind die Freiheit und die Interessen der einzelnen. Der Begründungsversuch, der dieser Einsicht Rechnung tragen und gleichwohl bestimmte Normen als allgemeinverbindlich aufgrund eines Vertrags rechtfertigen will, kann seinem Anspruch nicht ganz gerecht werden. Wenn der allgemeine Verpflichtungscharakter von Normen nicht begründet werden kann, so gelten alle Normen nur hypothetisch. Sie können nur durch entsprechende Wertüberzeugungen des Handelnden begründet werden. Das Begründungsproblem bei Normen wird so auf das Begründungsproblem von Werten verlagert.
Bei der relativen Handlungsbegründung werden oft zwei Arten von Gründen unterschieden, auf die wir uns bei der Begründung einer Handlung beziehen können: Normen oder Werte. Aus der Perspektive der handelnden Person scheint jedoch kein Unterschied zwischen einer Handlungsbegründung relativ zu Wünschen oder Werten und relativ zu Normen oder Regeln zu bestehen. Der Handelnde kann sich fragen, sofern er frei darüber entscheiden kann, ob er sich einer Regel bzw. einer Norm unterwerfen will. Dabei muß er allerdings berücksichtigen, daß für ihn gewisse Normen und Regeln sozial gelten, d.h. daß sein Nichtbefolgen dieser Regeln und Normen sanktioniert wird. Die Befolgung ist ihm faktisch geboten. Diese Verpflichtung gilt unabhängig davon, welche Einstellung der Betreffende gegenüber der Norm einnimmt. Eine Norm kann daher aus zwei Gründen befolgt werden. Entweder der Handelnde findet es

richtig und gut, daß sie allgemein gilt, und möchte sie daher freiwillig befolgen. Oder er lehnt es ab, daß diese Norm gelten soll, unterwirft sich ihr aber, um Sanktionen zu vermeiden. In beiden Fällen orientiert sich der Handelnde an seinen eigenen Überzeugungen und Wünschen. Nur wer aus einem der beiden Gründe gemäß einer Norm bzw. Regel handeln will, wird sich an sie halten. Wenn die bisherigen Auffassungen stimmen, handelt es sich bei normengeleitetem Handeln um eine Variante des teleologischen Handlungsmodells.

Dem wäre nicht so, wenn die normative Gültigkeit von Regeln und Normen ohne Rückgriff auf die Einzelinteressen der ihr Unterworfenen begründet werden könnte. Eine solche Auffassung – *deontologische* Theorie genannt – soll im weiteren diskutiert werden.[5] Sie verdient besondere Berücksichtigung, da sie unseren moralischen Intuitionen entspricht, die den Verpflichtungscharakter von Normen angehen.

Bei der relativen Handlungsbegründung mag das Vermeidenwollen von Sanktionen noch einen ausreichenden Grund (nämlich den des Eigeninteresses) zur Befolgung der Normen hergeben. Bei der starken Begründung, die die Norm selbst nochmals rechtfertigen soll, erkennen wir Strafe und Gewalt nicht als Gründe für die Geltung der Normen an. Es muß begründet werden, warum man sich freiwillig der Norm unterwerfen soll. Gewalt ist keine Begründung, sondern eine Alternative zu ihr. Die Verpflichtung, die Norm zu befolgen, kann sich daher nicht aus der Sanktion ergeben. Wir sind im allgemeinen der Auffassung, daß es bestimmte Normen gibt – das sind vor allem die moralischen –, die jeder Person, egal wer sie ist und welche Interessen sie hat, einen zwingenden Grund für eine bestimmte Handlungsweise liefern. Es ist genau diese These, die ich bestreiten werde, gemäß der sich eine klare Trennung zwischen Rechtfertigung von Normen und der Rechtfertigung von Werten ergibt.

Woher ergibt sich der Verpflichtungscharakter der Normen, und wie ist er zu begründen? Bei Regeln macht es keine Schwierigkeiten, diese Frage zu beantworten. Regeln sind so definiert, daß es sich bei ihnen um die Regelung einer freiwillig einzugehenden Praxis handelt. Wenn man an dieser Praxis teilnehmen

5 Einflußreichster Vertreter einer solchen Position ist I. Kant.

will, muß man sich an die Regeln halten. Regeln sind Sollsätze des Typs: »Wenn du X willst, tue Y«. Solche Sätze werden auch hypothetische Imperative genannt. Der Grund, Y zu tun, liegt in der Beziehung von Y zum gewünschten Ziel X. Der Sollcharakter von Y ist bedingt durch den Wunsch X. Man hat einen ausreichenden Grund, sich an eine Regel zu halten, wenn man (a) an der geregelten Praxis teilnehmen will und (b) die Beziehung zwischen Y und X für zwingend hält. Mit dem zweiten Punkt soll darauf hingewiesen werden, daß zur Begründung einer Regel nicht nur der Verweis auf die Interessen der Teilnehmer genügt, sondern auch gezeigt werden muß, daß die Regel die gewünschte Praxis möglichst optimal gestaltet. Ansonsten muß rationalerweise eine andere Regel bevorzugt werden.

Im Gegensatz dazu regulieren soziale Normen nicht nur eine begrenzte Praxis, aus der man sich zurückziehen kann, sondern sie betreffen das intersubjektive Zusammenleben insgesamt. Wir sind mit ihnen konfrontiert, ob wir wollen oder nicht. Daher verlangen soziale Normen besonders vehement nach einer Begründung. Rechtsnormen unterscheiden sich von moralischen Normen dadurch, daß für den Fall des Ungehorsams grundsätzlich mit Gewalt gedroht wird, während die Art der Sanktion bei moralischen Verfehlungen ungeregelt ist. Da der Aspekt der Gewaltandrohung primär keine Rolle spielen darf, weil – wie erwähnt – Gewalt keine Begründung, sondern eine Alternative zu ihr ist, gleichen sich Rechtsnormen den moralischen Normen an. Moralische Normen sind soziale Forderungen oder Gebote, die deshalb ein stärkeres »soll« enthalten als soziale Regeln, weil sie uns erstens inhaltlich besonders wichtig sind und zweitens Handlungsbereiche regeln, denen sich niemand entziehen kann und die somit unvermeidlich in das Leben jedes einzelnen eingreifen.[6]

Moralische Normen liefern unserer Meinung nach universelle Gründe, d. h. sie verpflichten jeden, in der Situation, auf die die Norm Anwendung findet, immer gemäß dieser Norm zu handeln, unabhängig von den Wünschen der jeweiligen Person zu dem Zeitpunkt. Solche Sollsätze entsprechen dem, was Kant

6 Ich greife hier zurück auf die Auffassung von E. Tugendhat, *Über die Begründung moralischer Normen*, und ders., *Probleme der Ethik*.

kategorische Imperative nennt: »In Situationen vom Typ U sollen alle Y tun!« Der Sollenscharakter dieser Sätze darf durch keinen irgendwie gearteten Wunsch des Handelnden bedingt sein. Der Grund für die geforderte Verhaltensweise darf nicht darin bestehen, daß diese der Begründung irgendeines Wunsches des Handelnden dient. Ein solcher Imperativ soll nicht nur konditional, d.h. bedingt, sondern kategorisch, d.h. unbedingt gelten. Kant ist davon überzeugt, daß alle moralischen Urteile kategorische Imperative oder Anwendungen des einen kategorischen Imperativs darstellen; und mit einigem Recht könnte man behaupten, wenigstens ein großer Teil unserer moralischen Urteile enthalte ein imperativisches Element dieser Art. Es ist bei weitem nicht klar, was man unter einer kategorischen Verpflichtung zu verstehen hat,[7] denn es ist offensichtlich, daß ein kategorischer Imperativ aus sich heraus keinen Grund für eine Handlung liefern kann. Vielleicht haben wir nur das *Gefühl*, moralischen Verpflichtungen unentrinnbar unterworfen zu sein. Dieses Gefühl ließe sich dann als psychologisches Produkt sozialen Lernens analysieren. So könnte man eine Erklärung für unsere Intuitionen geben, ohne sie damit begründet zu haben. Gesucht wird aber nach einer Rechtfertigung der Behauptung, zu bestimmten Handlungen seien wir unbedingt verpflichtet.

Gewöhnlch sind Deontologen (seit Kant) der Meinung, daß es ein ausgezeichnetes, fundamentales Prinzip gibt, auf das wir uns beziehen können, um einzelne Handlungen oder Normen als moralisch auszuweisen und zu begründen. Es besteht heute weitgehende Übereinstimmung, daß der Universalitätsanspruch die Grundnorm unseres moralischen Kodex darstellt.[8] Die Generalisierungsklausel hat die Funktion sicherzustellen, daß moralisch relevante Entscheidungen ohne persönliche und subjektive Voreingenommenheit, also unparteiisch und gerecht gefällt werden. In welcher Fassung die Universalisierungsthese diese Aufgabe am besten erfüllt, kann hier offengelassen werden. Eingegangen werden muß hingegen auf einen gewichtigen Einwand gegen die monistische Auffassung, es gebe lediglich ein einziges moralisches Prinzip, den kategorischen Imperativ.

7 Vgl. Ph. Foot, *Morality as a System of Hypothetical Imperatives*.

8 M. Singer, *Generalization in Ethics*, u. R. Wimmer, *Universalisierung in der Ethik*.

Der Einwand lautet: Mit Hilfe der Universalisierungsregel lassen sich verschiedene moralisch gültige Normen generieren, die untereinander in Konflikt geraten können. Das Prinzip kann nur prima-facie-Verpflichtungen begründen. Diese Verpflichtungen laufen darauf hinaus, sich selbst keine Vorzugsstellung vor anderen einzuräumen. Aber eine jede dieser prima-facie-Verpflichtungen kann mit anderen Verpflichtungen in Konflikt geraten; dann muß ein Entscheidungsprinzip gefunden werden. Eine Hierarchisierung moralischer Verpflichtungen läßt sich aus dem Universalisierungsprinzip nicht ableiten. De facto behelfen wir uns in Konfliktsituationen mit der sorgfältigen Abwägung der auf dem Spiel stehenden Interessen (unserer eigenen und der von der Auswirkung unserer Handlungsweise Betroffenen). Für alle ethischen Theorien, die zu Recht ein Verallgemeinerungsprinzip zur Basis der Begründung moralischer Normen machen, gilt: Wir benötigen wenigstens ein weiteres Prinzip, das als Kriterium der Abwägung konkurrierender Interessen herangezogen werden kann. Deshalb ist man gezwungen, auf utilitaristische Konzepte und damit auf menschliche Interessen und Wünsche zurückzugreifen.[9] Utilitaristische Grundsätze können ein Entscheidungskriterium für konfligierende prima-facie-Pflichten liefern, insofern sie eine Rangordnung unter den von diesen Pflichten betroffenen Interessen herzustellen erlauben. Eine sich allein auf das Verallgemeinerungsprinzip stützende Moralbegründung wird den ihr gestellten Problemen nicht hinreichend gerecht. Sie bedarf einer Zusatztheorie, die eine vertretbare Interessensabwägung möglich macht. Das bedeutet, daß sich eine Moraltheorie nicht rein deontologisch formulieren läßt. Zumindest sekundär muß die Interessenlage der Betroffenen mit in die Begründung einbezogen werden. Selbst wenn sich das Universalisierungsprinzip als allgemeinverbindlich und -verpflichtend erweisen sollte, bleibt daher noch der Entscheidungsbereich, in dem die Werte die wesentliche Rolle spielen. Es stellt sich also auch im moralischen Bereich, zumindest im Konfliktfall, das Begründungsproblem von Werten. In diesem Kapitel soll nur nach einer Begründung für das Unparteilichkeitsprinzip gesucht werden.
Zu behaupten, die Universalisierungsregel gelte kategorisch,

9 Vgl. W.K. Frankena, *Analytische Ethik*, S. 61.

heißt, die These aufzustellen, jeder habe unabhängig von seinen Interessen hinreichend Grund, gemäß der Norm zu handeln – vorausgesetzt, so muß jetzt ergänzt werden, es liegt kein Normenkonflikt vor. Anders gefaßt: Es wird behauptet, ein kühl kalkulierender, unmoralischer Mensch handele irrational, da er gegen die besseren Gründe verstoße. Was ist das für ein Handlungsgrund, der in dem Sinn unbedingt sein soll, daß er nicht abhängt von einem Wunsch oder einer Wertüberzeugung des Handelnden und dennoch für alle gelten soll? Ist es möglich zu begründen, daß verallgemeinerungsfähige Normen jedermann unbedingt verpflichten?

1. Transzendentalpragmatische Begründung

1.1.

Die prominenteste Position, die diese Frage bejaht, ist die von Apel und Habermas. Sie vertreten eine kognitivistische Konzeption von universalistischer Ethik. Die Verallgemeinerbarkeit von Interessen gilt ihnen als Kriterium gerechtfertigter Handlungen und Normen. Das Universalisierungsprinzip wird als Argumentationsprinzip verstanden und ermöglicht, »kraft Argumentation die jeweils verallgemeinerungsfähigen Interessen von denen zu scheiden, die partikular sind und bleiben«.[10]
Wie aber läßt sich ein so verstandenes Universalisierungsprinzip seinerseits begründen? Um diese Rechtfertigungsproblematik scheint sich Apel energischer zu kümmern als Habermas. Habermas' universalpragmatischer Ansatz scheint eher eine Konstruktionsproblematik des Argumentationsapriori reflexiv-hermeneutisch zu erklären und nachzukonstruieren, verbunden mit einer empirisch-explikativen Theorie ihrer Onto- bzw. Phylogenese. Eine Nachkonstruktion der »Grundnorm vernünftiger Rede« kann aber nicht ausreichen, es bedarf noch des Nachweises normativer Unhintergehbarkeit des Universalisierungsprinzips. Diesen versucht Apel zu liefern; Habermas schließt sich ihm dabei wohl so weit an, wie sich beide Programme gegenseitig bedingen. In letzter Zeit zeigen sich aber

10 J. Habermas, *Legitimationsprobleme im Spätkapitalismus*, S. 149.

Diskrepanzen.[11] Habermas möchte seine Universalpragmatik – zu Recht – nicht (mehr) als Letztbegründung verstanden wissen.

Letztbegründung von Normen mit Hilfe eines transzendentalen Arguments – das ist Apels Programm, das ich im weiteren untersuchen möchte. Er selbst bestimmt es wie folgt:

> Die konstruktiven Regeln von Institutionen, die als Normen nur für diejenigen verpflichtend sind, welche die Institutionen anerkannt haben, (...) sollen unserer Forderung zufolge mit Hilfe solcher konstitutiven Regeln gerechtfertigt (oder kritisiert) werden, die als Normen von jedermann anerkannt werden müssen oder, anders gesagt, immer schon notwendigerweise – explizit oder implizit – anerkannt werden. Die Regeln der Kommunikation sollen diese transzendental-normative Begründungsfunktion erfüllen.[12]

Mit Hilfe eines genuin transzendentalen Arguments versucht Apel, sich dem sogenannten Münchhausentrilemma der Letztbegründung zu entziehen (benannt nach dem Lügenbaron, der sich am eigenen Schopf aus dem Sumpf zog). Darunter ist zu verstehen:[13] Wer Letztbegründung unternimmt, kann sein Ziel nur erreichen, wenn er zwischen drei gleichermaßen wenig verlockenden Alternativen wählt:

- regressio ad infinitum
- circulus vitiosus oder petitio principii
- willkürlicher Abbruch des Begründungsverfahrens

Gegen dieses Schreckensszenario läßt sich nun einwenden, daß es selbst den Fehler einer petitio principii begeht. Wer schon voraussetzt, daß es für *alles* eine Begründung geben muß, und das so versteht, daß der Grund der Geltung *jenseits* des zu Begründenden liegen muß, der hat die Frage nach der Möglichkeit oder Unmöglichkeit solcher Letztbegründung schon vorentschieden. Diese Voraussetzung des kritischen Rationalismus ist aber selbst begründungsbedürftig.

Das transzendentale Argument von Apel versteht sich nicht als Beweis oder als Begründung in dem Sinn, daß es auf etwas anderes als das Aufgezeigte rekurrierte, sondern es ist lediglich

11 J. Habermas, *Diskursethik – Notizen zu einem Begründungsprogramm*. Zum Unterschied zwischen Apel und Habermas vgl. R. Wimmer, *Universalisierung in der Ethik*, S. 48ff.

12 K.O. Apel, *Sprechakttheorie und transzendentale Sprachpragmatik zur Frage ethischer Normen*, S. 103f.

13 Vgl. H. Albert, *Traktat über Kritische Vernunft*, S. 13.

der Nachweis dessen, worauf man nicht verzichten kann, will man verständlich reden und handeln. Eine Argumentation, die versuchte, von außen das Prinzip der Argumentation (letzt-)zu begründen, hätte einen falschen, nicht einlösbaren Anspruch. Die Aufgabe wird statt dessen darin gesehen, letzte Verpflichtungen, wenn es sie gibt, in der Argumentation aufzudecken und zu identifizieren.

Der Nachweis der unbedingten Geltung bestimmter ethischer Normen muß demnach folgende Form haben:

Daß die Norm x schlechthin notwendig anerkannt wird, muß als notwendige Voraussetzung von etwas erwiesen werden, was selbst nicht kontingent ist. Anders gesagt: Die Anerkennung von x muß als Bedingung der Möglichkeit zu etwas unhintergehbar Notwendigem erwiesen werden.[14]

1.2.

Den Status des unhintergehbar Notwendigen reklamiert Apel für das »apriorische Faktum der Argumentation«:

(1) Die Situation des Argumentierenden ist für jedes (Normen-)Subjekt unhintergehbar.

Der Titel Normensubjekt deutet auf gewisse Einschränkungen bzw. Qualifikationen hin, die dem hier beanspruchten Subjekt zugeschrieben werden müssen, damit es überhaupt argumentationsfähig ist: Es muß in der Lage sein zu erörtern, ob es den Geltungsanspruch einer Norm anerkennen soll oder nicht. Es muß fähig sein, mit Gründen zu entscheiden, d.h. es muß als zurechnungsfähig gelten. Die These ist demnach: Jedes argumentationsfähige Subjekt kann sich gar nicht anders als auch immer schon argumentativ verhalten.

Mit (1) ist aber für Apel das »apriorische Faktum der Argumentation« noch nicht hinreichend expliziert. Also folgt noch:

(2) Argumentation als ein regelgeleitetes, sprachliches Handeln ist notwendig an eine Gemeinschaft von Argumentierenden gebunden.

Jeder beliebige Geltungsanspruch, der mit einem Sprechakt erhoben wird – so die These –, sei nur verständlich vor dem

14 W. Kuhlmann, *Zur logischen Struktur transzendental-pragmatischer Normenbegründung*. S. 20.

Hintergrund seiner diskursiven Überprüfung und Einlösbarkeit. Gestützt auf Wittgenstein, der gezeigt habe, daß im Prinzip einer allein unmöglich eine Regel befolgen kann, wird behauptet, regelgeleitete Argumentation sei immer schon Kommunikation.

Wenn aber erst einmal zugestanden wurde, daß wir notwendig immer schon intersubjektiv argumentieren, dann müsse die menschliche Regelkompetenz nur noch rational rekonstruiert werden, um die in ihr steckenden pragmatischen Implikationen anzugeben, mit denen dann gezeigt werden könne, was gezeigt werden soll. Daher der Titel: Transzendental-pragmatische Normenbegründung. Denn:

(3) Wir sind als ernsthaft Argumentierende verpflichtet, zu kooperieren und einander dabei als *gleichberechtigte*, wahrheits- und zurechnungsfähige Argumentationspartner anzuerkennen und zu behandeln.

Mit anderen Worten: Wir haben die Forderung nach wechselseitiger Anerkennung von Personen (als Subjekte der Argumentation) schon mit der Inanspruchnahme von Argumentation anerkannt. Diese »Ethik der Kommunikation« zwingt uns, weder uns selbst noch die anderen zu belügen, noch sich selbst oder den anderen die Anerkennung von gerechtfertigten Argumenten zu verweigern.

Mit der Anerkennung der anderen als Personen im emphatischen Sinn ist uns aufgegeben:

(4) Wer argumentiert, der erkennt implizit alle ungleichen Ansprüche und d.h. auch alle Bedürfnisse und Interessen aller Mitglieder der Kommunikationsgemeinschaft an, die durch vernünftige Argumente gerechtfertigt werden können, und verpflichtet sich zugleich, alle eigenen Ansprüche durch Argumente zu rechtfertigen.

Der Sinn moralischer Argumentation wird darin gesehen, daß

> alle Bedürfnisse von Menschen – als virtuelle Ansprüche – zum Anliegen der Kommunikationsgemeinschaft zu machen sind, die sich auf dem Weg der Argumentation mit den Bedürfnissen aller übrigen in Einklang bringen lassen.[15]

15 K.O. Apel, *Das Apriori der Kommunikationsgemeinschaft und die Grundlagen der Ethik*, S. 425.

Damit wäre Apel eigentlich schon am Ziel, vorausgesetzt, seine Argumentationsschritte sind richtig – was noch zu prüfen ist. Denn gemäß der oben beschriebenen Form eines echten transzendentalen Arguments sollen die Thesen (1) und (2) das beschreiben, was nicht kontingenterweise faktisch ist; die notwendigen Voraussetzungen von Argumentation explizieren die Thesen (3) und (4). So hätte er gezeigt (wären (1)-(4) richtig), daß die Geltung bestimmter ethischer Normen die Bedingung der Möglichkeit sinnvoller Argumentation ist. Wer mit dem Anspruch auf Geltung seine Argumente vertritt, hat immer schon notwendig bestimmte ethische Normen anerkannt. Nun hat sich ja gezeigt, daß diese bestimmte ethische Norm gerade *das* Prinzip aller Vernunftethiken überhaupt ist: das Universalisierungsprinzip. Wenn Apel also folgert:

(5) Ergo kann überhaupt gegenüber jedem möglichen Normensubjekt gezeigt werden, daß es notwendig schon das Universalisierungsprinzip anerkannt hat;

dann hat er nicht nur den Nachweis für die Geltung bestimmter Normen geführt, sondern den Anspruch erhoben, den Nachweis der unbedingten Gültigkeit des »praktischen Vernunftprinzips« geliefert zu haben. Er besteht darin aufzuzeigen, daß ein praktischer Diskurs über die Gültigkeit des Universalisierungs- oder praktischen Vernunftprinzips seine Gültigkeit stets schon voraussetzen muß, denn es gibt für seine Rechtfertigung keine Instanz außerhalb dieses Prinzips, weil jeder Versuch einer Begründung schon Gebrauch von ihm macht.

1.3.

Es wäre wohl schön, wenn sich das Universalisierungsprinzip begründen ließe, allein es scheint mir *auf diese Weise* nicht möglich; vielmehr bleibt die Frage, ob es überhaupt möglich ist. In einem erneuten Durchgang möchte ich die transzendentalpragmatische These auf ihre Wahrheit und Voraussetzungslosigkeit hin prüfen. Denn Apel muß – soll seine Letztbegründung erfolgreich sein – die Argumente so entwickeln, daß sie sich nicht gegenseitig voraussetzen und nicht von einer bezweifelbaren Theorie abhängen.

ad (1): Um Behauptung (1) zu begründen, verweist der Tran-

szendentalpragmatiker auf den Widerspruch, der sich ergibt, wenn eine zurechnungsfähige Person die Regeln und Voraussetzungen sinnvoller Argumentation bestreitet. Diesem Skeptiker, falls er bestreitet, an der regelgeleiteten Argumentation teilzunehmen, kann nämlich zu Recht vorgeworfen werden, er nehme selbst schon eine argumentative Sprechhandlung vor und widerspreche damit sich selbst. Im performativen Teil des Satzes wird etwas behauptet, nämlich einen sinnvollen Argumentationsschritt zu tun, was in der Proposition bestritten wird, nämlich: man wolle an keiner Argumentation teilnehmen.
Zum Teil wird der Skeptiker auch anders konstruiert. Er bestreitet dann, daß die Regeln der Argumentation gelten. Auch dieser Skeptiker kommt in einen Widerspruch, was sich anhand des folgenden Dialogbeispiels ausführen läßt:[16] Der Skeptiker behauptet, daß p, wobei p das Bestreiten der Argumentationsregeln darstellt. Sein Opponent fragt nach: »Meinst du p als Argument?« Bejaht der Skeptiker, hat er verloren, verneint er, dann wird der Opponent erklären: »Du hast also die Geltung der Argumentationsregeln noch gar nicht bestritten«, und er hat verloren.
Beide Konzeptionen des Skeptikers und ihre Widerlegungen haben Schwächen. Das letzte Argument im Dialogbeispiel gilt nur, wenn der Skeptiker alle Argumentationsregeln auf einmal bestreitet; nur dann ergibt sich der Widerspruch. Einzelne Regeln lassen sich konsistent bestreiten. Über einen längeren Zeitraum ließen sich damit alle Regeln der Argumentation verändern. Der Skeptiker, der nicht an der Argumentation teilnehmen will und das auch noch äußert, ist entweder dumm, dann wird er beim Selbstwiderspruch ertappt – wäre er klüger, nähme er gar nicht an der Argumentation teil. Oder der Skeptiker verhält sich nur strategisch. Er erkennt dann das Argument seines Opponenten an, daß zurechnungsfähige Personen nicht sinnvoll, d.h. ohne schon die Argumentationsregeln implizit in Anspruch zu nehmen, sich gegen ihre Anerkennung entscheiden können. Denn als Entscheidung kann gelten, wenn die Frage, was jetzt angesichts einer verstandenen Alternative vorzuziehen sei, mit Gründen erörtert und beantwortet wird. Liegt aber eine Überlegung vor, hat schon eine innere Argumenta-

16 Vgl. W. Kuhlmann, *Reflexive Letztbegründung*, S. 21, Anm. 15.

tion, verstanden als Abwägen von Gründen nach Regeln, stattgefunden. Sich die Frage zu stellen, ob man an der Argumentation teilnehmen will – darauf wird der Opponent erneut hinweisen –, heißt, schon selbst zu argumentieren. Dem strategischen Skeptiker bleibt aber angesichts dieses Einwands noch ein Schachzug offen. »Ja«, so wird er sagen, »zugegeben, ich nehme ›eure‹ Argumentation in Anspruch, aber eben nur partiell, solange nämlich nur, wie ich benötige, um (argumentativ) zu prüfen, welche Gründe ihr für die Anerkennung der Argumentationsregeln habt. Ihr müßtet nach eurer eigenen Konzeption von Argumentation und Vernunft, nämlich alles begründen zu können, die Argumentationsregeln auch intern begründen können. Da ihr das aber nicht ohne petitio principii könnt, ist das für mich ein Grund, mich bewußt dazu zu entschießen, aus der Argumentation auszusteigen.« Apel hat dann nur noch die Möglichkeit zu erwidern, daß der Ausstieg aus der Argumentation faktisch der Weg in die Geisteskrankheit oder in den Selbstmord sei, denn man vernichte seine Identität.[17] In dieser Formulierung finde ich das bei weitem zu stark. Derjenige, der aus der Argumentation aussteigt, wird eben nur nicht mehr reden und nicht oder nur selten, und wenn, dann aus strategischen Gründen handeln. Die starke Formulierung Apels wird verständlich, wenn man berücksichtigt, daß Apel denjenigen im Auge hat, der auch noch These (2) leugnet.

Genau dazu will ich mich jetzt anschicken. Vorher fasse ich noch kurz das bisherige Ergebnis zusammen: Verweigerung der Argumentation ist ohne Widerspruch möglich. These (1) kann als widerlegt gelten. Offen ist jedoch, ob es sinnvoll ist, die Argumentation zu verweigern. Haben wir nicht eventuell alle ein Interesse an Vernunft und Argumentation?

Während in These (1) Argumentation als Gebrauch von Gründen verstanden wurde, meint der Transzendentalpragmatiker damit mehr. Er behauptet noch zusätzlich die These (2): Argumentation sei Kommunikation. Es wird unterstellt, daß zum Argumentieren immer schon eine Mehrzahl von Argumentierenden gehört, also eine Argumentationsgemeinschaft. Wie kann aber die notwendige Bezugnahme auf andere begründet werden?

17 K.O. Apel, *Sprechakttheorie und transzendentale Sprachpragmatik zur Frage ethischer Normen*, S. 118.

ad (2): Die Begründung für These (2) läuft wie folgt: Unter Zuhilfenahme der Theorie der Sprechakte wird behauptet, daß mit Aussagen zumindest implizit kommunikative Handlungen verknüpft sind. Diese zeigen sich im performativen Teil der Äußerung, z. B. müssen bei allen Behauptungen (als die wichtigste Argumentationshandlung) die Geltungsansprüche, daß es sich nämlich um wahre und sinnvolle Behauptungen handele, vom Behauptenden gegenüber jedem, der kompetent mitreden könnte, erhoben werden. »Ich behaupte hiermit, daß p«, kann demnach nichts anderes bedeuten als: »Ich behaupte hiermit *gegenüber jedem*, daß p, und erkläre mich bereit (nach (1)), meine Behauptung gegenüber jedem zu verteidigen.« Wir betreten durch diese pragmatische Interpretation der performativen Ergänzung die Ebene der intersubjektiven Verständigung über Sinn und Geltung von Aussagen.

Argumente sind dann nicht, wie im modernen (syntaktisch-semantischen) Logikkalkül, unter Abstraktion von der pragmatischen Dimension zu verstehen, sondern immer zugleich als Sinn- und Geltungsansprüche, die nur im interpersonalen Dialog expliziert und entschieden werden können.[18]

Dem möchte ich folgendes entgegenhalten: Daß Aussagen einen Anspruch auf Geltung haben, liegt in der Semantik begründet, nicht in der Pragmatik. Der Unterschied ist wichtig, denn nur aus der pragmatischen Version ergibt sich die Bezugnahme auf alle Argumentierenden, woraus dann weiter gefolgert werden kann – obwohl ich dafür leider keine eindeutigen Belege habe, im ganzen scheint es mir aber evident –, daß der (vernünftige) Konsens das Ziel der Argumentation ist. Das aber bedeutet, daß zur Begründung von These (2) die *Konsenstheorie der Wahrheit*[19] herangezogen wird. Das ist bedenklich, weil der Apelsche Versuch einer Letztbegründung dann auf einer bestreitbaren theoretischen Konzeption beruht – eine Voraussetzung, die wir m. E. auf keinen Fall »immer schon« anerkannt haben müssen.

Die Konsenstheorie der Wahrheit besagt, daß der Konsens als Zustimmung aller Erkenntnissubjekte das Kriterium der Wahrheit sei. Nun ist offenkundig, daß damit nicht der faktische

18 K.O. Apel, *Das Apriori der Kommunikationsgemeinschaft und die Grundlagen der Ethik*, S. 401.

19 Vgl. J. Habermas, *Wahrheitstheorien*.

Konsens gemeint ist, da sich ja alle irren könnten. Der Vertreter einer *Korrespondenztheorie der Wahrheit* wird hier nun behaupten, daß sich ein Konsens immer nur als ein Ergebnis einstellt, wenn von allen die für die behauptete Aussage relevanten Begründungsregeln befolgt wurden. Alle Personen, die die semantischen Regeln einhalten, sofern sie dieselben Regeln einhalten – und diese Tatsache könnte man eventuell noch als lebensweltlichen Grundkonsens interpretieren –, kommen zu demselben Ergebnis. Meiner Ansicht nach muß eine so verstandene (nämlich semantische) Korrespondenztheorie durch einen Kohärenzgesichtspunkt ergänzt werden. Das gilt besonders für die Wahrheit von Theorien. Ich erwähne das eher beiläufig, weil es mir hier eigentlich nicht um die Begründung dieser bestimmten Wahrheitstheorie geht, sondern ich nur verdeutlichen will, daß die Konsensustheorie m. E. mit Recht bestreitbar ist und zu welchen Implikationen der Hauptvertreter der Konsenstheorie, d. h. Habermas, greifen muß, um seine Auffassung zu verteidigen. Diese Implikationen werden nämlich im weiteren auch für Apel eine große Rolle spielen, und sie sind schon hier angelegt.

Einen Konsens benötigen wir gewöhnlich dort, wo eine Aussage nicht zureichend objektiv begründet werden kann. Konsens meint dann soviel wie kollektive Dezision zu einer Annahme und nicht Begründung. Das sieht Habermas allerdings anders. Er redet vom wahren Konsens, was bei Dezisionen keinen Sinn mehr machen würde. In dieser Auffassung steckt zweierlei: Zum einen ist damit die hier zur Disposition stehende These verbunden, daß Geltungsansprüche nur diskursiv eingelöst werden können; Ziel ist die Erreichung des Konsenses aller. Zum anderen sind wir in jedem Diskurs genötigt, eine ideale Sprechsituation zu unterstellen, um den wahren vom falschen Konsens unterscheiden zu können.[20] Nur ein unter herrschaftsfreien Verhältnissen und nach bestimmten, pragmatischen Regeln zustandegekommener Konsens kann als wahr gelten. Die ideale Sprechsituation sei eine notwendige Antizipation, die wir angeblich immer schon in jeder empirischen Rede vorgenommen haben, und als solche sei sie bereits wirksam. Die Thesen (3) und (4) können als bloße Explikation dieser

20 Vgl. J. Habermas, *Legitimationsprobleme im Spätkapitalismus*, S. 122.

Unterstellung der idealen Sprechsituation verstanden werden.

Bestreitet man aber diese in These (2) enthaltene Konzeption von Konsens als Kriterium der Wahrheit, so droht die in sich verhakte Gesamtkonzeption der Transzendentalpragmatik ganz in sich zusammenzufallen. Trotzdem – so meine ich – muß jede These für sich darauf geprüft werden, ob sie nicht unabhängig von Habermas' universalpragmatischer Auffassung wahr ist.

Eine andere, zunächst unabhängig erscheinende Verteidigung von These (2) greift auf Wittgenstein zurück.[21] In § 199 der Philosophischen Untersuchungen behauptet Wittgenstein: »Es kann nicht ein einziges Mal nur ein Mensch einer Regel gefolgt sein.« Das widerspräche nämlich unserem gewöhnlichen Gebrauch des Ausdrucks »der Regel folgen«. § 202 erweitert jene These: »Darum ist ›der Regel folgen‹ eine Praxis. Und der Regel zu folgen glauben ist nicht: der Regel folgen.« Um ›der Regel folgen‹ von ›der Regel zu folgen glauben‹ zu unterscheiden, braucht man ein objektives Kriterium. Die Überprüfung, ob ich einer Regel folge, muß prinzipiell öffentlich sein. Das ist letztlich das Privatsprachenargument, das hier nicht diskutiert werden soll.

Ich bin mir allerdings unsicher, ob Wittgensteins Privatsprachenargument wirklich genau das hergibt, was Apel aus ihm herausholen möchte. Dieser versteht Wittgensteins Kritik am Solipsismus als ein Argument dafür, daß wir die Geltung unseres einsamen Denkens von der Rechtfertigung sprachlicher Aussagen in der aktuellen Argumentationsgemeinschaft prinzipiell abhängig machen.[22] Dem ist entgegenzuhalten, daß die öffentliche Überprüfung sich auch an wahrnehmbarem Verhalten festmachen kann. Wittgensteins These ist nur, daß die Bedeutung eines Wortes allein durch Korrelation mit äußeren Kriterien festgelegt ist und daß sie sich nicht durch Erinnerung oder innere Wahrnehmung festlegen läßt.

Es ist m. E. durchaus möglich, Argumente solipsistisch zu verwenden (innerer Dialog), wenn wir die Worte nur so verwenden, wie wir es gelernt haben und wie sie durch ihren

21 Vgl. L. Wittgenstein, *Philosophische Untersuchungen*, S. 127f.

22 K.O. Apel, *Das Apriori der Kommunikationsgemeinschaft und die Grundlagen der Ethik*, S. 399.

allgemeinen Gebrauch festgelegt sind. Auch die Gültigkeit meiner Aussagen kann ich anhand semantischer Begründungsregeln ggf. selbst überprüfen. Denn wir können (der Verifikationstheorie der Bedeutung folgend) eine Aussage nur verstehen, wenn wir wissen, was der Fall ist, wenn sie wahr ist, d.h. wenn wir wissen, wie sie zu verifizieren ist. Die Meinung, wie eine Aussage zu verifizieren ist, hängt davon ab, welche Wahrheitstheorie man verficht. Also hängt bei Apel und Habermas wieder alles an ihrer Konsenstheorie der Wahrheit.
Bezüglich These (2) kann ich also nur soviel eingestehen: Intuitiv halte ich es für plausibel, daß wir fast immer in kommunikativen Zusammenhängen leben. Sprache können wir auch nur in ihnen entwickeln. Zum Lernen der Sprache gehören immer zwei, ein Lernender und ein Lehrender. Sobald wir jedoch die Sprache beherrschen, können wir sie prinzipiell monologisch verwenden (z.B. bei bewußtem Denken). Die Bedingungen einer faktischen, intersubjektiven Kommunikation brauchen wir daher nicht anzuerkennen. Wir können auch ausscheiden. Nur *wenn* wir an ihr teilnehmen, akzeptieren wir sie größtenteils.

1.4.

Die Thesen (3) und (4) geben vor, genau die Bedingungen zu nennen, unter denen eine Kommunikation nur sinnvoll ist. Freilich wird noch davon ausgegangen, daß die Situation des Kommunizierens unhintergehbar ist, was ich oben zu widerlegen versuchte. Sollte die schon oben aufgestellte Behauptung stimmen, daß (3) und (4) nur die Bedingungen der idealen Sprechsituation explizieren, so hat die Gegenargumentation leichtes Spiel. Man muß dann nur zeigen, daß die Bedingungen in (3) und (4) wirklich nur Unterstellungen sind, also bei faktischer Kommunikation nicht herrschen (müssen). Die theoretische Absicherung von (3) und (4) als notwendige Antizipation, die schon wirksam sein soll, um den wahren vom falschen Konsens zu unterscheiden, hatte sich bereits als zweifelhaft erwiesen.
ad (3): These (3) behauptet folgende pragmatische Bedingungen einer sinnvollen Kommunikation: Wir müssen uns gegenseitig als *gleichberechtigte*, wahrheits- und zurechnungsfähige Sub-

jekte anerkennen. Mit anderen Worten: Gefordert ist die Anerkennung des anderen als Person im emphatischen Sinn. Warum sollte man in einer Kommunikation verpflichtet sein, den anderen als Person anzuerkennen? Die erste vorgeschlagene Begründung, daß es im Begriff der »sinnvollen Kommunikation« begründet liege, weil dieser Begriff schon auf die ideale Sprechsituation verweist, fällt nach dem oben Gesagten aus.

Ein weiterer unternommener Begründungsversuch lautet: Wenn ich mich (gemäß (1)) argumentativ verhalte, dann muß ich auch gute Gründe anderer Argumentierender anerkennen. Das kann ich nur unter der einschränkenden Bedingung zugeben, daß ich an der Wahrheit interessiert bin. Berechtigte Gegeneinwände muß ich im theoretischen Diskurs ernst nehmen, wenn ich z. B. eine Behauptung aufgestellt habe, die universale Geltung beansprucht, und dieser Anspruch mit Recht zurückgewiesen wird. Ansonsten verhalte ich mich nicht vernünftig. Man ist – wie oben gezeigt – aber nicht verpflichtet, vernünftig und argumentativ zu sein. Ist man es aber, und das konsequent, so erkennt man berechtigte Einwände an. Daraus folgert Apel, daß die Forderung nach wechselseitiger Anerkennung der Personen als Subjekte der Argumentation mit der Argumentation immer schon vorausgesetzt ist.[23] Das leuchtet nicht ein.

(a) Man muß nicht jede an sich gerichtete Argumentation ernst nehmen. Nur berechtigte Einwände wird man aus Eigeninteresse berücksichtigen. Im theoretischen Diskurs sind damit Einwände gemeint, auf die man selbst hätte kommen können. Berechtigung mißt sich hier an Wahrheit. In praktischen Diskursen, in denen der Gesprächspartner nicht die Partei der betreffenden Person vertritt, ist aber noch völlig unklar, was berechtigte Einwände sind. Das hier zu begründende Universalisierungsprinzip soll uns schließlich erst einen Maßstab dafür an die Hand geben.

(b) Wenn man aber die Argumentation einer anderen Person anerkennt, und das kann m. E. bisher nur heißen: als berechtigt anerkennt, dann folgt daraus nicht, daß man den Argumentierenden selbst als Person anerkennen muß. Ein Tyrann kann den

23 Vgl. K.O. Apel, *Das Apriori der Kommunikationsgemeinschaft und die Grundlagen der Ethik*, S. 400.

Hinweis des Knechts, daß nasse Peitschen bessere Wirkungen als trockene erzielen, als einen berechtigten Einwand gegen seine Meinung anerkennen, trockene täten es auch, und ihn aufnehmen, um den Knecht beim nächsten Mal mit einer nassen Peitsche zu schlagen. – Soweit mein etwas drastisches Gegenbeispiel.

Damit ist (3) widerlegt; es wäre nur plausibel, wenn (2) in ihrem starken Sinne richtig wäre: Ein notwendiger Zwang zur kommunikativen Kooperation hätte uns dazu zwingen können, die anderen als Personen anzuerkennen. Dieser notwendige Zwang besteht aber nicht. Auf die in (3) noch enthaltene Behauptung, daß wir die anderen auch als wahrheits- und zurechnungsfähig anerkennen müssen, bin ich noch nicht eingegangen. Im Prinzip liegt der Fall hier ähnlich. Man muß den anderen nur für wahrheits- und zurechnungsfähig halten, wenn er sich als solcher erwiesen hat. Faktisch unterstellen wir (besonders in Kommunikationssituationen) allen Leuten Wahrheits- und Zurechnungsfähigkeit bis zum Erweis des Gegenteils. Bei dieser Zuschreibung verhalten wir uns konservativ, d. h. wir geben sie erst sehr spät auf, dann, wenn keine anderen rationalen Erklärungen mehr greifen.

ad (4): Diese These geht auf die Regelung eines praktischen Diskurses explizit ein. Jeder, der ernsthaft in einen praktischen Diskurs eintritt und damit die Voraussetzungen einer Argumentation anerkennt, muß dann – so die These – auch implizit davon ausgehen, daß normative Geltungsansprüche nur dann zu Recht bestehen, wenn die Folgen und Nebenwirkungen, die sich aus einer allgemeinen Befolgung der strittigen Normen für die Befriedigung der Interessen eines jeden voraussichtlich ergeben, von allen zwanglos akzeptiert werden können. (Das ist das Universalisierungsprinzip.)

Warum ist das Kriterium für die Richtigkeit von Normen der zwanglose Konsens aller? Warum ist ein Anspruch gerechtfertigt, wenn alle Betroffenen ihm zustimmen können? Eine Begründung wäre auch hier nur durch ein Konsensprinzip möglich. Wodurch ist hier aber der Rekurs auf einen Konsens begründet? Durch seine spezifische Qualifikation. Also muß der Konsens genauer bestimmt werden. Bei moralischen Fragen müssen die Regeln der idealen Sprechsituation kontrafaktisch unterstellt sein, damit sich eine Begründung moralischer Sätze ergibt.[24] Diese Regeln sind pragmatisch und sichern, daß die Beteiligten gleichberechtigt sind, hinsichtlich ihrer Rechte sowohl im Diskurs als auch im Handeln. Alle Regeln, die die ideale Sprechsituation definieren, verteilen Rechte und Chancen gerecht; es zeigt sich, daß die für die ideale Sprechsituation konstitutiven Regeln ihrerseits ein moralisches Postulat darstellen und dem Universalisierungsprinzip entspringen.[25] Es liegt ein Zirkel vor, wenn nicht gezeigt werden kann, daß wir die fairen Verhältnisse einer idealen Sprechsituation immer schon unterstellen. Faktisch machen wir das sicher nicht, und wir haben auch kein Motiv dazu, wenn wir das Universalisierungsprinzip nicht schon anerkennen.

1.5.

Der Nachweis unbedingter Geltung von bestimmten Normen wäre transzendental nur zu erbringen gewesen – so hatte ich oben gesagt –, wenn die Anerkennung dieser Normen sich als Bedingung der Möglichkeit von Argumentation überhaupt erwiesen hätte. In einem ersten Schritt habe ich zu zeigen versucht, daß die Argumentation in dem Sinn, in dem sie schon immer als Kommunikation gemeint ist, selbst nicht unhintergehbar notwendig ist. Damit erwies sich das Programm einer transzendentalen Letztbegründung als undurchführbar. In einem zweiten Schritt wollte ich zeigen, daß diese Normen, besonders das Universalisierungsprinzip, keine Voraussetzungen der Argumentation sind, wie sie Habermas immer noch durch Diskursanalyse ermitteln zu können glaubt,[26] während er inzwischen auf Distanz zum Letztbegründungsprogramm Apelscher Prägung geht.[27]

Offen bleibt die Frage, ob sich damit jede rationale Normenbegründung als unmöglich erweist. Man müßte überlegen, wel-

24 Vgl. J. Habermas, *Wahrheitstheorien*, S. 258.

25 Vgl. E. Tugendhat, *Über die Begründung moralischer Normen*, S. 41.

26 Vgl. J. Habermas, *Diskursethik – Notizen zu einem Begründungsprogramm*, S. 74f., 77.

27 Vgl. J. Habermas, *Diskursethik – Notizen zu einem Begründungsprogramm*, S. 3, 73.

che Alternativen bestehen. Wenn Normen nicht transzendental begründet werden können, ihre Geltung also nicht immer schon vorausgesetzt werden kann, dann muß jeder andere Versuch der Normenbegründung in der Lage sein, einer Person Gründe zu nennen, warum sie sich der Norm fügen soll.

Normen können als wechselseitige soziale Forderungen definiert werden, mit denen wir wechselseitig unsere Handlungsfreiheit einschränken.[28] Es wird von jedem verlangt, daß er die Norm – selbst wenn sein Interesse mit ihr in Konflikt tritt – auf Kosten seiner Interessen immer befolgt. Dieser Umstand macht Normen so begründungsbedürftig – warum sind die Individuen verpflichtet, auf ihre Handlungsfreiheit freiwillig ein Stück weit zu verzichten? –, er zeigt aber auch, was hier zu begründen ist. Was begründet werden muß, kann nicht die Norm selbst sein, denn Normen sind allgemeine Imperative und daher nicht als solche begründbar. Die Norm kann nicht wie ein Aussagesatz als solche begründet werden, sondern zu begründen ist, sich der Geltung der Norm zu unterwerfen und das Recht zu haben, von anderen dies zu verlangen. Sich einer Norm freiwillig zu unterwerfen heißt, daß man sie als maßgebend für die intersubjektive Praxis freiwillig akzeptieren würde. Was zu begründen ist, wenn Normen begründet werden sollen, ist, daß man gemäß der Norm *handeln will*. Sich Geboten und Verboten zu unterwerfen, ist strukturell dasselbe, wie bestimmte Handlungsanweisungen zu akzeptieren, und dies ist wiederum dasselbe, wie bestimmte Handlungen zu wollen. Eine Norm ist dann begründet, wenn der einzelne Gründe hat, warum er der durch die Norm geregelten intersubjektiven Praxis freiwillig zustimmen will. Aus ihrem Charakter als Forderungen an einen Menschen, seine Handlungsfreiheit einzuschränken, ergibt sich, daß nur er selbst bestimmen kann, ob er der Geltung der Norm zustimmen bzw. so handeln will oder nicht. Die Art der Begründungsbedürftigkeit der Norm verweist auf die Freiheit und die Interessen der betroffenen Personen als die einzige Begründungsinstanz. Eine Norm zu begründen, heißt, angeben zu können, warum eine Person die von der Norm vorgeschriebene Handlung bzw. die Geltung der Norm für alle wollen soll.

28 Auf dieser und der folgenden Seite stütze ich mich weitgehend auf E. Tugendhat, *Über die Begründung moralischer Normen*, und ders., *Drei Vorlesungen über Probleme der Ethik*, bes. Vorl. 1 & 3.

Eine Norm ist dann gültig, wenn sie allgemein akzeptiert wird. Allgemein akzeptiert ist eine Norm, wenn alle von ihr Betroffenen ihrer Geltung freiwillig zustimmen und ihr daher folgen. Normen aber sind soziale Forderungen, und der Begriff impliziert, daß sie sich auch an Unwillige richten. Normen und Forderungen aufzustellen, hätte nicht viel Sinn, wenn alle von sich aus schon so handeln wollten. Der Sinn der Normen besteht gerade darin, Personen auf eine Handlung zu verpflichten, die sie nicht immer unmittelbar so vollziehen würden. Dann muß die allgemeine Zustimmung zunächst hergestellt werden, und – gemäß dem oben Gesagten – das kann nur geschehen, indem man den einzelnen Individuen Gründe nennt, warum sie die Norm freiwillig akzeptieren können und sollen. Normen lassen sich daher als begründete Selbstverpflichtung des Individuums verstehen.

Entsprechend der vorhin formal bestimmten Autonomie einer Person ist all das ein Grund, was von Personen als ein solcher akzeptiert wird. Was man sich für eine allgemeine Normenbegründung überlegen muß, sind allerdings Gründe, die von allen akzeptiert werden können. Daher scheitern all jene Begründungsversuche in modernen Gesellschaften, die auf starken Prämissen basieren, das sind solche, von denen es empirisch unwahrscheinlich, aber nicht logisch unmöglich ist, daß sie von allen akzeptiert werden. Starke Prämissen sind diejenigen Voraussetzungen eines Begründungsprinzips (sei es metaphysischer, religiöser oder traditioneller Art), die nicht ihrerseits begründet, sondern nur geglaubt oder nicht geglaubt werden können.[29] Daß eine Norm gelten soll, weil sie z. B. gottgegeben ist, ist nur dann ein ausreichender Grund, sich einer Norm zu unterwerfen, wenn man zu wissen glaubt, daß es einen Gott gibt, der gewisse Ansprüche an einen hat etc. Individuen oder partielle Gruppen mögen diesen Glauben zwar teilen, und jeder kann für seine Person an einer starken Prämisse festhalten. Es ist aber unmöglich, die Forderungen, die sich aus starken Prämissen ergeben, an andere ergehen zu lassen, die diese Evidenz nicht teilen und gleichwohl ihre Freiheit der Norm wegen einschränken sollen. Man kann davon ausgehen, daß im Laufe abendländischer Geschichte durch die Aufklärung starke Prä-

29 Vgl. E. Tugendhat, *Drei Vorlesungen über Probleme der Ethik*, S. 126f.

missen ihre allgemeine, intersubjektive Überzeugungskraft fast völlig verloren haben, d. h. starke Prämissen werden nicht mehr generell akzeptiert. Wenn das so ist, dann ist die einzige Begründung, die noch eine Chance auf intersubjektive Anerkennung zu haben scheint, der Rekurs auf das eigene individuelle Interesse. Als These gefaßt: Es ist irrational, unmoralisch zu handeln, weil derjenige, der zugibt, daß seine Handlung unmoralisch ist, sich darum aber nicht schert, inkonsistenterweise eine Handlungsnorm mißachtet, die er im eigenen Interesse akzeptieren müßte, wenn er vernünftig überlegen würde.
Nur mit den Prämissen rationaler Personen, die ausschließlich an ihrem eigenen Nutzen interessiert sind, meint der vertragstheoretische Begründungsversuch auszukommen. Normen sollen aufgrund eines zwischen egoistisch kalkulierenden Individuen zustandegekommenen Vertrages als gültig erwiesen werden. Aus diesem Anspruch ergibt sich die Popularität dieses Begründungsansatzes, deshalb möchte ich auch näher auf ihn eingehen.

2. *Vertragstheoretische Begründung*

2.1

Der nun skizzierte Versuch einer Normenbegründung gilt deshalb als so aussichtsreich, weil er vorgibt, ein Individuum zur freiwilligen Zustimmung zu einer Norm nur mit Bezug auf dessen Eigeninteresse bewegen zu können. Das bedeutete, daß Normenbegründung zweckrational möglich wäre. Die einzige Voraussetzung, die diese Theorie macht, ist die eines universellen menschlichen Interesses, über sein eigenes Leben selbst bestimmen zu können. Es soll nicht behauptet werden, man könne direkt auf eben dieses Eigeninteresse, verstanden als Bestreben nach Lust- oder Nutzenmaximierung, rekurrieren. Denn wie schon mehrfach betont, regeln Normen eine Praxis, die die eigene Handlungsfreiheit einschränkt. Insofern widersprechen sich häufig egoistisch verstandenes Eigeninteresse und soziale Forderungen. Eine Norm zu akzeptieren heißt, ihrer Geltung zuzustimmen, obwohl man gewisse Freiheiten opfern muß. Daher kann die Geltung einer Norm nicht im direkten

Rückgriff auf das Eigeninteresse begründet werden. Wenn Eigeninteresse und Norm so harmonisieren würden, bedürfte es keiner Normenbegründung.
Vertragstheorien versuchen daher, die Forderungen (indirekt) aufgrund von Kooperationsinteressen der Betroffenen zu rechtfertigen. Mit Hilfe des Vertragsgedankens soll die Frage beantwortet werden, wie es sich gegenüber freien Menschen rechtfertigen läßt, ihre Freiheit durch Normen zu beschränken. Die Rechtfertigung soll sein: Die Betroffenen selbst, vor eine entsprechende Wahl gestellt, würden sich vernünftigerweise dazu bereit finden, die Freiheit eines jeden durch einen Vertrag zu beschränken. Dazu muß noch angegeben werden, welches die vernünftigen Gründe sind, die für die Vertragsschließung sprechen. Die durch den Vertrag geregelten Verhältnisse (in der Regel die politische Ordnung oder allgemeine Prinzipien des Zusammenlebens) müssen vor jedem einzelnen zu rechtfertigen sein. Jeder muß freiwillig zustimmen können, denn es handelt sich um eine freie Selbstbeschränkung der Individuen. Aufgrund des Freiheits-Axioms kann die Einschränkung nur auf die Betroffenen selbst zurückgeführt werden. Als Ursprung staatlicher und moralischer Legitimität und als letzter Maßstab jeder normativen Ordnung gilt die freie Person. Freiheit wird dabei im schwachen Sinn als Handlungs- und Willkürfreiheit verstanden, nicht auch im Sinne innerer Autonomie, die alle heteronomen Beweggründe ausschließt. Die Norm ist das zu Legitimierende, die freie Person dagegen der Legitimationsgrund. Die Norm erhält ihre Rechtfertigung durch die *mögliche Zustimmung aller* Betroffenen. Deshalb darf ein moralisch anspruchsvoller Begründungsversuch keinen realen Vertrag, sondern immer nur einen fiktiven, hypothetischen zugrunde legen. Ein Vertrag, der der Rechtfertigung von Normen dienen soll, kann nur hypothetisch sein, da die vertragliche Vereinbarung alle Beteiligten verpflichten soll und daher gegenüber allen gerechtfertigt werden muß. Die Rechtfertigung soll darin bestehen, daß alle dem Vertrag zustimmen, indem sich jeder einzelne zu jeder Zeit in die ursprüngliche Vertragssituation versetzen und sich überlegen kann, ob er (und alle anderen) dem Vertrag zustimmen will oder nicht. Nur in einem hypothetischen Verfahren haben alle eine solche Gelegenheit teilzunehmen. Alle moralischen Prinzipien – so die These – lassen sich auf ein fiktives

Übereinkommen aller mit allen zurückführen. Die Behauptung ist dann, daß diejenigen Prinzipien, die in einer solchen hypothetischen Vertragssituation von allen Beteiligten rational gewählt würden, gültige moralische Prinzipien seien. Das Ergebnis einer hypothetischen Übereinkunft soll qua Prozeß gerechtfertigt sein.

Warum sollten die Individuen der Einschränkung ihrer eigenen Handlungsfreiheit zustimmen? Den verschiedenen Ausprägungen der Vertragstheorie ist folgende Grundfigur der Argumentation gemeinsam.[30]

(a) Der Zustand der Vertragslosigkeit (auch Naturzustand genannt), in dem jeder seine eigenen Zwecke mit den ihm recht scheinenden Mitteln verfolgt, ist (für alle) untragbar. Das uneingeschränkte Selbstinteresse führt in sozialer Perspektive zum Zustand minderen Glücks.

(b) Der Defekt des Naturzustands wird behoben, indem jedermann eine Einschränkung seiner Freiheit auf sich nimmt. Der Vertrag ist die ursprüngliche Vereinbarung zwischen freien Menschen. Der Beweggrund zur Zustimmung ist einzig das Eigeninteresse.

ad (a): Was macht den Naturzustand so unattraktiv? Bei der Grundbestimmung des Naturzustands sind im Anschluß an Hobbes verschiedene Auffassungen vertreten worden, welche anthropologischen oder psychologischen Grundannahmen über das Wesen des Menschen gemacht werden müssen. Mit minimalen und empirisch scheinbar gut bestätigten Annahmen scheint folgendes Argument auszukommen, das nur eine affektive Disposition zur Selbsterhaltung und zum Frieden voraussetzt: Solange Menschen sich wechselseitig beeinflussen und dabei bloß nach ihren eigenen Maßstäben handeln, sind weder Individuen noch Gruppen vor Konflikten untereinander und Gewalttaten gegeneinander sicher. Es besteht ein Zustand steter Konfliktgefahr, Unsicherheit und Bedrohung. Zu Konflikten kann es immer dann kommen, wenn wechselseitig Einfluß aufeinander genommen wird. Es ist allerdings umstritten, ob aus bloßer wechselseitiger Beeinflussung tatsächlich Konflikte ent-

30 O. Höffe, *Zur vertragstheoretischen Begründung politischer Gerechtigkeit: Hobbes, Kant und Rawls im Vergleich*, S. 198. Vertreter einer rein vertragstheoretischen Begründung von Moral ist heute vor allem D. Gauthier, *Morals by Agreement*.

stehen können. Eventuell entstehen sie erst unter zwei weiteren Bedingungen: wenn erstens die Subjekte unterschiedliche Bedürfnisse, Interessen und Sinnvorstellungen haben, und wenn zweitens die objektiven, die wirtschaftlichen Umstände (noch) nicht die einer Überflußgesellschaft sind, also Mittelknappheit herrscht. Bei Nichtzutreffen der Zusatzbedingungen, also bei Interessenharmonie, verbunden mit der Situation der Überflußgesellschaft, müßten demnach die Anwendungsbedingungen von Recht und Moral entfallen. Neo-marxistische (Marcuse, Macpherson) im Unterschied zu liberalen Denkern (Hume, Rawls, Ackerman) halten das Bestehen der Zusatzbedingungen nicht für notwendig, glauben also an die Möglichkeit konfliktfreier Gesellschaften, die daher auf politische und moralische Ordnung verzichten können. Gemäß liberaler Auffassung sind beide Zusatzbedingungen stets erfüllt, die Konfliktgefahr daher eine conditio humana.

Als Zustand tendenziell gewaltsamer Konfliktlösungen ist der Naturzustand keine zufriedenstellende Form des Zusammenlebens. Er fordert seine Überwindung. Das Ausleben des uneingeschränkten Selbstinteresses beschneidet sich selbst, weil die Erfüllung des Glücksstrebens durch das Beharren auf eigenen Interessen radikal gefährdet wird.

ad (b): Die Beendigung des latenten Kriegs aller gegen alle verlangt die Errichtung eines Friedenszustands im wohlverstandenen Eigeninteresse eines jeden. Aus dem Interesse an Friede, Sicherheit und Ordnung kommt es zu dem Vertragsschluß. So soll es gelingen, das Kooperationsinteresse aus dem eigenen Interesse abzuleiten. Um ihr eigenes Glück nicht zu stark zu gefährden, sind die Menschen im Naturzustand genötigt, mit den anderen zu kooperieren.

Unter der Voraussetzung eines allgemeinen Interesses an Kooperation läßt sich per Vertrag ein Moralprinzip generieren, nämlich das der Unparteilichkeit.[31] In einem reziproken Begründungsprozeß, der nur auf die Interessen der Betroffenen

31 Das ist die Auffassung E. Tugendhats in *Drei Vorlesungen über Probleme der Ethik*, 3. Vorl. Gegen die dort entwickelte Auffassung Tugendhats hat U. Wolf, *Das Problem des moralischen Sollens*, gravierende Einwände vorgebracht, die Tugendhat zu einer Revision seiner Auffassung veranlaßt haben. Vgl. E. Tugendhat, *Retraktationen*, und ders., *Zum Begriff und zur Begründung von Moral.*

zurückgreift, können sich die Individuen davon überzeugen, daß jeder Grund hat, sich einer Kooperationsregel zu unterwerfen, wenn auch andere es tun. Die Normen, die in einem solchen Vertrag festgeschrieben werden, sind unparteiliche Normen, deren Geltung gleichermaßen gut für alle ist. Seinen Anspruch auf alles soll jeder aufgeben – vorausgesetzt, auch die anderen sind dazu bereit – und sich mit jenem Maß an Rechten zufriedengeben, das man auch den anderen einzuräumen gewillt ist. So ergibt sich die für die Moral zentrale Idee der Wechselseitigkeit: Angenommen, Person A möchte mit B einen Vertrag abschließen, aufgrund dessen sie bestimmte Forderungen an B stellen kann. B wird A's Kooperationswunsch nur entsprechen, wenn sie gute Gründe dafür hat, d.h. wenn es erstens auch für sie besser ist, eine Regelung mit A zu treffen, als keine, und wenn die Person zweitens von dieser Regelung nicht gegenüber A benachteiligt wird. Dasselbe gilt umgekehrt auch aus der Perspektive von A. Dieser reziproke Begründungsprozeß muß auf weitere Handelnde ausgedehnt werden. Denn A und B können sich auf symmetrische Kooperationsnormen einigen, die auf Kosten von C usw. gehen. Dann entsteht dieselbe Frage aus der Perspektive von C usw. So ergibt sich ein potentiell universeller argumentativer Begründungsprozeß, der sich zwar nicht real, jedoch imaginär auf alle gegenwärtigen und zukünftigen Menschen ausdehnen läßt. Die Norm ist begründet, wenn jeder jedem gegenüber darlegen kann, warum jener genauso wie er selbst Grund hat, sich der Norm zu unterwerfen, wenn auch der andere es tut. Und der Grund soll sein: Das System von Normen ist für jede Person von Vorteil, wenn jeder das Normensystem akzeptiert und sich an die Normen hält, obwohl die Normen von einigen Personen Handlungen verlangen, die nicht zu ihrem Vorteil sind. Jede Person – so die These – gewinnt von den normenkonformen Handlungen anderer mehr, als sie durch ihre eigenen, für sie nachteiligen normenkonformen Handlungen verliert.

Drei Einwände möchte ich vortragen, warum eine solche vertragstheoretische Normenbegründung m.E. nicht gelingen kann.[32]

Erster Einwand: Ungerechtigkeit. Die generierten Normen sollen laut Voraussetzung besser sein als keine Normen. Insofern seien sie gerechtfertigt. Selbst wenn man das zugesteht, folgt daraus nicht, daß die Normen gerecht, d.h. für alle gleichermaßen gut sind. Insofern sind die Normen nicht gerechtfertigt. Wir können in der Praxis die Beobachtung machen, daß Übereinkünfte aus einer ganzen Reihe von Gründen unfaire Ergebnisse hervorbringen. Die eine oder die andere Partei könnte gezwungen oder sonstwie in ihrer Vertragsfreiheit eingeschränkt worden sein; sie könnte über den Stellenwert und die Bedeutung dessen, worüber verhandelt wurde, getäuscht worden sein; sie könnte im Irrtum über ihre eigenen Ziele und Interessen gewesen sein; sie könnte, wo theoretisches Wissen über Folgen und Auswirkungen des Vertrages sowie soziologische Kenntnisse über gesellschaftliche Entwicklungen etc. vonnöten gewesen wären, diese nicht im ausreichenden oder wenigstens im selben Maße wie die Vertragspartner besessen haben, etc. Besonders in den Fällen von Zwang und Täuschung würden wir die Zustimmung zu einer Vereinbarung nicht für wirklich freiwillig halten und daher den Vertrag für ungültig erklären. Es ist aber ein offenes Problem, warum die in unseren Augen illegitime Einflußnahme in Form von Zwang und Täuschung ausgeschlossen werden soll. Der Vorteil, den die einzelnen aus dem Vertrag ziehen, kann ungleich verteilt sein. Trotzdem kann auch derjenige mit dem geringeren Nutzen Gründe haben, den Vertrag zu akzeptieren. Beispiel (i): Wenn die Person A in der günstigeren Ausgangssituation ist, d.h. mehr Macht, größere Fähigkeiten oder mehr Wissen etc. besitzt, kann sie versuchen, daraus Vorteile für die vertragliche Regelung zu ziehen. Sie schlägt der Person B dann einen ungleichen Vertrag vor. Obwohl B in dem Vertrag geringere Rechte eingeräumt werden, kann es für B rational sein, ihn anzuerkennen, wenn sie größeren Gewinn aus

32 Die Argumente der ersten beiden Einwände finden sich auch bei U. Wolf, *Das Problem des moralischen Sollens*, Kap. II.3.; vgl. auch C. Frankel, *Justice and Rationality*.

dem Bestehen einer Regelung mit A zieht als ohne. B kann am Zustandekommen eines Vertrages dringender interessiert sein als A. A wird, da sie mächtig ist, kein allzu großes Kooperationsinteresse haben und daher nur Verträge akzeptieren, die ihr einen Vorteil vor den anderen sichern, also die Machtverhältnisse festschreiben. Unter ungleichen Machtverhältnissen können aus Eigeninteresse und rationaler Überlegung ungerechte Verträge und Normen entstehen. Beispiel (ii): Im reziproken Begründungsprozeß wird davon ausgegangen, daß alle Individuen derart eigeninteressiert sind, daß sie ihr Interesse so optimal wie möglich durchsetzen wollen. Einer der Vertragspartner, z.B. C, könnte nun aber durchaus nicht wissen, was seine wahren Interessen sind. Aufgrund traditioneller Erziehung, Einbindung in traditionelle Gesellschaftsstrukturen und daraus sich ergebender Überzeugung mag C bereit sein, Benachteiligungen für sich zu akzeptieren. D, der sehr wohl weiß, was zu seinem Nutzen ist, wird sich im rationalen Eigeninteresse diesen Umstand beim Aushandeln der Kooperationsnorm zunutze machen; es gibt zumindest keinen Grund, warum er es nicht tun sollte. Vom moralischen Standpunkt aus würden wir es für richtiger halten, Personen, die einer Benachteiligung aufgrund heteronomer Beeinflussung (wie z.B. traditioneller Überlieferung, aber auch Werbung etc.) zustimmen, aufzuklären und zur Autonomie anzuleiten, statt ihre faktischen Überzeugungen auszunutzen.

In der Vertragssituation sehen sich die Personen also aufgrund der eingeschränkten Bedingungen von Rationalität und Eigeninteresse gezwungen, Normen anzuerkennen, die wir vom moralischen Standpunkt aus nicht anerkennen würden. Wie strikt man auch die Bedingungen einer freiwilligen Übereinkunft definiert, es bleibt die Tatsache, daß verschiedene Personen verschieden situiert sind. Das führt dazu, daß es Unterschiede in Macht, Fähigkeiten, Wissen, Autonomie etc. gibt. Übereinkünfte, selbst noch so freiwillige, werden daher von Faktoren beeinflußt, die arbiträr zum moralischen Standpunkt sind. Damit in der Vertragssituation solche Normen generiert werden können, die unseren moralischen Überzeugungen entsprechen, muß das Vertragsmodell so konstruiert werden, daß es Annahmen enthält, die sich faktischen Vertragsverhältnissen nicht entnehmen lassen. Irgendwie müßten die Effekte der spezifischen Kontingenz aufgehoben werden, die die Menschen dazu veranlaßt, die sozialen und natürlichen Umstände bei Vertragsabschluß zu ihrem eigenen Vorteil auszunutzen. Die Wahlsituation müßte durch idealisierte Bedingungen näher bestimmt werden, wie sie z.B. Rawls in seiner Bestimmung des Urzustands angibt.[33] Wenn das allerdings in der Absicht geschähe, ein Begründungsmodell für Normen erreichen zu wollen, läge eine petitio principii vor. Die Vertragssituation darf nicht einfach um die zusätzliche Bedingung der Gleichheit erweitert werden. Man legt ansonsten in die Prämissen all das, was man aus dem Vertrag herausholen möchte. Würde man fordern, von allen empirischen Unterschieden in der Vertragssituation abzusehen, dann wäre das selbst schon eine moralische Forderung, die doch erst im Begründungsprozeß gewonnen werden soll.[34]

Es hat verschiedentlich Versuche gegeben, aus der Beschreibung des Naturzustands als Kampf aller gegen alle die Gleichheitsbedingung herauszuziehen. Aber auch dieses Unterfangen ist einzig von der vorgängigen Beweisabsicht regiert. Denn nur mit Zusatzannahmen ergibt sich im latenten Kampf ein Zustand des Machtgleichgewichts. Es bedarf der Annahme, daß das Bestreben der Menschen im vorvertraglichen Zustand darauf gerichtet ist, unter Zuhilfenahme von technischen Mitteln (Waffen etc.) und unter Ausnutzung von Koalitionen bessere persönliche Ausgangsbedingungen herzustellen. Gleichheit käme also demnach zustande durch Kämpfe, in denen die Schwächeren ihre Berücksichtigung erzwingen. Es kann empirisch bezweifelt werden, ob sich so eine vollständige Gleichheit, wie sie erforderlich wäre, jemals erreichen läßt. Denn es ist nicht zu sehen, warum der bloße Wille, sich durchzusetzen, sich gerade dort zufriedengeben würde, wo Gleichheit erreicht ist, und nicht darüber hinaus versuchen würde, mehr Macht zu erlangen. In einer Kampfsituation zwischen nur eigeninteressierten Individuen, die sich durchzusetzen versuchen und strategisch vorgehen, um so viel wie möglich für sich zu erhalten, ist es unwahrscheinlich, daß ein Gleichheitszustand hergestellt wird. Selbst wenn es Koalitionen der Unterdrückten geben sollte, ist

33 J. Rawls, *Eine Theorie der Gerechtigkeit*, § 24: Der Schleier des Nichtwissens.

34 Dieser Einwand findet sich ausführlicher bei U. Wolf, *Das Problem des moralischen Sollens*, Kap. II.3. (b) u. (c).

nicht klar, ob sie die Mächtigen überwinden können. Zudem können jederzeit Konflikte innerhalb der Koalitionen ausbrechen und sich so ganz neue Konstellationen ergeben. Solange nicht zu beweisen ist, daß sich im vertragslosen Zustand ein Gleichgewicht einstellen wird, bringt der Vertrag möglicherweise unmoralische, weil ungerechte Normen hervor. Diese Kritik können die Betroffenen im Begründungsprozeß selbst nicht berücksichtigen. Denn sie wird schon vom moralischen Standpunkt aus erhoben, der durch den Vertrag ja erst seine Rechtfertigung erfahren soll.

Zweiter Einwand: Keine Einhaltungspflicht. Welche Verpflichtungen ergeben sich aus einem Vertrag, der in einem reziproken Begründungsprozeß nur unter Berücksichtigung des rationalen Eigeninteresses zustande kam? Laut Vertragstheorie hätten alle Grund, sich an die Vereinbarung zu halten, da sie aus dem Bestehen der Regelung, d.h. aus der Einhaltung der Norm durch jedermann mehr profitierten, als wenn keiner sich an die Norm hielte. Die Verpflichtung zur Normbefolgung ergäbe sich aus Klugheitsgründen. Diese Argumentation ist aus zwei Gründen ungültig:

(a) Man hat sich durch den Vertrag gegenseitig Freiheit und Rechte beschnitten um eines allgemeinen Nutzens willen, den man anders nicht erhalten konnte. In einem bestimmten Sinn wollen alle den Vertrag (einhalten), weil sie dessen Nutzen wollen. Nun könnte man meinen, alle seien verpflichtet, sich an den Vertrag zu halten, weil alle anderen sich an ihn halten und alle daraus Nutzen ziehen. Wenn keiner sich an den Vertrag hielte, gäbe es keinen allgemeinen Nutzen; man hätte gar keinen Vertrag abzuschließen brauchen. Nun sind aber Konflikte zwischen der Vertragseinhaltung und dem Eigennutz durchaus möglich, denn der allgemeine Nutzen, der sich aus dem Vertrag für alle ergibt, bleibt auch erhalten, wenn sich nur eine absehbare Anzahl von Personen nicht an den Vertrag hält. Für einen nur am Eigennutz Orientierten kann es keinen Grund geben, sich an die Norm zu halten, wenn aus der Nicht-Kooperation nicht unmittelbar das Scheitern des Gesamtnutzens folgt. Aus der Erwägung: »Wenn alle das täten, würde der Vertrag und sein Nutzen entfallen«, folgt nicht logisch: »Also muß jeder Einzelne sich an den Vertrag halten«.

(b) Nehmen wir an, die Vertragspartner sind immer genau über die Handlungsweise des anderen informiert. Wenn A den Vertrag verletzen sollte, wird B diese Verletzung entdecken und kann sich dann überlegen, was er angesichts des nicht-vertragsgemäßen Verhaltens von A tun will. Da B keinen Vorteil aus dem normenkonformen Handeln zieht, wenn A sich nicht entsprechend verhält, wird B sich auch nicht mehr an den Vertrag gebunden fühlen. A und B wären wieder in einem vertragslosen Zustand – zum gegenseitigen Nachteil. Wenn sie überlegen, werden sie dieses mißliche Ergebnis vorhersehen, und aus dieser Überlegung ergibt sich dann, daß es für beide klug ist, sich an den Vertrag zu halten. Diese Verteidigung gelingt allerdings nur – wie oben gezeigt – bei einer Kooperation, bei der eine einzige Vertragsverletzung schon den Gesamtnutzen gefährdet. Aber selbst dann überzeugt die Verteidigung nicht. Man nehme nur etwas realistischer an, die Vertragspartner wären nicht in der Lage zu beurteilen, ob der andere sich an den Pakt in der bestimmten Situation hält oder nicht. Was dann? Keiner der beiden kennt die Strategie, die der andere gewählt hat. A versucht zu entscheiden, ob er sich an die Regel halten soll oder nicht. Er kennt B's Entscheidung nicht. Aber er erkennt, wenn B sich an die Regel hält, dann ist es zu seinem Vorteil, den Vertrag zu brechen. Aber auch wenn B sich nicht normenkonform verhält, ist es für A rational geboten, nicht vertragsgemäß zu handeln, da die Regelung nur Nutzen bringt, wenn beide sich an die Regel halten. Egal welche Strategie B wählt, es ist für A immer besser, den Vertrag zu verletzen. Das rationale Eigeninteresse diktiert es so. B denkt natürlich genauso wie A. Also werden aufgrund dieser Überlegung beide den Vertrag brechen und so den gemeinsamen Nutzen verschenken. Rationale Kalkulation einzig aufgrund egoistischen Vorteilsstrebens führt zu einer suboptimalen Lösung. Den maximalen Nutzen erhielten beide, laut Voraussetzung, wenn sich beide an den Vertrag hielten. Mit reinen Klugheitsgründen scheint diese Lösung unerreichbar.[35]

Die Vertragstheorie kann nur begründen, warum wir alle zusammen moralisch sein sollen, nicht aber, warum jeder ein-

35 Das Problem, daß individuelle Rationalität zu kollektivem Übel zu führen scheint, wird in der Literatur häufig am sog. Gefangenendilemma diskutiert. Vgl. J.L. Mackie, *Ethics*, dt. *Ethik*, Kap. II.5.4; A. Sen, *Choice, Orderings and Morality*; D. Gauthier, *Morality and Advantage*.

zelne freiwillig individuell so handeln soll. Wenn alle Menschen moralisch sind, wird es allen besser gehen, und deshalb hat jeder Grund, moralisch zu handeln. Aber jeder einzelne tut immer besser daran, seinen rationalen Eigeninteressen gemäß zu entscheiden, als moralisch zu sein, wenn er weiß, daß der Gesamtnutzen erhalten bleibt, oder wenn er sich nicht auf die Vertragstreue der anderen verlassen kann. Die von der Vertragstheorie angenommene ursprüngliche Vereinbarung verpflichtet nur zu einem öffentlichen Bekenntnis zum Vertrag, nicht aber zu dessen tatsächlicher Einhaltung. Für die nur von ihrem Eigeninteresse geleiteten Personen wäre es irrational, sich an den Vertrag zu halten, wenn es dem eigenen Vorteil diente, ihn zu brechen.

Daher kann es den Beteiligten, die voneinander um ihren Egoismus wissen, nicht genügen, daß alle dem Vertrag zustimmen, sondern sie werden mit der Festsetzung einer Norm gleichzeitig deren Einhaltung sichern müssen. Sie sind gezwungen, jedes Überschreiten der Norm zu sanktionieren. Es bedarf dazu der Kontrolle durch einen unabhängigen Dritten, der mit Kontrollrechten sowie genügend Macht und Strafmitteln ausgestattet ist. Die einzelnen müssen bei Vertragsabschluß ihre Macht an ihn abtreten. Sie könnten dies tun, um ihrer eigenen menschlichen Schwäche vorzubeugen, von der sie wissen. Die einzige Alternative, Sanktionierung durch direkt Betroffene, würde die Gefahr eines gewaltsamen Konflikts heraufbeschwören. Denn warum sollte man sich bestrafen lassen, wenn man sich aussichtsreich wehren könnte? Wer einmal den Vertrag gebrochen hat, von dem ist nicht zu erwarten, daß er die übrigen Klauseln gegen sein Eigeninteresse beachten wird.

Das Motiv zum Befolgen einer Norm wird jetzt im Vermeidenwollen von Sanktionen bestehen. In einer solchen Situation wird jemand, der auf Vertragsbruch aus ist, rationalerweise mit allen Mitteln versuchen, die anderen zu täuschen, d.h. er wird verhindern wollen, daß sie sein Nicht-Befolgen entdecken. Der Begründungsprozeß erreicht also nur die Zustimmung aller zu der Absicht: »Ich will mich an die Norm halten, solange deren Nicht-Befolgung Nachteile für mich bringt, aber Ausnahmen machen, wo diese mir nützen.« Das ist allerdings nicht das, was wir gemeinhin für eine Norm halten. Eine Norm zu akzeptieren, heißt, sie selbst dann noch zu befolgen, wenn es auch

möglich wäre, sie zum eigenen Vorteil ohne Schaden zu mißachten. In diesem Sinn akzeptieren bloß eigeninteressierte Menschen Normen nicht. In der Vertragstheorie ist also weniger begründet worden, als beansprucht wurde.
Dritter Einwand: Status der Konstruktion. Die Vertragstheorie erhebt den Anspruch, bestimmte Normen für alle als gerechtfertigt zu erweisen. An dem Vertragsschluß müssen sich daher alle Betroffenen beteiligen können. Da Normen generationenübergreifend gelten sollen, muß eine Überprüfung des Vertrags jederzeit für alle, und zwar einzeln, möglich sein. Der Vertrag kann daher nicht de facto irgendwann einmal abgeschlossen worden sein. Dann wäre er für spätere Generationen, also für alle Nicht-»Unterzeichner«, keinesfalls verpflichtend. Die Vertragstheorie muß also von einem hypothetischen Vertrag ausgehend behaupten: Der Vertrag sei deshalb für alle gültig, weil jeder einzelne sich jederzeit neu überlegen könne, ob er lieber den vertragslosen oder den Vertragszustand wolle. Das Ergebnis einer solchen Überlegung, wenn es nur rational zustande komme, werde immer die Zustimmung zum Vertrag und der aus ihm hergeleiteten Normen sein. Der Vertrag sei deshalb nicht irgendeine kontingenterweise irgendwann so verfaßte Vereinbarung, sondern die vernünftigste Lösung für jeden einzelnen im vertragslosen Zustand. Der Vertrag und die moralischen Normen seien deshalb gültig, weil alle sich jederzeit für sie entschieden. Man kann es auch wie ein Moralprinzip, ähnlich Kants kategorischem Imperativ, formulieren: »Versetze dich in die Wahlsituation (Naturzustand) und überlege dir rational und nur aufgrund deines Eigeninteresses, ob, und wenn ja, für welche Übereinkunft zwischen den Menschen du dich entschiedest.« Mit dieser Auffassung der Vertragstheorie als Anleitung zum moralischen Handeln gelangt man aber in ein Dilemma: Der Vertrag muß fiktiv sein, damit alle daran beteiligt werden können und er so für alle Geltung beanspruchen kann. Ist er aber fiktiv, ist unklar, warum sich alle am Vertragsabschluß beteiligen sollen. Es ist schwer zu sehen, wie aus dem Umstand, daß ein Prinzip im vertragslosen Zustand von rationalen Individuen gewählt würde, seine Gültigkeit für uns jetzt, in einer ganz anderen Situation folgt. Wären wir jene Individuen in der vorgestellten Situation, würden wir so wie sie entscheiden, und das wissen wir auch. Aber wir sind nicht sie – also was geht es uns

an, wie sie gewählt haben bzw. wählen würden? Da wir nicht in ihrer Lage des Naturzustands sind, scheint die Konstruktion für die Frage nach der Gültigkeit moralischer Forderungen heute belanglos.[36] Welche Gründe sollten uns dazu veranlassen, uns in den vertragslosen Zustand zu versetzen und dann zu entscheiden?

Dieser Einwand kann jedoch entschärft werden. Der Vertragstheoretiker darf die Entscheidungssituation nicht allzu fiktiv konstruieren. Er wird versuchen, deutlich zu machen, was es bedeutete, den Vertrag heute aufzugeben. Die Gründe – so seine These –, die in der Situation des vertragslosen Zustandes für den Übergang zum Vertragszustand sprechen, seien die gleichen, die im Vertragszustand für dessen Beibehaltung sprechen. Das sei so, weil das Nicht-Einhalten des Vertrags den Rückfall in den Naturzustand bedeutete. Wenn alle den Vertrag nicht einhielten oder aufgäben, würden sie diesmal realiter in den Anfangszustand versetzt. Die Überlegung müsse demnach so laufen: Was passierte, wenn der Vertrag aufgegeben wird? Wie entschieden wir dann? Die Antwort wäre: wieder für den Vertrag. Also halten wir uns gleich an ihn. – Dieses Argument des Vertragstheoretikers ist allerdings nur bedingt gültig. Es funktioniert nur mit der Unterstellung, daß alle in gleicher Weise denken und handeln. Wie oben schon gezeigt, ist dieser Schluß für den Einzelnen aus seiner Perspektive ungültig.

Fiktiv sollen der Vertrag und die Situation des Vertragsabschlusses vor allem deshalb sein, weil die Interessen aller Betroffenen berücksichtigt werden sollen. Dies ist besonders relevant bei der Berücksichtigung der Interessen derjenigen, die ihre Interessen hier und heute nicht selbst vertreten können. Das sind besonders die Menschen, die nicht in der Lage sind, ihre Interessen zu artikulieren (Kleinkinder, geistig Behinderte, Komatöse etc.), und zukünftige Generationen. Unsere aufgeklärte Moral verlangt die gleiche Berücksichtigung aller. Diese Universalität soll der fiktive Vertrag in einer fiktiven Vertragsabschluß-Situation garantieren. Hier handeln auch Wesen den Vertrag mit aus, die heute (noch) nicht leben oder nicht selbständig ihre Interessen vertreten können. Deshalb ist ein Zustand, in dem unsere Moral heute in Frage gestellt wird, nicht

36 Vgl. R. Bittner, *Moralisches Gebot oder Autonomie*, § 51.

der fiktive Ausgangszustand, sondern die Vertragstheorie verlangt einen zusätzlichen Schritt: die Beteiligung aller Betroffenen – nicht nur derjenigen, die heute in der Lage sind, auf einer Neuverhandlung des Vertrags zu bestehen. Warum sollen die jetzigen Vertragspartner noch andere berücksichtigen? Da diese sich zumindest jetzt noch nicht wehren können, gibt es für Mitglieder der jetzt lebenden Generation nicht unbedingt einen auf das Eigeninteresse zurückgehenden Grund, sich in eine fiktive Wahlsituation zu versetzen und dort zukünftige Personen oder solche, die ihre Interessen nicht kundtun können, als Vertragspartner anzuerkennen. Solange kein Grund angegeben werden kann, den Vertrag in einer fiktiven, alle Betroffenen beteiligenden Situation zu verhandeln, können uns nur Verträge binden, die wir heute, d.h. in unserer realen Situation, ggf. unter Mißachtung bestimmter Betroffener, einzugehen bereit sind. Der Vertrag selber kann dann nicht in dem Sinn fiktiv sein, daß es nie zu einem tatsächlichen Vertragsabschluß gekommen ist.

Ich fasse die Einwände zusammen:

- Die Normen, auf die sich die Individuen im Ausgangszustand einigen würden, sind für uns nur gültig, wenn der Ausgangszustand unser Zustand ist.
- Angenommen, es handelt sich um einen realen Vertrag, der vom Standpunkt des rationalen Eigeninteresses begründet ist, so garantiert eine solche Übereinkunft keine gerechten Normen, weil es faktisch Unterschiede hinsichtlich Fähigkeiten, Machtstellung usw. von Individuen gibt, aus denen einige in dem Begründungsprozeß Profit schlagen können.
- Selbst wenn wir annehmen, alle einigten sich gegenseitig auf gerechte Normen, so folgt daraus keineswegs, daß die den Vertrag Schließenden dazu verpflichtet sind, die Übereinkunft einzuhalten.

Eine Vertragstheorie könnte bei entsprechender Konstruktion in der Lage sein zu begründen, warum bestimmte, keineswegs immer gerechte Normen sozial gelten, d.h. sanktioniert sind. Das ist wesentlich weniger, als man sich von einer Normenbegründung erhofft. Wir richten uns gewöhnlich nach stärkeren Verpflichtungen, die mit diesem Begründungsprogramm nicht gerechtfertigt werden können. Es waren keine Gründe zu finden, warum man sich freiwillig, also nicht unter Strafandrohung, dazu entscheiden soll, eine Norm zu akzeptieren. So scheint der Schluß unumgänglich: Unsere moralischen Normen lassen sich nur dort aus einer Vereinbarung herleiten, wo die Personen nicht nur auf ihren eigenen Nutzen aus sind, sondern das Universalisierungsprinzip als eine inhaltliche Wertüberzeugung annehmen, und sie daher Grund haben, gemäß den Normen zu handeln.

2.3.

Für eine deontologische Normenauffassung ist es wesentlich, daß Normen jedem ausreichend Gründe zu einer bestimmten Handlungsweise geben, egal wer er ist und welche Interessen er hat. Insbesondere moralische Normen sollen universelle Gründe liefern. Nach der Diskussion von transzendentaler und vertragstheoretischer Normenbegründung scheint es, als fehlte den Deontologen ein überzeugendes Argument für die beanspruchte Kraft von Normen und moralischen Erwägungen, Handlungsgründe unabhängig vom Eigeninteresse liefern zu können. Bricht nicht mit dem Zweifel an der Begründbarkeit von Normen die These vom besonderen Verpflichtungscharakter moralischer Normen in sich zusammen? Es wäre unverständlich, wie etwas, was wir ganz ohne Grund annähmen, für uns bindend sein könnte. Der Begründungsanspruch von Moral sollte allerdings nicht voreilig aufgegeben werden. Zu groß und vor allem zu belastend ist das entstehende Legitimationsdefizit, als daß man es unversucht lassen könnte, nach alternativen Begründungsmöglichkeiten zu suchen. Vielleicht ist es doch möglich, eine rein deontologische Moralkonzeption überzeugend zu verteidigen. Ich sehe eine solche Möglichkeit z. Zt. nicht, will sie aber auch nicht grundsätzlich für unmöglich erklären.

Es scheint mir an dieser Stelle der Überlegung – trotz eingestandener Unsicherheit – dennoch naheliegend, aus den aufgezeigten Schwierigkeiten einer deontologischen Position den Schluß zu ziehen, daß eine Handlungsbegründung durch Normen anders konzipiert werden muß. Normen gelten de facto vielen Menschen als besonders starke Gründe für bestimmte Handlungsweisen. Diese Beobachtung kann erklärt werden, wenn man berücksichtigt, daß die Gründe auf den Interessen und Wünschen dieser Menschen basieren. Schon in der vertragstheoretischen Position werden Kooperationsprobleme, Verteilungsprobleme und Fragen der Einrichtung einer Gesellschaft gelöst, indem die von der Norm Betroffenen sich fragen, ob sie der Regelung zustimmen wollen. Dazu muß zuerst jeder einzelne überlegen, was gut für ihn ist. Was gut für ihn ist, hängt von seinen Bedürfnissen und Wünschen ab. Wie schon gezeigt, dürfen die Interessen bei moralischen Handlungen nicht so sehr auf Nutzenmaximierung als auf Gerechtigkeit, Wohltätigkeit, Achtung, Tugend etc. gerichtet sein. Denn moralisch nennen wir Handlungen dann, wenn von den eigenen konkreten Zielen abstrahiert wird. Insofern kann eine Normenbegründung nicht vom Eigeninteresse, im Sinne von Nutzenmaximierung, als Basis ausgehen. Normen sind dennoch nur relativ zum Eigeninteresse (im weiteren Sinn verstanden, so daß es auch Interesse am Wohl anderer umfaßt) gültig. Nur so kann erklärt werden, warum Personen sich an Normen und moralische Prinzipien freiwillig halten; sie befolgen die Normen, weil sie von deren inhaltlichem Wert überzeugt sind, d. h. sie wollen so handeln, wie es die Norm vorsieht. Ihre Abstraktion vom eigenen Vorteil ist voluntativ. Alle Normen haben für die Person den Status hypothetischer Imperative. Nur wer schon auf einem moralischen Standpunkt steht, empfindet die Universalisierungsregel als Grund für eine bestimmte Handlungsweise. Die allgemein geläufige Vorstellung, moralische Normen gälten kategorisch, ergibt sich aus der Unterdrückung des bedingten Elements in einem hypothetischen Imperativ.[37] Moralische Forderungen greifen nur bei demjenigen, der moralisch handeln will. Ansonsten wird jemand, der diese Bedingung nicht erfüllt, der an ihn herangetragenen Forderung nur unter Druck nachkommen, d. h. wenn die Nicht-Befolgung negative soziale Konsequenzen für ihn haben könnte. Das normative »soll« greift nur dort, wo aus der Perspektive der ersten Person ein entsprechendes »will« vorliegt: »Wenn ich gemäß meiner moralischen Einstellung handeln will, muß ich H tun.« Die Verpflichtung ergibt sich aus den Gründen der Konsistenz, da ein interner Zusammenhang zwischen H-tun und dem moralischen Standpunkt besteht. Ich bin verpflichtet, H zu tun, weil ich, wenn ich es nicht täte, gegen

37 J. L. Mackie, *Ethics*, dt. *Ethik*, S. 52.

meine eigene moralische Einstellung verstieße; das wäre ein Widerspruch und damit irrational. Entsprechend dieser teleologischen Konzeption wird der Begriff des richtigen Handelns und der moralischen Verpflichtung unter den Begriff des Gewünschten untergeordnet.[38] Auch hier zeigt sich also wieder, daß ein Grund zum Handeln, hier besonders zum moralischen Handeln, nur internalistisch, d. h. auch als Motiv verstanden werden kann.[39] Man ist aus Klugheitsgründen verpflichtet, eine bestimmte Handlung zu tun, weil sie sich aus dem Akzeptieren der moralischen Position ergibt. Moralische Vorschriften werden dadurch nicht sinnlos, sie fungieren als Richtschnur für das Handeln. Die Richtlinien stellen Gründe nur dann dar, wenn sie der Präferenzstruktur des Handelnden entsprechen.

Man muß sich jetzt überlegen, welche Gründe jemand haben könnte, eine moralische Einstellung einnehmen zu wollen. Der Wechsel von einer deontologischen zu einer teleologischen Konzeption verschiebt die Begründungsproblematik, und zwar auf die Problematik des individuellen Wohls. Wenn Normen hypothetisch zu verstehen sind, können sie nur im Rekurs auf Ziele, Werte und Wünsche des Handelnden begründet werden. Es dürfte klar sein, daß eine Orientierung an den faktischen Werteinstellungen von Personen nicht weit führte. Statt dessen müßten bestimmte Ziele und Einstellungen als die besseren ausgezeichnet werden. Die Frage ist daher, warum es gut für jemanden ist, den moralischen Standpunkt einzunehmen. Es müßten dem einzelnen Gründe geliefert werden können, warum es für ihn besser wäre, bestimmte Werte, Präferenzen etc. zu haben, statt der anderen, die er faktisch hat. Es werden Gründe gesucht, mit denen sich das Individuum den Standpunkt der universalen Moral zu eigen machen kann. Das Normenbegründungsproblem geht damit über in das Problem der Rechtfertigung von Wünschen, Werten und Zielen.

Weiter oben[40] ist schon klargeworden, daß das Normenproblem nicht auf die Frage nach der Begründung des Universalisierungsprinzips reduziert werden kann, sondern eines utilitaristi-

38 Eine solche Position vertreten Ph. Foot, *Morality as a System of Hypothetical Imperatives*, S. 157ff., und U. Wolf, *Das Problem des moralischen Sollens*, bes. S. 186ff.

39 Vgl. Kap. V, 1.4.

40 Siehe S. 307f.

schen Zusatzes bedarf, d.h. eine Ergänzung durch die Thematisierung der Wertpräferenzen verlangt. So sieht man sich also in zweifacher Hinsicht auf die Begründungsproblematik von Werten, Wünschen etc. verwiesen. Selbst wenn es doch gelingen sollte, das Universalisierungsprinzip als allgemein verbindliche Norm zu begründen, ließe sich die Problematik individueller Werte für die Moral nicht umgehen. Während es bei der »utilitaristischen Ergänzung« um die Begründung einzelner Werte geht, scheint der teleologischen Normenkonzeption nicht mit der Rechtfertigung einzelner Wünsche gedient zu sein; es bedarf vielmehr der Begründung einer generellen, langfristigen Einstellung, die eine zentrale Stelle innerhalb der eigenen Lebensform insgesamt einnimmt.[41] Den moralischen Standpunkt einnehmen zu wollen ist ein höherstufiger Wunsch, eine bestimmte Art von Leben zu führen. Es betrifft die Lebensgestaltung insgesamt.

Die teleologische Moralbegründung, so wie sie für die ganze antike Ethik maßgebend gewesen ist, vertrat die These, das Gewollte sei das wahrhaft Gute (das gute Leben), d.h. daß wir nur, wenn wir uns moralisch verhalten, unser wohlverstandenes Eigeninteresse erreichen.[42] Diese These verlangt eine scharfe Unterscheidung zwischen scheinbarem und wohlverstandenem Eigeninteresse. Bestimmte Interessen müßten demnach anderen mit Gründen vorgezogen werden können. Dieser Frage, ob und wieweit Wünsche und Bedürfnisse ihrerseits mit Gründen verbunden sind, soll im folgenden Kapitel nachgegangen werden.

41 U. Wolf, *Das Problem des moralischen Sollens*, S. 148.
42 Vgl. E. Tugendhat, *Antike und moderne Ethik*.

Kapitel VII
Begründung von Wünschen

Auf der Suche nach einem starken Rationalitätsbegriff sind wir ständig auf die Rechtfertigungsproblematik von Zielen und Wünschen verwiesen worden. Wir haben gesehen: Handlungen können relativ zu Normen und Zielen begründet werden, und es lag dann nahe zu fragen, ob Normen und Ziele selbst nochmals begründbar sind. Diese Frage ist für Normen im letzten Kapitel insofern negativ beantwortet worden, als sich deutlich abzeichnete, daß Normen nicht ohne Bezug auf die Ziele, Wünsche, Interessen und Werte des Handelnden begründet werden können. Es scheint daher jetzt so, als könnte man, wenn überhaupt, nur bei Rationalität von Wünschen so etwas wie ein absolutes Begründungsverfahren finden. Genuin praktische Rationalität bestünde demnach im Wählen rationaler Ziele für das Handeln.

Jeder Mensch hat (faktisch) Ziele. Mit jeder Handlung ist aus analytischen Gründen eine Absicht verbunden, d. h. mit jeder Handlung wird etwas gewollt, entweder der Vollzug der Handlung oder ein durch sie zu erreichendes Ziel. Bedingt durch Triebe, Bedürfnisse und Leidenschaften sowie durch die politisch-soziale Umwelt haben wir Menschen immer schon Handlungsziele und verfolgen sie auch, soweit wir können. Neben der Disposition, gewisse Überzeugungen zu haben, besitzt jeder Mensch auch eine Disposition, Wünsche auszubilden, zu haben und zu erfüllen zu versuchen. (Beide Dispositionen sind absolut zentral für die Rationalität einer Handlung.) Der Terminus »Wunsch« soll hier – noch etwas über den umgangssprachlichen Sinn hinaus – so verwendet werden, daß er den gesamten folgenden Motivationsbereich abdeckt: wollen, wünschen, mögen, begehren, beabsichtigen, intendieren, ein Ziel verfolgen, eine Präferenz haben, an etwas interessiert sein, etc.; natürliche Triebe wie Erhaltungs-, Geschlechts-, Nahrungs- und Schlaftrieb; Gesellschaftstriebe wie Machtgier, Vergeltungstrieb; Kulturtriebe wie der Wissensdrang oder das Gerechtigkeitsbedürfnis; Genüsse; gesellschaftliche und politische Zielvorstellungen, Werthaltungen und -vorstellungen, moralische Ansichten, moralische Gesinnung, Gewissen, Pflicht- und Verantwortungsgefühl, persönliche bzw. private Ziele und Motive, kurzfristige Begierden, Vorlieben, Gelüste, Marotten, liebgewonnene Gewohnheiten, Pläne usw.[1]

Allen unseren Handlungen unterliegen Wünsche. Wir halten es nicht für beliebig, was für Wünsche wir haben. Wir haben nicht einfach irgendwie Wünsche, sondern glauben, uns zu ihnen verhalten zu können, sie beeinflussen und ändern zu können. Wir vermögen uns als vernünftige Wesen zumindest zu fragen, was für Ziele wir anstreben wollen. Ist unsere Auffassung berechtigt, oder trügt der Schein? Inwieweit sind Wünsche mit Gründen und Vernunft verbunden, d. h. inwiefern können sie rational oder irrational sein? Ich werde in dieser Reihenfolge diskutieren: Rationalität von Wünschen im Sinne von Konsistenz, von Letztbegründung und Aufklärung. Es wird sich zeigen, daß eine starke Begründung auch bei Wünschen unmöglich ist, in einem schwächeren Sinn läßt sich die Unterscheidung von rationalen und irrationalen Wünschen allerdings verteidigen.

1.

Eine elementare und einfache Verbindung von Vernunft und Wunsch haben wir schon in Kapitel V kennengelernt. Durch rationale Überlegung kann man das erforderliche Mittel zur Realisierung eines Wunsches bestimmen, und wenn es das einzige oder beste Mittel ist, das auch andere Ziele nicht verletzt, dann muß man es anwenden wollen. Wer den Zweck will, muß auch – ceteris paribus – das Mittel wählen. Ein solcher Wunsch ist rational oder irrational mit Bezug auf einen Wunsch oder ein ganzes System von generellen, entsprechenden Wünschen und theoretischen Meinungen. Ein Wunsch ist irrational, wenn er auf einer irrationalen Meinung beruht. Die Person S hat Durst und sieht eine Flasche, die mit einer Flüssigkeit gefüllt ist, vor sich stehen. Aufgrund des Bedürfnisses, zu trinken, und der Meinung, die Flüssigkeit in der Flasche sei durstlöschend, entwickelt S den handlungsanleitenden Wunsch, diese Flüssigkeit zu trinken. Nun ist diese Flüssigkeit allerdings Brennspiritus.

1 Vgl. M. Smith, *The Humean Theory of Motivation*, S. 52, zu einer dispositionalen Konzeption von Wünschen.

Wenn S wissen könnte, um welche Flüssigkeit es sich handelt, oder wenn die geringsten Anhaltspunkte bestehen, z. B. nicht eindeutige Etikettierung, dann ist S's Meinung irrational und daher auch der auf der falschen, irrationalen Meinung beruhende Wunsch, die Flüssigkeit zu trinken. S würde die Flüssigkeit nicht trinken wollen, wenn sie wüßte, um was es sich handelt, und sie könnte es wissen.

Nicht so sehr ein einzelner Wunsch als ein ganzes System von Wünschen ist irrational, wenn sich Wünsche widersprechen, wenn formale Inkonsistenzen innerhalb der Präferenzordnung bestehen. Da es unmöglich scheint, in derselben Hinsicht etwas zu wollen und nicht zu wollen, treten Konflikte nur zwischen Wünschen verschiedener Rangordnung auf, oder sie ergeben sich, weil es aufgrund der faktischen Verhältnisse unmöglich ist, zwei Dinge gleichzeitig tun zu wollen. Hier hat man die Möglichkeit, mittels rationaler Überlegung den Konflikt zu entschärfen, indem man einen Plan aufstellt. Generelle Bedingung jeder Auflösung eines Konflikts zwischen verschiedenen Wünschen ist aber die unterschiedliche Gewichtung der Wünsche. Besteht eine Reihenfolge der Wertigkeiten der Wünsche, d. h. ist erst einmal entschieden, welcher Wunsch einem wichtiger ist, so darf der weniger wichtige Wunsch rationalerweise nicht handlungsanleitend werden. So muß ich es z. B. aufgeben, immer dann, wenn ich gerade will, Alkohol zu trinken, da aufgrund der Folgen des Alkoholgenusses die Befriedigung einer Menge anderer, mir wichtigerer Wünsche vereitelt würde. Es ist irrational, einen handlungsanleitenden Wunsch zu haben, wenn er sich in den Kontext meiner übergeordneten Wünsche nicht einordnen läßt. Das Haben dieses Wunsches im Sinne einer bloßen Wunschvorstellung, die einen z. B. dazu bewegen kann, die äußeren Realitäten so zu verändern, daß dieser Wunsch sich zusammen mit den anderen realisieren lassen würde, ist dagegen nicht notwendig irrational.[2]

Einige Philosophen, wie z. B. Hobbes und Hume, waren der Meinung, Wünsche könnten nur in diesem Sinn als rational oder irrational bezeichnet werden, d. h. relativ zu höherwertigen Wünschen und theoretischen Meinungen. Sowohl die Wünsche als auch ihre relative Stärke und Wertigkeit seien dem Menschen

2 Vgl. Kap. V.2.2.

stets vorgegeben. Keinesfalls könnten die Ziele menschlichen Handelns durch die Vernunft gesetzt werden. »Reason is and ought to be the slave of the passion«[3] lautet Humes berühmtes Diktum. Immerhin kann die »Sklavin Vernunft« gemäß der obigen Darstellung bestimmte, nämlich die niederwertigen Wünsche unterdrücken, weil sie den Widerspruch zu höherwertigen Wünschen erkennt und daher die Realisierung des niedrigeren Wunsches stets verhindert. Vernunft kann aber nach Humes Auffassung Konflikte zwischen Wünschen nicht entscheiden, sondern – bildlich gesprochen – nur außerhalb des Rings zusehen, wie diese den Kampf um den Sieg untereinander austragen. Die Vernunft selbst steigt niemals in den Ring.
Dieses Bild entspricht wohl nicht unserer alltäglichen Meinung über die Rolle der Vernunft. Nach dieser minimalistischen Auffassung könnte es nur einen schwachen, relativen Rationalitätsbegriff geben. Faktisch tun wir hingegen so, als ob wir – zumindest ein Stück weit – Wünsche nicht nur relativ zu deren Stärke begründen könnten, sondern auch in der Lage wären, Interessenskonflikte rational zu lösen. Können wir unsere Wünsche rational beurteilen?

2.

Wie lassen sich Wünsche begründen? – Faßt man Begründung so auf, daß der Grund, der in der Rechtfertigung verwendet wird, jenseits des zu begründenden Wunsches liegen muß, so wird eine Begründung dafür gesucht, warum es vernünftig sein soll, x zu wollen. Man kann – das ist klar – Wünsche durch andere, allgemeinere Wünsche begründen. So ist mein Wunsch nach einer Mahlzeit z.B. begründet, wenn ich Hunger habe. Nun muß man aber nicht sofort, wenn man Hunger hat, etwas essen, sondern wir können uns überlegen, wann, wo, wie wir unserem Nahrungsbedürfnis nachkommen wollen. Wir essen nicht sofort und nicht nur dann, wenn wir Hunger verspüren. Wir können uns zu unseren Bedürfnissen verhalten, indem wir uns überlegen, wie, wann und ob wir sie befriedigen wollen. Neben dem Wünschen, dies oder das zu tun, können Menschen außerdem wünschen, bestimmte Wünsche oder Motive zu ha-

3 D. Hume, *A Treatise of Human Nature*, S. 415.

ben (oder nicht zu haben).[4] Dies sind dann Wünsche zweiter Stufe. Es ist dabei ohne Widerspruch möglich, einen Wunsch erster Stufe zu haben und gleichzeitig auf der zweiten Stufe zu wünschen, daß dieser Wunsch unerfüllt bleibt. Frankfurt gibt dafür das Beispiel eines Arztes, der zur besseren psychotherapeutischen Behandlung von Drogensüchtigen gerne wissen möchte, wie es ist, ein Verlangen nach Drogen zu verspüren, ohne doch zu wollen, daß dieses Verlangen jemals handlungsanleitend wird. Neben dieser »verstümmelten Form« von Wünschen gibt es solche, bei denen man will, daß man einen bestimmten Wunsch erster Stufe nicht nur hat, sondern daß er auch effektiv wird und tatsächlich zum Handeln bewegt. Solche Wünsche nennt Frankfurt Volitionen zweiter Stufe.[5] Personen können Wünsche darüber ausbilden, wann welcher konkrete Wunsch effektiv, d.h. handlungsanleitend werden soll. Wer keine Volitionen zweiter Stufe hat, dem sind seine handlungsanleitenden Wünsche gleichgültig, der reagiert bloß triebhaft auf seine Wünsche erster Stufe. Ein triebhaftes Wesen kann durchaus rational handeln, insofern es seine Wünsche erster Stufe optimal befriedigt. Aber seine Wünsche erster Stufe sind nicht rational, weil das Individuum sich nicht die Wünschbarkeit seiner Wünsche selbst zum Gegenstand macht. Es kümmert sich nicht darum, welche seiner Neigungen am stärksten ist. Es macht keine Anstrengungen, das Gewicht der Wünsche soweit wie möglich selbst zu bestimmen. Doch Dank ihrer Vernunft ist eine Person in der Lage, sich kritisch zu ihren Wünschen zu verhalten und Volitionen zweiter Stufe zu bilden. So braucht die Person im Fall eines Konflikts zwischen zwei Wünschen erster Stufe nicht als unbeteiligter Beobachter den Kampf beider Wünsche zu betrachten, sondern kann sich mit einem von beiden identifizieren. Wenn die Person willensfrei ist, dann wird – so Frankfurt – diese Wahl einen der beiden Wünsche zum handlungsanleitenden machen. Man kann nun Frankfurts Einsicht so aufgreifen, daß man sagt, Wünsche erster Stufe können als begründet bzw. rational gelten, wenn sie einer Volition zweiter

4 Vgl. für das folgende H. Frankfurt, *Freedom of Will and the Concept of a Person*, dt. *Willensfreiheit und der Begriff der Person*.

5 Ebda. Die sich in Volitionen zweiter Stufe ausdrückende Fähigkeit zu reflektierender Selbstbewertung sieht Frankfurt als wesentlichen Unterschied zwischen Personen und anderen Kreaturen.

Stufe entsprechen. Im Fall konfligierender Wünsche erster Stufe ist also derjenige Wunsch rational, den die Person kraft Reflexion zu ihrem handlungsanleitenden Wunsch machen will, der andere ist irrational.

Dieser Vorschlag verschiebt das Begründungsproblem allerdings nur. Auf der höheren Stufe können wir uns ebensooft im Zwiespalt befinden wie bei Wünschen erster Stufe. Wir wissen dann nicht, für welchen Wunsch wir uns entscheiden sollen. Es bietet sich an, auf einen Wunsch noch höherer Stufe zurückzugreifen. Theoretisch gibt es dann kein Ende der Reihe höherer und immer höherer Wünsche. Der Versuch, einen Wunsch durch einen anderen, generelleren zu begründen, droht am Problem des infiniten Regresses zu scheitern. Frankfurt beschreibt seinen Ausweg aus dem Dilemma so:

Wenn sich eine Person entschlossen mit einem ihrer Wünsche der ersten Stufe identifiziert, dann »durchhallt« die Bindung den ganzen potentiell endlosen Raum höherer Stufen. [...] Daß ihre Volition zweiter Stufe, von diesem Wunsch bewegt zu werden, entschlossen ist, heißt, daß kein Raum für die Frage ist, ob Wünsche oder Volitionen höherer Stufe irgend von Belang sind. [...] Es hängt nicht viel davon ab, ob wir diesen Sachverhalt nun dadurch erklären, daß wir sagen, der Entschluß erzeuge implizit eine endlose Reihe einstimmiger Wünsche höherer Stufe, oder daß wir sagen, der Entschluß löse alle Fragen höherer Stufe dadurch auf, daß er ihnen den Ansatzpunkt entzieht.[6]

Wie aber entscheiden wir uns, uns mit einem Wunsch zu identifizieren? Wenn die Begründungsfrage von Wünschen damit schon entschieden sein soll, dann ist die vorgeschlagene Lösung ein Dezisionismus. Der Regreß wird an einer Stelle durch einen unbegründbaren Entschluß gestoppt. Daß Frankfurts Vorschlag zum Dezisionismus führt, spricht nicht automatisch gegen ihn. Es könnte ja sein, solange das Gegenteil nicht erwiesen ist, daß wir Wünsche in der Tat nicht im absoluten Sinn begründen können. Zu einer solchen Erkenntnis sollte man aber erst dann gelangen, nachdem man gezwungen wurde, alle Vorschläge der Letztbegründung von Wünschen zu verwerfen. Zur Prüfung von Alternativen verpflichtet auch die Tatsache, daß der Dezisionismus nicht unbedingt unseren Intuitionen entspricht.

6 H. Frankfurt, *Willensfreiheit und der Begriff der Person*, S. 297.

Der drohende Regreß wurde schon immer gesehen, und man hat verschiedene Lösungen vorgeschlagen, wie er zu vermeiden wäre. Die wichtigsten Vorschläge möchte ich kurz vorstellen und kritisieren.

Es wäre möglich, bestimmte Interessen als die wahrhaft objektiven Ziele eines jeden Menschen hinzustellen, indem man zur Rechtfertigung auf etwas rekurriert, was nicht vom Menschen oder seinen Interessen her gedacht wird. Für diese »objektivistische« Auffassung ist es zentral, daß die Qualität der Ziele und des Lebens überhaupt nicht an einer subjektiven Gefühlszuständigkeit gemessen wird, so wie sie durch Erfüllung ihrer Wünsche bei einer Person auftritt. Statt dessen gibt es eine objektiv vorgegebene Menge von normativen Zielen (so z.B. in zahlreichen westlichen Religionen) oder eine festgesetzte menschliche Natur, an die man sich als Mensch zu halten habe. Das menschliche Glück ist höchstens ein Nebenprodukt der Realisierung dieser Ziele, niemals aber letztendliches Kriterium für wahre Wünsche. Ein Wunsch ist gemäß dieser Auffassung rational, wenn gezeigt werden kann, daß er integraler Bestandteil des objektiven Zieles ist oder zu dessen Realisation beiträgt.

Diese Auffassung einer externen, objektiven Begründung scheitert am Rechtfertigungsproblem. Der, sagen wir: Objektivist leitet aus einer normativen Vorgabe ab, worin sich der menschliche Wille allein wahrhaft erfüllen könne. Durch diese Ableitung von Wünschen aus einer normativen Konzeption des richtigen Menschseins ergibt sich ein Verlust liberaler Freiheit, die in der eigenen freien Wahl der letzten Ziele besteht. Da der Objektivist mit seiner These eine wesentliche Grundüberzeugung des, sagen wir: Liberalen verletzt, muß die normative Konzeption begründet werden, denn sonst ist nicht einzusehen, warum man sich ihr unterwerfen sollte. Ohne starke Prämissen heranzuziehen, die nur noch geglaubt, aber nicht mehr ihrerseits begründet werden können, kann der Objektivist der Aufforderung zu begründen, warum bestimmte Ziele vor allen zu erstreben sind, nicht nachkommen.[7] Der Objektivist versucht, sich zu verteidigen, indem er dem Liberalen im Gegenzug vorwirft, auch er beziehe sich auf eine Norm, nämlich die, die

7 Vgl. Kap. VI.1.5.

Autonomie jedes einzelnen zu respektieren. Diese liberale Konzeption könne letztlich auch nicht begründet werden. Und dieser Einwand trifft zumindest ein Stück weit. Er weist nämlich darauf hin, daß der Liberale nicht von vornherein im Recht ist, wie er angesichts allgemeiner Übereinstimmung in unserem Kulturkreis gerade in bezug auf freie Wahl der Ziele gerne glauben möchte. Auch der Liberale hat Begründungsarbeit zu leisten, und so leicht fällt ihm das nicht. Doch der Liberale kann erklären, warum seine Auffassung die einzig akzeptable ist, indem er noch einmal auf den Punkt der starken Prämissen kommt. Die Konzeption des Objektivisten basiere auf starken Prämissen, die sich ihrerseits nicht begründen lassen. Aber – so wendet der Objektivist ein – sie lassen sich auch nicht als falsch erweisen und können daher nicht entkräftet werden. Das muß der Liberale zugestehen: Wer diese starken Prämissen des Objektivisten als evident ansieht, könne ja für seine Person an ihnen festhalten. Aber es könne nicht von anderen verlangt werden, daß sie sich dieser Kozeption des richtigen Lebens unterwerfen, ohne daß ihnen Gründe genannt worden seien, warum sie sich an diese Norm halten und entsprechende Wünsche höher erachten sollen, obwohl sie nicht an ihre Berechtigung glauben. Der einzige Grund, den der Objektivist dafür nennen könne, müsse auf das Interesse des Einzelnen zurückgreifen. Und genau das ist die These des Liberalen: Letztes Kriterium einer jeden Beurteilung von Wünschen muß das Individuum selbst sein. Diesen letzten Bezugspunkt aufzugeben birgt in sich die Gefahr der Sittendiktatur. Daß man die Entscheidung der Autonomie des Individuums überlassen muß, schließt allerdings nicht von vornherein aus, daß es objektiv begründbare Wünsche gibt.

Konzeptionen, die diesem Autonomie- und Begründungsgebot gerecht werden möchten, sind diejenigen, die bestimmte Ziele dadurch auszeichnen, daß sie nicht wie andere Ziele um eines weiteren Ziels willen gewünscht werden, sondern um ihrer selbst willen. Solche Ziele heißen intrinsisch. Intrinsische Ziele – so die These – sind diejenigen Kriterien, auf die wir uns zur Begründung aller anderen Wünsche beziehen können. Gut ist, was um seiner selbst willen oder als Mittel zur Erreichung des intrinsischen Ziels gewollt wird. Dadurch, daß Ziele um ihrer selbst willen gewollt werden, ist der Regreß gestoppt. Solche

Ziele können die obersten in einer Hierarchie von Zielen (z.B. die Grundbedürfnisse oder der Wunsch nach Leben) oder etwas sein, was allen Zielen gemeinsam ist, ohne das die konkreten Wünsche nicht intrinsisch wären (z.B. Glück). Die Kriterien sind nicht hintergehbar, weil sie um ihrer selbst willen und von allen gewollt werden.
Es braucht dem Wollen nicht diktiert zu werden, worin allein es sich wahrhaft erfüllen könne, sondern man geht von der empirischen Annahme aus, daß alles nach den intrinsischen Zielen strebt. Wenn alles um eines anderen willen gewollt wird, muß es – so die Argumentation – schließlich um eines letzten Zieles willen gewollt werden, wenn der Regreß gestoppt werden soll. Also wollen alle, wenn sie überhaupt etwas wollen, schließlich diese letzten Ziele. Allerdings ist nicht klar, wie aus der empirischen Prämisse (Allein Z wird als Ziel um seiner selbst willen gewollt) auf den Wertsatz (Allein Z zu wollen, ist gut), den es ja zu begründen gilt, geschlossen werden kann. Man kann nicht aus einer empirischen Feststellung logisch schließen, daß diese Tatsache, so wie sie ist, gut ist. Das Argument erhält erst logische Gültigkeit, wenn folgende These als Zusatzannahme addiert wird: Das und nur das, was als intrinsisches Ziel angestrebt wird, ist als Ziel gut. Die einzige Angriffsmöglichkeit besteht jetzt darin, eine der Prämissen in Zweifel zu ziehen.
Die zweite Prämisse (Das und nur das, was als intrinsisches Ziel angestrebt wird, ist als Ziel gut) ist ein Wertsatz, der als solcher schon all das voraussetzt, was es hier doch erst zu erweisen gilt. Zwar ist es eine notwendige Bedingung, daß nur intrinsische Ziele, die auch angestrebt werden, gut sein können. Es ist ausgeschlossen, daß etwas als Ziel gut ist, ohne daß es gewollt wird. (Das ergibt sich aus der internalistischen Auffassung.) Diese Bedingung ist aber nicht hinreichend. Zumindest ist es ohne zusätzlichen Grund nicht einzusehen, warum alle intrinsischen Ziele wirklich bzw. rationalerweise erstrebenswert sein sollen. Darauf wird geantwortet: Es ist absurd zu leugnen, daß ein Ziel gut ist, wenn die menschliche Natur so beschaffen ist, daß sie stets nach ihm strebt. Die erste Prämisse erhält so den Status einer These über die Verfaßtheit der menschlichen Natur und lautet dann: Allein Z wird notwendigerweise von allen Menschen um seiner selbst willen angestrebt. Durch Einsetzung einiger der bekanntesten Kandidaten (Grundbedürfnisse, Exi-

stenz, Glück) für die Variable Z in diese These wird sich die Unhaltbarkeit der Prämisse und daher die Ungültigkeit der gesamten Argumentation zeigen. Die Argumentation scheitert, weil in das theoretische Menschenbild das hineingelegt wird, was man schon praktisch normativ voraussetzt.

(1) Es liegt nahe und wird häufig vorgeschlagen, die *sozialen* und *natürlichen Grundbedürfnisse* des Menschen als einzig notwendig intrinsische Wünsche aufzufassen. Dabei ist erstens schwer festzulegen, welche Bedürfnisse als sogenannte Grundbedürfnisse gelten können. Rawls z. B. listet folgende soziale Grundgüter auf: Freiheit, Rechte, Chancen, Einkommen, Vermögen und vor allem Selbstachtung.[8] Diese Güter sollen soziale Primärgüter sein, von denen man annehmen kann, daß jeder vernünftige Mensch sie haben will. Diese Güter sind gewöhnlich brauchbar, gleichgültig, was jemand für einen vernünftigen Lebensplan hat. Sie gelten als universale Bedingungen jeder Art von Lebensplan: »Ich möchte hier die Liste der Grundgüter nicht begründen, sie scheint mir für sich zu sprechen.«[9] B. Gert formuliert seine Bestimmung der Grundbedürfnisse negativ:

> Ich habe fünf irrationale Bedürfnisse aufgeführt: das Bedürfnis getötet, verletzt oder verstümmelt zu werden und der Freiheit, der Chancen und der Lust beraubt zu werden. Jemand könnte fragen: »Warum nennen Sie diese Bedürfnisse irrational?« Meine Antwort lautet: »Weil sie es sind.« Wir betrachten einfach jeden, der nach einem dieser Bedürfnisse handelt, einfach weil er es möchte, als irrational.[10]

Die schlichte Auflistung von sozialen Grundgütern, ohne Begründung, warum gerade und nur diese und keine anderen als Primärbedürfnisse anzusehen sind, ist sehr unbefriedigend. Beide Konzeptionen können höchstens beanspruchen, generell gültige Erfahrungswerte anzuführen, nicht aber allgemeingültige Ziele. Denn es lassen sich empirische Gegenbeispiele zu fast jedem der genannten Güter anführen. Sie sind einzeln nicht notwendig anzustreben, und es ist eben nicht klar – wie Gert behauptet –, warum wir die Personen, wenn sie diese Bedürfnisse nicht haben, irrational nennen können. Besonders deutlich

8 J. Rawls, *Eine Theorie der Gerechtigkeit*, S. 83 u. 112.
9 Ebenda, S. 473.
10 B. Gert, *Die moralischen Regeln*, S. 68.

mag das beim Einkommen und Vermögen sein. Wir machen die Erfahrung, daß viele, ja fast alle danach streben, aber auch, daß Menschen aus freier Entscheidung auf Einkommen und Wohlstand verzichten und ein entsprechendes Leben der Armut und Askese führen. Gegen Unversehrtheit als notwendiges Ziel sprechen die Beispiele von Masochismus und ritueller Selbstverstümmelung. Wenn Freiheit ein zwingendes Bedürfnis wäre, dann dürfte sich niemand freiwillig in Knechtschaft, Abhängigkeit und Unterdrückung begeben, wie es z. B. beim Eintritt in das Militär oder in eine Sekte der Fall ist. Etwas Ähnliches scheint m. E. für Chancen, Selbstachtung und Recht als Grundgüter zu gelten. Ein tief religiöser Moslem (den Mitteleuropäer u. U. schon als fanatisch bezeichnen würden) scheint nicht nach diesen Gütern, so wie wir sie verstehen, zu streben. Sind aber verschiedene inhaltliche Interpretationen zugelassen, wann Fälle von Freiheit, Selbstachtung, Chancen und Recht vorliegen, dann ist die Benennung der Grundgüter so vage, daß sie ihre Absicht verfehlt, verbindliche Kriterien für die Beurteilung von Wünschen anzugeben. Wir halten die angeführten sozialen Bedürfnisse zwar für grundlegend, wir glauben aber Gründe haben zu können, sie nicht befriedigen zu wollen oder sie sogar aufzugeben. Das bedeutet, daß noch etwas anderes als diese Bedürfnisse einen Grund für die Bewertung von Wünschen abgibt.

(2) Als Kandidaten noch grundlegenderer Bedürfnisse, auf die wir uns zur Begründung noch anderer Wünsche beziehen können, fungieren die *natürlichen Bedürfnisse*. So arbeite ich z. B., weil ich Geld verdienen will, mit dem ich mir dann Nahrungsmittel und Wohnung leisten kann. Auch hier ist nicht ganz klar, welche Bedürfnisse wirklich allen unterstellt werden können. Bedürfnisse wie Essen, Trinken, Schlaf gelten unbestritten kulturinvariant. Bei anderen Bedürfnissen, wie nach einer eigenen Wohnung, Kleidung etc., wird es schon schwieriger. Aber selbst diese Bestimmung natürlicher Grundbedürfnisse als letzte Ziele allen Wollens ist nicht unproblematisch.

Gesteht man diese Bedürfnisse als grundlegend zu, so folgt aus ihnen nicht die Begründung konkreter Wünsche. Womit und mit wieviel mein Hunger gestillt werden muß, kann vom Grundbedürfnis her nicht mehr begründet werden. Der schlichte Hunger rechtfertigt nicht, warum es ein Steak sein soll und mir ein Zwieback nicht genügt. Für diesen Wunsch bedarf es, wenn möglich, eines anderen Grundes. Dasselbe gilt für die Bestimmung des Quantums, das nötig ist, die Bedürfnisse zu stillen. Ein Asket, ein Hungernder der Sahelzone und ein übersättigtes Mitglied der westlichen Industriegesellschaft brauchen augenscheinlich unterschiedlich viel. Ist das zu rechtfertigen? Zudem ist es möglich, sich so zu konditionieren, daß man die Befriedigung selbst der elementarsten Bedürfnisse auf ein Minimum beschränken kann (z. B. kleine Rationen von Wasser und Brot). Offensichtlich ist es aber unsinnig, die Grundbedürfnisse so minimalistisch zu fassen. Ein Mensch bedarf zusätzlich einer Zufuhr von Vitaminen, Proteinen und anderen lebenswichtigen Stoffen. Daher hat man die Bedürfnisse relativ zum erfolgreichen Funktionieren des menschlichen Organismus zu definieren versucht. Sind die Bedürfnisse eines Organismus nicht befriedigt, so kommt es zu Funktionsstörungen. Was unter erfolgreicher Funktion genau zu verstehen ist, bleibt allerdings auch hier vage. In gewisser Weise stört ein Alkoholrausch die geistigen Funktionen meines Körpers, da soundsoviel tausend Gehirnzellen bei einem Vollrausch absterben. Darf ich deshalb nie einen Vollrausch haben wollen?

(3) Ein anderer Punkt ist noch wichtiger: Wenn das Beurteilungskriterium unserer Wünsche die Aufrechterhaltung der Funktionstüchtigkeit unseres Körpers sein soll, dann zeigt das, daß wir diese angeblichen Grundbedürfnisse nicht um ihrer selbst willen befriedigen wollen, sondern um unseres *Lebens* willen. Das höchste Gut, um das es uns geht, ist demnach unser Leben. Ist diese These empirisch gemeint, so kann man zugestehen, daß sie in den meisten Fällen zutrifft. Faktisch mag es auch zutreffend sein, daß wir unsere Wünsche begründen, indem wir letztlich zeigen, daß ihre Erfüllung unserem Lebenserhalt dient, auch wenn das sicherlich zu wenig ist.

Um als letztes Glied einer Begründungskette den Regreß aufhalten zu können, darf das Leben als letztes Glied einer Hierarchie nicht mehr als Grund angezweifelt werden können. Das ist aber nicht der Fall. Warum muß ich mein Leben wollen? Zwei Antworten sind denkbar: Entweder faßt man die Existenz oder das Leben ähnlich wie Aristoteles als eine Funktion des Menschen auf, d.h. als vorgegebenen Zweck. Aber das Vertrauen in ein ergon anthropou ist in der Moderne infolge des radikalisierten Begründungsanspruchs geschwunden. Oder man müßte die These aufstellen: »Was wir eigentlich wollen, ist die Existenz. Wir sind so angelegt, daß wir wollen müssen, daß wir leben, und uns dann überlegen können, wie.« Auch diese These verliert ihre Plausibilität, wenn wir die Möglichkeit in Betracht ziehen, uns negativ zum Leben stellen zu können.

Wir müssen keineswegs unsere Existenz wollen, sondern wir können uns bewußt zu unserem Leben verhalten, derart, daß wir uns überlegen, ob wir leben wollen oder nicht. Und diese Überlegung kann sogar mit Gründen geführt und entschieden werden. Zum Beispiel: Grausamste Folterungen oder schwere Gehirnschädigungen können durchaus manchem ein Grund sein, nicht mehr leben zu wollen. In der Regel wollen wir nicht primär unsere Existenz und sekundär die Art und Weise des Lebens, sondern wir wollen unser Leben als ein soundso geartetes. Das Leben wollen wir nur, wenn es einen Sinn hat, wenn wir ihm Sinn geben können. Wenn ein Leben, so wie wir es führen möchten, unmöglich geworden ist, haben wir Grund zum Freitod. Es scheint deshalb vielmehr so, daß wir uns für das Weiterleben aufgrund bestimmter für unseren Lebensplan oder unser Projekt besonders zentraler Wünsche entscheiden.[11] Das, was das Leben uns bedeutet, und auch der Sinn, den wir ihm geben können, wird bestimmt durch diese basalen Wünsche. Also begründet nicht das Leben als höchstes Gut unsere Wünsche, sondern vielmehr umgekehrt, bestimmte Wünsche begründen, warum wir ggf. (weiter-)leben wollen.

(4) Bleibt als letzter und vielleicht traditionsreichster Kandidat für das oberste Ziel allen Wollens das *Glück* (im Sinne von glücklich sein, nicht von Glück haben). Die These lautet: Das wahre Ziel jedes Menschen liegt im Glück. Das oberste Ziel allen Strebens, das um seiner selbst willen gewollt wird, ist das Glück. Man kann die These (des Aristoteles) zuerst einmal als logische Wahrheit oder als empirische Beobachtung interpretieren.[12] Aristoteles hielt es für logisch wahr, daß mit jeder Entscheidung und Handlung eines Menschen ein oberstes Ziel angestrebt wird, das man Glück nennen kann.[13] Es scheint ge-

11 Vgl. B. Williams, *Persons, Character, and Morality*, bes. S. 207.

12 Vgl. für das folgende A. Kenny, *Happiness*.

13 Aristoteles, *Nikomachische Ethik*, 1094a 18f.

wöhnlich notwendig, daß jemand nicht alles um etwas anderen willen wählen kann. Die Begründungskette von Mittel und Zweck muß irgendwo zum Halten kommen. Das Ziel, das wir um seiner selbst willen wollen, muß das oberste Gut sein. So gelangt man zu der Auffassung, daß das Verlangen nach dem obersten Ziel notwendig ist, da es am Ende der Begründungskette steht. Nicht glücklich sein zu wollen scheint undenkbar. Der Beweis der Existenz eines obersten Zieles ist aber falsch, da es mehrere Begründungsketten mit mehreren letzten Zielen geben kann. Es ist nicht logisch notwendig, daß es ein Ziel geben muß, das man in jeder Handlung letztlich anstrebt. Man könnte versuchen, das oberste Ziel so allgemein und vage zu formulieren, daß man doch noch ein summum bonum erhält, indem man wie folgt argumentiert: Eine Handlung im engeren Sinn des Worts bezieht sich nur auf absichtliches Tun. Absichtlichkeit, Intentionalität liegt nur dann vor, wenn wir etwas wollen, und zwar entweder die Handlung um ihrer selbst willen oder das durch sie erreichte Ziel. Daher – so das Argument – gibt es ein Ziel, das wir immer anstreben, wenn wir absichtlich handeln, nämlich die Befriedigung unserer Wünsche. Aber die Behauptung, daß alle Menschen in allem Befriedigung ihrer Wünsche suchen, ist weder logisch noch empirisch wahr, aus folgenden Gründen:

(a) Es kann nicht behauptet werden, daß wir immer *ein einziges* oberstes Ziel, die Befriedigung unserer Wünsche, anstreben, weil es eine ganze Reihe von Arten der Wunschbefriedigung gibt, die im letzten eine Rolle spielen können. Das Vergnügen z. B. ist nur eine von ihnen. Daher ist die hedonistische These falsch, das Vergnügen sei das Gute, oder alles, was angenehm sei (Vergnügen bereite), sei gut oder umgekehrt. Die Beschreibung des gesuchten Ziels als Befriedigung von Wünschen ist zu vage.

(b) Es ist fraglich, ob wir immer eine Metapräferenz für Befriedigung haben müssen. Es ist durchaus auch möglich, Wünsche zu haben (oder haben zu wollen), von denen man zugleich ganz eindeutig wünscht, daß sie unerfüllt bleiben. Das mag selten der Fall sein, ist aber logisch möglich. Man denke an Frankfurts (oben schon erwähntes) Beispiel:[14] Ein

14 H. Frankfurt, *Willensfreiheit und der Begriff der Person*, S. 290.

Arzt möchte zur besseren psychotherapeutischen Behandlung von Drogensüchtigen verstehen, wie es ist, den Wunsch nach Drogen zu haben. So kommt er dazu, daß er ein Verlangen nach Drogen haben möchte, aber nicht will, daß sein Verlangen handlungswirksam wird, da er die Droge nicht einnehmen möchte. Wir haben zudem auch Wünsche, deren Erfüllung wir nicht erleben können, z.B. Wünsche für die Zeit nach unserem Tod. Deshalb kann Befriedigung bei Erfüllung des Wunsches nicht analytisch das Ziel des Wünschens sein.

(c) Glück, als Befriedigung unserer Wünsche verstanden, ist ein Gesichtspunkt zweiter Ordnung. Nicht die Befriedigung ist Gegenstand unserer Wünsche, sondern wir empfinden Befriedigung, wenn wir das Gewünschte erreichen. Wenn wir das Glück bewußt zum Handlungsziel machen, werden wir es irgendwie verfehlen, während wir dann, wenn wir andere Dinge um ihrer selbst willen tun, ohne Rücksicht auf ihre angenehmen Folgen, Befriedigung erhalten (das ist das sog. hedonistische Paradox). Glück kann nicht intentio recta angestrebt, gar realisiert werden. Es ist ein hedonistischer Fehlschluß, daraus, daß die Erreichung des Ziels uns befriedigt, zu folgern, daß die Befriedigung selbst Ziel der Handlung war.

(d) Der Hedonismus stützt sich fälschlicherweise auf einen Lustbegriff, nach dem Lust und Unlust einfach Folgen von Sachverhalten sind, die eine Person irgendwie wahrnimmt, unabhängig davon, ob und wie sehr sie diese Sachverhalte wünscht. Welche Freude, Lust etc. wir bei Erfüllung eines unserer Wünsche verspüren, hängt u. a. auch davon ab, wie sehr wir den Sachverhalt gewünscht haben. Man denke an solche Fälle, wo man sich etwas sehr wünscht und aufgrund der hohen Erwartung bei der Erfüllung des Wunsches enttäuscht ist. Umgekehrt ist es auch möglich, daß man sich über etwas stärker freut, weil man geringere Erwartungen hatte. Die Befriedigung, die die Erfüllung eines Wunsches in uns bewirkt, hängt in diesen Fällen (kausal) sowohl von dem gewünschten und erreichten Sachverhalt als auch von der subjektiven Evaluation ab. Die Evaluation eines Sachverhalts hat nicht nur über das Handeln und Erreichen von Zielen, sondern auch als innerer Zustand einen kausalen

> Einfluß auf die durch den Sachverhalt eintretende Befriedigung. Wenn diese These richtig ist, bedeutet das aber, daß die evaluierten Sachverhalte nicht bloße Mittel zum Zweck des Glücks, der Lust etc. sind. Die Bewertung des »Mittels« ergibt sich nicht nur aus dem »Zweck« (d.h. Glück etc.), sondern hängt oft auch davon ab, ob und inwieweit der Sachverhalt evaluiert wird. Deshalb lassen sich Wünsche nicht rein zweckrational mit Bezug auf ein oberstes Ziel (Glück, Befriedigung etc.) begründen.[15]

Glück kann daher nicht als dominantes Ziel, d.h. als oberstes Ziel einer Hierarchie von Mittel-Zweck-Verknüpfungen verstanden werden. Es ist vielmehr ein inklusives Ziel, ein umfassendes, andere Zwecke einbegreifendes Ziel. Glück ist in dem Sinne kein oberstes Ziel mehr, daß wir uns zur Begründung einzelner Ziele darauf beziehen könnten. Man kann nicht sagen: Ich muß jetzt x tun, um glücklich zu werden. Glück ist nicht nur nicht direkt verfolgbar oder machbar, sondern auch nicht intendierbar, weil wir nie wissen, was wir zu tun und zu wollen haben, um glücklich zu sein. Glück kann keine allgemeinverbindlichen, konkreten Handlungsziele bestimmen oder im star-

15 Dieser für die Kritik von Wünschen zentrale Punkt stammt von A. Kusser, *Dimensionen der Kritik von Wünschen*, S. 164ff. Nach dem klassischen zweckrationalen oder entscheidungstheoretischen Modell ergibt sich durch diese doppelte Verursachung des Befriedigungsgefühls ein Zirkel, einerseits durch das Eintreten des Sachverhalts und andererseits durch das Maß der Gewünschtheit (vgl. S. 178f.). Denn nach der allgemeinen Auffassung der Entscheidungstheorie hängt die rationale Bewertung des Sachverhalts, der als Mittel zum Zweck fungieren soll, von der Bewertung des Zwecks und der Wahrscheinlichkeit ab, mit der er erreicht wird. Danach ist das Mittel mit dem größten zu erwartenden Nutzen zu wählen. Die Annahme eines Einflusses der Evaluation auf die Befriedigung bei Erfüllung eines Wunsches bedeutet, daß die Wahrscheinlichkeit des Ziels von der Evaluation des Mittels abhängt. Damit ist es nicht mehr möglich, eine rein zweckrationale Bewertung von Wünschen zu geben. Denn von der eigenständigen Bewertung des gewünschten Sachverhalts als Mittel hängt die Wahrscheinlichkeit ab, mit der der Wunsch befriedigt, d.h. das Ziel (Glück, Befriedigung, Nutzen etc.) erreicht wird. Formal gesehen bedeutet das, daß die gesuchte Größe, die Evaluation des Mittels, nun auf beiden Seiten der Gleichung auftaucht und also unter anderem von sich selbst abhängt. Dies scheint ein ernsthaftes Problem für eine allgemeine Entscheidungstheorie darzustellen.

ken Sinn begründen. Es steht in der Entscheidung eines jeden einzelnen zu beurteilen, was er will und was ihn glücklich macht. Für die Ziele des Handelns muß nicht das eigene Wohlergehen ausschlaggebend sein. Man kann auch das Wohl oder Glück anderer wollen, ein Leben nach seinem Tod erreichen wollen, ganz im Dienste der Partei oder Gottes leben wollen. Das Handlungsziel, das ich um seiner selbst willen will, muß kein Zustand von mir sein. Daher sollte man allgemeiner formulieren: Glücklich ist jemand dann, wenn das, worauf sein Wille gerichtet ist, zur Erfüllung kommt. So bleibt die inhaltliche Füllung des Glücksbegriffs dem Individuum vorbehalten, seine Autonomie ist gewahrt. Der Christ kann im Leben nach dem Tode, der Moralist oder Altruist in der Befriedigung der Wünsche anderer und der Hedonist im eigenen Vergnügen das Glück sehen.

Es gibt keinen objektiven Grund – das dürfte nach der Analyse der wichtigsten Kandidaten für die Stelle des letzten Grundes klargeworden sein –, mit dem wir unsere Wünsche rechtfertigen können. Wünsche sind daher im starken Sinn nicht begründbar. Aber auch wenn wir die Idee einer »Letztbegründung« von Wünschen aufgeben müssen, so bedeutet das nicht, daß sich nicht doch sinnvoll zwischen vernünftigen und irrationalen Wünschen unterscheiden ließe. Eine schwache Begründung ist noch möglich.

3.

Einen Wunsch begründen zu können, kann nur heißen, daß man zu zeigen vermag, daß er im wohlverstandenen Eigeninteresse des Betreffenden liegt. Hier wird der Unterschied zwischen faktischen und aufgeklärten Wünschen gemacht, den ich für berechtigt halte. Die Rationalität von Wünschen ist abhängig von dieser Unterscheidung. Das wahre Wohl des Menschen ist dasjenige, das er vernünftigerweise als Ziel wählt, d.h. ein qualifiziertes Wollen. Ziele, bezüglich derer ich mich täusche, die ich bloß vermeintlich will, kann ich nicht vernünftigerweise wollen. Nur wirklich aufgeklärte Interessen können rational sein. Dazu muß man aber wissen bzw. wissen können, ob man etwas nur scheinbar oder wirklich will. Es besteht die Notwendigkeit und das Problem, genaue Kriterien für diese Unterscheidung angeben zu können.[16] Was ist ein aufgeklärtes Interesse?

Die Schwierigkeit der These von den falschen Bedürfnissen, so geläufig sie sein mag, liegt darin, daß sie leicht als Anmaßung und unzulässige Einmischung in die Autonomie einer Person aufgefaßt werden kann. Eine objektive und allgemeinverbindliche Bestimmung dessen, was angeblich die wahren Interessen aller Menschen sind oder zu sein haben, verletzt in der Tat grob die liberale Überzeugung, daß jeder selbst bestimmen darf, wie er sein Leben gestalten will.

Aus diesem Grund sind oben alle Versuche einer objektiven Zielvorgabe für den Menschen als nicht zu rechtfertigen abgewiesen worden. Was hier mit der Unterscheidung von wahren und falschen, aufgeklärten und faktischen Interessen intendiert ist, ist gerade der Versuch, die Autonomie zu verteidigen, indem den Menschen heteronome Beweggründe ihres Wünschens aufgezeigt werden sollen, die ihnen als solche nicht bewußt sind.

Wichtigstes und oberstes Kriterium bei der Beurteilung von Wünschen ist daher das Individuum selbst, genauer: seine Zufriedenheit bei der Erfüllung seiner Wünsche. Zufriedenheit und Glück – so hatten wir oben gesehen – sind zwar nicht das oberste Ziel menschlichen Handelns, aber das wichtigste Beurteilungskriterium dafür, ob jemand etwas wirklich gewollt hat. Wollen hängt wesentlich mit dem Gefühl der Zufriedenheit und Freude bei Erreichen des Ziels zusammen. Das heißt nicht, daß wir das Gefühl der Zufriedenheit selbst als Ziel anstreben. Wir wollen etwas Spezielles, aber mit dessen (Nicht-)Erreichen gehen Gefühlszustände einher. So ergibt sich überhaupt der Wertcharakter des Gewollten.[17] Es kann als anthropologische Annahme gelten, daß die Befriedigung bei Erfüllung eines Wunsches selbst wieder von uns intrinsisch gewünscht wird. Der mit der Erfüllung oder Nichterfüllung des Wollens einhergehende Gefühlszustand kann somit als Kriterium dafür fungieren, ob man etwas wirklich und wahrhaftig will. Befriedigt einen die Erreichung eines selbstgesteckten Ziels nicht, so ist das

16 G. Patzig, *Der Unterschied zwischen subjektiven und objektiven Interessen und seine Bedeutung für die Ethik*.

17 U. Wolf, *Das Problem des moralischen Sollens*, S. 154ff.

ein Anzeichen dafür, daß man zwar faktisch den Wunsch verspürte, daß einem aber in Wirklichkeit an dem Gewollten nichts liegt. In solchen Fällen ergibt sich eine Diskrepanz zwischen der Bewertung des gewünschten Sachverhalts vor dessen Erreichen und der Befriedigung, die sich bei Erreichen des gewünschten Sachverhalts einstellt. A. Kusser spricht hier von einer Diskrepanz zwischen Evaluation und Satisfaktion und sieht in dieser eine entscheidende Dimension der Kritik von Wünschen.[18] Einfachste Beispiele dafür sind solche Fälle, in denen man sich etwas sehr wünscht, weil man eine hohe Erwartung mit dem Gewünschten verbindet und dann enttäuscht ist, wenn man das Ziel erreicht hat. Z.B. kann die Tatsache, daß ein Kinofilm als sehr gut in Zeitungen und bei Freunden bewertet wurde, zu einer größeren Enttäuschung führen, nachdem man den Kinofilm selbst gesehen hat. Bei schlechtbesprochenen Filmen ist man dagegen öfter positiv überrascht. Eine Diskrepanz liegt also vor, wenn etwas so oder so evaluiert wird, die Befriedigung, die dieser Sachverhalt verschafft, aber dem Maß der Evaluation

18 Vgl. A. Kusser, *Dimensionen der Kritik von Wünschen*, S. 164ff. Kusser unterscheidet drei Aspekte bei einem Wunsch: (a) die Evaluation: das ist die im Wunsch enthaltene Bewertung der gewünschten Sachverhalte; (b) die Motivation: das ist die dem Wunsch innewohnende handlungsanleitende Kausalkraft; und (c) die Satisfaktion: das ist die bei Erreichen des gewünschten Sachverhalts eintretende Befriedigung, Lust, Unlust etc. Alle drei Aspekte von Wünschen können auseinandertreten. Demzufolge sind Wünsche in zwei Dimensionen kritisierbar:
Erste Dimension: Es kann eine Diskrepanz von Evaluation und Motivation geben (vgl. Kusser, S. 108-163; vgl. diese Arbeit Kap. V.2.5., in dem dieser Gesichtspunkt bei dem Problem von Willensschwäche behandelt wird). Diese fehlende Übereinstimmung falsifiziert weder die Evaluation noch die Motivation. Aber es ergibt sich ein subjektiv dissonanter Bewußtseinszustand, weil es eine Unvereinbarkeit mit dem Selbstbild bewirkt, das Personen in praktischen Einstellungen notwendig von sich haben müssen. Dadurch ergibt sich für die Person ein Grund, die Diskrepanz zugunsten der einen oder anderen Seite aufzulösen. Die Forderung nach der Kongruenz von Evaluation und Motivation leitet sich aus dem Begriff der Rationalität einer Handlung ab.
Zweite Dimension: Im engeren Sinn betrifft die Rationalität von Wünschen eine zweite Dimension der Kritik, die sich durch die Diskrepanz von Evaluation und Satisfaktion ergibt. Diese Dimension wird nun oben im Text behandelt.

nicht entspricht. Die Person kann ihren ›Irrtum‹ einsehen, wenn sie erfährt, daß die Wunscherfüllung nicht zufriedenstellt. Umgekehrt ist die Zufriedenheit bei Erreichen des Vorgenommenen ein wichtiges Indiz dafür, daß das Ziel tatsächlich gewollt war.

Um welche Art von ›Irrtum‹ handelt es sich hier, und in welcher Hinsicht läßt sich der Wunsch als falsch kritisieren? Was die erste Frage betrifft, so handelt es sich um eine Art kognitiven Irrtums. Einem Wunsch bzw. dem Aspekt der Evaluation hängt immer ein kognitives Element an. Dies ist die Überzeugung, daß der Wunsch in dem Maß, wie der Sachverhalt evaluiert wird, auch Befriedigung hervorrufen wird. Es ist nicht beliebig, was für Wünsche wir haben. Die Wünsche richten sich gewöhnlich nach der Befriedigung, die wir von ihrer Erfüllung erwarten. Stellt man eine Diskrepanz zwischen beiden fest, erweist sich diese subjektive Überzeugung bzw. Erwartung, die die Evaluation begleitet, als falsch. Der Fehler ist also zunächst ein kognitiver. Im Fall einer solchen Diskrepanz ist also nicht der Wunsch bzw. die Evaluation falsch, denn bewußte Wünsche sind keine Überzeugungen.[19] Aus diesem kognitiven Fehler läßt sich allerdings – das ist die Pointe, auf die A. Kusser hinweist[20] – keine zweckrationale Kritik an der Evaluation ableiten. Ein Sachverhalt – so hatten wir oben gesehen – wird nicht nur als Mittel zum Zweck des Glücks oder der Befriedigung evaluiert. Da die Evaluation eines Sachverhalts insofern intrinsisch ist, als sie sich nicht aus der Überzeugung herleitet, dieser werde die und die Befriedigung bringen, bedeutet die Erkenntnis, die die Evaluation begleitende Überzeugung sei falsch, nicht wie bei zweckrationalen Begründungen, daß damit der Grund der Evaluation

19 So deuten J. Kim & R. Brandt in *Wants as Explanation of Action*, dt. *Wünsche als Erklärungen von Handlungen*, S. 270, bewußte Wünsche. Ihr zentrales Kriterium für die Zuschreibung wirklicher Wünsche ist die Befriedigung, die eine Person beim Vorliegen von Sachverhalten empfindet. Zur Kritik dieses Ansatzes vgl. A. Kusser, *Dimensionen der Kritik von Wünschen*, S. 88ff.

20 Vgl. A. Kusser, *Dimensionen der Kritik von Wünschen*, S. 186. Warum das Verhältnis von Evaluation und Satisfaktion nicht als eines der Zweckrationalität begriffen werden kann, wurde schon im vorhergehenden Abschnitt bei der Diskussion von Glück als oberstem Ziel erläutert. Vgl. auch Anm. 15.

und damit sie selbst hinfällig wird. Dennoch ergibt sich aus der Diskrepanz eine Kritik. Wenn uns die Erfüllung eines Wunsches nicht zufriedenstellt, ist das ein Grund, Evaluation und Befriedigung gegenseitig anzupassen und in ein Gleichgewicht zu bringen. Diese normative Rationalitätsforderung ergibt sich aus dem Umstand, daß es uns in der praktischen Überlegung um die optimale Erfüllung möglichst aller unserer Wünsche geht. In einer praktischen Überlegung darf man daher keine Evaluation berücksichtigen, von der man wissen kann, daß das so Evaluierte nicht befriedigen wird. Denn darum geht es ja in der praktischen Überlegung. Wir wollen mit unseren Wünschen immer auch unser Glück fördern. Der Zustand der Befriedigung, des Glücks etc. läßt sich nur durch die Erfüllung von Wünschen nach anderen Sachverhalten als Glück erreichen. Um die Gesamtheit unserer Wünsche, inklusive des Wunschs nach Glück, möglichst vollständig und maximal zu erfüllen, müssen deshalb Evaluation und Satisfaktion in Einklang stehen. In der praktischen Überlegung sind deshalb die Evaluationen und Satisfaktionen einander anzupassen. Dies geschieht, indem die Evaluation eines Sachverhalts so verändert wird, daß dieser unter der veränderten Evaluation befriedigt.[21] Die Kritik an diesen diskrepanten Aspekten eines Wunsches ist eine interne Kritik, d.h. eine Kritik, deren Maßstab die Person, sofern sie rational sein will, teilen wird. Der Maßstab ist die Kongruenz beider Aspekte, Evaluation und Satisfaktion. Kritikwürdig sind nicht die einzelnen Aspekte, sondern ist die Diskrepanz als sol-

21 Die Auflösung der Diskrepanz ist für A. Kusser, *Dimensionen der Kritik von Wünschen*, S. 189, nach beiden Seiten möglich. Die Person kann auch an ihrer Evaluation festhalten und ihre Befriedigungsdisposition verändern. Die Möglichkeit, beide Anpassungsrichtungen einzuschlagen, ergibt sich für Kusser daraus, daß sich die Kongruenz von Evaluation und Satisfaktion durch eine Gleichgewichtsbedingung definiert. Ich halte diese Möglichkeit nicht für prinzipiell ausgeschlossen, aber ich wüßte keine direkten oder indirekten Möglichkeiten, wie man sich selbst dazu bringen kann, aus dem Vorliegen eines Sachverhalts, der einen bisher nicht oder nicht im erforderlichen Maß befriedigt hat, nun genug Befriedigung zu ziehen. Außerdem scheint es etwas merkwürdig, daß, wenn es sich primär um einen kognitiven Fehler handelt, sich die Satisfaktion und nicht die Überzeugung ändern muß. Da die Überzeugung an der Evaluation hängt, muß diese sich rationalerweise in der Folge auch ändern.

che. Sie gilt es aufzudecken und zu beseitigen. Dies ist eine Forderung der über reine Zweckrationalität hinausgehenden Konzeption der Rationalität von Wünschen.[22] Die Forderung ist nicht externalistisch zu verstehen. Keiner ist verpflichtet, von seinem Verstand Gebrauch zu machen, wenn er bereit ist, die sich daraus ergebenden Folgen zu tragen. Die Folgen sind normalerweise nicht angenehm, denn Überlegung befähigt uns ja gerade dazu, diejenigen Ziele zu wählen, von denen wir annehmen, daß ihre Erfüllung uns am meisten befriedigen wird. Wer auf diese Möglichkeit bewußt verzichten will, kann das tun, sein Verhalten ist dann allerdings irrational, wenn und weil es seinem höheren Wunsch nach Zufriedenheit und Glück zuwiderläuft.

Wo Wünsche bzw. Evaluationen nicht verschwinden, obwohl ihr Erreichen nie zur Befriedigung führt, ist die Funktionsfähigkeit des Wollens selbst beeinträchtigt. Das Wollen kann nicht mehr Rücksicht nehmen auf das Wohlergehen der Person. Die Person muß so handeln, egal, ob das Handeln einem überlegten Wollen entspricht oder nicht. Solches Handeln ist nicht durch Gründe beeinflußbar, für Überlegungen nicht zugänglich, insofern unfrei, nicht von mir selbst gewählt, nicht autonom. Folglich ergibt sich ein zweites Kriterium für die Rede vom wohlverstandenen Interesse – ein von den jeweiligen subjektiven Zielen unseres Wollens unabhängiger und doch aus der Perspektive des Wollens selbst maßgebender Gesichtspunkt. Nur dasjenige ist wahrhaft gewollt, was ich wirklich will in dem Sinn, daß ich es frei wähle.[23] Wünsche, die zwanghaft sind, sind irrational$_2$. Unter Bedingungen der Freiheit wären sie nicht entwickelt worden, d.h. sobald jemand vom Zwang befreit ist, wird er den Wunsch sofort ändern. Insofern hat er den Wunsch nicht wirklich, sondern nur vermeintlich gehabt. Uns ist häufig nicht bewußt, bzw. wir täuschen uns darüber, ob wir unsere Handlungen willentlich kontrollieren können; in dem Maß aber, in dem die Zwanghaftigkeit uns bewußt ist, wäre es irrational, sie zu wollen. Dieser Unterschied zwischen wirklich und

22 Vgl. A. Kusser, *Dimensionen der Kritik von Wünschen*, S. 195.

23 Diesen Gesichtspunkt übernehme ich von E. Tugendhat, *Antike und moderne Ethik*. Tugendhat ist allerdings der Auffassung, auf die Frage nach dem wahrhaft Gewollten könne ausschließlich diese formale Antwort gegeben werden.

vermeintlich Gewolltem besteht nicht in der Art des Ziels, sondern in dem Wie des Wollens. Wünsche sind diesem Kriterium gemäß rational, wenn sie durch Gründe und Überlegung beeinfluß*bar* sind.

4.

Mit dem Kriterium, für Gründe zugänglich zu sein, erhält man eine Unterscheidung von rationalen oder irrationalen Wünschen bzw. Interessen. Nun sind aber nicht alle Ziele und Wünsche gleich rational, nur weil sie durch irgendwelche Gründe beeinflußt sind. Auch innerhalb des Spektrums der mit Vernunft beeinflußten Wünsche kann nochmals zwischen rationalen und irrationalen Wünschen unterschieden werden. R.B. Brandt[24] hat vorgeschlagen, diejenigen Wünsche rational zu nennen, die einer sogenannten ›kognitiven Psychotherapie‹ standhalten. Ich möchte diese Idee aufgreifen, statt dessen aber lieber von ›Aufklärung‹ sprechen, weil es mir wichtig scheint, daß die Person aufgrund eines bewußten Prozesses (der Aufklärung) ihre Wünsche revidiert.[25] Diejenigen Wünsche sind

24 R.B. Brandt, *A Theory of the Good and the Right*, Kap. VI.

25 R.B. Brandts Kriterium ist zu naturalistisch. Nach Brandt sind alle die Wünsche rational, die einer kognitiven Psychotherapie standhalten, d.h. für Brandt: die nach Berücksichtigung aller zur Verfügung stehenden Informationen nicht vom Subjekt aufgegeben werden. Das Kriterium für die Rationalität oder Irrationalität von Wünschen ist also, ob der Wunsch in einer bestimmten Situation, nämlich der der optimalen Information, aufgegeben wird oder nicht (vgl. R.B. Brandt, *A Theory of the Good and the Right*, S. 113). Brandts zentrale Idee dabei ist, daß wir gewöhnlich auf verläßliche Weise unsere Wünsche erwerben und eine natürliche Tendenz haben, Wünsche, die auf falschen Meinungen beruhen, aufzugeben. Hier handelt es sich also um eine naturalisierte Rationalitätstheorie von Wünschen. Der Vorteil dieser Art von Wunschkritik ist sicherlich, daß sie auf einer wertfreien Reflexion beruht und damit auch für Hume-Anhänger akzeptabel ist. Aber die Nachteile liegen auf der Hand. Die Definition von irrationalen Wünschen ist zu weit; wir nennen intuitiv nicht alle Wünsche irrational, die sich durch die dauerhafte und lebendige Präsentation von allen relevanten Informationen ändern. Was passiert mit unserem Mitleid mit Leidenden, wenn wir täglich besonders lebhaft mit menschlichem Elend und Leid konfrontiert werden, wie z.B. Notärzte, Soldaten im Krieg, Katastrophenhelfer etc.? Häufig, vielleicht nicht immer, stumpfen

irrational, die nicht kompatibel mit einem klaren und wiederholten Urteil über die tatsächlichen Fakten sind. Im Prozeß der Aufklärung werden die Wünsche mit allen relevanten Informationen konfrontiert, die zur Verfügung stehen. Werden der betreffenden Person zur geeigneten Zeit mehrfach und nachhaltig diese Informationen zu Bewußtsein gebracht, so werden diejenigen ihrer Wünsche, die nicht im Einklang mit diesen Fakten stehen, verschwinden oder sich ändern.

Hier wird erneut auf den Unterschied zwischen faktischen und aufgeklärten bzw. reflektierten Interessen rekurriert, allerdings wird diesmal ein weitergehendes Kriterium verwendet. Um welches handelt es sich und wie ist sein Gebrauch zu rechtfertigen? Diejenigen Wünsche, die durch Aufklärung als irrational ermittelt und dann eliminiert werden, sind solche, die einen kognitiven Fehler enthalten. Aufgrund dieses Fehlers sind sie irrational. Die Fähigkeit zu überlegen schließt die Möglichkeit ein, dabei Fehler zu machen. Wir korrigieren die Fehler, sobald sie uns bewußt (gemacht) werden. Denn sie beeinflussen unsere Wünsche meist so, daß die Zufriedenheit bei Erfüllung des Wunsches nicht sichergestellt ist. Zwecke, die das Ergebnis einer fehlerhaften Überlegung (oder Entstehung) sind, werden insofern nicht wirklich gewollt, als die Person, wenn sie richtig überlegt, etwas anderes will. Ein Wunsch kann als irrational bzw. nicht wirklich gewollt gelten, wenn er sich durch die Aufklärung verändert. Welche Wünsche erweisen sich so als irrational?

wir ab. Zeigt diese Tatsache, wenn es denn eine ist, daß das Mitleid, das wir hatten, bevor wir das Elend ständig sahen, irrational war? Das scheint kontraintuitiv (vgl. für diesen Einwand G. Harman, *Critical Review*, S. 128). Dieses kontraintuitive Ergebnis läßt sich m. E. nur vermeiden, wenn man nicht nur den naturalistisch aufgefaßten Prozeß der Wunschbildung und -veränderung berücksichtigt, sondern auch die Metapräferenzen, welche Wünsche man angesichts der wahrgenommenen Zustände haben will. Ein anderes Problem bei Brandts Definition ergibt sich aus der Tatsache, daß wir gerade dann einen Wunsch irrational (oder, falls er schon zwanghafte Züge annimmt, arational) nennen, wenn die Person ihn nicht aufgibt oder verändert, obwohl er auf einer falschen Überzeugung beruht. Nach Brandts Kriterium wäre ein Wunsch aber gerade rational, wenn er sich aufgrund der Konfrontation mit allen relevanten Informationen nicht verändert (vgl. N. Daniels, *Can Cognitive Psychotherapy Reconcile Reason and Desire?*, bes. S. 776).

1. Wünsche, die auf einem epistemischen Fehler beruhen. Der kognitive Fehler besteht in der Falschheit der dem Wunsch zugrundeliegenden Meinungen. Die zum Wunsch gehörigen deskriptiven Überzeugungen werden nicht durch das verfügbare empirische Beweismaterial gestützt. Ein Wunsch, dessen implizite theoretische Annahmen oder dessen nicht intendierte Folgen unerkannt sind, würde nicht in dieser Form bestehen, wenn das theoretische Wissen so weit wie möglich vollständig und korrekt wäre. Ein Wunsch, der durch eine falsche Meinung erzeugt wird, wird verschwinden, wenn die Person sich die relevante verfügbare Information deutlich genug vor Augen hält. Folgende Wünsche können aus diesem Grund als irrational bezeichnet werden:

- Affekte (z. B. Eifersucht oder Furcht), deren Objekt nicht existiert;
- Wünsche, deren Zielbeschreibung widersprüchlich ist; so ist es z. B. irrational, zeigen zu wollen, daß π eine rationale Zahl ist;
- Wünsche, die unmöglich realisiert werden können, da sie wohlbegründeten Wahrheiten widersprechen; so ist ein realer, handlungsbezogener Wunsch irrational, wenn man um die prinzipielle Unerfüllbarkeit des Wunsches weiß bzw. wissen könnte.

Bei dem letzten Punkt ergibt sich folgende Schwierigkeit: Wir haben häufig irreale Wünsche, und sie sind auch möglich, weil das intentionale Objekt des Wunsches nicht notwendig existieren muß. Wir wissen dann normalerweise um ihre Irrealität. Der Wunsch muß auch nicht unbedingt verschwinden, nur weil man weiß, wie unerfüllbar er ist – oder doch? Man muß zwischen konkreten handlungsanleitenden Wünschen und Wünschen im abstrakteren Sinn einer Wunschvorstellung unterscheiden. Handlungsanleitende Wünsche sind irrational, wenn sie unerfüllbar sind. Der konkrete Wunsch eines jungen Bauern im 17. Jahrhundert, eine Adelige zu heiraten, ist wegen der gesellschaftlichen Schranken, die allen bekannt sind, unerfüllbar und deswegen irrational. Schwierig wird die Beurteilung nicht seines konkreten Heiratswunsches, sondern seiner Liebe zu einer Adeligen. Offensichtlich hören Personen nicht auf, sich etwas zu wünschen, obwohl sie wissen, daß es unerreichbar ist. Der junge Bauer mag sein Leben lang die für ihn unerreichbare Adelige lieben. Ist der bloße, irreale Wunsch, mit ihr zusammenzuleben, irrational? Einerseits leidet er sicherlich unter der unglücklichen Liebe, und es wäre für ihn daher besser, sein unerfüllbarer Wunsch würde verschwinden. Andererseits ist dieses Leiden an den realen Verhältnissen der Welt produktiv, indem es den Maßstab der Kritik angibt und eventuell, wenn es mehreren so geht, einen Prozeß gesellschaftlicher Veränderungen einleitet; dann wäre er nicht irrational. Hier herrscht also durchaus ein Spannungsverhältnis. Einerseits verlangt Rationalität zur Vermeidung oder Reduzierung psychischer Dissonanzen und Spannungen eine mehr oder weniger starke Anpassung der Wünsche an die realen Möglichkeiten, andererseits bezeichnen wir das Phänomen der ›sauren Trauben‹ oft als irrational. In der bekannten Fabel Lafontaines versucht der Fuchs, die verlockenden Trauben am Spalier zu erreichen, und weil ihm dies mißlingt, redet er sich ein, die Trauben seien sauer und damit nicht erstrebenswert. Amor fati, d.h. aus der Notwendigkeit eine Tugend machen, bezeichnet ein ähnliches Phänomen.[26] Wie weit diese Phänomene rational oder irrational sind, hängt davon ab, inwieweit sie von der Person beeinflußbar sind und welche Metapräferenzen die Person über ihre Wunschanpassung hat. Als rational kann nur eine intentional bewerkstelligte Adaptation von Präferenzen an die Möglichkeiten beurteilt werden. Möglichkeiten zum absichtlichen Wandel der Präferenzen bzw. Evaluationen sind uns durchaus gegeben. Dagegen scheint es oft irrational, sich über die Art der Anpassung seiner Präferenzen an die Möglichkeiten keine Gedanken zu machen und die Flucht aus dem Spannungszustand zwischen dem, was man tun kann, und dem, was man tun möchte, ›hinter dem eigenen Rücken‹ durch irgendeinen Kausalmechanismus der Dissonanzenreduktion geschehen zu lassen. Die Art und Weise, wie Wünsche an die Möglichkeiten rationalerweise angepaßt werden sollen, liegt dagegen in unserem Lebensplan oder Projekt begründet; sie betrifft den Aspekt der bewußten Charakterplanung. Daher ist eine Wunschanpassung, die den Metapräferenzen, die sich aus unseren in einem Lebensplan geordneten Wünschen ergeben, nicht entspricht, (im zweckrationalen Sinn) irrational.

26 Vgl. für eine genauere Untersuchung des Phänomens der sauren Trauben J. Elster, *Sour Grapes*, Kap. IV, in dem Elster verschiedene Möglichkeiten des adaptiven Präferenzwandels, wie er es nennt, analysiert.

2. Durch Aufklärung können Wünsche auch als irrational aufgrund ihrer Genese entlarvt werden. Die Irrationalität bzw. Falschheit kann aufgezeigt werden, indem man die Genese des Wunsches zurückverfolgt und die Umstände untersucht, unter denen die Wünsche ausgebildet wurden. Dabei mag es sich herausstellen, daß einige Bedingungen in verschiedener Hinsicht unpassend waren.

Unsere Interessen sind einerseits durch Triebe und Bedürfnisse und andererseits durch internalisierte soziokulturelle Regeln bestimmt. Über Erziehungs- und Sozialisationsprozesse sind alle Personen an ein System bestehender Verhaltensregeln und Institutionen zurückgebunden. Man kann nun jemandem zeigen, wie sein Wunsch kausal entstanden ist, und ihm so die Möglichkeit geben, ihn infolge des Durchschauens seiner Kontingenz zu ändern. Wer die kontingenten Entstehungsbedingungen seines Wunsches kennt und mit ihnen unzufrieden ist, wird, sobald er sich ihrer bewußt wird, eine Veränderung seines Wunsches einleiten. Die Einsicht in die Kontingenz der Entstehungsbedingungen muß nicht notwendig dazu führen, daß man den Wunsch für irrational hält und aufgibt. Aber einen Wunsch würde ich erst dann für seinen wirklich echten Wunsch halten, wenn der Betreffende dessen Entstehung kennt und in Kenntnis aller Einflüsse weiterhin bewußt diesen Wunsch haben will. Eine Person sollte die Möglichkeit haben, bewußt zu ihren Wünschen Stellung nehmen zu können, und dazu muß sie um deren Genese wissen. Das heißt nicht, daß alle Wünsche, deren Ursachen unbewußt sind, irrational wären. Kontingente psychische Prozesse und gesellschaftliche Verhältnisse prägen unumgänglich unsere Bedürfnisse und Wünsche. Sie sind nicht schon irrational allein aufgrund ihrer Genese, da fast alle Wünsche auf mehr oder weniger kontingente Weise verursacht sind.

Ein Wunsch ist dann irrational bzw. falsch, wenn die Person ihn nach der Aufklärung, d.h. nachdem sie dessen Genese durchschaut hat, aufgibt. Das kann zum einen der Fall sein, wenn sich keine Zufriedenheit bei der Wunscherfüllung nach der Aufklärung mehr einstellt (a). Zum anderen werden diese Wünsche aufgegeben, wenn sich zeigt, daß in ihrer Genese ein kognitiver Fehler unterlaufen ist (b, c).

(a) Eine Person S sitzt im Kino und bekommt im Laufe des

Films Durst auf Coca Cola. Die Ursache ihres Verlangens ausgerechnet nach Coca Cola kennt sie nicht. Von den 24 Bildern, die in einem Kinofilm pro Sekunde auf der Leinwand erscheinen, zeigt je eines das Bild einer Coca Cola-Flasche. Diese von S unbemerkte Werbung weckt in ihr den Wunsch nach diesem Getränk. Dieser Wunsch ist falsch, wenn S seine Ursache kennenlernt und daraufhin entweder überhaupt keinen Durst mehr oder nur noch Durst verspürt, den sie gut mit dem gleichen Genuß durch ein anderes Getränk stillen könnte. Coca Cola würde ihr nicht mehr die durch die unbemerkte Werbung vorgegaukelte zusätzliche Befriedigung verschaffen. Wenn S nach Bewußtwerdung der Beeinflussung weiterhin Coca Cola will, ist nicht klar, ob man den künstlich geweckten Wunsch als falsch kritisieren kann, denn Formen auch unbewußter Beeinflussung können wir immer ausgesetzt sein, wenn auch nicht immer auf so krasse Weise.

(b) Wünsche, Affekte etc. werden von einem Kind z. T. durch Beobachten des Verhaltens und der Wertungen anderer wichtiger Personen entwickelt, wie z.B. Eltern oder Lehrer. Solche Wünsche sind anerzogen. Andere werden direkt konditioniert, indem man für bestimmte Dinge kritisiert, bestraft oder belohnt wird. Die Entwicklung eines so entstandenen Wunsches oder Affekts ist künstlich, wenn er nicht durch Erfahrungen in aktuellen Situationen, auf die sich der Wunsch oder Affekt bezieht, bestätigt werden kann. Ein Affekt, der sich nicht durch Erfahrung bestätigen läßt, ist z.B. die Rassendiskriminierung. Die erworbene Verachtung von Menschen anderer Rassen und Hautfarben kann durch nichts begründet werden. Bei der Entstehung dieses Affekts sind falsche Meinungen tradiert worden, die sich verfestigt haben. Aufklärung ist hier insofern schwierig, als einige positive Erfahrungen mit Angehörigen anderer Rassen noch nicht zur Aufgabe des Affekts führen. Er verliert seine Kraft nur mit Hilfe einer durch eigene Einsicht motivierten Gegenkonditionierung, indem man versucht, seine Affekte und Wünsche in Einklang mit dem besseren Wissen zu bringen, das man inzwischen gewonnen hat.

(c) Alles Lernen impliziert Generalisierung. Wünsche und Affekte entwickeln wir aufgrund von Erfahrungen, die sich auf einen Typ von Objekten und Situationen beziehen. Hier können Fehler unterlaufen, indem untypische Beispiele oder Beispiele in untypischen Kontexten unzulässig verallgemeinert werden. Beispiele dafür sind, daß man Hunde nicht mag, weil man einmal gebissen wurde, oder daß man Fisch nicht mag, weil der erste Fisch nicht geschmeckt hat. Die auf falscher Generalisierung beruhenden Wünsche sind irrational. Wenn man Erfahrungen macht, die das Falsche richtigstellen, werden der Wunsch oder die Abneigung verschwinden.

Ziehen wir die Entstehung unserer Interessen und Bedürfnisse in Betracht, so wird uns klarer, was wir in Wirklichkeit wollen. Manche Ziele verlieren bei kritischer Betrachtung ihre Bedeutung für uns, andere gewinnen ein größeres Gewicht. Diejenigen Wünsche können wir rational nennen, die aufgrund vollständigen Wissens erworben oder beibehalten wurden. Der Prozeß der Kritik an unzureichendem oder falschem Wissen ist der der Aufklärung. Die Wünsche aufgeklärter Personen können daher als rational (im schwachen Sinn) gelten. Aufklärung ist ein Verfahren zur Vermeidung theoretischer Fehler, die praktisch relevant werden, insofern sie in die Wünsche mit eingehen, die wir dann wegen dieser Fehler als irrational bezeichnen. Diese Form von Rationalität ist also eine eher kognitive. Falsche oder bloß vermeintliche Interessen sind solche, die die jeweiligen Individuen nicht entwickelten, wären sie in der Position des optimal erreichbaren Wissens. Zum erreichbaren vollständigen Wissen gehört dabei das empirische Wissen, das die beste wissenschaftliche Theorie und die eigene Erfahrung bieten können, sowie eine Art reflexiver Selbsterkenntnis, wie sie im Extremfall in einer Psychotherapie oder Psychoanalyse erworben werden kann. Selbsterkenntnis umfaßt das Bewußtmachen aller, möglichst auch aller unbewußten Wünsche sowie aller ihrer Ursachen. Diesen Prozeß der Aufklärung zu durchlaufen ist vernünftig, weil nur er die beste Gewähr dafür bietet, daß die Erfüllung meiner Wünsche mich mehr als die Erfüllung vergleichbarer anderer befriedigt, d.h. das Risiko, daß meine Präferenzen frustriert werden, ist nur auf diesem Weg gering zu halten. Ein solchermaßen vernünftiger Mensch, der sich reflexiv zu seinen Zielen verhalten kann, erreicht ein hohes Maß an Autonomie und Rationalität.

5.

Von einigen Philosophen, vor allem solchen, die in der Tradition der Gesellschafts- oder Ideologiekritik stehen,[27] wird behauptet, diese Form der Aufklärung reiche nicht aus, um die »absolute« Vernünftigkeit der Wünsche zu gewährleisten.

Es könnte doch – so lautet das Argument – andere Wünsche geben, die wir, wenn wir sie betrachteten, viel besser fänden. Nun sind unsere Wünsche außerordentlich veränderlich, und es hängt dabei in hohem Maß von den Lebensumständen einzelner Personen ab, welche Wünsche sie ausbilden. Die soziokulturellen Bedingungen können so beschaffen sein, daß es uns unmöglich ist, andere als die faktischen Wünsche, die wir haben, auszubilden. Sind diese faktischen Wünsche unsere wahren Interessen, die wir rational wählen würden? Die Vertreter der Kritischen Theorie würden diese Frage wohl verneinen: Denn wir hätten anders entschieden, hätten wir unter anderen gesellschaftlichen Verhältnissen gelebt. Es ist unbestreitbar: Ein und dieselbe Person würde, je nachdem in welchen Umständen sie sich befindet, ganz verschiedene Wünsche entwickeln. Das, was wir für unsere Interessen halten, ist abhängig von den Bedingungen, unter denen sie entwickelt wurden. Nach dem, was bisher zur Beurteilung der Rationalität von Wünschen gesagt worden ist, wären alle diese unter verschiedenen Bedingungen entstandenen Wünsche gleichermaßen rational. Denn wenn sich eine Person die gesellschaftlichen und sonstigen Determinanten ihres Weltbildes und ihrer Wünsche bewußt gemacht hat, wird sie deshalb ihre Überzeugungen und Wünsche noch nicht für falsch halten. Die Tatsache, daß unter anderen Konstellationen andere Wünsche ausgebildet worden wären, ist allein kein Grund, die faktischen Wünsche als falsch abzulehnen. In den soeben betrachteten Beispielen wurden in der Entwicklung der Wünsche kognitive Fehler begangen, aufgrund derer die Wünsche dann als irrational gelten. Nur wenn die gesellschaftlichen oder sonstigen Bedingungen in einem noch näher zu bestimmenden Sinn schlecht für die Entwicklung von Wünschen sind, sind die so zustandegekommenen

27 Ich denke vor allem an die Frankfurter Schule und dort besonders an H. Marcuse, *Der eindimensionale Mensch*; vgl. dazu R. Geuss, *Die Idee der kritischen Theorie*.

Wünsche nicht das, was die Personen wahrhaft wollen. Die wirklichen Interessen könnten in Umkehrung des obigen bestimmt werden als diejenigen, die unter optimalen Bedingungen entstanden sind. Das einzige, dafür aber um so gewichtigere Problem dabei ist: Was zählt als schlechte bzw. optimale Bedingung und warum? Als Beispiele ausgesprochener Hindernisse bei der Ausbildung wahrer Interessen gelten Umstände extremer Entbehrung, groben Unwissens und starken Zwangs. Man kann es für unwahrscheinlich halten, daß Menschen, die unter solchen Umständen leben, ihre wirklichen Interessen erkennen können. Aber wie will man begründen, daß nur in einer bestimmten Gesellschaftsform, die z. B. repressionsfrei, partizipatorisch und nicht hierarchisch ist und ihren Mitgliedern ausreichend Information über Handlungsalternativen zur Verfügung stellt, das tatsächlich Gewollte auch das wahrhaft Gewollte sein kann? Bedarf es dazu nicht schon eines bestimmten Menschenbildes oder einer normativen Gesellschaftstheorie als Voraussetzung? Es scheint so, daß man in die Bredouille gerät, wenn man zugesteht, daß nur Wünsche, die unter bestimmten gesellschaftlichen Bedingungen zustande gekommen sind, rational sein können. Woher nimmt man die Berechtigung, bestimmte gesellschaftliche Verhältnisse abzulehnen und andere auszuzeichnen? Eine mögliche Antwort darauf wäre: durch die Beurteilung der Bedingungen durch jedes einzelne Individuum. Nach R. Geuss[28] hat jeder Mensch neben Wünschen verschiedener Stufen noch sog. Entstehungspräferenzen (formation preferences), d. h. Präferenzen, einen bestimmten Typ von Wunsch nur unter bestimmten Bedingungen ausbilden zu wollen. Wirkliche Interessen sind demnach nur diejenigen, die unter den von der Person gewünschten Bedingungen ausgebildet würden. Wenn S die gesellschaftlichen Determinanten ihres Weltbilds, zu dem auch ihre Wünsche gehören, kennt und diese als schlecht ablehnt, dann wird S ihren faktischen Wünschen gegenüber kritisch sein, ohne tatsächlich andere Wünsche entwickeln zu können, solange es ihr nicht gelingt, die gesellschaftlichen Zustände zu ändern.
Ein einfaches Beispiel für Entstehungspräferenzen wäre: Wer einen neuen Pkw kaufen will, wird sich für ein bestimmtes Mo-

28 R. Geuss, *Wants and Interests*, S. 11.

dell entscheiden müssen. S kann sich eine bestimmte Menge von Bedingungen und Umständen wünschen, unter denen sie ihre Entscheidung fällen will, als da sind: Kenntnis der relevanten Fakten wie Kosten, Verbrauch, Leistung, Ausstattung etc., aber auch der wichtigsten, von neutralen Sachverständigen ermittelten Testergebnisse und Beurteilungen sowie die Möglichkeit der subjektiven Bewertung der konkurrierenden Fahrzeuge, z.B. durch Probefahrt. Es ist leicht vorstellbar, daß nicht alle Bedingungen erfüllt sind, wenn z.B. keine unabhängigen Sachverständigen zur Verfügung stehen oder wenn keine Probefahrt möglich ist. Ist eine Entscheidung, die nicht unter den Entstehungspräferenzen gefällt wurde, deshalb irrational?

Das vorgeschlagene Kriterium lautet: Die wirklichen Interessen sind diejenigen, die unter idealen Bedingungen gewählt würden. Was die idealen Bedingungen sind, bestimmt das Individuum. Das Subjekt soll sich nicht nur die Determinanten seines Wollens bewußt machen, sondern die Entstehungsbedingungen auch anhand seiner Entstehungspräferenzen beurteilen und seine faktischen Wünsche dementsprechend einschätzen. Doch dieser Vorschlag ist problematisch:

(a) Man kann erkennen, daß man ganz andere Wünsche hätte, wären die allgemeinen Lebensumstände ganz andere. Doch folgt daraus nicht, daß die Interessen, die unter anderen, anscheinend idealen Bedingungen, unter denen zu leben die Person vorziehen würde, ausgebildet würden, die gegenwärtig wahren oder wirklichen Interessen sind. Die idealen Bedingungen dürfen zumindest nicht völlig illusorisch sein, sondern müssen im Bereich des Möglichen und Erreichbaren liegen, um eine Instanz der Kritik gegenwärtiger Wünsche abgeben zu können.

(b) Was ideale Bedingungen wären, bestimmen die Personen durch ihre Entstehungspräferenzen. Diese können selbst nicht nochmals begründet oder beurteilt werden, ohne daß man die Orientierung an der Autonomie des einzelnen aufgibt. Es ist aber denkbar, daß die Personen sich auch bezüglich ihrer Entstehungspräferenzen täuschen. Wer einen Ideologieverdacht gegen faktische Wünsche hegt, muß auch Vorbehalte gegen Metapräferenzen haben. Die Bildung von Entstehungspräferenzen unterliegt den gleichen kontingenten Ursachen und den gleichen Ideologie- und Fehlerquellen wie andere Wünsche auch.

Es ist denkbar, daß jemand andere Entstehungspräferenzen hat, als wir normalerweise für richtig halten. So könnte jemand z. B. Bedingungen des Zwangs bei der Wahl des Wunsches gutheißen, etwa weil sich so die Interessen der Menschen besser aufeinander abstimmen ließen. Können wir daran noch Kritik üben? Mit welcher Begründung?
Die bis jetzt genannten Beurteilungskriterien sind relativ und können auch als immanente Kritik beschrieben werden. Der Maßstab der Unterscheidung von wahren bzw. rationalen und falschen bzw. irrationalen Wünschen ist in der Struktur von Wünschen selbst angelegt oder ergibt sich aus Metapräferenzen der Personen. Bei der Beurteilung von Metapräferenzen haben wir den Punkt erreicht, wo diese Kriterien nicht mehr ausreichen, und neue, die das Autonomieprinzip nicht verletzen, sind nicht in Sicht. Wir können Metapräferenzen nicht begründen, gleichwohl halten wir intuitiv gewisse für besser als andere.

6.

Es fehlt uns – das sollte dieses Kapitel zeigen – jeglicher unabhängige Maßstab zur Beurteilung und Bewertung von Wünschen. Wünsche sind daher nicht letztbegründbar. Nur in folgenden Fällen können wir einen Wunsch als irrational einstufen:

- wenn er nicht kompatibel ist mit der Menge von Wünschen zweiter Ordnung;
- wenn etwas gewünscht wird aufgrund einer falschen Meinung;
- wenn ein Wunsch durch Gründe nicht beeinflußbar ist;
- wenn in der Genese des Wunsches ein kognitiver Fehler unterlaufen ist;
- wenn ein Wunsch weniger befriedigt als vergleichbare andere;
- wenn ein Wunsch nicht im Maße seiner evaluativen Komponente befriedigt.

Diese Wünsche können aufgeklärt werden, indem Täuschung und Selbsttäuschung über unbewußte Motive und Ursachen bewußt gemacht, theoretische Fehler behoben, Alternativen ermöglicht, vollständiges Wissen zur Verfügung gestellt, die eigenen Axiome geklärt und dogmatische Doktrinen (ob eigene oder fremde) und ihr universeller Geltungsanspruch bekämpft werden. Aufklärung und Selbstreflexion versetzen eine Person in die Lage, ihre Wünsche und Wertordnung frei zu wählen. Die Person sollte sich ihre Ziele selbst setzen und die Werte überlegt zu eigen machen können. Die freie Wahl von Zielen bedeutet nicht, daß man in die Lage versetzt werden soll, vorgegebene wahrhafte Ziele zu erkennen und zu wählen. Es läßt sich nicht vorher angeben, was Personen, wenn sie rational entscheiden, wählen müssen oder wählen werden.

Rationalität impliziert, so gesehen, keine Bestätigung unserer moralischen Werte; wir können nicht sagen, was die genuin menschlichen Bedürfnisse, was die »objektiven« Interessen von Menschen sind. Wir befinden uns in der verzwickten Lage, daß wir zu wissen glauben, welche Handlungen im absoluten Sinn schlecht sind, es aber nicht begründen können. Uns fehlt eine begründete Theorie menschlicher Interessen, um unsere Rede vom guten und richtigen Handeln abzusichern. Insofern sehe ich nicht, wie man den Begriff der Rationalität koppeln kann mit einer Konzeption des guten Lebens, indem bestimmte substantielle Ansprüche über die wahren Ziele des Menschen und die richtige Form kooperativen Zusammenlebens anerkannt werden. Da man m.E. gezwungen ist, eine solche substantiellere Konzeption abzulehnen, bleibt nur ein Rationalitätsbegriff, der dem Humeschen ähnelt und der so formal ist, daß er es nicht ermöglicht, Normen und Werte, Gesellschaften und Weltanschauungen als rational oder irrational einzustufen.[29] Das ist keine Kritik an einer wertneutralen Konzeption von Rationalität, sondern ein Defizit, das man bedauern kann, aber hinnehmen muß. Ein substantieller Rationalitätsbegriff birgt größere Probleme in sich, da – wie gezeigt – nicht zu sehen ist, wie Normen- und Wunsch- bzw. Interessensbegründung möglich sein soll.

Als Fazit ist somit festzustellen: Ein starker Rationalitätsbegriff, d.h. eine absolute Begründung von Weltanschauungen, Normen und Wünschen bzw. Interessen konnte nicht gefunden

29 Diese Kritik am Rationalitätsbegriff und ein Plädoyer für eine stärkere Konzeption wird von Mary Gibson in *Rationality* vorgetragen. Vgl. dazu auch K. Nielsen, *Reason and Sentiments: Skeptical Remarks about Reason and the … »Foundation of Morality«*.

werden. Nur schwache Begründungen sind möglich. Die Ziele menschlichen Handelns sind uns rein voluntativ gegeben. Vernunft vermag einen Wunsch in konsistenten Zusammenhang mit anderen Zielen zu bringen, indem ein Lebensplan aufgestellt und die Wünsche darin integriert werden. Die vernünftige Überlegung bringt Wünsche in Einklang mit den theoretischen Meinungen, sie kann den Menschen über seine letzten Wertaxiome aufklären und ihm helfen, theoretische Fehler zu vermeiden. In einer praktischen Überlegung können und sollten auch die beiden Aspekte eines Wunsches, Evaluation und Satisfaktion, in Einklang gebracht werden. Gerade wegen des letzten Punktes ist der Rationalitätsbegriff bei Wünschen weiter als der der reinen Zweckrationalität, weil Wünsche nicht nur als Mittel zum Erreichen eines höheren Wunsches gewählt werden müssen. Dennoch ist dieser hier ermittelte Begriff der Rationalität von Wünschen ein formaler oder schwacher, kein substantieller oder starker Rationalitätsbegriff.

Rationalität von Wünschen bezieht sich wesentlich auf Autonomie.[30] Völlig rationale Menschen sind daher emanzipierte Menschen mit aufgeklärtem Bewußtsein, die sich zu sich selbst, zu ihren Charakteren, zu ihren Wünschen, Interessen und Dispositionen verhalten können und wollen. Sie können dadurch entweder ihr Leben und ihr Handeln soweit wie möglich mit Willen und Vernunft kontrollieren, oder, wo das historisch unmöglich ist, sie verspüren diesen Umstand als fundamentalen Mangel. Rationalität impliziert das Streben nach vollständiger Autonomie, durch die sich die Personen reflexiv zu ihren Zielen verhalten können.

30 Zum Begriff der Autonomie vgl. den Überblick von J. Christman, *Constructing the Inner Citadel.*

Teil IV
Schluß

Kapitel VIII
Begründung und Einheit der Vernunft

1. Begründung des Vernunftprinzips

Was es heißt, vernünftig oder rational zu sein, sollte jetzt deutlich sein. Ein Interesse an Venunft und Rationalität ist ein Interesse an Begründungen, Aufklärung, menschlicher Emanzipation, Befreiung von unbewußtem und offen zutage tretendem Zwang und an Autonomie. So stellt sich jetzt die Frage, ob man denn überhaupt ein Interesse an Vernunft haben muß. Es bedarf noch einer Reflexion über den Status, d.h. die Rechtfertigungsmöglichkeit des Vernunftprinzips selbst. Kann gerechtfertigt werden, daß es für jeden gut und vernünftig ist, vernünftig zu sein? Auf welchen Grund könnte man Bezug nehmen, außer dem eigenen Interesse an Rationalität?

Die Vernunft kann nicht durch sich selbst gerechtfertigt werden. Eine rationalistische Einstellung ist dadurch charakterisiert, daß sie der Begründung größte Bedeutung beimißt. Aber diese rationalistische Einstellung läßt sich selber nicht begründen, denn nur Menschen, die auf Gründe zu hören bereit sind, also bereits rational sind, werden eine rationale Argumentation akzeptieren. Die rationalistische Einstellung muß zuerst eingenommen werden, bevor Gründe sinnvoll angeführt werden können. Wir drehen uns also im Kreis. Denn diese ursprüngliche Einstellung kann aus demselben Grund nicht ihrerseits nochmals begründet werden. Eine absolute Rechtfertigung der Vernunft müßte das, was sie zu begründen versucht, schon voraussetzen. Es zeigt sich, daß der Rationalismus keinesfalls durch Gründe gerechtfertigt werden kann. Ein umfassender Rationalismus, der behauptet, alles müsse begründet werden, verwickelt sich sogar in einen Widerspruch, da er diese These selbst nicht begründen kann.

Ein ehrlicher Rationalist sieht sich daher gezwungen, seinen Anspruch einzuschränken. Es ist ein Gebot intellektueller Redlichkeit, die Grenzen des Vernunftprinzips einzugestehen. Ein bescheidener und selbstkritischer Rationalismus wird gewisse

Beschränkungen der Vernunftgeltung anerkennen. Zum Rationalismus als einer Einstellung, die alle Fragen und Probleme, bei denen das möglich ist, durch einen Appell an die Vernunft, d.h. an klares Denken und den kritischen Gebrauch von Argumenten zu lösen versucht, kann man sich nur unbegründet entschließen. Die rationalistische Einstellung ist letztlich ein unbegründbarer Glaube an die Vernunft.[1] Den Vernunftgebrauch kann man nicht begründen, sondern nur zu ihm erziehen.[2] So wie zugestanden werden muß, daß eine Letztbegründung von Normen und Werten unmöglich ist, so muß auch das Fehlen einer absoluten Rechtfertigung der rationalistischen Einstellung offengelegt werden – das ist ein kritischer Rationalist seinem eigenen Anspruch schuldig.

Man könnte meinen, daß das Zugeständnis einer dezisionistischen Komponente, so wie sie sich aus der Unmöglichkeit von Letztbegründungen ergibt, dem radikalen Begründungsanspruch des Rationalismus widerspräche. Aber das wäre ein Mißverständnis. Die rationalistische Einstellung und ihr Begründungsanspruch verlangen lediglich, den Begründungsstatus nicht im Unbestimmten zu lassen. Es geht nicht nur um die Sicherheit der Begründung, sondern um die Klarheit über die Art der Begründungsmöglichkeit. Die Auffassung, daß ein Urteil überhaupt nicht oder nur partiell begründbar ist, ist dabei ein legitimer Grenzfall. Dezisionismus widerspricht keineswegs dem Prinzip der Autonomie oder des Rationalismus.[3]

Was der Rationalist zeigen kann, ist, daß derjenige, der eine Frage stellt, schon ein Vernunftinteresse an Ausweisung hat.[4] Eine Frage stellen wir, um eine Antwort zu bekommen, und damit uns die Antwort einsichtig ist, muß sie begründet sein. Alle Vernunftfragen setzen also schon Vernunft voraus. So kann man einem Irrationalisten klarmachen, daß er konsequenterweise überhaupt nicht nach der Rechtfertigung fragen darf, sonst hat er das Prinzip, dessen Berechtigung er bezweifelt,

1 K. Popper, *Die offene Gesellschaft und ihre Feinde*, Bd. II, Kap. 14, bes. S. 284.

2 Vgl. E. Tugendhat, *Vorlesungen zur Einführung in die sprachanalytische Philosophie*, S. 120.

3 Vgl. E. Tugendhat, *Antike und moderne Ethik*.

4 Vgl. E. Tugendhat, *Vorlesungen zur Einführung in die sprachanalytische Philosophie*, S. 118ff.

selbst schon benutzt. Kann man daraus doch noch ein Argument gegen den Irrationalisten machen, indem man folgert: Als Voraussetzung aller Vernunftfragen ist das Vernunftinteresse in einem bestimmten Sinn als vernünftig zu bezeichnen?[5] Der Rationalist gibt zu, daß es keinen absoluten Aufhänger außerhalb der Vernunft gibt, auf den er im Disput mit dem Vernunftgegner rekurrieren könnte. Der Rationalist scheint aber hier zu unterstellen, daß der Gegner schon verloren habe, wenn er nach der Rechtfertigung des Vernunftprinzips fragt. Das kann ich nicht sehen. Ein gewiefter Irrationalist kann seinen Kontrahenten, der zur Verteidigung der Vernunft angetreten ist, doch nach der Rechtfertigung des Vernunftprinzips fragen und ihn damit in arge Bedrängnis bringen. Der Hinweis, er selbst setze schon Vernunft voraus und verletze so sein eigenes Prinzip, braucht ihn ja nicht zu kümmern. Er kann geschickt argumentieren: »Ja, ich bin so entgegenkommend und übernehme erst einmal deine Position, stelle mich also auf den Standpunkt der Vernunft, und nun nenne mir bitte Vernunftgründe, warum ich ihn nicht wieder verlassen soll.«

Wie oben schon gezeigt – wenn der Irrationalist auf seinem irrationalistischen Standpunkt beharrt, ist er für Vernunftgründe unerreichbar –, bewirkt das eine logische Überlegenheit des Irrationalismus, der diese Schwierigkeit nicht hat. Neben diesem Vorteil versucht der Irrationalist jetzt, ein zweites Argument gegen den Rationalisten zu konstruieren, indem er unterstellt, es gelinge auch nicht, jemanden, der auf dem Standpunkt der Vernunft steht, vom Vernunftprinzip zu überzeugen. Oder anders formuliert: Man könne sich vom Vernunftstandpunkt aus fragen, ob man rational sein will, und diese Frage ohne Verletzung rationaler Prinzipien negativ beantworten.

An dieser Stelle beginnt eine harte Auseinandersetzung zwischen Rationalismus und Irrationalismus, jener Einstellung der Menschen, die ihr Leben unmittelbar, d.h. ohne Überlegung, durch Gefühle bestimmen lassen. Im Streit dieser beiden Kontrahenten stehe ich – wie man bemerkt haben wird – auf der Seite des Rationalisten. Wenn der Rationalismus auch noch diese Auseinandersetzung verlieren sollte, müßte er m.E. seine Position aufgeben. Es wäre nicht mehr klar, was er noch für eine

5 Vgl. E. Tugendhat, *Vorlesungen zur Einführung in die sprachanalytische Philosophie*, S. 119f.

These verträte, wenn er gezwungen werden könnte zuzugestehen, daß es Gründe gibt, eine irrationalistische Einstellung einzunehmen. Der Rationalismus muß versuchen zu zeigen, welche Vorteile uns ein vernünftiges Vorgehen bietet bzw. zu welchen Katastrophen ein erklärter Irrationalismus führen kann.

Nur Rationalität bietet die Gewähr dafür, daß wir unsere eigentlichen Wünsche möglichst optimal befriedigen können. Jeder Mensch hat Wünsche, und er will von den meisten, daß sie erfüllt werden. Wer freiwillig und bewußt auf die Mittel der Vernunft verzichtet, entledigt sich der einzigen Chance, das Erreichen seiner Ziele so weit wie möglich zu garantieren. Es ist nicht rational, die irrationalistische Einstellung zu wählen und somit auf den Gebrauch von Vernunft zu verzichten, weil die sehr große Gefahr besteht, daß der Irrationalismus zum eigenen Nachteil führt, was keiner wollen kann. Es ist kaum vorstellbar, daß einer freiwillig und bewußt auf die rationale Analyse der Konsequenzen seiner Entscheidungen verzichten möchte.

Man kann auch zeigen, zu welchen Zuständen ein erklärter Irrationalismus führt.[6] Durch die starke Bedeutung von Gefühl und Leidenschaft werden wahrscheinlich alle intolerant, und Gewalt wird der letzte Richter in jeder Auseinandersetzung. Wie sonst sollten Konflikte gefühlsbetonter Personen gelöst werden? Die Entscheidung zum Irrationalismus ist daher auch eine moralische Entscheidung. Die rationale Einstellung kann moralische Verhältnisse weder begründen noch garantieren, der Irrationalismus aber zeitigt mit Sicherheit Folgen, die wir als unmoralisch ablehnen.

Das Argument für die Einnahme einer rationalistischen Einstellung führt dem Kontrahenten vor, welche Konsequenzen seine irrationale Einstellung hat bzw. haben kann, und fragt ihn dann, ob er bereit ist, diese Folgen zu akzeptieren. Ich glaube, wenn man die Folgen nur deutlich genug darlegt, wird sich kaum einer wissentlich und willentlich dafür entscheiden.[7]

6 Vgl. K. Popper, *Die offene Gesellschaft und ihre Feinde*, Bd. II, Kap. 14, III.

7 Zu der pragmatischen Rechtfertigungsstrategie für Rationalität vgl. M. Black, *Why Should I Be Rational?*; J. Kekes, *A Justification of Rationality*, Kap. 10; N. Rescher, *Rationality*, Kap. 3.

2. *Fazit: Verschiedene Rationalitätstypen – eine Vernunft*

Ziel dieser Untersuchung war es – so hatte ich in der Einleitung erklärt –, einen einheitlichen Rationalitätsbegriff zu ermitteln. Um zu verdeutlichen, in welchem Umfang dieses Ziel erreicht wurde, will ich kurz den Gang der Argumentation rekapitulieren:

(1) In Kapitel I wurde mit sprachanalytischen Mitteln eine alle Anwendungssituationen umfassende Bedeutung des umgangssprachlichen Terminus »rational« im Sinne von »wohlbegründet« ermittelt. Somit hat der Rationalitätsbegriff zumindest schon einmal auf der sprachlichen Ebene eine einheitliche Bedeutung. Wenn »rational« soviel wie »wohlbegründet« heißt, dann differenziert sich allerdings Rationalität in so viele Typen, wie es Begründungsweisen gibt. Von daher stellte sich dann eine die weitere Untersuchung leitende Frage, ob es der Sache nach verschiedene Rationalitätstypen bzw. Begründungsweisen gibt. Zwei Unterscheidungen von Begründungsweisen legten sich dabei besonders nahe: (i) relative vs. absolute Begründungen und (ii) theoretische Begründungen von Meinungen vs. praktische Begründungen von Handlungen. Mit der ersten Unterscheidung erhielte man einen schwachen, relativen oder sog. formalen Rationalitätsbegriff sowie einen starken, absoluten oder sog. substantiellen Rationalitätsbegriff. Aus der zweiten Differenzierung ergäbe sich ein Begriff theoretischer Rationalität und ein Begriff praktischer Rationalität. Also war zu untersuchen, ob diese beiden Unterscheidungen von relativer vs. absoluter und theoretischer vs. praktischer Begründung berechtigt sind.

(2) Die Differenzierung zwischen absoluter und relativer Begründung ist im theoretischen Bereich nur dann sinnvoll, wenn sich zeigen läßt, daß sich die Rationalitätsstandards für die Bildung empirischer Meinungen und Theorien unseres wissenschaftlich-technischen Weltbilds transkulturell rechtfertigen lassen. In Kapitel IV, wo dieser Frage nachgegangen wurde, kam ich zu der Auffassung, daß die theoretischen Rationalitätsstandards nur insoweit kulturübergreifend sind, als es nichtkulturrelative Ziele gibt, von denen man annehmen kann, daß sie alle Menschen in irgendeiner Weise verfolgen wollen. In

Rekurs auf solche pragmatisch fundamentalen Ziele lassen sich die zentralen Standards moderner Wissenschaft rechtfertigen. Diese Rechtfertigungsstrategie ist somit abhängig von der Begründung von Zielen.

Im praktischen Bereich erhielte man einen substantiellen Rationalitätsbegriff, wenn sich Normen oder Werte absolut begründen ließen. In Kapitel VI wurde zuerst auf das sog. Letztbegründungsproblem von Normen eingegangen. Hier diskutierte ich vor allem den transzendentalpragmatischen Begründungsvorschlag und vertragstheoretische Konzeptionen. Beiden gelingt eine Letztbegründung von Normen m.E. nicht. Statt dessen verweist die Begründung von Normen auf die Begründung von Zielen. Auch eine Letztbegründung von Zielen – so wurde in Kapitel VII argumentiert – ist nicht möglich. Das bedeutet keineswegs, daß die Ziele einer Person nicht als irrational kritisiert werden können. Nur hängt diese Begründung von den von ihr akzeptierten Regeln der Genese von Wünschen ab, also letztlich von höherstufigen Wünschen.

Eine absolute Begründung sowohl von Rationalitätsstandards der Meinungsbildung als auch von Normen und Zielen ist damit nicht möglich, sondern bedarf immer des Rekurses auf Wünsche der betreffenden Person. Ein letzter Bezugspunkt aller Rationalität ist die Autonomie des einzelnen. Damit wird die Unterscheidung zwischen schwacher, formaler Rationalität vs. starker, substantieller Rationalität hinfällig, weil uns keine überzeugende Möglichkeit substantieller Letztbegründung bekannt ist.

(3) Was die andere Unterscheidung, die zwischen theoretischer und praktischer Rationalität, betrifft, so kann diese – wenn es denn keine substantielle Rationalität gibt – nur im Rahmen relativer Begründungen verortet werden. Gibt es aufgrund der verschiedenen Anwendungsfälle – Handlungen und Meinungen – unterschiedliche Typen von Rationalität? Die Antwort auf diese Frage scheint prima facie positiv auszufallen. Aber dieser Eindruck – dafür habe ich argumentiert – täuscht. Die Parallelität ist so groß, daß man kaum von grundsätzlich verschiedenen Typen von Rationalität sprechen kann; vielmehr handelt es sich um eine Grundform der Rationalität, die in unterschiedlichen Bereichen Anwendung findet. Die Argumentation für diese These, wie sie in den Kapiteln II und III für den Fall der Be-

gründung von Meinungen und in Kapitel V für die Begründung von Handlungen durchgeführt wurde, verlief dabei folgendermaßen:

Wenn Rationalität Wohlbegründetheit bedeutet, dann ist zu klären, wie eine gute Begründung aussehen muß, um als rational gelten zu können. Also gilt es, einzeln notwendige und zusammen hinreichende Bedingungen für die rationale Begründung sowohl von Meinungen als auch von Handlungen zu ermitteln. Damit ergibt sich zunächst eine formale Charakterisierung der Rationalität von Meinungen bzw. Handlungen. Der Vergleich der formalen Charakterisierungen zeigt auffallende Parallelen:

- Als rational im theoretischen Bereich erweist sich der regelgeleitete Prozeß der Meinungsbildung. Eine rationale Meinung zu bilden, stellt eine mentale Aktivität der betreffenden Person dar. Der Faktor, der relevant ist für die Rationalität einer Meinung, ist die Art ihrer Entstehung (und Aufrechterhaltung) durch eine vorgängige Überlegung. Dieser Prozeß der Meinungsbildung kann als eine Art mentale Handlung aufgefaßt werden. Rationalität im praktischen Bereich bezieht sich auf eine praktische Überlegung, d.h. den Prozeß der Bildung einer Handlungsabsicht, die dann zur Handlung führen muß. Sowohl theoretische wie praktische Rationalität beziehen sich also auf einen kognitiven Prozeß, d.h. eine Überlegung. Was als rationale Begründung gilt, läßt sich nur durch formale Prozeduren und durch prozedural erzielbare Ergebnisse erläutern.
- Die mentale Aktivität, d.h. der Prozeß der Bildung einer Meinung bzw. handlungswirksamen Absicht, ist rational, wenn er nach den Regeln der Rationalität vollzogen wurde. Die Standards der Rationalität sind Regeln für korrekte Überlegungen. Diese deontologische Konzeption von Rationalität gilt sowohl für Meinungen als auch für Handlungen. Dabei gibt es aufgrund der unterschiedlichen Anwendungsfälle natürlich auch Unterschiede in den Regeln.
- Die Begründung ist abhängig von den kognitiven Fähigkeiten und dem der Person prinzipiell zugänglichen Wissensstand. Dasjenige, was die Rationalität von Meinungen und Handlungen ausmacht, können nur Faktoren sein, die der Person kognitiv zugänglich sind (zumindest bei reiflicher

Überlegung). Das sind in der Regel deren Meinungen, Ziele und die von ihr anerkannten intellektuellen Verpflichtungen, wie sie in den Regeln der Rationalität zum Ausdruck kommen.

– Eine rationale Begründung enthält ein Motiv für den Meinenden, die entsprechende Meinung zu bilden bzw. die Handlung auszuführen. Diese internalistische Interpretation von Gründen erwies sich im theoretischen wie praktischen Bereich der Bedeutung von »rational«, besonders seiner präskriptiven Komponente, als angemessener denn die externalistische.
– Sowohl die rationale Meinung als auch die rationale Handlung müssen durch den regelgeleiteten Prozeß der Überlegung auf die richtige Weise verursacht werden.

Die formalen Charakteristika einer Begründung gelten für den theoretischen und praktischen Bereich gemeinsam. Diesen Elementen einer rationalen Begründung kann man am besten gerecht werden, wenn man Wohlbegründetheit als Befolgen interner Regeln der rationalen Überlegung konzipiert. Damit sind die Regeln der Rationalität inhaltlich noch nicht näher bestimmt.

Der Inhalt der Regeln läßt sich in einem weiteren Schritt näher bestimmen, wenn man das Ergebnis des Prozesses der rationalen Überlegung als Produkt einer rationalen Entscheidung versteht. Auch hier zeigte sich zunächst wieder eine überraschende Gemeinsamkeit. Aufgrund der Analyse theoretischer Rationalität als einer mentalen Aktivität läßt sich die Rationalität der Meinungsbildung wie die von Handlungen allgemein im Sinne des optimalen Erreichens eines Zwecks auffassen. Rationales Meinen und rationales Handeln sind beides zielgerichtete, mentale Tätigkeiten. Auf beide läßt sich also die Standardanalyse der Rationalität von Handlungen anwenden. Danach ist eine Handlung rational, wenn die betreffende Person – ihre abgewogenen Ziele, Hintergrundmeinungen und die Berücksichtigung aller verfügbaren relevanten Evidenzen vorausgesetzt – diejenige Alternative wählt, die die Gesamtheit ihrer Ziele optimal zu erfüllen verspricht.

Diese Konzeption klingt für die Rationalität von Meinungen kontraintuitiv. Im theoretischen Bereich scheint es unmöglich, sich willentlich dazu entscheiden zu können, etwas zu glauben.

Dies scheint an der besonderen Rolle des direkten Einflusses von Evidenzen auf unsere Meinungsbildung zu liegen. In der Tat liegt hierin ein Unterschied zur Bildung von Absichten bzw. Handlungen. Dieses Spezifikum soll nicht geleugnet werden. Es macht die maßgebliche Differenz zwischen den Regeln der rationalen Meinungsbildung und den Regeln der rationalen Wahl von Handlungen aus. Theoretische und praktische Rationalität sind deshalb nicht schlicht dasselbe. Aber sie sind beide Instanzen einer der Struktur nach deontologischen und entscheidungstheoretischen Konzeption von Rationalität. Denn auch theoretische Rationalität ist auf das Erreichen von Zielen bezogen, die es auf die beste Weise zu erfüllen gilt. Handelt es sich um ein sog. epistemisches Ziel, also vor allem darum zu glauben, was wahr ist, und nicht zu glauben, was falsch ist, so ist eine entscheidungstheoretische Analyse mit gängigen Vorstellungen epistemischer Rechtfertigung im Prinzip vereinbar, weil damit die allgemeine Auffassung kompatibel ist, daß man seine Meinungen nicht wählen kann. Dagegen vertrete ich in Kapitel III noch die These, daß sich die Ziele der Meinungsbildung in Maßen und zumindest indirekt wählen lassen und somit über die Wahl der Ziele auch die Meinungsbildung bewußt beeinflußt werden kann. Für die Wahl der Ziele der Meinungsbildung gilt wieder das Prinzip der Nutzenmaximierung. Die Wahrheitsorientierung muß sich, wenn sie rational sein soll, unter dem Nützlichkeitsaspekt rechtfertigen lassen. Aufgrund der in der Regel unerwünschten Nebenfolgen ist es bis auf Ausnahmen rational, sich zur Maxime zu machen, wahre Meinungen anzustreben. Die Ziele der Meinungsbildung lassen sich nach meiner Auffassung in dem Maß wählen, wie dadurch indirekt die Meinungen gewählt werden können. Dieses Maß an Entscheidungs- und Einflußfreiheit genügt, um die entscheidungstheoretische Konzeption theoretischer Rationalität zu legitimieren.

Im praktischen Bereich könnte sich dann ein spezifisch praktisches Moment der Rationalität zeigen, wenn aus der praktischen Überlegung nicht notwendig die Handlung folgen würde. Dagegen vertrete ich in dem Abschnitt V.2.5. die Auffassung, daß, wenn die praktische Überlegung korrekt, d.h. nach den Regeln der Rationalität durchgeführt wird, die Handlung mit Notwendigkeit folgt. Ein spezifisch praktisches Moment, z.B. in Form einer zusätzlichen motivationalen Kraft, existiert hier also nicht.

Die strukturelle Parallelität bzw. Einheit der Vernunft ergibt sich dadurch, daß die – wie man sagen könnte – doxastische und motivationale Freiheit im theoretischen Bereich größer ist als allgemein angenommen. Man kann hier durch bewußte Überlegung seine Ziele und Meinungen ein Stück weit steuern. Die doxastische und motivationale Freiheit ist dagegen im praktischen Bereich nicht so groß, wie man meinen könnte. Hier läßt sich die Handlung auch nur über die praktische Überlegung, besonders die Wahl der Ziele, rational beeinflussen. Theoretische und praktische Rationalität sind daher strukturell viel ähnlicher, als dies die gängige Auffassung nahelegt.

Die in Kapitel VII gestellte Frage nach der Rationalität von Wünschen ergab darüber hinaus, daß auch diese nur in Rekurs auf Metapräferenzen als rational und irrational eingestuft werden können. Dies gilt für die Ziele sowohl der Meinungsbildung als auch für die von Handlungen. Für Wünsche gilt daher ebenso die entscheidungstheoretische Konzeption von Rationalität. Das gilt auch, obwohl sie nicht (immer) direkt aus Mittel-Zweck-Gründen hervorgebracht oder verändert werden können. Die Wahl- und Einflußmöglichkeiten sind im voluntativen Bereich (wie im kognitiven Bereich) oft eher indirekter Art.

Die Idee der optimalen Wahl von Zielen, Handlungen und Meinungen erweist sich so als der eine umfassende und zentrale Bestandteil des Rationalitätsbegriffs. Statt von unterschiedlichen Rationalitätstypen (formale vs. substantielle, theoretische vs. praktische Rationalität) zu sprechen, scheint es mir daher bedeutend angemessener – ohne Differenzen ganz negieren zu wollen –, von einem einheitlichen Rationalitäts- bzw. Vernunftbegriff auszugehen. Rationalität hat nicht nur auf der sprachlichen Oberfläche eine einheitliche Bedeutung im Sinne von Wohlbegründetheit, sondern auch auf der Ebene der Begründungsweisen eine einheitliche Struktur im Sinne der Wahl der bestmöglichen Alternative zum Zweck der optimalen Erfüllung möglichst vieler Ziele.

Mit dieser These soll nicht dem schlichten orthodoxen Modell der Zweckrationalität das Wort geredet werden. Rationalität wird in diesem Modell als formale Kohärenz zwischen Handlungen, Meinungen und Zielen der Person interpretiert.[8] Rationalität von Handlungen besteht demnach in dem Ergreifen des besten Mittels zum Erreichen gegebener Ziele. Rationalität von Meinungen besteht in der Kohärenz mit anderen Meinungen der Person. Rationalität der Ziele oder Wünsche besteht auch nur in der Kohärenz der Wünsche der Person, d.h. in der entsprechenden Ordnung und Hierarchisierung der Wünsche. Die Bedingungen für die Kohärenz können durch eine Menge von Axiomen ausgedrückt werden.

Dieses Modell der Zweck-Mittel-Rationalität ist unzureichend und entspricht nicht der hier vertretenen Konzeption. Die Konzeption von Rationalität, für die ich in dieser Arbeit argumentiert habe, verlangt als Kriterien für rationale Meinungen, Handlungen und Wünsche mehr als bloße Kohärenz mit anderen gegebenen Meinungen, Wünschen, Zielen. Dieses »mehr« besteht in einer Form der Aufklärung und Reflexion. Bei der Meinungsbildung müssen die verfügbaren Informationen berücksichtigt werden. Rationale Wünsche müssen, um diesen Titel zu verdienen, auch in Kenntnis ihrer Entstehungsbedingungen etc. aufrechterhalten werden können. Die Handlungen müssen sich aus einer praktischen Überlegung ergeben, in der alle relevanten Wünsche und zur Verfügung stehenden Informationen berücksichtigt und die Ziele richtig abgewogen worden sind. Meinungen, Handlungen, Wünsche müssen in dieser Konzeption prozedural begründet sein, d.h. in adäquaten Prozessen gebildet werden. Diese Prozesse sind durch die Angabe von Regeln näher zu spezifizieren. In dieser Konzeption wird offengelassen, welche konkreten Meinungen, Wünsche und Handlungen (normalerweise) rational sind. Die Rationalitätskriterien sind formal, die Inhalte der Meinungen, Handlungen, Wünsche relativ zu den anderen Meinungen und Wünschen der Person. Aber die Begründung verläuft nicht nur relativ zu gegebenen Gründen. Rationalität impliziert vielmehr wesentlich, sich die besten Gründe bewußt zu machen und nach ihnen zu suchen.

Die hier vertretene Konzeption ist die Auffassung, die weder zu

8 Diese Deutung der Zweck-Mittel-Rationalität lieferte zuerst F.P. Ramsey, *Truth and Probability*.

starke noch zu schwache Ansprüche stellt und damit einer ganzen Reihe von Kritikpunkten entgehen kann. Rationalität bedeutet demnach, danach zu streben, in den gegebenen Umständen das für einen Bestmögliche zu tun. Damit wird auch ein Motiv genannt, warum es für jeden gut oder nützlich ist, rational zu sein: Denn Rationalität ist eine bessere Methode als alle anderen, *seine eigenen* Ziele und Vorstellungen zu verwirklichen. Und wer möchte das nicht?

Literaturverzeichnis

Abelson, R.P., *Social Psychology's Man*, in: S.I. Benn & G.W. Mortimore (Hg.), Rationality and the Social Sciences. Contributions to the Philosophy and Methodology of the Social Sciences, London/Henley/Boston 1976, S. 58-89.

Acham, K., *Über einige Rationalitätskonzeptionen in den Sozialwissenschaften*, in: H. Schnädelbach (Hg.), Rationalität, Frankfurt a.M. 1984, S. 32-70.

Achinstein, P. (Hg.), *Concepts of Evidence*, Oxford 1983.

Adorno, Th.W. & M. Horkheimer, *Die Dialektik der Aufklärung*, Amsterdam 1955.

Agassi, J. & I.C. Jarvie (Hg.), *Rationality: The Critical View*, Dordrecht 1987.

Agassi, J. & I.C. Jarvie, *The Problem of the Rationality of Magic*, in: B.R. Wilson (Hg.), Rationality, Oxford 1970, S. 172-193.

Agassi, J., *Theories of Rationality*, in: Agassi, J. & I.C. Jarvie (Hg.), Rationality: The Critical View, Dordrecht 1987, S. 249-263.

Albert, H., *Traktat über kritische Vernunft*, Tübingen 1968.

Alston, W.P., *Concepts of Epistemic Justification*, The Monist 68, 1985, S. 57-89.

Alston, W.P., *Internalism and Externalism in Epistemology*, Philosophical Topics, Vol. 14, 1986, S. 179-221.

Alston, W.P., *The Deontological Conception of Epistemic Justification*, in: J.E. Tomberlin (Hg.), Philosophical Perspectives 2, Epistemology, 1988, S. 257-299.

Anscombe, G.E.M., *Intention*, Oxford 1957.

Apel, K.O., *Das Apriori der Kommunikationsgemeinschaft und die Grundlagen der Ethik*, in: ders. (Hg.), Transformation der Philosophie, Bd. II, Frankfurt a.M. 1973, S. 358-435.

Apel, K.O., *Das Problem der Letztbegründung im Lichte einer transzendentalen Sprachpragmatik*, in: B. Kanitschneider (Hg.), Sprache und Erkenntnis, FS für G. Frey, Innsbruck 1976, S. 55-82.

Apel, K.O., *Sprechakttheorie und transzendentale Sprachpragmatik zur Frage ethischer Normen*, in: ders. (Hg.), Sprachpragmatik und Philosophie, Frankfurt a.M. 1976, S. 10-173.

Aristoteles, *Opera*, hg. von der Preuß. Akad., Berlin 1831ff.

Arrow, K., *Social Choice and Individual Values*, New York ²1963.

Audi, R., *An Epistemic Conception of Rationality*, Social Theory and Practice 9, 1983, S. 311-334.

Audi, R., *A Theory of Practical Reasoning*, American Philosophical Quarterly 19, 1982, S. 25-37.

Audi, R., *Belief, Reason, and Inference*, Philosophical Topics 14, 1986, S. 27-65.
Audi, R., *Weakness of Will and Practical Judgement*, NOÛS 13, 1979, S. 173-196.
Audi, R., *Practical Reasoning*, London/New York 1989.
Audi, R., *Rationality and Valuation*, in: P.K. Moser (Hg.), Rationality in Action. Contemporary Approaches, Cambridge 1990, S. 416-446; orig. in: G. Seebaß, R. Tuomela (Hg.), Social Action, Dordrecht 1985, S. 243-277.
Audi, R., *Rationalization and Rationality*, Synthese 65, 1985, S. 159-184.
Audi, R., *Self-Deception and Rationality*, in: M.W. Martin (Hg.), Self-Deception and Self-Understanding, U.P. of Kansas 1985, S. 169-194.
Bach, K., *An Analysis of Self-Deception*, Philosophy and Phenomological Research 41, 1981, S. 351-370.
Baier, K., *The Moral Point of View*, Ithaca 1964.
Baker, G.P. & P.M.S. Hacker, *Scepticism, Rules, and Language*, Oxford 1984.
Barnes, B. & D. Bloor, *Relativism, Rationalism, and the Sociology of Knowledge*, in: M. Hollis & S. Lukes (Hg.), Rationality and Relativism, Oxford 1982, S. 21-27.
Baron, J., *Rationality and Intelligence*, Cambridge 1985.
Baumgartner, H.M., *Wandlungen des Vernunftbegriffs in der Geschichte des europäischen Denkens*, in: L. Scheffcyk (Hg.), Rationalität. Ihre Entwicklung und ihre Grenzen, Freiburg/München 1980, S. 167-203.
Bayes, T., *An Essay towards Solving a Problem in the Doctrine of Chances*, Philosophical Transactions of the Royal Society of London, 1763; wiederabgedruckt in: E.S. Pearson & M.G. Kendall (Hg.), Studies in the History of Statistics and Probability, London 1979.
Becker, W., *Der prozedurale Rationalitätsbegriff und die Konsensustheorie der Wahrheit*, Ethik und Sozialwissenschaften 3, 1990, S. 343-350.
Beckermann, A. (Hg.), *Analytische Handlungstheorie*, Bd. 2, Frankfurt a.M. 1977.
Benn, S.I. & G.W. Mortimore (Hg.), *Rationality and the Social Sciences. Contributions to the Philosophy and Methodology of the Social Sciences*, London/Henley/Boston 1976.
Bennett, D., *Action, Reason, and Purpose*, Journal of Philosophy 62, 1965, S. 85-96.
Bennett, J., *Rationality. An Essay Towards an Analysis*, London 1964; dt. Rationalität. Versuch einer Analyse, Frankfurt a.M. 1967.
Bennett, J., *Why is Belief Involuntary?* Analysis 50, 1990, S. 87-107.

Bieri, P., *Generelle Einführung*, in: ders. (Hg.), Analytische Philosophie der Erkenntnis, Frankfurt a.M. 1987, S. 9-72.
Bittner, R., *Moralisches Gebot oder Autonomie*, Freiburg/München 1983.
Black, M., *Reasonableness*, in: R.F. Dearden & P.H. Hirst & R.S. Peters (Hg.), Education and the Development of Reason, London 1972, S. 194-207.
Black, M., *Why Should I Be Rational?* Dialectica 36, 1982, S. 147-168.
Bond, E.J., *Reason and Value*, Cambridge 1983.
Braithwaite, R.B., *Theory of Games as a Tool for the Moral Philosopher*, Cambridge 1955.
Brandt, R.B., *A Theory of the Good and the Right*, Oxford 1979.
Bratman, M.E., *Intention, Plans, and Practical Reason*, Cambridge, Mass. 1987.
Bratman, M.E., *Taking Plans Seriously*, Social Theory and Practice 9, 1983, S. 271-297.
Brown, H.I., *Rationality*, London/New York 1988.
Carnap, R., *Logical Foundations of Probability*, Chicago 1950, 2. revidierte Aufl. 1962.
Charlton, W., *Weakness of Will*, Oxford 1988.
Cherniak, C., *Minimal Rationality*, Cambridge, Mass./London 1986.
Chisholm, R., *Freedom and Action*, in: K. Lehrer (Hg.), Freedom and Determinism. New York 1966, S. 11-44; dt. *Freiheit und Handeln*, in: G. Meggle (Hg.), Analytische Handlungstheorie, Bd. I, Frankfurt a.M. 1985, S. 354-387.
Chisholm, R., *Theory of Knowledge*, Englewood Cliffs, NJ, [2]1977; dt. *Erkenntnistheorie*, München 1979.
Christman, J., *Constructing the Inner Citadel*: Recent Work on the Concept of Autonomy, Ethics 93, 1988, S. 109-124.
Churchland, P.M., *The Logical Character of Action Explanation*, Philosophical Review 79, 1979, S. 214-236; dt. *Der logische Status von Handlungserklärungen*, in: A. Beckermann (Hg.), Analytische Handlungstheorie, Bd. 2, Frankfurt a.M. 1977, S. 304-331.
Clifford, W.K., *The Ethics of Belief*, in: ders., Lectures and Essays, London 1879.
Cohen, L.J., *Can Human Irrationality be Experimentally Demonstrated?* Behavioral and Brain Sciences 4, 1981.
Cohen, L.J., *The Unity of Reason*, Social Theory and Practice 9, 1983, S. 245-269.
Cook, T., *Deciding to Believe without Self-Deception*, Journal of Philosophy 84, 1987, S. 441-446.
Daniels, N., *Can Cognitive Psychotherapy Reconcile Reason and Desire?* Ethics 93, 1983, S. 772-785.

Daniels, N., *Wide Reflective Equilibrium and Theory of Acceptance in Ethics*, Journal of Philosophy 76, 1979, S. 256-282.

Davidson, D., *A Coherence Theory of Truth and Knowledge*, in: D. Henrich (Hg.), Kant oder Hegel? Über Formen der Begründung in der Philosophie. Stuttgart 1983, S. 423-438; dt. *Eine Kohärenztheorie der Wahrheit und der Erkenntnis*, in: P. Bieri (Hg.), Analytische Philosophie der Erkenntnis, Frankfurt a.M. 1987, S. 271-290.

Davidson, D., *Actions, Reasons, and Causes* (1963), in: ders., Essays on Actions and Events, Oxford 1980, S. 3-19; dt. *Handlungen, Gründe, Ursachen*, in: ders., Handlung und Ereignis, Frankfurt a.M. 1990, S. 19-42.

Davidson, D., *Deception and Division*, in: J. Elster (Hg.), The Multiple Self, 1986, S. 79-92; auch in: E. LePore & B.P. McLaughlin (Hg.), Actions and Events, Oxford 1985, S. 138-148.

Davidson, D., *Essays on Actions and Events*, Oxford 1980, S. 63-81; dt. *Handlung und Ereignis*, Frankfurt a.M. 1990.

Davidson, D., *Freedom to Act* (1973), in: ders., Essays on Actions and Events, Oxford 1980, S. 63-81; dt. *Handlungsfreiheit*, in: ders., Handlung und Ereignis, Frankfurt a.M. 1990, S. 99-124.

Davidson, D., *How is Weakness of the Will Possible?* (1979), in: ders., Essays on Actions and Events, Oxford 1980, S. 21-42; dt. *Wie ist Willensschwäche möglich?*, in: ders., Handlung und Ereignis, Frankfurt a.M. 1990, S. 43-72.

Davidson, D., *Incoherence and Irrationality*, Dialectica 39, 1985, S. 345-354.

Davidson, D., *Intending* (1978), in: ders., Essays on Actions and Events, Oxford 1980, S. 83-102; dt. *Beabsichtigen*, in: ders., Handlung und Ereignis, Frankfurt a.M. 1990, S. 125-152.

Davidson, D., *On the Very Idea of a Conceptual Scheme*, in: ders., Inquiries into Truth and Interpretation, Oxford 1984, S. 183-198; dt. *Was ist eigentlich ein Begriffsschema?* in: P. Bieri (Hg.), Analytische Philosophie der Erkenntnis, Frankfurt a.M. 1987, S. 390-405.

Davidson, D., *Paradoxes of Irrationality*, in: R. Wollheim & J. Hopkins (Hg.), Essays on Freud, Cambridge 1982, S. 289-305.

Davidson, D., *Psychology as Philosophy*, (1974), in: ders., Essays on Actions and Events, Oxford 1980, S. 229-239; dt. *Psychologie als Philosophie*, in: ders., Handlung und Ereignis, Frankfurt a.M. 1990, S. 321-336.

Davidson, D., *Rational Animals*, in: E. LePore & B.P. McLaughlin (Hg.), Actions and Events, Oxford 1985, S. 473-480.

Dennett, D.C., *Bedingungen der Personalität*, in: P. Bieri (Hg.), Analytische Philosophie des Geistes, Königstein/Ts. 1981, S. 303-326.

Dennett, D.C., *Intentionale Systeme*, in: P. Bieri (Hg.), Analytische Philosophie des Geistes, Königstein/Ts. 1981, S. 162-183.

Ducasse, C.J., *Explanation, Mechanism, and Teleology*, Proceedings of the Aristotelian Society, Suppl. Vol. 14 (1935), wiederabgedruckt in: H. Feigl & M. Brodbeck (Hg.), Readings in the Philosophy of Science, Vol. I, Minneapolis 1956, S. 540-544.

Duerr, H.P. (Hg.), *Der Wissenschaftler und das Irrationale*, 2 Bde., Frankfurt a.M. 1981.

Elster, J., *Introduction*, in: ders. (Hg.), Rational Choice, Oxford 1986, S. 1-33.

Elster, J., *Introduction*, in: ders. (Hg.), The Multiple Self, Cambridge 1986, S. 1-34.

Elster, J., *Rationality*, in: G. Fløistad (Hg.), Contemporary Philosophy, Vol. 2, Hague/Boston/London 1982, S. 111-131.

Elster, J., *Sadder but Wiser?* Social Science Information 24, 1985, S. 375-406.

Elster, J., *Solomonic Judgements*, Cambridge 1989.

Elster, J., *Sour Grapes. Studies in the Subversion of Rationality*, Cambridge 1983.

Elster, J., *The Nature and Scope of rational choice Explanation*, in: E. LePore & B.P. McLaughlin (Hg.), Actions and Events, Oxford 1985, S. 60-72.

Elster, J., *Ulysses and the Sirens. Studies in Rationality and Irrationality*, Cambridge 1979.

Erwin, E., *Psychoanalysis and Self-Deception*, in: B.P. McLaughlin & A. Oksenberg Rorty (Hg.), Perspectives on Self-Deception, Berkeley 1988, S. 228-245.

Evans-Pritchard, E.E., *Witchcraft, Oracles, and Magic among the Azande*, Oxford 1937.

Fingarette, H., *Self-Deception*, London 1969.

Foley, R., *Is It Possible To Have Contradictory Beliefs?* Midwest Studies in Philosophy 10, 1968, S. 327-355.

Foley, R., *Justified Inconsistent Beliefs*, American Philosophical Quarterly 16, 1979, S. 247-257.

Foley, R., *The Theory of Epistemic Rationality*, Cambridge, Mass. 1987.

Føllesdal, D., *The Status of the Rationality Assumption in Interpretation and in the Explanation of Action*, Dialectica 36, 1982, S. 301-316.

Foot, Ph., *Morality as a System of Hypothetical Imperatives*, in: dies., Virtues and Vices, Oxford 1978, S. 157-173.

Foot, Ph., *Reason for Action and Desires*, in: J. Raz (Hg.), Practical Reasoning, Oxford 1978, S. 178-184.

Frankel, C., *Justice and Rationality*, in: S. Morgenbesser u.a. (Hg.), Philosophy, Science, and Method. Essays in Honor of E. Nagel, New York 1969, S. 400-414.

Frankena, W. K., *Analytische Ethik*, München 1972.

Frankena, W. K., *Obligation and Motivation in Recent Moral Philosophy*, in: A. I. Melden (Hg.), Essays in Moral Philosophy, Seattle 1958; wiederabgedruckt in: Perspectives on Morality: Essays of William K. Frankena, hg. von K. E. Goodpaster, Notre Dame, Ind., 1976.

Frankfurt, H. G., *Freedom of the Will and the Concept of a Person*, The Journal of Philosophy 68, 1971, S. 5-20; dt. *Willensfreiheit und der Begriff der Person*, in: P. Bieri (Hg.), Analytische Philosophie des Geistes, Königstein/Ts. 1981, S. 287-303.

Frazer, J. G., *The Golden Bough*. A study in Magic and Religion, London 1890.

Freud, S., *Die Zukunft einer Illusion*, in: S. Freud, Studienausgabe, Bd. IX, Frankfurt a. M. 1974, S. 135-189.

Fumerton, R., *The Internalism/Externalism Controversy*, in: J. E. Tomberlin (Hg.), Philosophical Perspectives, 2, Epistemology, 1988, S. 443-459.

Gadamer, H.-G., *Historical Transformation of Reason*, in: T. F. Geraets (Hg.), Rationality To-day, Ottawa 1979, S. 3-14.

Gauthier, D. P., *Morality and Advantage*, in: J. Raz (Hg.), Practical Reasoning, Oxford 1978.

Gauthier, D. P., *Morals by Agreement*, Oxford 1986.

Gean, W. D., *Reasons and Causes*, Review of Metaphysics 19 (1965/66), S. 667-688; dt. *Gründe und Ursachen*, in: A. Beckermann (Hg.), Analytische Handlungstheorie, Bd. 2, Frankfurt a. M. 1977, S. 195-220.

Gert, G., *The Moral Rules*, New York 1966; dt. *Die moralischen Regeln*, Frankfurt a. M. 1983.

Geuss, R., *The Idea of a Critical Theory*, New York 1983; dt. *Die Idee der kritischen Theorie*, Königstein/Ts. 1983.

Geuss, R., *Wants and Interests*, MS 1984.

Gibbard, A., *A Noncognitivistic Analysis of Rationality in Action*, Social Theory and Practice 9, 1983, S. 199-221.

Gibson, M., *Rationality*, Philosophy and Public Affairs 6, 1976/77, S. 193-225.

Goldman, A. I., *A Theory of Human Action*, Englewood Cliffs 1970.

Goldman, A. I., *Epistemics: The Regulative Theory of Cognition*, Journal of Philosophy 75, 1978, S. 509-523, dt: *Epistemik: Die regulative Theorie der Kognition*, in: P. Bieri (Hg.), Analytische Philosophie der Erkenntnis, Frankfurt a. M. 1987, S. 454-469.

Goldman, A. I., *Epistemology and Cognition*, Cambridge, Mass. 1986.

Goldman, A. I., *Epistemology and the Theory of Problem Solving*, Synthese 55, 1983, S. 21-48.

Goodman, N., *Fact, Fiction, Forecast*, Cambridge, Mass. 1955.

Graham, G., *Russell's Deceptive Desires*, Philosophical Quaterly 36, 1986, S. 223-229.
Grice, G.R., *Motive and Reason*, in: J. Raz (Hg.), Practical Reasoning, Oxford 1978, S. 168-177.
Grünbaum, A., *The Foundation of Psychoanalysis*, Berkeley 1984.
Habermas, J., *Analytische Wissenschaftstheorie und Dialektik*, in: Th.W. Adorno, u.a. (Hg.), Der Positivismusstreit in der deutschen Soziologie, Darmstadt 1978, S. 155-268.
Habermas, J., *Aspects of the Rationality of Action*, in: Th.F. Geraets (Hg.), Rationality To-day, Ottawa, 1979, S. 185-212.
Habermas, J., *Der Diskurs der Moderne*, Frankfurt a.M. 1985.
Habermas, J., *Diskursethik – Notizen zu einem Begründungsprogramm*, in: ders., Moralbewußtsein und kommunikatives Handeln, Frankfurt a.M. 1983, S. 53-126.
Habermas, J., *Dogmatismus, Vernunft und Entscheidung – Zur Theorie und Praxis in der verwissenschaftlichten Zivilisation*, in: ders., Theorie und Praxis, Frankfurt a.M. 1978, S. 307-335.
Habermas, J., *Erläuterungen zum Begriff des kommunikativen Handelns*, in: ders., Vorstudien und Ergänzungen zur Theorie des kommunikativen Handelns, Frankfurt a.M. 1983, S. 517-606.
Habermas, J., *Gegen einen positivistisch halbierten Rationalismus*, in: Th.W. Adorno u.a. (Hg.), Der Positivismusstreit in der deutschen Soziologie, Darmstadt 1978, S. 235-268.
Habermas, J., *Legitimationsprobleme im Spätkapitalismus*, Frankfurt a.M. 1973.
Habermas, J., *Praktische Folgen des wissenschaftlich-technischen Fortschritts*, in: ders., Theorie und Praxis, Frankfurt a.M. 1978.
Habermas, J., *Theorie des kommunikativen Handelns*, Bd. I & II, Frankfurt a.M. 1981.
Habermas, J., *Vorbereitende Bemerkungen zu einer Theorie der kommunikativen Kompetenz*, in: J. Habermas & N. Luhmann, Theorie der Gesellschaft oder Sozialtechnologie – Was leistet die Systemforschung?, Frankfurt a.M. 1971, S. 101-141.
Habermas, J., *Wahrheitstheorien*, in: H. Fahrenbach (Hg.), Wirklichkeit und Reflexion. FS für W. Schulz, Pfullingen 1973, S. 211-265.
Habermas, J., *Was heißt Universalpragmatik*, in: K.O. Apel (Hg.), Sprachpragmatik und Philosophie, Frankfurt a.M. 1976.
Habermas, J., *Zwecktätigkeit und Verständigung. Ein pragmatischer Begriff der Rationalität*, in: H. Stachowiak (Hg.), Pragmatik. Handbuch pragmatischen Denkens, Bd. III, Hamburg 1989, S. 32-59.
Hacking, J., *Language, Truth, and Reason*, in: M. Hollis & S. Lukes (Hg.), Rationality and Relativism, Oxford 1982, S. 48-66.
Hare, R.M., *Rawls' Theory of Justice*, in: N. Daniels (Hg.), Reading Rawls, Oxford 1975, S. 81-107.

Harman, G., *Change in View*, Cambridge, Mass./London 1986.
Harman, G., *Critical Review: Richard B. Brandt, A Theory of the Good and the Right*, Philosophical Studies 42, 1982, S. 119-139.
Harman, G., *Logic and Reasoning*, Synthese 60, 1984, S. 107-127.
Harman, G., *Thought*, Princeton 1973.
Hempel, C., *Deductive-Nomological vs. Statistical Explanation*, in: H. Fleigl & G. Maxwell (Hg.), Minnesota Studies in the Philosophy of Science, Vol. 3, 1962.
Hempel, C. G., *Rational Action*, Proceedings and Addresses of the APA, 35, 1961-1962, S. 5-23; dt. *Rationales Handeln*, in: G. Meggle (Hg.), Analytische Handlungstheorie, Bd. 1, Frankfurt a. M. 1977, S. 388-414. Ergänzt und überarbeitet wiederabgedruckt als Schlußkapitel von:
Hempel, C. G., *Aspects of Scientific Explanation and other Essays in the Philosophy of Science*, New York 1965; dt. *Aspekte wissenschaftlicher Erklärung*, Berlin, New York 1977.
Hempel, C. G., *Scientific Rationality, Analytic vs. Pragmatic Perspectives*, in: Th. F. Geraets (Hg.), Rationality To-day, Ottawa, 1979, S. 46-66.
Hilpinen, R., *Rules of Acceptance and Inductive Logic*, Amsterdam 1968.
Hintikka, J. & J. Pietarinen, *Semantic Information and Inductive Logic*, in: J. Hintikka & P. Suppes (Hg.), Aspects of Inductive Logic, Amsterdam 1966.
Hintikka, J., *Knowledge and Belief*, Ithaca, N.J., 1961.
Hintikka, J., *Practical vs. Theoretical Reason – An Ambigous Legacy*, in: S. Körner (Hg.), Practical Reason, New Haven 1974, S. 83-103.
Höffe, O., *Rationalität, Dezision oder praktische Vernunft – Zur Diskussion des Entscheidungsbegriffs in der Bundesrepublik Deutschland*, in: ders., Ethik und Politik, Frankfurt a. M. 1979, S. 334-393.
Höffe, O., *Zur vertragstheoretischen Begründung politischer Gerechtigkeit: Hobbes, Kant und Rawls im Vergleich*, in: ders., Ethik und Politik, Frankfurt a. M. 1979, S. 195-226.
Hollis, M. & S. Lukes, (Hg.), *Rationality and Relativism*, Oxford 1982.
Hollis, M., *Rational Man and Social Science*, in: R. Harrison, Rational Action, Cambridge 1979, S. 1-17.
Hollis, M., *Reason and Ritual*, in: B. R. Wilson (Hg.), Rationality, Oxford 1970, S. 221-239.
Hollis, M., *The Cunning of Reason*, Cambridge 1987, dt. *Rationalität und soziales Verstehen*, Frankfurt a. M. 1991.
Hollis, M., *The Limits of Irrationality*, in: B. R. Wilson (Hg.), Rationality, Oxford 1970, S. 214-220.

Horton, R., *African Thought and Western Science*, in: B.R. Wilson (Hg.), Rationality, Oxford 1970, S. 131-171.
Hospers, J., *Die Reichweite menschlicher Freiheit*, in: U. Pothast (Hg.), Freies Handeln und Determinismus, Frankfurt a.M. 1978, S. 93-114.
Hume, D., *A Treatise of Human Nature*, hg. von L.A. Selby-Bigge, Oxford ²1978 (orig.: 1739).
Hursthouse, R., *Arational Action*, Journal of Philosophy 88, 1981, S. 57-68.
Jarvie, J.C., *Explaining Cargo Cults*, in: B.R. Wilson (Hg.), Rationality, Oxford 1970, S. 50-61.
Jeffrey, R.C., *The Logic of Decision*, Chicago ²1983.
Kahneman, D. & P. Slovic & A. Tversky (Hg.), *Judgement under Uncertainty: Heuristics and Biases*, Cambridge 1982.
Kalberg, S., *Max Webers Typen der Rationalität: Grundsteine für die Analyse von Rationalisierungsprozessen in der Geschichte*, in: W.M. Spondel & C. Seyfarth (Hg.), Max Weber und die Rationalisierung sozialen Handelns, Stuttgart 1981, S. 9-38.
Kambartel, F., *Vernunft: Kriterium oder Kultur? Zur Definierbarkeit des Vernünftigen*, in: ders., Philosophie der humanen Welt, Frankfurt a.M. 1989, S. 26-43.
Kant, I., *Grundlegung zur Metaphysik der Sitten*, in: Werke, hg. von der Preuß. Akad. der Wiss., Bd. IV, S. 385-463, Berlin 1903.
Kant, I., *Werke*, hg. von der Preuß. Akad. der Wiss., Berlin 1902ff.
Kekes, J., *Rationality and Problem-Solving*, Philosophy and the Social Sciences 7, 1977, S. 351-366.
Kekes, J., *Some Requirements of a Theory of Rationality*, Monist 71, 1988, S. 320-338.
Kekes, J., *A Justification of Rationality*, Albany 1976.
Kenny, A., *Action, Emotion, and Will*, London 1963.
Kenny, A., *Happiness*, in: J. Feinberg (Hg.), Moral Concepts, Oxford 1969, S. 43-52.
Kim, J. & R. Brandt, *Wants as Explanation of Action*, The Journal of Philosophy 60, 1963; dt. *Wünsche als Erklärungen von Handlungen*, in: A. Beckermann (Hg.), Analytische Handlungstheorie, Bd. II, Frankfurt a.M. 1977, S. 259-274.
Kippenberg, H.G. & B. Luchesi, (Hg.), *Magie: Die sozialwissenschaftliche Kontroverse über das Verstehen fremden Denkens*, Frankfurt a.M. 1978.
Koertge, N., *On Explaining Beliefs*, in: J. Agassi & I.C. Jarvie (Hg.), Rationality: The Critical View, Dordrecht 1987, S. 309-315.
Kolnai, A., *Deliberation is of Ends*, in: ders., Ethics, Value, and Reality, Oxford 1977, S. 44-62.
Koppe, F., *Grundbegriffe der Ästhetik*, Frankfurt a.M. 1983.

Korsgaard, C., *Skepticism about Practical Reason*, Journal of Philosophy 83, 1986, S. 5-25.
Kripke, S., *Wittgenstein on Rules and Private Language. An Elementary Exposition*, Oxford 1984.
Krüger, L., *Über das Verhältnis von Wissenschaftlichkeit und Rationalität*, in: H.-P. Duerr (Hg.), Der Wissenschaftler und das Irrationale, Bd. 2, Frankfurt a.M. 1981, S. 91-111.
Kuhlmann, W., *Reflexive Letztbegründung. Zur These von der Unhintergehbarkeit der Argumentationssituation*, Zeitschrift für Philosophische Forschung 35, 1981, S. 3-26.
Kuhlmann, W., *Zur logischen Struktur transzendental-pragmatischer Normenbegründung*, in: W. Oelmüller (Hg.), Transzendentale Normenbegründung, Paderborn 1978, S. 15-26.
Kuhn, T.S., *The Structure of Scientific Revolutions*, Chicago 1962; dt. *Die Struktur wissenschaftlicher Revolutionen*, Frankfurt a.M. ²1976.
Kusser, A., *Dimensionen der Kritik von Wünschen*, Frankfurt 1989.
Kyburg, H., *Probability and the Logic of Rational Belief*, Middletown 1961.
Lehrer, K., *Knowledge*, Oxford 1974.
Lenk, H. & H. Spinner, *Rationalitätstypen, Rationalitätskonzepte und Rationalitätstheorien im Überblick. Zur Rationalismuskritik und Neufassung der »Vernunft heute«*, in: H. Stachoviak (Hg.), Pragmatik. Handbuch pragmatischen Denkens, Bd. III, Hamburg 1989, S. 1-31.
Lévi, I., *Decisions and Revisions*, Cambridge 1984.
Lévi, I., *Gambling with Truth*, New York 1967.
Lévi, I., *The Enterprise of Knowledge*, Cambridge, Mass. 1980.
Lévi-Strauss, C., *Das wilde Denken*, Frankfurt a.M. 1973.
Lévi-Strauss, C., *Strukturale Anthropologie*, Bd. I, Frankfurt a.M. 1967, Bd. II, Frankfurt a.M. 1975.
Lévy-Bruhl, L., *La mentalité primitive*, Paris 1922.
Löw-Beer, M., *Selbsttäuschung. Philosophische Analyse eines psychischen Phänomens*, Freiburg/München 1990.
Luce, R.D. & H. Raiffa, *Games and Decisions*, New York 1957.
Lukes, S., *Some Problems about Rationality*, in: B.R. Wilson (Hg.), Rationality, Oxford 1970, S. 134-213.
Mabbott, J.D., *Reason and Desire*, in: R.F. Dearden & P.H. Hirst & R.S. Peters (Hg.), Education and the Development of Reason, London 1972, S. 320-331.
Mackenzie, J., *Reasoning and Logic*, Synthese 79, 1989, S. 99-117.
Mackie, J.L., *Ethics. Inventing Right and Wrong*, Harmondsworth 1977; dt. *Ethik. Auf der Suche nach dem Richtigen und Falschen*, Stuttgart 1981.

Macklin, R., *Explanation and Action. Recent Issues and Controversies*, Synthese 20, 1969, S. 388-415.
Marcuse, H., *Der eindimensionale Mensch*, Darmstadt 1967.
Martin, M.W. (Hg.), *Self-Deception and Self-Understanding*, Lawrence, Kansas 1985.
Matthews, G., *Weakness of Will*, in: G. Mortimore (Hg.), Weakness of Will, London 1971, S. 160-176.
McClennen, E.F., *Rationality and Dynamic Choice*, Cambridge 1990.
McGinn, C., *Wittgenstein on Meaning. An Interpretation and Evaluation*, Oxford 1984.
McLaughlin, B.P. & A. Oksenberg Rorty (Hg.), *Perspectives on Self-Deception*, Berkeley 1988.
Melden, A.I., *Free Action*, London 1961.
Mele, A., *Irrationality: An Essay on Akrasia, Self-Deception and Self-Control*. New York 1987.
Mele, A., *Recent Work on Self-Deception*, American Philosophical Quarterly 24, 1987, S. 1-17.
Mellor, D.H., *Objective Decision Making*. Social Theory and Practice 9, 1983, S. 289-309.
Miller, D., *A Critique of Good Reasons*, in: J. Agassi & I.C. Jarvie (Hg.), Rationality: The Critical View. Dordrecht 1987, S. 343-358.
Mittelstraß, J., *Von der Vernunft. Erwiderungen auf Friedrich Kambartel*, in: ders., Der Flug der Eule, Frankfurt 1989, S. 120-141.
Mortimore, G. (Hg.), *Weakness of Will*, London 1971.
Moser, P.K. (Hg.), *Rationality in Action*, Cambridge 1990.
Nagel, T., *The Possibility of Altruism*, Oxford 1970.
Nathanson, S., *The Ideal of Rationality*, Atlantic Highlands 1985.
Neumann; J. v. & O. Morgenstern, *Theory of Games and Economic Behavior*, Princeton 1953.
Nielsen, K., *Reason and Sentiment: Skeptical Remarks about Reason and the ... »Foundation of Morality«*, in: Th.F. Geraets (Hg.), Rationality To-day, Ottawa 1979, S. 249-273.
Nisbett, R. & L. Ross, *Human Inference: Strategies and Shortcomings of Social Judgement*, Englewood Cliffs, N.J., 1980.
Parfit, D., *Reasons and Persons*, Oxford 1984.
Pascal, B., *Pensées*, hrsg. v. L. Brunschvicg, Paris 1904; dt. *Über die Religion und einige andere Gegenstände (Pensées)*, hrsg. v. E. Wasmuth, Heidelberg 1963.
Patzig, G., *Der Unterschied zwischen subjektiven und objektiven Interessen und seine Bedeutung für die Ethik*, Göttingen 1978.
Pears, D., *Motivated Irrationality*, Oxford 1984.
Pears, D., *Motivated Irrationality*, Proceedings of the Aristotelian Society 56, 1982, S. 157-178.

Platon, *Opera Omnia*, hrsg. v. Burnet, Oxford 1900.
Popper, K., *Die offene Gesellschaft und ihre Feinde*, München 1977.
Popper, K., *Truth, Rationality, and the Growth of Knowledge*, Frankfurt a.M. 1979.
Posner, M.I., *Cognition. An Introduction*, Glenview, Ill., 1973.
Price, H., *Defending Desire-as-Belief*, Mind 98, 1989, S. 119-127.
Putnam, H., *Reason, Truth, and History*, Cambridge 1981; dt. *Vernunft, Wahrheit und Geschichte*, Frankfurt a.M. 1982.
Quine, W.V.O., *Word and Object*, Cambridge 1960; dt. Wort und Gegenstand, Stuttgart 1980.
Raiffa, H., *Einführung in die Entscheidungstheorie*, München/Wien 1973.
Ramsey, F.P., *Truth and Probability*, in: ders., The Foundations of Mathematics and other Essays, hrsg. von R.B. Braithwaite, London 1931.
Rapaport, E., *Explaining Moral Weakness*, Philosophical Studies 24, 1973, S. 174-182.
Rawls, J., *A Theory of Justice*, Cambridge, Mass. 1971; dt. *Eine Theorie der Gerechtigkeit*, Frankfurt a.M. 1979.
Rescher, N., *Rationality. A Philosophical Inquiry in the Nature and the Rationale of Reason*. Oxford 1988.
Richards, D., *A Theory of Reasons for Actions*, Oxford 1971.
Rorty, A.O. (Hg.), *Explaining Emotions*, Berkeley 1980.
Rorty, A.O., *Varieties of Rationality, Varieties of Emotion*, Social Science Information 24, 1985, S. 343-353.
Ryle, G., *The Concept of Mind*, London 1949, dt. Der Begriff des Geistes, Stuttgart 1969. S. 201-205.
Schelling, T.C., *Choice and Consequence*, Cambridge, Mass. 1984.
Schick, F., *Consistency*, The Philosophical Review 75, 1966, S. 467-495.
Schnädelbach, H., *Einleitung*, in: ders. (Hg.), Rationalität, Frankfurt a.M. 1984, S. 8-14.
Schnädelbach, H., *Über Rationalität und Begründung*, in: Philosophie und Begründung, hrsg. vom Forum für Philosophie Bad Homburg, Frankfurt a.M. 1987, S. 67-83.
Schnädelbach, H., *Vernunft*, in: ders. u.a. (Hg.), Philosophie, Reinbek 1987, S. 77-113.
Seebaß, G. & R. Tuomela (Hg.), *Social Action*, Dordrecht 1985.
Seebaß, G., *Was ist eine Regel der Sprachverwendung?* MS 1985.
Seel, M., *Kunst der Entzweiung. Zum Begriff ästhetischer Rationalität*, Frankfurt a.M. 1985.
Sen, A., *Choice, Orderings, and Morality*, in: S. Körner (Hg.), Practical Reason, New Haven 1974, S. 54-67.
Sen, A., *Collective Choice and Social Welfare*, San Francisco 1970.

Shaefer, G., *A Mathematical Theory of Evidence*, Princeton 1976.
Sibley, W.H., *The Rational vs. the Reasonable*, Philosophical Review 62, 1953, S. 554-560.
Simon, H.A., *Alternative Visions of Rationality*, in: P.K. Moser (Hg.), Rationality in Action, Cambridge 1990, S. 189-206.
Simon, H.A., *From Substantive to Procedural Rationality*, in: S. Latsis (Hg.), Method and Appraisal in Economics, Cambridge 1976, S. 129-148.
Simon, H.A., *Models of Man*, New York 1957.
Singer, M., *Generalisation in Ethics*, New York 1961.
Smith, M., *The Humean Theory of Motivation*, Mind 96, 1987, S. 36-61.
Smokler, H., *Are Theories of Rationality Empirically Testable?*, Synthese 82, 1990, S. 297-306.
Sousa, R. de, *The Rationality of Emotion*, Cambridge, Mass. 1987.
Specht, R., *Die Vernunft des Rationalismus*, in: H. Schnädelbach (Hg.), Rationalität, Frankfurt a.M. 1984, S. 70-93.
Spohn, W., *Wie kann eine Theorie der Rationalität normativ und empirisch zugleich sein?* MS 1991.
Stegmüller, W., *Kripkes Deutung der Spätphilosophie Wittgensteins*, Stuttgart 1986.
Stegmüller, W., *Probleme und Resultate der Wissenschaftstheorie und analytischen Philosophie*, Berlin/Heidelberg/New York 1969.
Stich, S.P. & R.E. Nisbett, *Justification and the Psychology of Human Reasoning*, Philosophy of Science 47, 1980, S. 188-202.
Stich, S.P., *Could Man be an Irrational Animal? Some Notes on the Epistemology of Rationality*, Synthese 64, 1985, S. 115-135.
Strawson, P.F., *Introduction to Logical Theory*, London 1952.
Strotz, R.H., *Myopia and Inconsistency in Dynamic Utility Maximation*, Review of Economic Studies 23, 1955-6, S. 165-80.
Suppes, P., *The Philosophical Relevance of Decision Theory*, Journal of Philosophy 57, 1961, S. 605-614.
Szabados, B., *A Note on Irrationality*, in: Th.F. Geraets (Hg.), Rationality Today, Ottawa 1979, S. 387-390.
Szabados, B., *Wishful Thinking and Self-Deception*, Analysis 33, 1973.
Taylor, Ch., *Rationality*, in: M. Hollis/S. Lukes (Hg.), Rationality and Relativism, Oxford 1982, S. 87-105.
Taylor, R., *Action and Purpose*, Englewood Cliffs, N.J., 1966.
Thöle, B., *The Explanation of First Person Authority*, MS 1991, erscheint in: R. Stöcker (Hg.), Reflecting Davidson, Berlin 1992.
Trigg, R., *Die Grenzen der Wissenschaft*, in: H.-P. Duerr (Hg.), Der Wissenschaftler und das Irrationale, Bd. 2, Frankfurt a.M. 1981, S. 69-90.

Tugendhat, E., *Antike und moderne Ethik*, in: R. Wiehl (Hg.), Die antike Philosophie in ihrer Bedeutung für die Gegenwart, Abh. der Heidelberger Akad. d. Wiss., Heidelberg 1981, S. 55-73; wiederabgedruckt in E. Tugendhat, Probleme der Ethik, Stuttgart 1984, S. 33-56.

Tugendhat, E., *Drei Vorlesungen über Probleme der Ethik* (1981), in: ders., Probleme der Ethik, Stuttgart 1984, S. 57-131.

Tugendhat, E., *Habermas on Communicative Action*, in: G. Seebaß & R. Tuomela (Hg.), Social Action, Dordrecht 1985, S. 179-186.

Tugendhat, E., *Probleme der Ethik*, Stuttgart 1984.

Tugendhat, E., *Retraktationen* (1983), in: ders., Probleme der Ethik, Stuttgart 1984, S. 132-176.

Tugendhat, E., *Selbstbewußtsein und Selbstbestimmung*, Frankfurt a.M. 1979.

Tugendhat, E., *Sprache und Ethik*, orig. unver. MS 1979, franz., in: Critique 37, 1981, S. 1038-74.

Tugendhat, E., *Über die Begründung moralischer Normen*, unver. MS 1981.

Tugendhat, E., *Vorlesungen zur Einführung in die sprachanalytische Philosophie*, Frankfurt a.M. 1976.

Tugendhat, E., *Zum Begriff und zur Begründung von Moral*, in: Mensch und Moderne, FS für H. Fahrenbach, hrsg. von U. Müller-Schöll & C. Bellut, Würzburg 1989, S. 145-164.

Tugendhat, E. & U. Wolf, *Logisch-semantische Propädeutik*, Stuttgart 1983.

Tuomela, R., *Explanation of Action*, in: G. Fløistad (Hg.), Contemporary Philosophy. A new Survey, Bd. 3, S. 15-43.

Tuomela, R., *Human Action and its Explanation*, Dordrecht 1977.

Tversky, A. & D. Kahneman, *Judgement under Uncertainty*, in: D. Kahneman, P. Slovic & A. Tversky (Hg.), Judgement under Uncertainty: Heuristics and Biases, Cambridge 1982.

Tversky, A. & D. Kahneman, *On the Psychology of Prediction*, in: D. Kahneman, P. Slovic & A. Tversky (Hg.), Judgement under Uncertainty: Heuristics and Biases, Cambridge 1982.

Tversky, A. & D. Kahneman, *Subjective Probability: A Judgement of Representativeness*, in: D. Kahneman, P. Slovic & A. Tversky (Hg.), Judgement under Uncertainty: Heuristics and Biases, Cambridge 1982.

Wachbroit, R., *Theories of Rationality and Principles of Charity*, British Journal of Philosophy 38, 1987, S. 35-47.

Walker, A. F., *The Problem of Weakness of Will*. Critical Survey, NOÛS 23, 1989, S. 653-676.

Weber, M., *Gesammelte Aufsätze zur Religionssoziologie*, Tübingen 1920.

Weber, M., *Gesammelte Aufsätze zur Wissenschaftslehre*, Tübingen [5]1982.
Weber, M., *Methodologische Schriften*, hg. und eingel. von J. Winkelmann, Frankfurt a.M. 1968.
Weber, M., *Wirtschaft und Gesellschaft*, Tübingen 1921, [5]1980.
Wiggins D., *Deliberation and Practical Reason*, Proceedings of the Aristotelian Society 76, 1975-6; teilweise wiederabgedruckt in: J. Raz (Hg.), Practical Reasoning, Oxford 1978, S. 144-152.
Williams, B., *Deciding to Believe*, in: ders., Problems of the Self, Cambridge 1973, S. 136-151; dt. *Kann man sich dazu entscheiden, etwas zu glauben?* in: ders., Probleme des Selbst, Stuttgart 1978, S. 217-241.
Williams, B., *Internal and External Reasons*, in: R. Harrison (hg.), Rational Action, Cambridge 1979, S. 17-28; wiederabgedruckt in: B. Williams, Moral Luck, Cambridge 1981, S. 101-113, dt. Moralischer Zufall, Frankfurt a.M. 1984, S. 112-124.
Williams, B., *Persons, Character, and Morality*, in: A. Oksenberg Rorty (Hg.), The Identities of Persons, Berkeley 1976, S. 197-216.
Wilson, B.R. (Hg.), *Rationality*, Oxford 1970.
Wimmer, R., *Universalisierung in der Ethik. Analyse, Kritik und Rekonstruktion ethischer Rationalitätsansprüche*, Frankfurt a.M. 1980.
Winch, P., *The Idea of a Social Science*, London 1958.
Winch, P., *Understanding a Primitive Society*, in: B.R. Wilson (Hg.), Rationality, Oxford 1970, S. 78-112.
Winters, B., *Believing at Will*, Journal of Philosophy 76, 1979, S. 243-256.
Wittgenstein, L., *Philosophische Untersuchungen*, Frankfurt a.M. 1980.
Wolf, U., *Das Problem des moralischen Sollens*, Berlin 1984.
Wolf, U., *Was heißt es, sein Leben zu leben*, Philosophische Rundschau 33, 1986, S. 242-263.
Wolf, U., *Zum Problem der Willensschwäche*, Zeitschrift für Philosophische Forschung 39, 1985, S. 21-33.
Wright, G.H. v., *Explanation and Understanding*, London 1971.
Wright, G.H. v., *On So-Called Practical Inference*, in: ders., Practical Reason. Philosophical Papers, Vol. I, Oxford 1983, S. 18-34, dt. in: ders., Handlung, Norm und Intention, Berlin/New York 1977.
Wright, G.H. v., *Practical Inference*, in: ders., Practical Reason. Philosophical Papers, Vol. I, Oxford 1983, S. 1-17, dt. in: ders., Handlung, Norm und Intention, Berlin/New York 1977.
Wüstehube, A., *Vollständige oder unvollständige Rationalität? – Zur aktuellen Diskussion um einen pragmatischen Rationalitätsbegriff*; Philosophische Rundschau 38, 1991, S. 257-274.

Personenregister

Sachregister